2024年
基层思想政治工作
优秀案例

上　册

中国政研会秘书处　编

学习出版社

图书在版编目（CIP）数据

2024年基层思想政治工作优秀案例. 上册 / 中国政
研会秘书处编. -- 北京：学习出版社，2024. 11.

ISBN 978-7-5147-1285-8

Ⅰ. D64

中国国家版本馆CIP数据核字第2024LZ2719号

2024年基层思想政治工作优秀案例（上、下册）
2024 NIAN JICENG SIXIANG ZHENGZHI GONGZUO YOUXIU ANLI

中国政研会秘书处　编

责任编辑：徐　阳　李紫薇　黄　悦
技术编辑：朱宝娟
装帧设计：映　谷

出版发行：学习出版社
　　　　　北京市崇外大街11号新成文化大厦B座11层（100062）
　　　　　010-66063020　010-66061634　010-66061646
网　　址：http://www.xuexiph.cn
经　　销：新华书店
印　　刷：北京新华印刷有限公司

开　　本：710毫米×1000毫米　1/16
印　　张：47
字　　数：567千字
版次印次：2024年11月第1版　2024年11月第1次印刷

书　　号：ISBN 978-7-5147-1285-8
定　　价：147.00元（上、下册）

如有印装错误请与本社联系调换，电话：010-66064915

目　录

（上册）

（下册）

"习语润心":
大中小学思政教育一体化新探索

一、基本情况

四川省广安市是我国改革开放和现代化建设的总设计师邓小平同志的家乡，位于四川省东部，辖6个县（市、区），面积6339平方公里，总人口447.1万人，辖区内有大学1所，中小学429所，学生445857人。近年来，为有效破解基层思想政治教育特别是学校思政课建设形式单一、力量薄弱、载体欠缺等难题，广安市坚持以习近平新时代中国特色社会主义思想为指导，打造"习语润心"思想政治教育品牌，紧盯"抓手有形、受众有感、教育有效"目标，聚焦构建"大格局"、守好"主阵地"、打造"新课堂"举措，用心用情讲好新时代"大思政课"，不断提升思政教育影响力、扩大思政教育覆盖面、增强思政教育实效性，为促进地方经济社会高质量发展凝聚起强大正能量。

二、主要做法

（一）坚持"三化"驱动，构建思政工作"大格局"

1.高站位，优化机制带动。广安市建立党委常委会定期研究思政工作制度，出台《学校党建工作考核办法》，健全学校党组织抓思政工作机制，将思政课建设纳入考评重点内容。成立指导委员会，印发《"习语润心"思政教育品牌建设工作方案》，制定 5 大类、14 项任务举措，明确品牌建设路径，形成齐抓共管合力。

2.强联合，深化建设促动。广安市建成大中小学思政课一体化建设研究中心，择优选聘 22 名思政名师组建专家指导组，成立全市"思政工作联盟"，组织名师"同备一堂课"，结合各学段特点，围绕"循序渐进，螺旋上升"目标，设置大中小学思政教育重点，优化教学设计。

3.重示范，强化引领推动。广安市综合考虑校园文化、师资队伍、教学成效等因素，授牌"习语润心"试点学校 33 所，在工作经费、人才引进等方面提供重点保障。实施"领航帮扶计划"，采取"1+N"结对帮扶模式，每所试点学校领航指导 2 所以上基础薄弱学校，共同提升思政工作效能。注重总结推广先进经验，打造东方小学"习语润童心"、广安中学"习语润心田"等子品牌，营造出比学赶超浓厚氛围。

（二）紧盯"润心"目标，守好立德树人"主阵地"

1.淬炼队伍润初心。广安市组建"习语润心"思政教育课题组，深入研学习近平新时代中国特色社会主义思想，定期开展"思政大练兵"，精选优秀思政课巡讲案例。举办全市"思政课骨干教师专题培训"10 期，参训教师累计达 1200 名。开展纯洁师德师风专项行动，评选思政名师 125 名，表彰师德标兵、"最美基层教师"等榜样人物 547 名，引导思政教师悟初心、守初心、践初心。

2.多维育人润红心。广安市将"习语"自然嵌入校园文化，打造"习语走廊""习语书角""习语专栏"等阵地，培育校园文化建

2023 年 4 月 12 日，中共广安市委宣传部组织召开全市"习语润心"思政教育品牌建设工作推进会

设示范校 68 所。将"习语润心"思政教育品牌深度融入思政课程和学科教学，用好《习近平的七年知青岁月》《习近平新时代中国特色社会主义思想学生读本》等书籍，打造"善学者其如海""国防思政课"等 142 堂思政"金课"。组织"演一出话剧、看一场电影、学一次党史"主题实践，开展"习语润心·青春勇担当""习语润心·书香同行"等活动 150 余场次，实现思政教育润物无声。

3. 家校联动润同心。广安市深化"习语润心"家校联动建设，充分发挥家庭"第一个课堂"、家长"第一任老师"作用，由家长领学、督促自学，广泛开展"习语亲子诵读""习语我来讲"等系列活动。探索"家长助教"模式，依托家长学校和家委会，聘请政治过硬、理论扎实的家长担任"校外辅导员"，定期进课堂讲思政，累计举办"家长讲坛"30 余场次，有机衔接家庭教育与学校教育。

（三）拓宽"育人"视野，打造培根铸魂"新课堂"

1.夯实阵地，让思政教育大众化。广安市依托城市驿站、图书馆、新时代文明实践中心（所、站）、青少年法治教育实践基地等，建设情境式、体验式、沉浸式现场教学点 80 余处，为干部群众打造身边"行走的思政课"。建立青少年成长中心 126 个，深入开展道德培育、心理辅导，打造未成年人思政教育新阵地。

2.丰富活动，让思政教育精准化。广安市将思政教育融入中心组学习、主题党日活动、干部培训主体班等，累计培训干部职工 23 期、2500 余人次。围绕"共同富裕·共建广安　争做新时代小平家乡种树人"主题，组织全市 1200 余名机关企事业单位干部职工参加演讲比赛，通过精心备赛、现场演讲凝聚思想共识，深学笃行党的创新理论。

3.做优阐释，让思政教育立体化。广安市精心举办"思源大讲堂"，遴选 66 名专家学者建立讲师库，策划开展习近平文化思想、习近平强军思想等主题讲座 12 场次。组建"嘉陵号子""报春鸟"等 6 支宣讲团队，深入宣讲习近平总书记来川视察重要指示精神、习近平法治思想等内容 960 余场次。开设"渠江潮音"媒体专栏，整合"学习强国"广安学习平台、"魅力广安"App 等媒体资源，"线上＋线下"全覆盖开展思政教育。

三、工作成效

（一）奏响了思政课程一体化"协奏曲"

广安市各大中小学以打造"习语润心"思政教育品牌为契机，

相互学习、密切协作，及时排除当前学校思政教育存在的堵点和难点，做到衔接贯通、整体推进和因材施教，构建起核心理念一致、主题思想统一、内容方法有层次、资源供给有区分、主体互动相融合的大中小思政课一体化教育体系。

（二）培育出高精尖思政师资"生力军"

广安市开展"习语润心"思政教育品牌建设以来，锻造出一支政治强、情怀深、思维新、视野广、自律严、人格正的思政教师队伍。2023 年，教师温冬梅、王文昕撰写的《成长有信仰·英雄好榜样》被编入全国中小学德育视频课程和教育案例，阳小莉等 5 人获评四川学校思政课教师年度人物，廖炼、杜妍苇、何美宣等 9 人分别在全省各类思政课竞赛中荣获一、二、三等奖。

（三）探寻到高质量思政教育"新模式"

"习语润心"思政教育品牌建设，推动思政课实现从"你讲我听、填鸭灌输"到"你情我愿、主动参与"的根本转变，有效帮助青少年学生在潜移默化、润泽心灵、寓教于乐的氛围中掌握文化知识、汲取信仰力量、厚植家国情怀，成长为德智体美劳全面发展的社会主义建设者和接班人。

（四）构建起家校社协同育人"生态圈"

家庭、学校、社会在"习语润心"思政教育品牌建设和活动开展中，交流更多、了解更深、联系更紧，更加深刻地认识到各自在立德树人根本任务中的职责，充分联动、互相补位，逐步树立起长线育人思维和多元育人理念，"三全育人"格局形成完美闭环，切实为青少年学生健康、快乐、幸福地成长、成人、成才营造出良好"生态圈"。

（五）植入进各领域思政教育"加速器"

"习语润心"思政教育品牌建设犹如强劲引擎，有效增强各地各单位加强和改进基层思想政治工作的积极性、创新性和行动力。各地各单位加大投入，配齐配强思政工作专兼职干部，常态化制度化规范化推进干部职工理想信念教育；围绕党委、政府工作大局，高质高效做好思想引领、政策宣讲、化解矛盾、深化改革等工作；用好用活红色资源、文化禀赋、英模榜样等优势，形式多样地开展思政教育，思想政治工作统一思想、凝聚共识、鼓舞斗志、团结奋斗的作用充分发挥。

四、工作启示

（一）思政教育要在环境氛围中自然嵌入

广安市开展"习语润心"思政教育品牌建设以来，各大中小学校结合实际，创造出时时处处触手可及党的创新理论的环境条件，布置巧妙自然、氛围浓烈朴实，给人以美的享受，可谓一举多得，深受广大师生欢迎，所以思政教育需要因地制宜，灵活自然地夯实宣传阵地，营造耳濡目染、潜移默化的环境氛围，更有助于青少年滋养心灵、陶冶情操，学习领悟理论知识，树立爱党爱国爱社会主义的理想信念。

（二）思政教育要在课程教学中有机融入

各大中小学校在"习语润心"思政教育品牌建设中，育人方式实现从单一思政课程到全方位全过程全员课程思政的华丽转变，内容、方式、过程的巧妙植入让呆板枯燥的思政教育变得丰富多彩、其乐无穷。喜闻乐见、寓教于乐的育人方式让人更容易接受所传递的信息，并取得实实在在的效果。

（三）思政教育要在知行合一中无声化入

在"习语润心"思政教育品牌建设中，各大中小学校将课堂教学和课外实践统筹谋划、一体推进，切实做到学思用贯通、知信行统一，所以思政教育必须将学校小课堂和社会大课堂有机结合，"无声胜有声"的社会实践更有助于人领悟真理、增长才干，更容易打动人、折服人、塑造人。

用活红色资源，
打造"行走的思政课堂"

一、基本情况

山东省济南市莱芜区茶业口镇是革命老区，有着极为丰富的红色文化资源。茶业口镇200平方公里的区域是鲁中抗日根据地的重要组成部分，是敌后抗日的坚强堡垒和铜墙铁壁，泰山地委、专署、军分区机关全部驻扎于此。泰山地委书记、军分区政委汪洋，山东青委书记钟效培等一大批革命志士在这里血洒热土。茶业口镇涌现出了"爆炸大王"李念林、跳崖壮士刘俊林、红嫂刘福英等一大批英雄模范。现有省级爱国主义教育基地汪洋台等24处红色遗址遗迹。

近年来，茶业口镇深入挖掘辖区内丰富的红色文化资源，加强保护管理利用，广泛开展党员教育、研学体验、红色旅游、志愿服务、文化文艺等活动，将红色文化有机融入基层思想政治工作，引导辖区内广大群众在聆听红色故事、探寻红色足迹、感悟红色精神中，厚植爱党爱国情感，更好地凝聚人心、鼓舞斗志、干事创业，为做好新形势下基层思想政治工作提供了"茶业口样板"。

二、主要做法

（一）突出思想政治引领，拓展宣教"新通道"，锻造爱国主义主心骨

1.强化党建引领教育。茶业口镇把深入学习贯彻习近平新时代中国特色社会主义思想作为首要政治任务，筑牢深刻把握"两个确立"的思想基础。聚焦学懂弄通做实，通过"第一议题"学习、理论学习中心组学习、专题党课、主题党日等丰富学习形式，确保全镇领导班子成员与上级决策部署思想统一、步调一致。充分发挥党组织政治核心作用，严格落实全面从严治党主体责任，构建"知责明责、履责督责、考责问责"的责任闭环。运用"线上＋线下"方式，分层分批开展党员教育，依托辖区内丰富的红色资源，每年开展各类培训教育50余场次，让广大党员在学习中汲取奋斗力量。

2.建活阵地鲜活宣教。茶业口镇创新宣传教育方式，做好新时代文明实践站（所）、爱国主义教育基地、红色研学基地等阵地的统筹规划、提质改造和保护利用，融合文化旅游、乡村振兴、文明创建、志愿服务等工作，做强爱国主义教育基地宣教上下游"产业链"。近年来，茶业口镇打造新时代文明实践站60处、实践所1处，打造了以汪洋台为国防教育主阵地，连接周边民兵烈士碑、钟效培烈士纪念碑、泰山时报旧址等具有茶业口特色的国防教育基地、少先队校外实践教育阵地，让思想政治教育变得随时能看、随时能学、随时能教。

3.建强队伍分类施教。茶叶口镇吸纳"茶业红"理论宣讲员、新时代文明实践志愿者、村级宣传员、退休老教师等群体共177名

理论宣讲员，组建起一支思想政治教育兼职宣讲队伍。打造"茶业红"宣讲品牌，分类分众开展形式多样、内容丰富的宣讲活动。利用微信公众号开发"茶业红"线上宣讲专栏，开展"红色基因融血脉 薪火相传映初心""我们不会忘记"等红色革命故事主题宣讲。线下围绕"习近平新时代中国特色社会主义思想专题宣讲""党的二十大精神专题宣讲""新时代·中国梦·新使命百姓宣讲"等主题，广泛开展理论宣讲活动 1000 余场次，进一步凝聚广大干部群众的思想和行动共识。

（二）聚力思想政治教育功效，打好涵养"组合拳"，唱好核心价值主旋律

1. 打造德育延伸课堂。茶叶口镇打造"茶业红"美德信用建设特色品牌，每月出版 1 期《德润茶业》专刊，挖掘房公训、李隆春、韩金来、刘福英等现实生活中的典型人物事迹进行刊发。围绕"党建赋能""清风廉韵""情暖暮年""巾帼绽放""春风化雨"等多个主题，开展美德信用宣传活动共百余场次，不断擦亮"茶业红"亮丽名片。

2. 打造志愿服务"加油站"。茶叶口镇设立"红色驿站""学雷锋志愿服务岗"等志愿服务站点，广泛开展新时代文明实践志愿服务活动，每月制定新时代文明实践工作提醒发放至各村。累计开展"雷锋精神照我心 乡村闪耀'茶业红'""缅怀革命先烈 追溯红色记忆""劳动铸就中国梦 奋斗点亮'茶业红'""九九重阳节 温暖老人心"等志愿服务活动 600 余场次，参与的志愿者达 4000 余人次。

3. 打造以文化人主阵地。茶叶口镇广泛开展"百姓春晚"系列文艺文化活动、民俗展演活动，村民自编自演登台"唱主角"，展

示基层群众对美好生活的新期待。共举办 16 届樱桃文化旅游节、2 届"追梦齐长城"戏曲文化节、6 届孟姜女文化节，以节彰文，激发乡村文化活力、呈现乡风文明新风尚。利用清明节、建党纪念日等节日契机，开展"缅怀革命先烈　追溯红色记忆""巾帼心向党　奉献绽芳华"等系列爱国主义教育活动，扩大思想政治教育的覆盖面。

（三）聚焦思想政治教育创新，打造输出"新链条"，厚植红色文化主基因

1. 做强红色宣介产品链。茶叶口镇成立文化研究中心，开展文化挖掘和史料收集工作，出版《赢源》杂志 23 期、《德润茶业》11 期，撰写国家红色旅游融合发展示范项目研究报告，初步形成镇域

2023 年 4 月 4 日，茶业口镇组织民兵到汪洋台开展"缅怀革命先烈　聆听红色故事"国防教育活动

文化脉络体系。打造"鲁中茶业抗战小镇"品牌，深挖泰山区抗日根据地最后堡垒的重要历史意义。拍摄《印象茶业》《红色茶业》《追寻红色记忆　点亮革命坐标——探寻百年红色坐标系列》等宣传片，做强红色文化精品宣传推介链条。

2. 做大群众性主题教育体验链。茶叶口镇利用全镇 10 余处党员教育现场教学点和乡村振兴示范点，分批次组织全镇 2000 余名党员现场观摩。以"走一趟红色革命旧址，看一场红色主题电影，听一回红色主题报告，吃一餐红色饭，开一场红色运动会"等为主题打造红色研学基地，将历史文化、国防安全、科学普及融入研学教育课程，在红色研学体验中帮助青少年扣好人生第一粒扣子。

3. 激活红色基因传承动力点。茶叶口镇加强红色旅游产业链条延伸，串联茶业口镇丰富的自然生态、历史文化、传统村落等资源，将红色旅游与生态旅游、乡村旅游、研学旅游等多种旅游形式结合，打造复合型旅游业态，推动红色旅游高质量发展。组织"媒体茶业红色行"、摄影大赛等系列活动，让更多人沉浸式体验红色文旅项目，深度感悟革命精神，涵养初心和使命，在寓教于乐中将思想政治教育落地落实。

三、工作成效

（一）思想政治教育爱国底色更鲜红

茶叶口镇将爱国主义教育、国防教育与思想政治教育有机融合，培育了群众爱国思想，厚植了群众红色基因，让爱国时刻流淌在新时代茶业口人的血脉中，成为全镇上下最自觉的情感认同和实践准则。

（二）思想政治教育文明成色更亮丽

茶叶口镇把红色文化资源作为文明实践的重要阵地和惠民育民的主要抓手，聚焦了日常生活的"关键小节"，加大了各单位各部门之间的共建共享，社会主义核心价值观得到广泛弘扬。借助文明实践站、志愿服务岗等平台，延伸爱心义诊、普法宣传、理论宣讲等群众认可的志愿服务内容，推进文明实践从聚集式向分散式、轻量化、小微化转变，基层思想政治工作针对性和实效性不断提升。

四、工作启示

（一）抓实基层党建，是深化基层思想政治工作的重要前提

思想政治工作实不实，主要体现在能否把党的创新理论讲到群众心窝里、把党的惠民政策落实到群众生活中、把广大群众凝聚在党的周围。只有抓实基层党建工作，才能充分发挥思想政治工作"生命线"作用。基层党员干部是党联系群众的桥梁与纽带，要把思想政治工作纳入重要议事日程，纳入意识形态工作责任制，纳入领导干部目标管理，强化基层党组织的政治引领和思想教育功能，做到哪里有党组织，哪里就有思想政治工作。

（二）盘活红色资源，是推动基层思想政治工作的有利条件

思想政治工作做得好，不仅需要方式方法的创新，更需要典型生动、有针对性的案例资源。把这些事例贯穿于思想政治工作全

过程，可有效增强思想教育的感染力。同时要着眼于把握思想政治工作的时代性，在发掘运用传统红色资源价值的同时，注重用好新时代红色文化资源，引导广大群众从红色资源的内涵中获得心灵共鸣，转变价值观念，达到以文化人的效果。

（三）健全教育队伍，是开展基层思想政治工作的重要支撑

队伍是思想政治工作的主体力量，基层队伍状况直接决定着基层思想政治工作的成效。基层思想政治工作要不断壮大志愿者队伍，鼓励和支持"五老"人员、新乡贤等社会力量积极参与。要利用好民间艺人，以村史村志、传统手工艺品、书画作品等形式记录好农村优秀文化，让其融入群众的思想和价值里，使优秀传统文化在新时代迸发新的生机与活力。

"时事新闻课"：扣好人生第一粒扣子

一、基本情况

2012 年，中共中央宣传部办公厅和教育部办公厅联合印发《关于进一步加强中小学时事教育的意见》提出，各地要采取有力措施发挥时事教育对促进中小学生健康成长的重要作用，提高中小学时事教育的吸引力和感染力，切实将社会主义核心价值观融入中小学教育全过程。2015 年，吉林省委宣传部为深入推动社会主义核心价值观教育，实施了全省中小学明德治理工程。为贯彻教育部和省委相关要求，吉林省教育厅与新华社吉林分社联手打造吉林省中小学"时事新闻课"项目。"时事新闻课"聚焦立德树人根本任务，发挥网络德育新媒体作用，利用权威媒体资源，推动社会主义核心价值观教育落实，实现全省中小学德育工作创新型、内涵式发展。

"时事新闻课"每周 1 期，包含小学、初中、高中各 1 集，每集 15 分钟，每年制作 36 期 108 集，面向全省中小学校播放。内容包括"新闻零距离""聚焦""微视角"三大基础板块。课程根据当前中小学生的成长学习需求和心理特点，以时事新闻、品德故事、人文自然科学知识为切入口，通过文字、图片、漫画、动画、音视频等形式，结合主持人的解说、评论及对吉林省各地中小学师生的现场采访，用生动的新闻事件和故事，让学生在课堂上就能了解时事，更全面、客观地认识社会的发展和变化。

二、主要做法

多年来，"时事新闻课"已形成了省、市、县、校四级联动工作格局，确保组织到位、管理到位、落实到位，组织建设不断健全。截至目前，共制作 277 期 831 集，每期全省约 100 万名中小学生在校固定观看，累计收看人数近千万人次，教育影响力显著提升。收看学校数量持续递增，从试点阶段的 657 所发展到现在基本实现全覆盖，教育范围不断扩大。

（一）加强课程管理

吉林省教育厅统筹课程管理，各级教育行政部门和各中小学校均安排专职部门，推动该项工作有序开展。从传输下载到组织收看，形成了长效机制，确保"时事新闻课"的收看时间和收看效果，为"时事新闻课"提供了强有力的组织保障。部分地区按照《全省中小学"时事新闻课"教育工作管理办法》要求，建立和完善工作机制。松原市教育局纳入全市中小学校绩效考核指标，辽源市教育局纳入"基础＋创新"教育督导评估考核，有计划、有要求、有检查，有效推进此项工作的开展。面向教育行政部门负责人和中小学校负责人连续 7 年举办全省培训班，累计培训人数 2000多人次。通过培训，提高了全省主题拍摄的质量，提升了管理人员整体素质，扩大了教育工作覆盖面，增强了区域和学校间交流，推动"时事新闻课"成为"大思政课"建设重要载体。每年定期组织专家组开展专项调研，总结经验，查摆问题，形成调研报告，推动教育工作健康发展。自 2022 年 9 月开始，实施全省"时事新闻课"月报制度，进一步推动全省教育工作科学有序发展。

（二）完善配套措施

先后制定《吉林省中小学"时事新闻课"试点教育工作管理办法》和课程文案、视频、播放"三审"工作方案，聘用专家组成团队组织审核审定工作，提高课程标准。制定出台《全省中小学"时事新闻课"教育工作管理办法》，对课程制作、数据传输、教育收看、条件保障等方面作出进一步要求，"时事新闻课"工作规范性和科学性显著提高。

（三）提升课程质量

吉林省教育厅充分调动全社会力量和资源，建设"大课堂"、搭建"大平台"、建好"大师资"，全面推进"大思政课"建设，进一步加强全省中小学思政课建设。将"时事新闻课"纳入全省德育课程体系，强化"时事新闻课"在思政课方面的重要作用，对"时事新闻课"课程构建、评价标准进行深入探索，逐步实现有标准、有方向、有深化、有延展、有评价。在课程主题选取和内容设计上进行了相应调整，重点推动"时事新闻课"成为"大思政课"建设的重要载体，制作并推出持续 3 个月的《学习新思想　争做接班人》专题栏目 16 期和《学习宣传党的二十大精神》专题栏目3 期。在主题学校配合拍摄方面，各地各校积极组织辖区内学校配合省摄制组的主题拍摄工作，用各地各校好的经验做法加强交流和学习，2023 年上半年申报主题拍摄的中小学达 486 所，为主题拍摄学校提供了优选和筛选的范围和空间。制作团队每期都带着与本期德育主题有关的问题走进小、初、高学校，就主题内容与

"时事新闻课"第 278 期《冰雪研学实践　邂逅冰雪奇缘》小学版视频截图

学生展开对话。其中，小学版每期都专门制作动画板块，让低年级学生更容易理解社会主义核心价值观内容。高中版以师生现场讨论的方式进行，在共同讨论研究中，将德育主题润物无声地让学生入心入脑。

（四）强化技术支撑

加强数据平台建设，利用先进的互联网技术和成熟的网络平台为"时事新闻课"数据安全传输提供保障。强化现代信息技术手段运用，有计划地开展远程督导，及时掌握全省工作开展情况，进行科学指导。2022 年，在全省中小学利用"和彩云"、腾讯"企业微信"推动数据下载和视频观看两个新平台建设。目前，"和彩云"平台建设已初步完成，下载稳定，企业微信新平台建设稳步推进，初步实现"改善传输手段，实现所有学校教育全覆盖"的目标。

三、工作成效

积极实现课堂教学和社会实践相融合，整合省委宣传部、省国资委等 13 个部门基地资源，运用吉林省中小学"时事新闻课"推广普通高中学生综合素质评价社会实践基地经验，调整"时事新闻课"课程内容，优化课程板块设置，增加中小学生社会实践教育方面的过程与成果展示，使德育主题润物无声地入脑入心。

目前，全省基本实现了全员收看。8 年时间，"时事新闻课"项目的开展有力推动了社会主义核心价值观入校园、入课堂，课程自开播以来受到全省中小学生和教师的欢迎。生动的新闻事件和新闻故事，丰富了教学内容，开阔了学生的新闻视野，提升了学生的思想道德水平。作为学生思政课程的新载体，以润物无声、新颖易于接受的方式，使学生能够把自己的发展和国家前途命运联系起来，树立起科学的世界观、人生观、价值观。

四、工作启示

经过多年的实践探索，"时事新闻课"用一种全新的方式将时事教育融入吉林省中小学课程体系，在加强和改进青少年思想道德建设方面发挥了重要作用，坚持开展"时事新闻课"是德育路径和内容创新的客观需求，也是融合课堂教学和实践活动的生动展现，符合新时期德育工作和大中小学思政一体化建设的总体要求。下一步，吉林省将继续坚持既有的成功经验和做法，推动课程内容在更高的站位上取得新突破。

（一）强化落实立德树人的根本要求

习近平总书记指出："人无德不立，育人的根本在于立德。这是人才培养的辩证法。办学就要尊重这个规律，否则就办不好学。""时事新闻课"始终以落实立德树人根本任务为前提，坚持德育为先、以德塑魂，引导学生积极培育和践行社会主义核心价值观。体现区域和学校的办学理念和特点，宣传"千校千面"的校园文化创建导向，涵盖家、校、社全方位育人策略，推动形成"三结合"育人网络。在此基础上，逐步发展各地各校可利用的有效资源，助力课堂教学和学校管理，发挥出"时事新闻课"的最大效益。

（二）强化创新推动思政课一体化建设

思想政治理论课要坚持在改进中加强、在创新中提高，及时更新教学内容、丰富教学手段，不断改善课堂教学状况，大力推动思政课一体化建设。吉林省依托"时事新闻课"课程资源，分层次递进推动大中小学思政课一体化建设，多渠道创设思政情境教育环境，浸润式增强青少年自觉主动推进中国式现代化建设的使命感和责任感，促进思政教育资源与教学思维方式创新发展。推动课程成为构建学校小课堂和社会大课堂的全新载体，让思政课程中的理论"活"起来、人物"动"起来、事件"亮"起来。同时，延伸思政课内容，引导学生重视社会实践环节，发挥能动性、创造性，实现真学、真信、真用，在理论与实践中真正达到学思用贯通、知信行统一。

（三）强化融合式教育的可持续发展

思想政治工作不是单纯一条线的工作，而应该是全方位的。要完善课程体系，解决好各类课程和思政课相互配合的问题，发挥融入式、嵌入式、渗入式的立德树人协同效应。"时事新闻课"通过做好与学校教育和校外教育的融通，课程内容更符合中小学校教育教学和社会实践发展要求，课程形式更贴近生活、贴近学生、贴近实际，课程展示更能凸显中小学阶段教育成果和学生良好精神面貌。在理论和实践的结合中，教育引导学生把人生抱负落实到脚踏实地的实际行动中来，把学习奋斗的具体目标同民族复兴的伟大目标结合起来，实现全员全程全方位育人。

传承发扬哈军工精神
推进"大思政课"建设

一、基本情况

中国人民解放军军事工程学院（哈军工）是新中国历史上第一所高水平、正规化的综合性军事科学技术大学，为国家特别是国防科技战线打造了一大批国之重器、培养了一大批杰出人才，在发展历程中形成了独具特色的哈军工红色基因。

哈军工纪念馆成立于 2013 年，以哈军工历史为基础，以重点人物、重大事件、重要成果为线索，全面展示了哈军工的发展历程、培养的杰出人才以及在推进新中国国防科技事业进程中的卓越贡献和强国强军的价值追求。馆内收藏了 2 万余件哈军工时期的历史实物，这些藏品充分体现了哈军工的科研成果、办学历程和生活细节，生动反映了哈军工人攻坚克难、强军报国的爱国主义情怀。

哈尔滨工程大学以哈军工纪念馆等红色场馆为载体，以服务立德树人、涵育时代新人为目标，充分发挥场馆育人作用，有效推进"大思政课"建设。自 2013 年开馆以来，哈军工纪念馆先后举办"强国安邦　勇攀高峰——哈军工科学家精神图片展""不忘初心　强军报国——新中国第一所高等军事工程技术院校哈军工发展历程""走进深海大洋　追逐深蓝梦想"等大型原创展览 30 余场次，年开放时间近 300 天，年接待社会各界人士 5 万余人次，其中青少年占 40% 以上，成为青少年接受红色教育的重要实践场所。哈军工纪念馆以开门办展览的形式走进部队及中小学，特别是让哈军工红色文化走进全国红军小学，形成了"流动中的纪念馆"、"工'承'红军中国行"、"红蓝教育大课堂"、哈军工分建高校"四个一同"系列文化活动等非常有口碑的宣教品牌活动，社会辐射力、影响力与知名度持续增强，人民网、新华网、黑龙江日报、黑龙江电视台等多家媒体对相关活动报道近百条。

二、主要做法

（一）赓续血脉，将学校红色基因融入思政课程

学校以哈军工纪念馆为新生入学教育、新进教师入职教育的固定场所，为广大师生上好纪念馆里的思政课。每年的新生"开学第一课"都在哈军工纪念馆开讲，《受命》群雕、军工历史沙盘、毛泽东同志为军事工程学院院报题写的报名"工学"，都展示了学校深厚的历史底蕴。通过讲述哈军工纪念馆里文物藏品背后的故事，围绕哈军工为什么创建、哈军工的建设与发展、哈军工培养的人才、哈军工作出的贡献等主题，以讲历史、听故事的方式，让学生沉浸式体验学校许党报国的故事，以学生喜闻乐见的方式开展思想政治教育。同时开展"校史故事我来讲"手机随手拍活动、"带你闯关"新生微论文征集活动等，通过翻转课堂、学生小组研究等讲授方式，以"讲、评、研、赛"的形式进行实践教学，让新生更好地了解哈军工的历史，接受红色文化的洗礼，倾注爱国、强军、

忠诚、奉献的正能量，自觉将个人理想与中国梦紧紧相连。

学校将文化建设与人才培养中心工作深度融合，构建"课程思政＋思政课程＋实践研学"的"大思政"育人体系。让"哈军工精神与文化"专题进入大一的思政课实践教学环节，优化升级《思想道德与法治》课程的实践教学，4000 余名哈工程学子立体式演绎哈军工红色传承思政大课。开设了《海洋中国》《极地探索》等特色课程，为在校大学生投入海洋强国建设扣紧人生第一粒扣子。录制《走近哈军工》线上课程等作为思政课的教学案例，出版《哈军工精神读本》作为思政课与党课教材。精心设计了"哈军工红色文化传承路""'三海一核'特色文化体验路""'国之重器故事'宣讲创新路"等红色文化学习教育路线，服务于大学生思想品德课程、党团课、专项教育等主题实践活动，从哈军工红色文化精神内涵、实践途径、创新开拓等多维度探索红色文化传承的路径。

（二）服务社会，将思想政治教育辐射中小学校

学校组建了一支大学生志愿讲解团，以"自我实践、自我提升、自我教育"为目的，以"传播哈军工精神"为目标，生动讲解学校红色主题故事。大学生讲解员既是受教育者，同时也是施教者，讲解团也成为哈军工精神宣传的重要载体，年接待中小学生逾2 万人次，将思想政治教育辐射到中小学校，辐射到龙江各地，辐射到全国，为更多青少年成长成才提供精神滋养。

学校整合学校文化场馆资源优势，形成哈军工纪念馆、船舶博物馆、海洋文化馆、中国十大名船展"三馆一展"的中小学研学实践教育格局。采取开放与定向相结合的方式，与哈尔滨市继红小学校等6 所小学、哈尔滨市虹桥中学等4 所中学签订了研学试点共建

2023年9月，"新生第一课"上，哈军工纪念馆馆长李宏为大一新生讲解哈军工历史

协议，把握好寒暑假、专题教育、重大节日等"请进来"的时机，结合好支教点、新农村共建点、全国红军小学等"走出去"的地方，打造了"科普云课堂""哈军工红色文化大讲堂"等中小学生研学实践典型案例。凝练出"红蓝研学实践教育"特色，打造了红色文化、船舶文化、海洋文化3个板块和15个主题的研学课程及相应研学线路。近3年来，哈军工纪念馆共计接待中小学生约6万人次，线上线下走进各中小学进行教育活动200余场次，累计受益近1.5万人，成为服务青少年的革命红色文化教育、海洋意识教育、科学技术普及教育的研学基地，辐射效果显著。

（三）优化资源，以丰富多彩形式提升教育效果

学校用好标志性文化资源优势，大力推进以传承学校文化为内核的特色育人环境建设。系统建设"哈军工文化园"，成立哈军工

研究中心，联合涉海高校、海洋科研院所、海洋类文博馆，牵头成立我国首家海洋文化教育联盟。举办"纪念陈赓院长逝世 50 周年暨弘扬哈军工教育思想高峰论坛"、学校哈军工精神学术研讨会。大力加强学校历史文化研究，推出校史史料编辑、人物故事、学术教材、70 周年校庆等系列丛书，包括《工学时光——图说哈尔滨工程大学校史》《典藏教材》等系列书籍，展示学校发展历程中的辉煌成就以及各项教学科研成果。

学校用好信息化教学资源优势，通过打造"VR（虚拟现实）+AR（增强现实）"展示平台、网上云展馆，打造"永不闭馆"的高校博物馆。《倾听大海的声音——杨士莪院士》《心系海洋的龙江学者——杨德森院士》等纪录片在新华网等多家央媒、省媒播出。在学校校报开辟"学党史知校史"专栏，录制《藏品有话说》《共和国第一》《哈军工精神·青年说》等系列微视频，全方位、多角度讲述红色故事，通过加强对现场讲解和实践教学等环节的质量控制，试点融入情境式、沉浸式讲授来提升教育效果。

（四）重视馆藏，以珍贵实物文献扩充课程资源

革命文物是见证历史、催人奋进的文化典藏，学校深入挖掘和有效保护哈军工文物资源，建设课程资源案例库，将这些物质遗存和精神遗存有效融入思政课实践教学环节，融入专业课教材教案中。依托馆藏文物，策划思政课系列微视频《藏品有话说》，作为思政课的教学案例。深入挖掘整理哈军工创造数个"共和国第一"的故事素材，结合学校在新时代服务国家战略、打造大国重器的发展成就，通过大学生沉浸式讲述制作《走进哈军工纪念馆》系列视频，出版《哈军工精神读本》，作为思政课与党课教材。

哈军工纪念馆现有馆藏实物 2.1 万余件，国家级文物 530 件，

国家珍贵文物 186 件，从不同的角度呈现了学校早期筹建、发展、分建、改建历史中的重要事件、重要人物和重要成果。通过与各地校友会密切联络，先后拜访 27 个城市校友会、542 位校友，与 1000 余位校友召开 58 场座谈会。克服实物分散、没有校史记录和完整历史档案等困难，收集到我国第一台军用电子计算机 901 原件、党和国家领导人手记等重要文物资料。按照行业标准对馆藏文物、展品进行数字化建设，有效保护和利用哈军工文化资源。截至目前，已完成 530 套珍贵实物、档案的数据采集工作，全部录入国家信息管理系统，为其永久保存、利用奠定基础。

三、工作成效及启示

哈军工纪念馆获评全国爱国主义教育示范基地、全国首批"大思政课"实践教学基地、全国首批科学家精神教育基地、全国红色基因库建设单位、全国中小学生研学实践教育基地、国防科技工业军工文化教育基地、国家国防教育示范基地、全国红色旅游经典景区名录等。哈工程大学生志愿讲解团获评全国志愿服务"五个100"先进典型，获得"全国最佳志愿服务组织"称号。哈军工纪念馆入选教育部 2024 年红色文化弘扬基地建设项目和场馆育人精品项目。

（一）将红色文化融入高校思政教育

党的十八大以来，习近平总书记反复强调要用好红色资源，传承好红色基因，把红色江山世世代代传下去。红色文化资源是宝贵的文化财富，在思政教育中必将发挥重要作用。在高校思想政治教育工作中，充分发掘红色文化资源的思政价值，将其与教学内容有机结合，有助于丰富思政课教育资源，提高学生的学习兴趣，增强思政课的实效性、趣味性和针对性，有利于弘扬爱国主义伟大精神，落实立德树人根本任务，使红色基因渗进血液、浸入心扉，引导广大学生树立正确的世界观、人生观、价值观，开创思政教育的新局面。

（二）充分发挥场馆资源的育人功能

充分认识学校文化场馆作为思政教育重要载体的重要意义，实现高校思政教育与场馆育人功能的深度融合。不断加强育人场馆的建设和开发，实现场馆教育全覆盖，充分发挥阵地作用，有效延展文化内核，打造育人第二课堂，建设全员全程全方位育人的"大思政"场馆育人格局。

（三）把思政小课堂同社会大课堂结合起来

习近平总书记强调，"大思政课"我们要善用之，一定要跟现实结合起来。实践性是思政课的题中应有之义。学校将文化场馆打造成为大学生社会实践的平台，充分发挥学生的主体性作用，引导大学生走向社会、深入基层，用理论指导实践，以实践验证理论，从而实现真学、真信、真用，达到理论学习、社会实践和能力提升的有机统一，自觉做习近平新时代中国特色社会主义思想的模范践行者。

（四）以文化育人品牌提升影响力

将品牌建设融入思政课教育，形成文化育人品牌。大力弘扬"想的是党、为的是国、强的是军"精神文化品牌，将品牌活动与第一、第二课堂紧密融合、同频共振，实现润物细无声的教育效果。同时，广泛传播品牌活动的优秀成果，有助于进一步提升学校思想政治教育的社会影响力、辐射覆盖面和发展贡献度。

《你好，大学生！》：
高校新媒体思政育人新探索

一、基本情况

《你好，大学生！》是云南省首档大学生融媒体思政节目，由云南省首批辅导员名师工作室"朱丹工作室"创办。该节目围绕青年学生的思想问题和现实需求，运用新媒体新技术使高校思政工作"活"起来，推动思想政治工作传统优势同信息技术高度融合，打造融媒体思政育人平台，创作脍炙人口的融媒体思政宣传文化作品，引导青年学生了解掌握党的理论和路线方针政策以及国情社情民情，帮助青年学生用科学的方法解决思想困惑和现实困难，推动高校思想政治理论课创新改革。

《你好，大学生！》共设有4个子栏目。《青春面对面》栏目通过镜头直击大学校园生活，用直播、视频、访谈的方式分享当代大学生的校园趣事和困惑，在情感上引起大学生的共鸣，当好青年大学生的"知心人"。《梦想直通车》栏目聚焦当代大学生的就业创业困惑，邀请教育、人社等部门专家开展权威就业政策宣讲和解读，邀请基层就业典型榜样、创业青年榜样分享工作经历，邀请大学生就业创业指导专家、资深HR、职业技能培训专家主讲"就业创业公益大讲坛"，从政策解读、技能传授、实践技巧、榜样案例

4 个维度助力全省高校就业创业工作开展，当好青年大学生成长路上的"热心人"。《青年讲师谈》栏目邀请团省委青年讲师团成员、高校优秀思政课教师、时代楷模、云岭楷模、向上向善好青年、青年五四奖章获得者为大学生讲授微团课，当好青年大学生成长路上的"引路人"。《榜样青年说》栏目邀请青年大学生中的同辈榜样、偶像明星、杰出青年以访谈的方式做客直播间，讲述自己的青春故事，让身边人讲述身边事，用身边事教育身边人。

二、主要做法

（一）始终坚持在第一课堂与第二课堂的协同上下功夫

作为一档思政节目，《你好，大学生！》充分挖掘第二课堂育人功能和优势，坚持做到理论性与实践性相统一、知识性与价值性相统一、隐性与显性相统一。尤其在思想引领方面，不断探索第一课堂与第二课堂的融合点和衔接点，将高校思想政治理论课第一课堂知识教授要点转换为《你好，大学生！》的价值引领点。围绕社会主义核心价值观，开展了"青春榜样的力量""大学生自强之星专场""到祖国需要的地方绽放青春"等主题直播；围绕爱国主义教育，开展了"趁青春去参军""从抗疫看制度自信""聊聊那些爱国的事儿"等主题直播，真正地做到第一课堂与第二课堂的互补融合、相融相生。

（二）始终坚持在思想性和亲和力的协同上下功夫

《你好，大学生！》始终坚持将"用学术的话语讲信仰"与"用青年的话语讲信仰"相结合，既注重思政课教师带头学，也注重引领学生主动学。坚持做到主导性与主体性相统一、统一性与多样性相统一。在建党百年之际，《你好，大学生！》聚焦党史学习教育，共开展主题直播 6 场，共邀请嘉宾 29 人，其中，优秀思政课教师 9 人，优秀学生代表 20 人，累计线上观看互动量超 300 万人次。开展"四史"学习、党史专题学习、党的二十大精神学习、雷锋精神学习、《习近平与大学生朋友们》线上学习等思想政治学习共计 30 期。每一期的直播既有思政课教师对党史知识的学理阐释，又有青年大学生对党史故事的生动讲述；既有对过去 100 多年党史的真实回顾，又有对当下新时代青年责任担当的深刻思考；既有主讲嘉宾的价值输入，也有线上观众互动的观点碰撞，真正做到了思政课教师指导学、学生骨干带头学，第一课堂集中学、第二课堂补充学，有效落实和践行了"学党史、悟思想、办实事、开新局"的工作要求。

2020 年 6 月，《你好，大学生！》启动仪式在云南大学举行

（三）始终坚持在思政育人与思政助人的协同上下功夫

《你好，大学生！》自开播以来，时刻贴近学生实际需求，紧跟时代发展热点，分别以开学季、毕业季、创业季、考研季等 10 多种专题系列对大学生所关注的多种问题进行解答和科普。先后开展了"四大锦囊，轻松应对开学季""开学，你准备好了吗""聊聊生涯规划那些事儿""云面试你准备好了吗""聊聊考研那些事儿"等主题直播，为大学生提供了全面可靠的答疑解惑平台，在一定程度上为大学生的入学适应、学习提升、生涯规划、毕业就业、人际关系、创新创业等共性困难提供了解决问题的新思路和新路径，有效提升了思政教育的实效性。

（四）始终坚持在学校小课堂与社会大课堂的协同上下功夫

协调全社会的力量，做好青年大学生的思想政治教育。邀请云南大学、昆明理工大学、云南师范大学、西南林业大学、云南中医药大学、云南体育运动职业技术学院、云南特殊教育职业学院等云南省内多家高校的老师和同学担任主讲嘉宾。充分发挥共青团云南省委青年讲师团及青年企业家、各界青年榜样的力量，开展了"志愿公益那些事儿""基层就业那些事儿""中国梦与青年梦"等一系列主题直播。在主题选择上加入社会热点问题探讨，鼓励学生阐述自己的观点和见解，真实展现他们作为新时代青年的思考与担当，真正做到了灌输性与启发性相统一、建设性与批判性相统一。先后开展了"党的故事我来说""我眼中的革命精神""大学生兼职你怎么看""聊聊大学生的消费观""考试诚信之我见"等系列直播，有效启发引导大学生主动对自身成长和社会热点进行深度思考。第三季短视频讲述、录制、剪辑、宣发全程有青年学生参与，让青年在实践中领悟到"究竟什么是马克思主义？青年为什么要信仰马克思主义？为什么中国化时代化的马克思主义行？新时代的中国青年应该如何坚持和发展马克思主义"，等等。

（五）始终坚持在传统阵地与网络阵地的协同上下功夫

探索形成了一条"教师导学、骨干领学、集体自学"的学习模式，累计开展"马克思主义经典著作读书会"42 期，带领学生阅读著作 10 余部，学习习近平总书记重要讲话 30 余篇。"中外青年话中国读书会"成功举办 9 期活动，吸引了共计 82 名中外学子参与，共同深入研读了 5 本经典著作，其间共形成读书笔记 400 余份，累计字数达 3200 万字以上。注重网络阵地建设，结合青年阅读学习习惯，创新思政类网络短视频。推出《学习二十大·马克思主义青年说》系列节目，用《人世间的普罗米修斯》《穿透历史迷雾的真理之光》《破解人类解放的终极密码》《推翻旧世界 建立新世界》《马克思主义与中国的双向奔赴》《真理之光照耀中国》《马克思主义中国化时代化的新飞跃》《聚焦现代化 奋进新征程》《实现中国梦的青春力量》9 集短视频向广大青年学子阐释"中国共产党为什么能""马克思主义为什么行""中国特色社会主义为什么好"。通过线上线下结合的方式，做到了传统媒体和新媒体的有效融合。

三、工作成效

《你好，大学生！》创办以来，已完成线上直播 60 期，共邀请嘉宾 200 余位，每期观看直播人数稳定在 20 万—40 万人次，最高一期观看直播人数超 53.6 万人次，线上累计参与互动量超 2000 万次。

2023 年，推出第三季《学习二十大·马克思主义青年说》系列短视频，获云报客户端开设专栏转载，各平台累计点击播放量达 1.9 万次。

先后被多家官方媒体宣传报道。制作《党的故事我来讲》100集系列微视频，《党的故事我来讲》之革命精神谱系 10 集微党课，《一封家书·一纸情长》红色家书夜读 100 集音频，《青听·红色家书里的初心》20 集音频，成功申报云南省哲学社会科学规划科普（音视频类）重点项目 1 项。《真理之光照耀中国》获"人文社科之光"首届云南省社科普及作品创作大赛科学思想引领类二等奖。

四、工作启示

（一）协同各方育人力量，构建思想政治工作大格局

思想政治工作是一切工作的"生命线"，要充分调动一切积极因素，广泛团结一切可以团结的力量，打造专兼结合的工作队伍，配齐配强思想政治工作骨干队伍，充实优化兼职工作队伍，不断壮大志愿服务工作队伍，构建共同推进思想政治工作的大格局。《你好，大学生！》的主讲团队是集先进典型模范、高校优秀思政课教师、高校优秀辅导员、青年同辈榜样等为一体的"大思政队伍"，有效完善了全社会共同参与的思想政治工作大格局，推动了思想政治工作走心走深走实。

（二）遵循基本原则，坚持思政课建设与党的创新理论武装同步推进

学校办好思政课，要开展好中国化时代化的马克思主义理论

教育，用习近平新时代中国特色社会主义思想铸魂育人。党的创新理论发展到哪里，思政课建设就要同步推进到哪里。《你好，大学生！》坚持小课堂与大课堂结合，把实践教学作为课堂教学的延伸拓展，切实帮助学生巩固课堂学习效果，使党的创新理论入脑入心、见言见行。

（三）坚持守正创新，推动思想政治工作内涵式发展

思政课是落实立德树人根本任务的关键课程，必须坚持守正创新，确保思政课建设的正确方向。要不断丰富思政课教学内容，创新叙事形式，充分发挥新时代伟大成就的教育激励作用，推动思想政治工作内涵式发展。《你好，大学生！》围绕学生实际需求，紧跟时代发展热点，引导学生感悟党的创新理论的实践伟力，树立正确的理想信念、学会正确的思维方法。

《准点开讲》：打造全民思政大课堂

一、基本情况

准格尔旗位于内蒙古自治区西南部、鄂尔多斯市东部，地处晋陕蒙三省交界处，有"鸡鸣三省"之称，连续18年入选全国百强县市，经济总量位居内蒙古自治区西部县级地区第二。新时代以来，在经济快速发展与城市化的过程中，大量农牧民举家转移进城，也吸纳了大量高学历、高层次人才和高技术产业工人就业安家（常住人口36万，流动人口达22万），重塑了原有社会结构，同时受多元文化冲击、舆论生态"去中心化"影响，群众的思想观念、价值观念更加多元多变，原有零散的、片段化的思政教育已经不适应形势的发展变化，急需通过提升基层思政工作的系统性、连贯性、持续性，最大限度凝聚社会共识、汇聚发展合力。准格尔旗按照"用共同理想信念凝聚民族意志，用中国精神激发中国力量"的要求，深入贯彻落实《关于新时代加强和改进思想政治工作的意见》，打破过去条块分割、各自为战的工作模式，把思政教育纳入工作全盘系统谋划、整体推进，创新推出《准点开讲》全民思政课，推动思政工作由行业、局部向全民、全局拓展，构建起全民思政工作大格局。活动开展1年多来，累计举办全民思政课12期、延伸活动近千场，线上线下受众达到100万人次，极大增强了全旗人民听党话、感党恩、跟党走的思想自觉、行动自觉。

二、主要做法

（一）搭平台、建机制，构建全民思政大课堂

围绕培养什么人、怎样培养人、为谁培养人这个根本问题，搭建平台、建立机制，为构建全民思政大课堂提供保障。

1. "智库＋顶流"打造最强师资。成立哲学社会科学智库，邀请中国社会科学院、中央民族大学、中国传媒大学等机构和高校的专家学者为智库专家，并将这些专家纳入《准点开讲》全民思政课师资库，同时广泛吸纳改革先锋、劳动模范、工匠大师、青年榜样、文化名家等加入授课队伍，以高水准、高规格、高知识理论水平，打造高起点思政教学力量。

2. "全域＋全员"打造全民大课堂。坚持"哪里有人哪里就有思想政治工作"，把握思想政治工作的整体性、层次性，纵向到底、横向到边，全面加强机关国有企业、民营企业、农村牧区、街道社区、中小学校等领域思想政治工作。《准点开讲》思政课每月固定1期，面向全旗群众免费开放，授课内容包括"铸牢中华民族共同体意识""内蒙古必须牢记的'国之大者'""非遗进校园""大师来到我身边"等主题，根据受众的不同特点确定相应主题。

3. "直播＋点播"搭建线上云讲堂。采取现场听讲、现场直播、短视频点播等多种形式，将讲座内容制作成微党课，将授课内容推广到理论学习中心组学习、"三会一课"、学校思政课、企业新思想报告会学习教育中，成为各领域沉浸式开展学习贯彻习近平新时代中国特色社会主义思想主题教育的重要窗口，进一步扩展思政课受

众，为全民思想政治工作注入持久力。

（二）强引领、筑根基，让创新理论入脑入心

《准点开讲》始终把政治性放在第一位，突出党的创新理论和理想信念教育，把思政课的"底色"亮出来。

1.牢牢把握政治属性，以坚定立场筑牢思政根基。《准点开讲》无论是师资选择，还是课程安排，都始终把正确的政治方向、价值取向放在首位，通过建立讲师背景审查、授课内容意识形态前置审核、现场监督评估等制度机制，确保让"明道""信道"的人"传道"，确保思政课堂始终成为传播马克思主义理论的坚强阵地。

2.强化思想引领，以党的创新理论凝聚发展之魂。《准点开讲》始终坚持不懈用习近平新时代中国特色社会主义思想凝心铸魂，通

2023 年 9 月 20 日，准格尔旗第三期《准点开讲》邀请党的二十大代表、全国劳动模范薛荣作"信仰的力量"专题讲座

过与各级党委理论学习中心组学习有机融合，有效宣传党的创新理论，力求把每一堂思政课讲出味道、建成"金课"。比如，第三期邀请党的二十大代表、全国劳动模范薛荣以"信仰的力量"为主题，与旗委理论学习中心组全体成员和600多名干部群众分享参加党的二十大的亲身经历与感受，并结合自身成长、企业发展对党的二十大精神进行了详细解读，极大鼓舞了全旗人民奋进新征程、建功新时代的信心和斗志。

3. 聚焦分众普及，以根本宗旨引领育人理念。主动适应不同群体和受众的特点，组建"星火"志愿服务队，开通"星火·云宣讲"平台，打响"星火"宣讲品牌，持续推进习近平新时代中国特色社会主义思想和党的二十大精神"七进"宣讲活动，在贴近群众、服务群众中启发思考、产生共鸣。

（三）广形式、多层次，让主流价值有形有感

1. 以小故事诠释大道理。《准点开讲》与时代主题连线，用小故事反映大主题、小切口呈现大图景、小细节折射大格局，以润物细无声的方式达到思政育人掷地有声的效果。同时，注重启发式教育，引导人们将"小我"融入"大我"，以"共建"实现"共享"，不断提高思想觉悟、道德水准、文化素养。例如，第7期邀请中国井冈山干部学院5名教授开展《品读红色家书，不忘初心使命》情境教学，感人肺腑、令人动容、发人深思。

2. 以现场对话激发思想共鸣。每期《准点开讲》都以近距离的访谈、零距离的对话和思想的碰撞引发听众思考，达到思想上解惑、文化上解渴、心理上解压的效果。例如，第6期邀请中国法学会宪法学研究会常务副会长、2023年度法治人物莫纪宏讲授《宪法在身边》思政课，通过大量的案例分析和现场互动，让宪法精神深

入人心。

3. 以艺术呈现增强感染力。将文艺创作与思想政治教育深度融合，通过歌舞、朗诵、舞台剧等形式，让人们受到沉浸式的感染。例如，第 8 期邀请了中国社会科学院世界传媒研究中心秘书长冷淞教授，授课地点选择在"盛世修典——'中国历代绘画大系'准格尔旗特展"展厅，冷淞教授以"大系"为主线，结合准格尔旗当地文化特色，生动讲述大力弘扬中华优秀传统文化的重要意义和宏伟实践，为社会大众更好理解中国历史文化、更加坚定文化自信提供了鲜活的美育课堂。

（四）立典型、学榜样，让正能量可见可学

1. 善用身边故事，讲好典型示范课。《准点开讲》坚持关注现实讲思政、联系身边讲思政，引导人们用马克思主义世界观和方法论观察国家发展变化，既教育引导人们向时代楷模、先进典型学习，也启发人们善于向身边的榜样学习，把树立崇高理想与见贤思齐、从身边的小事做起统一起来。比如，倾情助学三十载的耄耋老人刘显亮等本乡本土的先进典型现身《准点开讲》，极大提升了课堂效果，让人共情、共鸣和共行。

2. 发挥先锋模范作用，讲好奋斗圆梦课。发挥思政课鼓舞人、引领人、激励人的作用，邀请各类先锋模范现身说法，分享成长经历、畅谈圆梦故事，引导人们坚定发展信心，积极投身中国式现代化的火热实践。比如，以"探索中国空间站的奥秘"为主题的青少年思政课邀请航天科普专家钱航博士担任主讲，用中国航天伟大成就、伟大事迹、伟大精神为广大青少年播撒仰望星空、飞天逐梦的精神火种，激发青少年弘扬航天精神、投身航天事业的热情和动力。

3. 深挖红色资源，讲好理想信念课。积极运用准格尔旗工委纪念馆、四道柳地下交通站、葫芦头梁党小组活动旧址、马栅地区革命活动展厅、中共魏家峁党总支部活动旧址等红色资源，打造《准点开讲》第二课堂，开发精品红色研学路线，力求营造"现场感"和"参与感"，踩着先辈的足迹追寻红色记忆，沉浸式感受党的奋斗历程。

三、工作成效

（一）推动党的创新理论在基层落地生根

《准点开讲》贴近实际、贴近生活、贴近群众，持续性开展理论宣讲，以权威、生动的宣传方式传播党的理论，引领群众思想，让党的创新理论扎根基层。通过《准点开讲》打造精品思政课，形成常态化学习机制，不断提升群众的理论素养和基层宣传思想文化队伍建设水平。

（二）推动社会主义核心价值观深入人心

《准点开讲》以全民思政课方式积极培育和践行社会主义核心价值观，在确定宣讲主题和宣讲嘉宾时，有针对性地围绕形势和热点确定主题，邀请模范、"大咖"助力，吸引群众参与，及时有效回应群众关心的各种现实问题，用"润物细无声"的朴素话语实现"日用而不觉"的思想熏陶。同时，通过准格尔旗全域一体化传播中心，广泛传播宣介《准点开讲》内容，积极推动社会主义核心价值观融入人民群众日常生活、融入城市文化和乡村文化建设。

（三）推动模范榜样力量引领时代风尚

《准点开讲》把先进典型与全民思政结合起来，既广泛宣传展示模范人物先进事迹，又让群众近距离接近榜样典型，使群众可以更好感受先进模范事迹，自觉学习先进、崇尚先进、争当先进。全旗"十星级文明户"、文明家庭、道德模范、"身边好人"、优秀志愿者、"好婆婆"、新乡贤等先进典型评选活动广泛开展、反响热烈，形成了善行义举广为传颂，道德模范、"身边好人"大量涌现的良好社会环境。

四、工作启示

《准点开讲》充分调动全社会力量和资源，打造汇聚正能量的全民思政"朋友圈"，对做好新形势下基层思想政治工作进行了有益探索。

（一）必须构建全民思政大格局

要坚持把思想政治工作融入各项工作，构建起全方位、多层次、宽领域的思想政治工作大格局，推动思政工作对象从学校思政、企业思政等重点群体拓展到全民思政、全员思政、全域思政。

（二）必须遵循思政工作规律

要遵循社会发展规律、思政工作规律、人的发展规律，把显性教育与隐性教育、解决思想问题与解决实际问题、广泛覆盖与分类指导结合起来，因地、因人、因事、因时制宜开展思政教育，不断增强思想政治工作的时代感和吸引力。

（三）必须坚持开门办思政理念

要坚持原则性和灵活性相统一，在把握好方向导向的前提下，从基层最关注、群众最关心的问题入手，把师资、课程主题的选择权交给群众，以百姓视角、百姓态度诠释大道理、讲活新思想，以故事化、形象化、情感化表达传递温暖、自信和向上的力量，让受众在有趣、有益的学习氛围中，收获精神滋养与洗礼。

（四）必须探索基层思政新路径

基层思想政治工作要以理论宣讲为载体，采用更加灵活的形式、丰富的内容，不断推进路径创新，实现融会贯通、浸润心田，进而达到举旗帜、聚民心、育新人、兴文化、展形象的目标。

"红潮"大思政工程：
校地联动推进青少年铸魂立心

一、基本情况

浙江省杭州市钱塘区建有省内规模最大的高教园区，汇聚 14 所高校、25 万余名师生，师生人口约占全区常住人口的 1/3，得天独厚的高校资源为创新"大思政"教育模式奠定了坚实基础。近年来，钱塘区打通区域、学段、校际界限，构建了以宣传、教育部门牵头抓总，14 所高校协同配合，中小学积极参与的开放共融"大思政"联盟，通过平台共建、资源共享、队伍共培、青年共育，创新实践钱塘"红潮"大思政工程，引导青少年形成坚定的理想信念、高尚的道德情操、强烈的家国情怀和全面的综合素养。

二、主要做法

（一）凝聚"机制保障力"，一体化建设"区校互联"大格局

1. 校地联通一体化统筹。发布钱塘"红潮"大思政工程建设实施方案，建立党委领导，区委宣传部、区教育局牵头抓总，大中小学一体化联盟、各部门协同联动、政校企社联动的建设机制。成立

"红潮"区校思政联盟，联合属地高校、党政群团部门、中小学，形成"1"联、"2"委、"4"中心的"一核多元"的思想政治教育大格局，提升思政工作的指导协调能力，以思政联盟为"一核"，推动全区"大思政"教育多元发展。每年由一所高校担任轮值主席单位，联盟成员单位建立联席会议制度，通过定期互访、常态互动，共同开展思政教育理论等系统研究，合力推进思政联盟工作。

2.学段联通一体化帮建。建立一体化"联帮带"机制，14所区内高校结对14家区属教育集团，组建区级大中小学思政一体化共同体，整合师资力量，开展"百师联百校"行动，加强指导和服务。围绕"八八战略"重要内容，开展"同一主题、联合教研、联合展示、联合实践"的"一同三联"大中小学思政一体化教学变革活动，目前已推出思政"金课"30节和示范微型党课100余节。开发钱塘特色系列思政读本，深化各共同体牵头高校专业引领，分学段编写《习近平新时代中国特色社会主义思想学生读本》等课程学习指南，推出《钱塘印记》《围垦历史文化读本》等特色乡土读本。

3.平台联通一体化配置。基于"钱塘潮声""钱塘优学"等现有数字化平台，共同搭建集学、练、评、管、用于一体的数字化平台，解决资源匹配难等问题。例如，"钱塘潮声"理论宣讲平台通过建立"讲师资源+讲师课程"资源库，对宣讲员人数、课程数量、人员分布、宣讲主题等进行存储、统计、分析，联结讲师和听众双方需求。同时，为满足区内大中小学研学实践需求，系统设置"思政研学"模块，为学生预约研学点位提供快捷服务。

（二）筑牢"体系支撑力"，一体化提升"精品共建"大课堂

1.建强专业名师"主力军"。推进思政名师培育工程，设立30个教学、研究、培养等多功能思政课名师工作室，开展教师全覆盖

45

培训。深化理论研究，承办浙江省大中小学思政课一体化示范金课专题研讨会，组建"红潮·思政智库"，以在区高校思政专家为主体，聘任 10 位"红潮"思政导师，结合中小学思政课名师、知名文化学者等力量，专题研究、系统推出"红潮"大思政理论和实践成果。组建考评专家工作组，加强大中小学思政课一体化建设工作的咨询指导、业务培训、绩效评价和监督检查。

2. 壮大校外导师"兼职团"。活用校外"大师资"，建立兼职导师入校讲思政机制，累计邀请党政领导干部、高校学者专家、"最美人物"及劳动模范、青年英才等入校授课 200 余次。开展"钱塘第一课"系列活动，邀请奥运冠军管晨辰为学生带来亚运主题思政课，邀请西子航空等知名企业代表带领同学领略工匠精神。组织开展区、街道、村社三级书记入校讲思政课活动 60 余场次。

3. 培养青年宣讲"预备役"。深入推进新时代青年理论宣讲，吸纳区内高校优秀大学生和青年讲师宣讲员，组建"红潮·讲习团"，编制习近平新时代中国特色社会主义思想系列宣讲课程，围绕党的二十大精神、"八八战略"等主题，累计开展宣讲 200 余场次，覆盖青少年 2 万余人。例如，浙江工商大学学生宣讲员开展"寻访老兵足迹，传承红色记忆——老兵口述史"系列实践活动，在采录整理老兵口述资料的基础上，面向钱塘大中小学、街道社区开展主题宣讲 37 场，制作专题视频 267 集，用青年力量讲述老兵故事。

（三）激发"特色引领力"，一体化拓展"实践共育"大平台

1. 基地践学，让思政课"聚起来"。统筹开放联盟单位爱国主义教育基地、思想政治教育基地 100 余处，实体化运行"红潮"青少年思政学院，实现学习阵地共享。开展"'八八战略'·钱塘印记"调研活动，推动青年学习小组开展集中学习，面向全区青年征集主

题宣讲文章、读书笔记、Vlog 等优秀作品 100 余篇。开展"'八八战略'在身边"主题宣讲联合展示活动，800 余名优秀青年宣讲员走进基层直接面向学生、居民、工人等开展主题场景宣讲，将党的创新理论送入基层一线。浙江理工大学、中国计量大学、浙江金融职业学院等高校利用丝绸博物馆、计量博物馆、货币主题展等校内资源增强内外互通，面向区内中小学开展"实业救国"等情境式教学活动，累计服务人数达 20 万人次。

2. 主题研学，让思政课"亮起来"。围绕红色根脉、智能制造、乡村振兴、科技创新等钱塘区特色元素，整理发布 10 条精品思政研学路线，上线运行"红潮"号思政研学巴士，成功打造"钱塘思政大道"，累计开展情境式教学 200 余次。浙江理工大学、浙江工商大学、浙江财经大学等高校的 1000 余名学生赴全国文明村江东村开展思政研学，让同学们感受战天斗地的围垦精神。举办"红

2023 年 6 月，杭州市钱塘区首届"红潮"杯大学生思政辩论赛正式打响

潮"杯大学生、中学生思政辩论赛，全面展现当代青少年的青春风貌。举办"青春有信仰"杭州大学生网络文明节，设置"我们的青春有信仰"等互动话题，累计阅读量超 2 亿人次。

3. 青春创学，让思政课"活起来"。实施"钱塘潮青年基层实践成长计划"，区属街道、乡村、社区团组织与区内高校联合实施实践结对项目，打造"钱塘校融·校企双进"实践品牌，联动 10 余所区内高校，共建百家区级见习实习基地，遴选千名优秀企业人才担任高校"产业导师"，组织万名大学生考察本地优质园区企业。发挥钱塘高校联合校友会等团体组织作用，推荐遴选百名优秀成功企业家组建创业导师团，建立"师友结对"工作机制。推出"大学生创新创业一件事"，做好创业大赛优质项目全过程对接服务，目前共建成大学生创业平台 51 个，大学生累计创业超 6000 家。

三、工作成效

（一）打造了"有体系的思政课"

建立"红潮"区校思政联盟，联合属地高校、党政群团部门、中小学，构建"一核多元"的思想政治教育大格局，以思政联盟为"一核"，推动全区"大思政"教育多元发展。打破学段界限，建立一体化"联帮带"机制，组建 14 个区级大中小思政一体化共同体，开展"同一主题、联合教研、联合展示、联合实践"的"一同三联"大中小学思政一体化教学变革活动。

（二）打造了"有内容的思政课"

推进思政名师培育工程，依托思政课名师工作室，开展教师全覆盖培训。深化理论研究，承办浙江省大中小思政课一体化示范金课专题研讨会，组建"红潮·思政智库"，专题研究、系统推出理论及实践成果 38 篇。组织开展区、街道、村社三级书记入校讲思政课活动，区委书记牵头赴浙江理工大学为大一新生讲述《"八八战略"的钱塘实践》。吸纳优秀大学生和青年讲师宣讲员，组建"红潮·讲习团"，让"80 后""90 后""00 后"宣讲员站上宣讲台"C 位"。

（三）打造了"有风景的思政课"

运行钱塘"红潮"思政学院，统筹区校学习阵地共享。围绕红色根脉、智能制造、乡村振兴等特色主题，发布 10 条精品思政研学路线，涉及研学点位 60 余个，上线"红潮"号思政研学巴士，打造"钱塘思政大道"，开展情境式教学 100 余次。注重区校互联，联动区内高校举办"红潮"杯大学生思政辩论赛、"青春有信仰"杭州大学生网络文明节等思政系列活动，助力青春梦想。

四、工作启示

（一）要聚焦立德树人，做好学段衔接

不同学段、不同区域、不同学校的学生有着不同的成长环境、教育资源与性格特点。小学阶段的一体化建设是基础阶段，应该着重强调小学思政课的奠基作用，让爱国爱党爱人民的道德情感在学生心中萌芽。中学思政课应注重理论性知识传授，采取多种传输型教育方法，强化学生的理论认同，同时激发中学生对思政课学习的主动性和积极性。大学思政课要注重学理性知识的阐释，继而强化学生的爱国情感，引导学生把专业知识和强国志向结合起来，使之

成为具有使命感、责任感和担当感的中国青年。

（二）要共建教师团队，完善课程体系

在大中小学思政课一体化建设的推进过程中，教师队伍的建设要提升协同意识，从协同培养、系统教育、持续发展的角度加大教师队伍之间的交流与互动，架构学校间宏观的教师队伍建设布局。在保持教育目标一致的基础上做好思政课课程内容的梯度衔接，统筹好教育主体共性和不同学段学生个性的关系，做好课程体系设置、课程内容优化和教材体系建设，既不能导致教学内容简单重复，又要在富有差异性的基础上相互配合、衔接贯通，实现思政课内涵建设的立体化呈现，让学生在每一个阶段都学有所得、学有所获、学有所长、学有所乐。

（三）要优化评价机制，提供制度保障

完善思政课评价机制，增强政治意识统领能力，对思政课教师"政治修养"和"专业知识"两手抓，同时完善思政教师考核评价机制。一方面，教师自身需要具有扎实的专业知识，积极融入学生群体，发挥引导、宣传和教化作用；另一方面，建立以教学评价为核心的思政教师发展体系，高校教师考核评价应遵循分类指导和分层次考核评价的原则，避免"唯分数论"或"重科研、轻教学"，以教学为核心，辅之以科研和社会服务两方面展开考核评价。要把家庭、校园、社会三者联动起来，共同评价思政课一体化成效，使思政课联通大中小学、贯穿生活方方面面。

"舞台思政课"：
把思政教育贯穿艺术教育全过程

一、基本情况

　　大连艺术学院是全日制普通本科民办高校，经过 23 年的不断探索，形成了大型剧目实践教学和思政育人的办学特色，在剧目创作中巩固并深化理解思政课的内容，挖掘职业素养和科学精神，统筹艺术院校育人资源，完善艺术实践育人模式研究和探索，将思政元素融入艺术作品创作，融入艺术专业课程，融入艺术实践，体现以社会需求为导向、以人才培养为导向的创新路径。学校始终坚持以剧目创作构建艺术专业"大思政"实践育人体系，把立德树人作为根本任务，把思政教育贯穿于艺术教育的全过程，担当艺术教育思政铸魂、以文化人、以艺育人的教育职责，构建了以"思政铸魂、立德育人、大爱情怀、守正创新"为核心内容的"大思政"育人体系。

二、主要做法

（一）构建剧目思政化的实践教学管理体系

　　在践行立德树人、培根铸魂的育人实践中，依托剧目开展思政工作，就艺术生而言是最有效、最直接的育人方式。经过几年的探索，逐步创建了剧目课程思政化的实践教学管理体系。学校制定了思政实践教学管理制度，建立完善对学生的实践学分评定、思政实践课的安排、展演赛的组织实施等制度，从领导、管理、评价、激励等方面构建了思政育人的剧目实践管理体系，为剧目思政提供了制度保障，有效地解决了实践教学和日常教学的矛盾、教师实践和学生实践的矛盾、个人实践和团体实践的矛盾等实践教学过程中的困扰，不仅符合学校的实际，还激发了师生全身心投入剧目的积极性。

（二）将思政工作贯穿剧目创排全过程

学校党委通过召开"大思政"工作研讨会，厘清思政课堂与课堂思政、理论教学与实践培育、坚守正道与开拓创新等方面的关系，构建具有艺术类大学特色的"大思政"体系，使剧目的创作、排练过程成为生动的"大思政课"。每个剧目创排，校领导都要现场授课，从理想和信念的高度讲述剧目的时代价值；思政教师来到排练场帮助参演师生分析作品的思政内涵，进行现场教学；艺术专业教师与学生一起创作、同台排练演出，根据剧目的思政教育主题，以组织者、促进者和对话者的身份，从多角度讲解舞台呈现的特定情景；党务和思想政治工作队伍积极围绕剧目创排进行现场互动、营造氛围，成立临时党团组织、开展创先争优活动、全方位搞好服务保障，将思政工作贯穿创排的全过程。学校组织剧目创作人员深入祖国各地进行采风，在获得创作素材的同时，接受灵魂的洗礼。师生在剧目实践的过程中，实现了把理想信念"随风潜入夜"地嵌入心灵深处、在教育过程播下真善美种子的育人目标，实现了"三个课堂"思政一体化打造。

（三）剧目思政融入教学科研和经常性思政工作

学校所有专业课程都根据本专业的教学特点，将剧目的内容结合进来，进行各有侧重的课程思政教育。例如，《追梦·青春》创排全面开展后，学校党委制发《〈追梦·青春〉思政工作实施方案》，明确各个阶段的思政工作任务，广泛开展戏里戏外的思政工作。所有二级学院分别将剧目展现的4种精神进行分解剖析，开展《追梦·青春》思政授课月活动，由学院领导、教师、辅导员与学生会干部开设各种讲座，各学生社团也有针对性地组织摄影、摄像与诗歌散文比赛，使思政课程融入学生的学习与生活。美术学院在为23位"两弹一星"元勋雕像的创作过程中，组织参与创作的学生交流创作体会，升华思想认识。学校科研部门围绕《追梦·青春》进行思政课题招标，教学管理部门组织师资力量，对现有教材进行修改，将实践教学和思政课内容纳入其中。学校真正形成了用"大思政"理念作指导，全员全过程全方位地进行思政课程与课程思政的新局面。

三、工作成效

（一）创演思政剧目，传播中国声音

2012年至今，大连艺术学院先后推出了"和平三部曲"（《汤若望》《樱之魂》《和平颂》）、"青春五部曲"（《丝路·青春》《追梦·青春》《梦想·青春》《信念·青春》《拥抱·青春》）、《辽宁之歌》、《光荣·梦想》等10部原创大型思政剧目。不仅在大连、沈阳和北京人民大会堂接连上演，还以网络直播等方式，创造了辽宁

省 100 多所高校、1000 余万人次线上线下同上一堂思政大课的壮举，同时通过抖音、快手、微博等新媒体平台，持续发酵热度，吸引青年学子的关注。人民日报、新华社、中央广电总台等 100 多家媒体进行了报道，社会影响广泛。

（二）演绎红色传奇，赓续精神血脉

以弘扬辽宁"六地"红色精神为主题的原创大型舞台思政剧《光荣·梦想》，是学校 10 年来创作的第十部思政大剧。该剧参演师生多达 700 人，为观众展现了一堂"行走的思政课"，学生分成 6 组到辽宁"六地"去挖掘、研究和弘扬红色精神，走进历史的红色篇章，引导了广大学子大力发扬红色传统、传承红色基因，赓续共产党人精神血脉，争做堪当中华民族伟大复兴重任的时代新人。

原创音乐剧《追梦·青春》在人民大会堂演出剧照

（三）掀起红色热潮，思政入脑入心

学校打造的系列思想性、艺术性与观赏性兼具的"舞台思政课"，让思政教育"走新"更"走心"，让党史学习教育走实走深，成为校内思政、党建工作的有力抓手。近年来，学校毕业生自愿到新疆、西藏等地区工作的越来越多。学校积极申请入党的学生占总数的 75% 以上；每年报名参军入伍的都在 100 人以上；3000 多名大学生参加了 20 多个志愿者和公益性社团。

四、工作启示

（一）要以"大视野"开阔实践育人路径

实践思政是在以学生为主体的实践活动中充分激活思政育人元素，引导学生情境理解、过程体验、理性反思，培养学生的问题意识、行动意志、价值观念和情感态度。大连艺术学院牢固树立实践教学的新理念，不断更新观念、拓宽视野，树立了"三个基本观点"，即明确了艺术教育与艺术实践教学的关系，树立了艺术实践教学是艺术教育根本内容的基本观点；明确了应用型艺术人才培养目标与艺术实践教学的关系，树立了艺术实践教学是培养应用型艺术人才根本途径的基本观点；明确了学生主体性与艺术实践的关系，树立了艺术实践是充分发挥学生主体性的根本要求的基本观点。有效建构创、编、演、观、思、辩等多层立体的实践育人机制，为艺术实践教学提供根本保证。

（二）要以"大课堂"建构实践育人平台

建构新时代高校"大思政课"视野下实践育人的"大课堂"，要通过课程共融、平台共建、资源共享、考评共赢的协同联动，形成一个有机整体。剧目教学就是创作条件，把学生学习、排练和演出剧目融为一体的艺术教学模式，是大连艺术学院建构的实践育人"大课堂"，也是实现艺术类课堂教学与展演相结合的重要媒介。一方面，以剧目教学实现教学与创造、研究相融合，是学生接受思想政治教育的重要方式；另一方面，以剧目教学推进实践教学与学生素质涵养相融合，引导学生在实践中提高沟通协作能力、创新实践能力，培养良好的心理素质。

（三）要以"大担当"凝聚奋斗力量

实践育人育德，育的是为国家富强、民族复兴担当大任之大德。作为高校要深刻领会习近平新时代中国特色社会主义思想的科学体系、核心要义、实践要求，深刻把握习近平总书记关于教育的重要论述的深邃内涵和党的二十大关于教育、科技、人才一体部署的战略意义，深刻认识习近平总书记关于建设教育强国重要论述的时代呼唤和现实要求，进一步坚定"为党育人、为国育才"的初心使命，增强以高质量党建引领高等教育高质量发展、发挥教育强国建设龙头作用的内生动力。

坚持"12345"工作思路
做好大学生思想政治教育

一、基本情况

贵州大学位于贵州省贵阳市，是教育部与贵州省人民政府"以部为主、部省合建"高校，是国家"世界一流学科建设高校"、"211工程"重点建设高校、"一省一校"重点建设高校。贵州大学创建于1902年，历经贵州大学堂、省立贵州大学、国立贵州农工学院、国立贵州大学等时期，1950年10月定名为贵州大学。1951年11月，毛泽东同志亲笔题写"贵州大学"校名。

近年来，贵州大学着力把思想政治工作体系贯通融入学科建设体系、教学质量体系、教材建设体系、管理服务体系，通过守好"一个根本任务"、办好"两类核心课程"、建好"三支关键队伍"、探索"四大育人模式"、实施"五大专项行动"，构筑了德育铸魂、智育固本、体育强基、美育润心、劳育锤炼持续完善的"五育"并举新时代育人体系，初步形成上下联动、示范带动、多轮驱动的"三全育人"工作格局，抓实抓牢抓好新时代大学生思想政治工作，对于大力培养有理想、敢担当、能吃苦、肯奋斗的堪当民族复兴大任的时代新人发挥了重要作用。

二、主要做法

（一）牢记教育初心使命，守好"一个根本任务"

通过持续深入推进"理论宣传二人讲"工作，开展"高校青年·思想论坛""百场宣讲进支部""百家社团迎宣讲"以及"主题宣讲进网络"等活动，用习近平新时代中国特色社会主义思想铸魂育人，用党的创新理论吸引学生、说服学生、引导学生，不断增进其对党的创新理论的政治认同、思想认同、理论认同、情感认同，激励和引领广大青年坚定不移听党话、跟党走，为推进中国式现代化贡献青春、智慧和力量。

（二）深耕课堂教学阵地，办好"两类核心课程"

坚持思政课程与课程思政同向同行，形成立德树人协同效应。完善《思想道德与法治》《习近平新时代中国特色社会主义思想概论》《中国近现代史纲要》《马克思主义基本原理》《毛泽东思想和中国特色社会主义概论》《形势与政策》《中共党史》《贵州省情》等思政课程体系，充分发挥思政课程主渠道主阵地作用。深化课堂教育教学改革，通过线上教学与线下教学相结合、课堂教学与实践教学相对接、集中教学与分散教学相补充，精心打造课程思政示范专业核心课程，《国际战略学》和《农药化学》两门课程分别入选2021年教育部普通本科教育、研究生教育课程思政示范课程。《园艺植物种质资源学》《现代密码学》《野生动植物保护与管理》《高等代数 1-1》《大学英语》等课程先后入选贵州省普通本科教育课程思政示范课程。

（三）聚焦提升育人质效，建好"三支关键队伍"

　　一是着力打造一支政治理论水平高、业务能力强的辅导员队伍。组织开展辅导员素质能力大赛、辅导员年度人物评选等，在"优选""赋能""严考""增效"4个方面加强辅导员队伍建设，充分发挥考核评价"指挥棒""风向标"作用，充分调动辅导员队伍安心、专心、尽心提升育人实效。辅导员李云获全国高校辅导员素质能力提升骨干训练营（原第九届全国高校辅导员素质能力大赛）"全国十佳标兵"、全国"最美高校辅导员"称号。二是着力培养一支坚持"四个相统一"的教师队伍。组织开展"我心目中的好导师""国华奖优秀教师"评选、思政课教师"精彩一课"教学比赛等活动，把师德师风建设摆在首要位置，引导教师坚定理想信念、陶冶道德情操、涵养扎实学识、勤修仁爱之心，树立"躬耕教坛、强国有我"的志向和抱负，潜心教书育人，培养更多堪当民族复兴重任的时代新人。2023年，贵州大学"师德引领名师赋能，以

贵州大学师生共话"我心中的思政课"

赛促教示范辐射，强力推动教师专业发展——贵州大学教师教学发展中心建设案例"入选全国高校教师发展中心建设优秀案例，编入全国《高校教师发展中心建设优秀案例汇编》。三是着力锻造一支政治强、业务精、作风硬的干部队伍。聚焦锤炼党员干部"政治三力""七种能力""八项本领"，常态化长效化组织举办"凝心聚力共谋发展　做强贵大""管理干部履职能力提升"等专题培训班。

（四）守正创新主动作为，探索"四大育人模式"

一是打造"导师指导＋研究生主导＋本科生参与"的实践育人新模式。构建"国家—省—校"三级实践教学基地，统筹推进课内与课外实践育人平台建设。创新开展"博士村长"计划，首创"产业＋专家＋基地＋博士村长"工作模式，充分发挥高校研究生知识、智力、技术优势，在产业帮扶、科技服务、人才支持等方面积极行动。二是打造"1+3+N"网络育人新模式。以"溪山融媒中心"建设为载体，强化网络赋能建强网络文化阵地，积极打造"四微一报一网一朵云"融合媒体平台，建成"班—院—校"三级联动的网宣员队伍，通过"易班""贵研新声""贵大青年"等多平台，充分发挥网络育人工作实效。三是打造"七进＋"精准化服务育人新模式。将科研、创新、校史学习等融入日常活动，持续深化"融"的理念，强化"合"的力量，探索启动本科生"三长制"（楼长、层长、寝室长）试点建设模式和研究生功能型党组织创建活动，打通思政育人"最后一公里"。四是打造"456"心理育人新模式。坚持以"加强大学生心理健康教育，优化大学生心理品质，促进大学生健康成长和全面发展"为工作目标，构建"四早教育"预防机制、"五位一体"服务体系和"六个平台"育人载体，促进学生成长成才。2021 年，贵州大学选送的学生自编自导自演的心理情景剧《影子》在第四届全国高校心理情景剧大赛中获一等奖（第一名）。

（五）以生为本系统谋划，实施"五大专项行动"

一是大力实施爱国主义教育行动。融汇中国共产党人精神谱系、立德树人根本任务和百年贵大文化传承，以沉浸式展陈体验方式打造党建思政文化中心。二是大力实施文化浸润行动。坚持"价值塑造、能力培养、知识传授"三位一体育人理念，以阳明心学打造特色通识学院，以文化人，以文育人。着力构建"溪山文化"品牌，推进学校"百年文化工程"建设，依托校史馆、党建思政中心、中国文化书院等，培育建设具有红色基因、符合时代要求、体现贵州特色、具有贵大品格的特色校园文化。三是大力实施学风建设行动。落实"厚基础、强能力、重素质、求创新"人才培养理念，持续推进"博学计划"，培养具有家国情怀、全球视野、创新精神和实践能力的拔尖创新人才。四是大力实施精准资助行动。通过开展丰富多彩的资助育人活动，培养学生诚信感恩、励志图强品格，不断提升资助育人成效。五是大力实施试点建设行动。深化拓展"三全育人"试点学院建设工作，通过树榜样、找差距、挖深学科价值，丰富育人内涵，逐步形成了"一院一特色""一院一品牌"的"三全育人"特色和亮点。

三、工作成效

2018 年，贵州大学党委入选首批"全国党建工作示范高校"培育创建单位，机械工程学院材料成型及控制系党支部、学生资助管理中心党支部入选首批"全国党建工作样板支部"培育创建单位。2019 年，贵州大学入选教育部首批"三全育人"综合改革试点高校。2020 年，贵州大学获批 1 个省级"三全育人"综合改革试点学院。2021 年贵州大学"非暴力沟通视角下寝室矛盾调解案例分析"获全国高校思想政治工作优秀案例一等奖。2022 年贵州大学"党旗领航促育人，同心奋战强担当"和"创新'1234''互联网＋'智慧服务模式"2 个案例入选全国高校思想政治工作网资源库，并在"一站式"学生社区综合管理模式建设工作云平台进行集中展示。2023 年"构建'456'模式心理育人体系的实践与探索"等 5 个项目入选贵州省 2023 年度高校思想政治工作质量提升综合改革与精品建设（培育）项目，融媒体工作案例被教育部思政司评为优秀工作案例。

四、工作启示

（一）必须牢记初心使命

必须全面贯彻党的教育方针，落实立德树人根本任务，牢记为党育人、为国育才初心使命，按照教育部统一部署，结合奋力打造习近平文化思想生动实践地、加快建设多彩贵州文化强省以及自身办学特色，启动实施立德树人工程，深入实施"时代新人铸魂工程"，用习近平新时代中国特色社会主义思想铸魂育人，引导青年坚定不移听党话、跟党走，为推进中国式现代化提供坚实人才支撑。

（二）必须坚持以生为本

办好人民满意的教育不仅是党和国家的现实需要，更是满足人民对美好生活向往的必然要求。高校思想政治教育必须坚持人民至上、以生为本的理念，构建服务学生成长成才的育人体系，努力让每位学生都拥有光明的未来和出彩的人生。

（三）必须坚持系统观念

做好高校思想政治教育需要构建家庭、社会、学校共同参与的一体化工作体系，需要构筑党建引领下的课程育人、科研育人、实践育人、管理育人、服务育人、文化育人、网络育人、心理育人、资助育人平台，需要在管理机制、课程体系、"五育"融合、队伍建设、考核评价等方面协同发力，实现全员育人的有效协同、全过程育人的有机衔接、全方位育人的有机融合。

（四）必须坚持守正创新

思想政治教育工作要赢得优势、赢得主动、赢得未来，就必须坚守方向之"正"、理论之"正"、道路之"正"、制度之"正"、文化之"正"，创路径之"新"、方式之"新"、载体之"新"、平台之"新"、阵地之"新"，在推动思想政治教育提质增效中准确识变、科学应变、主动求变，切实提升思想政治教育质量和效果。

（五）必须坚持问题导向

要树立问题意识，及时发现制约青年大学生成长成才关键难题，引导大学生在学习中升华、在内省中完善、在自律中养成、在实践中锤炼，从而实现党和国家对时代新人的培养目标。

"北邮蓝"点亮"中国红"：
打造具有信息科技特色的爱国主义教育新模式

一、基本情况

作为新中国第一所邮电高等学府，北京邮电大学见证了永不消逝的电波，承载着"信息黄埔"的传奇。从周恩来同志"传邮万里 国脉所系"的亲笔题词，到毛泽东同志"人民邮电为人民"的战略指引，再到习近平总书记对"加快建设网络强国"的重要部署，北京邮电大学始终坚决贯彻落实党和国家决策部署，走过了因邮电而生、随通信而长、由信息而强的发展历程，积淀了丰厚的邮电文化和邮电情怀。

新时代背景下，北京邮电大学坚持将爱国主义教育作为立德树人的鲜明底色，实施"知邮铸魂""传邮育心""强邮报国"三大工程，引导学生厚植邮电情怀，矢志网信报国，构建具有北邮特色的"大思政课"。

二、主要做法

（一）实施"知邮铸魂工程"，从红色历史中汲取奋进力量

1. 贯穿教学环节，打造爱国主义教育大课堂。把握思政课程

"主渠道"，旗帜鲜明讲爱国。学校进行"一课一品"思政品牌课程建设，开设了"大国崛起与科技创新""通信报国之路"等8门通信史精品选修课。借助课程思政"大平台"，润物无声讲爱国。实施课程思政"双百工程"，打造了百门课程思政标杆课程和百个课程思政工作案例，将爱国精神、邮电故事等与专业教学内容有机结合，推动"课程精品化、课堂精彩化、教学品牌化"。

2. 拓展践学资源，开辟爱国主义教育新阵地。与中国电信博物馆联合建立邮电文化实践育人基地，打造"通信场馆里的思政课"，组织学生参观50余场次并录制系列微党课。打造"厚重历史中的思政课"，组织师生重走蒲洼步班红色邮路，参观西柏坡山河圣地邮局、国家安全教育馆等，激励学生从邮电发展史中汲取力量。打造"科研一线中的思政课"，带领学生走进科技创新展示中心、鹏城实验室、华为松山湖基地等科研创新一线，开拓前沿视野。

3. 创新讲学模式，构建爱国主义教育多模态。通过搭建校史、学科史育人体系，挖掘校园文化中物质、精神、行为、制度、学科等文化的丰富内涵，以"六学联动"的方式开展各类爱国主义教育活动100余场次。统筹辅导员、博士生、退役大学生及离退休老干部组建"杏坛雁语"宣讲团，开展"北邮人、北邮事、北邮情"十大主题宣讲千余场次，将"天下事"讲成"身边事"，引导学生将个人成长融入学校发展、融入党和国家事业。

（二）实施"传邮育心工程"，在校园活动中增强使命担当

1. 聚焦"人事物"，挖掘"小线索"，打造邮电文化主题活动传扬邮电文化。深入挖掘邮电文化中的育人资源，以《永不消逝的电波》主人公李白烈士为原型创排《寻找李白》校园舞台剧，连续4年进行展演，辐射4万余名师生。梳理叶培大、蔡长年、周炯磐

等北邮大先生躬耕祖国通信事业的光辉事迹，进行校园大师剧创排展演。围绕党史知识、中华优秀传统文化等主题开展 5 场专题邮票展，以方寸"小切口"反映时代"大主题"。

2.大咖"面对面"，师生"零距离"，建设标志性校园文化品牌传承国脉精神。聚焦教育、文化、社会、科技等领域，举办"国脉大讲堂""传邮大讲堂"主题讲座，邀请校内外各行业有影响力、有代表性、有正能量的名家大师走进校园、走近学生。例如，邀请"八一勋章"获得者钱七虎院士、时代楷模万步炎教授等讲述爱国奋进故事。活动开办以来，辐射 3 万余名学生，是学校创新文化育人的载体和内容的有效实践。

3.融合"1+1"，联通"内与外"，开展科技文化系列活动传递北邮智慧。学院立足学科特点开展数字文化节、网络空间文化节、智能机器人节等主题活动，举办科研报国专题讲座 200 余场次。学校打造"书记下午茶""校长有约""院士讲坛""院长零距离"等特色育人活动，形成了"全国高校黄大年式教师团队"讲大国担当、两院院士讲核心技术、智库学者讲前瞻政策、杰出校友讲行业发展的校园科技文化氛围。

（三）实施"强邮报国工程"，在科技研发中坚定爱国信仰

1.推动科教融汇，进行项目式科研训练。让学生真正参与国家战略项目的课题组、接触到核心技术瓶颈的问题源、置身于前沿科技创新的第一线。与高水平科研团队共建一批科创融合"大挑战"实验室，立项 10 个"大挑战"项目，形成了一套科教融合、本研共创的协同育人新机制。

2.促进创教融通，实现沉浸式创新实践。学校与龙芯中科等 10 家信息通信、集成电路研发单位联合建立校外创新创业实践基地，

发力解决芯片等"卡脖子"技术难题。创建"一院一竞赛"培育模式，连续 14 年举办大学生创新创业实践成果展。打造"红色教育 + 社会调研"综合社会实践模式，校院两级与河北雄县、山西长治等地共建实践育人基地 300 余个，鼓励学生积极参与全国"互联网 +"大学生创新创业大赛"青年红色筑梦之旅"赛道。

3. 深化产教融合，注重实战式人才培养。作为全国 12 所国家人工智能产教融合创新平台"挂帅"高校中的唯一一所"211"高校，学校聘请企业技术专家担任兼职导师，校企联建"数据通信网络"等 40 余门前沿技术课程，设立校企合作实战课题，搭建学生实训平台。学校接茬选派 3 批"青春黔行"长顺服务团、"青春宁聚"宁夏电信服务团，百余名研究生在乡村振兴和科技名企一线挂职锻炼、深入实践。

三、工作成效

（一）探索形成爱国主义教育新模式，网信报国成效不断凸显

形成了兼具爱国主义底色和邮电情怀特色的爱国主义教育新模式。充分发挥校史、通信发展史的育人价值，探索形成了"以红色电波精神为引领，以厚植邮电情怀为主线，以培养拔尖创新人才为核心，以实施三大工程为载体，以矢志网信报国为导向"的爱国主义教育新模式。学生邮电情怀更加深厚，荣校信念更加坚定。在读学子为校增光添彩，近 5 年来获省级及以上荣誉称号千余人次，获国家和国际竞赛奖励 8080 人次，中国国际大学生创新大赛累计获得国赛 8 金、11 银的优异成绩。学生服务大局更加有为，爱国行动

2023 年 9 月，北京邮电大学党委书记续梅在中国电信博物馆为 2023 级新生讲授"开学第一课"

更加自觉。在重点领域、重点地区就业人数显著增长，多年来稳定超八成毕业生在国家战略导向单位和行业领军企业就业。

（二）打造拔尖创新人才培养新格局，科研攻关水平持续提升

在参与国家重大工程中开展真研究。千余名学生参与到中国天眼、载人航天工程、探月工程等国家重大工程项目，每年在光通信、云网融合、网络安全等领域发表论文 3000 余篇。在服务国家重大战略中解决真问题。围绕雄安新区高质量建设发展，牵头研发"北斗 +5G 室分"地下空间高精度定位导航系统，与雄安空天信息研究院签署共建协议，服务京津冀协同发展战略。助力脱贫攻坚和乡村振兴，为对口帮扶单位研发 4 个信息化系统，荣获"全国脱贫攻坚先进集体"。在保障国家重大活动中锤炼真本领。学校入选

"国家卓越工程师学院"建设高校，为高质量推进工程领军人才培养提供有力支撑。学校 6 个科研团队百余名学生在北京冬奥、冬残奥会中承担技术研发和保障工作，为金砖峰会、APEC 峰会、G20 峰会等重大会议活动及自然灾害、事故救援等百余次应急事件处置提供技术支撑。

（三）牢牢把握"五位一体"总体布局，推动经济社会全面发展

聚焦数字经济，推动经济建设。立项中国工程院重大课题"6G带动数字经济双循环发展战略研究"，联合中国信息通信研究院等单位发布白皮书，为我国数字经济高质量发展献智献策。涵养家国情怀，关注国计民生。学生代表列席参加共青团中央"共青团与人大代表、政协委员面对面"活动，《关于推动电商助农规范化的提议》获评"优秀模拟政协提案作品"，学生在有序政治参与中更加坚定制度自信。助力文化传播，推动文化建设。牵头承担文化科技领域首个国家重点研发计划——"揭榜挂帅"项目，相关研究成果在中国国家博物馆推进馆藏文物活化工程中应用。积极参与教育部"中阿高校 10+10"合作计划，自主研发 OTN 芯片与设备用于 129个国家的 1090 项工程，10 年来为"一带一路"沿线国家培养千余名高层次信息科技青年人才。

四、工作启示

（一）建设多元主体协同联动的育人队伍

要推动"政、行、企、校"协同攻关、互联互通，在全校范围

内形成部门主责、各方参与、共同推进的育人格局，汇聚爱国主义育人合力，让爱国主义教育时时可感、处处发力。

（二）打造多维资源有机融合的育人内容

要充分利用校内资源，挖掘学校与国家事业同发展、与信息科技行业共繁荣的发展历程中蕴含的爱国主义教育元素。充分运用社会资源，借助爱国主义教育基地、信息通信场馆、科技创新企业等，打造贴近学生实际、具有北邮特色、焕发时代活力的育人资源体系。

（三）搭建多种渠道紧密结合的育人平台

要筑牢爱国主义教育阵地，抓好理论主课堂、拓展实践大课堂、延伸网络新课堂，着力破解思政活动和学生情感共鸣少、爱国之情和报国之行相脱节的难题。通过营造浓厚的"网络强国 网信报国"校园氛围，激发学生勇闯科技无人区、抢占科技制高点，在人才支撑、科技赋能新质生产力发展上见行动、当先锋、作贡献。

"三个先锋"：
让思想政治教育"走新"又"走心"

一、基本情况

华北电力大学是教育部直属全国重点大学，国家"211 工程"和"985 工程优势学科创新平台"重点建设大学。2017 年，学校入选国家"双一流"建设高校行列，重点建设能源电力科学与工程学科群。学校始终坚持以习近平新时代中国特色社会主义思想为指导，全面落实立德树人根本任务，不断创新思想政治教育的方式载体，着力提升工作亲和力、针对性和实效性，努力培养担当民族复兴大任的时代新人。

学校以协会及其功能型党支部为抓手，实施了"先锋引航工程"，以"宣传党的理论、弘扬时代精神，发挥榜样示范、推动共同进步"为目标，以打造"学习先锋、宣传先锋、服务先锋""三个先锋"为引擎，深入学生实际，用学生喜闻乐见的方式弘扬主旋律、传播正能量，让理论学习、追求进步在校园蔚然成风。

二、主要做法

（一）构建"五学一体"理论学习模式，打造"学习先锋"，推动理论学习"活起来"

1. 校外联学：牵头京津冀高校青年学子联学党的二十大精神。2023 年上半年，以学习党的二十大精神为主线，由"先锋"协会牵头，以线上线下相结合形式共同举办了"联学共建聚合力，团结奋斗新征程"京津冀高校青年学子学习党的二十大精神主题论坛活动，围绕"党的二十大对青年寄予的殷切希望""京津冀协同发展战略下青年学生的使命与担当"共学共话共研，在广大学生中引发热烈反响。开展"传承中华优秀传统文化"高校联学活动，深入学习习近平文化思想，激发青年一代在新时代中华优秀传统文化传承和创新中的责任感和使命感，为中华优秀传统文化的传承注入新动力。

2. 校内共研：携手不同学生群体深学党的创新理论。联合马克思主义学院（保定）学生党支部开展"人民"专题、联合动力工程系学生党支部开展"科技"专题、联合法政系学生党支部开展"法治"专题、联合环工系学生党支部开展"双碳"主题党日活动等，让党的二十大精神更加贴近学生实际，更加鲜活生动、入脑入心。携手北京大学马克思主义学院举办了"青春因奋斗而出彩"主题读书会，共同学习习近平总书记五四重要寄语精神，并围绕同心抗疫中如何发挥青年学生作用进行深入研讨。

（二）构建"线上线下"立体宣传平台，打造"宣传先锋"，推动理论宣传"活起来"

1. 聚焦活动主题，进行系统策划。在2021年庆祝建党百年和党史学习教育期间，系统策划"学、宣、听、讲、行"五部曲活动，带领广大学生投入党史学习教育中来。在2022年党的二十大召开后，策划推出了以"青春心向党，献礼二十大"为主题的"观、听、闻、品、行"五部曲活动，如集体观看党的二十大开幕会、"深情告白党"视频录制等，深入学习宣传党的二十大精神，在校园里掀起了学习党的二十大精神的热潮。

2. 以"星火之音"为载体打造网络思政阵地。"星火之音"经典朗读节目是依托青年学生喜闻乐见的新媒体平台，传播学生自主制作的朗读音频，把思想政治工作由线下"搬"到线上的网络思政项目。从立项之初至今，"星火之音"始终坚持把爱国主义教育放在首位，接力朗读红色经典，讲述党史故事，传递家国情怀。

（三）构建"三位一体"实践服务平台，打造"服务先锋"，推动学用结合"活起来"

1. "沉浸式学习"："追寻习总书记足迹学党史"红色教育基地打卡活动。"先锋"协会成员利用节假日深入习近平总书记从政起步的地方——正定县，以及雄安新区、骆驼湾、西柏坡等习近平总书记工作过、奋斗过、调研过的地方进行实地打卡和学习调研。通过实地学习、聆听红色故事、地标打卡、重温入党誓词、写下入党初心等多种形式深刻感悟习近平总书记崇高的理想信念和人民至上的为民情怀，进一步坚定矢志不渝跟党走的决心和信心，培养为人民服务的奋斗精神。

2023 年 7 月，"先锋"协会赴留法勤工俭学运动纪念馆开展实践学习活动

2. "订单式服务"："信愿达城"活动助力牧区孩子逐梦未来。联合研究生支教团发起"逐梦将来，信愿达城"活动，号召广大学子以书信的形式与新疆牧区学子建立笔友关系，用温暖的语言与文字，助力新疆的孩子们点燃心中的炬火，明确前进方向，为西部地区教育事业的蓬勃发展作出贡献。目前，"信愿达城"活动已成功举办 3 届，受到了牧区孩子们的热情欢迎。而在帮助孩子们成长的同时，也培养了青年学子敢于担当、勤于奉献的优良品质。

3. "专项化调研"：暑期社会实践寻访红色足迹，传承红色精神。成立"寻访红色足迹，传承红色精神"暑期社会实践调研团，利用暑期返乡机会通过寻访家乡红色教育基地，采访抗战老兵和相关工作人员，进一步挖掘家乡红色教育资源，重温红色记忆、感悟红色精神。

三、工作成效

（一）培育和打造了思政品牌，有力推动了学校立德树人工作的深入开展

在"先锋引航工程"培育下，"星火之音""无声星球·为爱发声""信愿达城""创智课堂"等多个育人项目，不断创新理论学习和实践育人的载体平台，凝练了特色，提升了质量，打造了品牌，多次荣获中国青年志愿服务项目大赛金银奖、河北省教育系统优秀志愿服务品牌等重要奖项。学校也获得河北省学校思想政治教育先进集体、保定市先进基层党组织等一系列荣誉。2022 年，学校 1 个学生党支部入选"全国党建工作样板支部"培育创建单位。与此同时，学校不断总结"先锋引航工程"多年的实践经验，及时转化为理论成果，依托其申报的工作项目获教育部 2024 年度高校思想政治工作精品项目立项、获河北省高校党建研究会重点课题立项，并被评为优秀成果奖一等奖。

（二）促进了学生进步成才，进一步壮大了青年"先锋"力量

"先锋引航工程"的实施，在引领广大学生成长成才方面发挥了显著作用，培养出了一批在理论学习、科技创新、志愿服务、从军报国、自立自强等方面表现突出的优秀学子，如"先锋"协会第一届负责人张文琦，和课题组成员锚定国产芳纶电工材料"卡脖子"技术难题，进行了大量的调研走访和改性研究，最终实现了国产化高性能芳纶绝缘纸基材料的复现和制备。研究生石祎伟积极投

身公益事业，荣获全国社会实践优秀个人、中国大学生自强之星、全国无偿献血奉献奖金奖。此外，还有获全国西部计划优秀志愿者、河北省优秀学生干部的宋明浩，获第十六届全国大学生年度人物入围奖的任长铭等，广大学生以实际行动诠释了新时代大学生的使命与担当。

（三）多次被主流媒体宣传报道，社会影响力不断扩大

"先锋引航工程"多次被中国教育报、河北日报、河北青年报、燕赵都市报、河北共产党员网等主流媒体宣传报道。其中，培育的"星火之音"项目先后被光明日报、人民网、环球网、搜狐网、网易、中国教育新闻网、中国青年网、长城网等媒体报道。2021 年 5 月，《中国教育报》头版专题报道了"星火之音"大学生自制经典诵读音频，用红色声音点燃心中星火的事迹。

四、工作启示

（一）加强社团建设，强化理论武装筑牢思想根基

高校学生理论社团是大学生基于共同的政治信仰自愿组成的学生组织，是学习和宣传党的理论、进行大学生思想政治教育的有效载体和有力抓手。在新时代新要求面前，大学生理论社团要发挥好作用，首先要加强自身建设，特别是要以学为基，坚定信仰，及时跟进学习党的创新理论，不断筑牢思想之基。"先锋引航工程"实施以来，通过"五学一体"模式，引导协会成员深学细悟党的二十大精神，学习党内法规、党的历史，不断补足精神之钙，提高政治理论素养，为做好习近平新时代中国特色社会主义思想的坚定信仰

者、积极传播者、忠实实践者奠定了坚实基础。

（二）适应学生需求，创新活动载体提升活动品质

思想政治教育要做到入脑入心，就要根据大学生的认知特点和精神需求，选择大学生乐于接受的内容和形式来加强活动设计，找好突破口、切入点，打造活动精品，用理论魅力和实践活力吸引和凝聚更多的同学参与，影响带动更多人在新征程上与党同向同行。"先锋引航工程"立足大学生实际，综合运用"沉浸式""互动式"等多元化手段开展活动，如采取"定向运动＋党史问答""红色剧本杀""实地打卡"等开展理论和实践学习，极大地提高了活动的吸引力和实效性。同时主动利用网络平台，积极开发诸如"星火之音"等红色网络项目，运用青年之声创新红色话语表达方式，把党的理论、党的历史讲"透"讲"活"，获得了良好反响。

（三）加大指导支持，完善服务保障构建长效机制

依托学生理论社团推进学生思想政治教育工作，离不开学校和各部门、各院系的大力支持和指导，要加强对社团的管理指导，保障对社团的资源供给，完善工作机制和加强经费支持，使社团活动的方向更明确，教育的效果更鲜明。"先锋引航工程"实施以来，学校形成了由党委组织部牵头，党委宣传部等相关部门以及各院系协同推进的工作格局，组建了包括5位老师在内的指导教师团，给予了场地、经费等方面的大力支持，确保了工作一盘棋统筹、一体化推进，构建了工程扎实开展的长效机制。

"读校行"：
厚植家国情怀的思政创新实践

一、基本情况

　　江苏省无锡市东林中学由著名教育家侯鸿鉴先生创办于1905年。前身为私立无锡竞志女学，是中国近代著名的四大女学之一，也是无锡教育史上第一所中学。100多年来，学校践行"竞志"育才报国的信念，落实立德树人，坚持科研兴校，潜沉素质教育，先后获得全国校园文化建设先进单位、江苏省教育工作先进集体等荣誉。

　　"读校行"是指带领学生以读校为核心，以自己、学校为起点，逐步走向更广阔的"大学校"，形成"读己—读家—读校—读城—读国"五位一体、纵横结合的东林立体思政教育体系。"读"指学生以各种方式阅读、观察和品悟。"校"指与学校有关的史、物、事、人，并由此扩展延伸到家庭、社会、国家的"大学校"。"行"是指通过参与各种活动，走进家庭、学校、社会、国家深处，观察、感受、思考、体悟，促成行知合一，厚植"家事、国事、天下事，事事关己"的家国情怀。

二、主要做法

（一）架构"读校行"的体验空间，优化立德树人环境

1.校园就是家国情怀的体验馆。东林中学以"一轴四院"的中式院落为整体风格，白墙黑顶配以温暖的木色调，散发着古色古香的东林书院学府气息。中轴线上，"家国心"倡导"先天下之忧而忧，后天下之乐而乐"的情怀，"世界眼"展现"一带一路"沿线国家的国情。家国心外有世界眼，我们不会狭隘；世界眼内有家国心，我们不会走偏。中轴线底部有"鸿鉴堂"，篆刻着"奉献社会的家国精神""舍我其谁的担当精神""敢为人先的创造精神""百舸争流的奋进精神"，是学校秉承东林书院"事事关心"精神在不同层面的表达。围绕东林精神、东林人物，学校充分挖掘东林百年历史蕴含的文化价值、丰富厚重的校园景观价值，让家国情怀的培育有了实实在在的载体，让学生浸润在校园营造的历史时空中，体悟家国情怀。

2.校史就是育才报国的家国史。学校建有资料丰富的校史馆，校史馆由"创办女学·启迪民智""励精图治·孕育特色""创新发展·走向辉煌"等部分组成。校史馆陈列了动荡年代创始人侯鸿鉴创办女学时舍家兴校、育才报国的史料，勉励东林学子学习先辈有作为，珍惜青春年华，为国争光。展现了一批名师在校励精图治、辛勤执教的身影，国学大师钱基博、化学试剂事业开拓者王民瑞等大师的事迹激励东林学子勤奋好学、事事关心。记载了竞志女学时期学生投身"锡流"抵御敌寇的英雄事迹，以菡子等为代表的学生加入抗日团体"锡流"，书写着爱国救亡的篇章……校友身上所

展现的坚定信念、坚强毅力成为教育当代东林学子丰富而生动的素材，影响着一代又一代东林的师生。

3. 搭建开放共享的数字馆。学校建设了家国情怀数字体验馆，集成虚拟现实、增强现实、大数据等现代科技手段，为师生提供了一个全新的学习和体验平台。数字体验馆通过图文和视频让学生"走读中国""研学无锡"，通过微投等智能化设备让学生体验家国情怀的 AI 教学。学校搭建了教育资源库，为"家国情怀"搭建云端数据库，并借助"校园通"平台将德育课程与社会化资源、数字媒体终端等交互联构，实现数据融合共生、开放共享。数字体验馆成为厚植家国情怀的重要基地，有利于学生胸怀古今中外，形成人类命运共同体意识。

（二）建构"事事关心"的思政课程，筑牢立德树人根基

1. "微讲堂"：创新"事事关心"的思政课程。学校秉承东林书院文化"三声三事"，思政课堂推出"微讲堂"，下设重大事件传音、热点问题剖析、政策法规释疑、发展成果介绍、意见建议快递五大板块，指导学生积极关注现实生活，关心国家发展，关切民生福祉。"微讲堂"的开设为学生架起了课堂学习与现实世界的桥梁，让学生在主动选择中消化学科知识，教育引导学生正确看待、辩证认识、理性分析现实问题，辨明大是大非、真假黑白，体悟制度优势和治理优势，坚定"四个自信"和理想信念，确立起仁爱、忠诚、担当的家国情怀品格。

2. "微跨越"：促进"事事关心"的思政融合。学校融合文科思政育人行动，在具有家国情怀的人物、探寻无锡节日、历史上的今天等方面创设课程。融合理科思政育人行动，培养学生求真的科学态度，探寻无锡科学名家足迹，如中国近代力学之父钱伟长、

2023 年 9 月，东林中学举行"我为家乡代言"主题运动会入场式

"当代毕昇"王选等，感受科学家把理想自觉融入国家发展伟业、科学报国的高贵品质。持续推进德育为先的"五育"融合教学改革，探索绘画、舞蹈、音乐等艺术审美功能与思政教育功能融合的切入点，发挥艺术美育与思政教育的协同育人作用。学生在课程学习中弘扬优秀传统文化，涵养家国情怀。

3. "微拓展"：构建"事事关心"的天下课程。秉持侯鸿鉴先生育才报国的家国情怀，东林中学加强学校思政课程建设，形成指向"涵养事事关心、培育家国情怀"的"天下课程群"：构建了以"以美育人，立德树人"为主轴，以文化建设为龙头，聚焦本土文化传承和学校特色，逐步形成锡剧、健美、声乐、器乐、舞蹈、美术、书法、朗诵、编织等课程，建成东林"竞志"美育课程基地。助力学生跨文化理解和文化自信，促进文化与价值互融，《科学设置双语课程》《国际视野》分别被列为市素质教育成果展重要内容，入选梁溪区本教材目录，引领区域性教学探索实践。

（三）打造"银杏树下"等经典活动，创新立德树人途径

1. 举办"银杏树下"活动。学校每年组织开展具有家国情怀特色的"银杏树下"系列活动，展示学生在读校过程中的所思所得。开展以构建校园生活为主题的银杏节，以健康成长为主题的青春仪式，以树立理想、展望未来为主题的校友节等活动，使学习报国的远大理想播撒在学生心中。

2. 开展"我爱我家"行动。倡导家庭共同阅读，增进亲子关系，促进共同成长。举办"夸夸我家的……"活动，让学生发现家人的美，感受亲情与爱，学会感恩。开展"今天我当家"活动，让学生践行责任，感悟担当。家是最小国，国是最大家，通过家庭生活的感悟与践行，切实增强青少年的家国情怀体验，进一步促进其仁爱、忠诚、担当的积极品格形成。

3. 推进"东林论坛"行动。以新时代为背景，以家国担当为主线，构架宽度、广度和深度并存的大论坛，关注国内外发展趋势，传承中华优秀传统文化，培养爱国、诚信等优良品质。

（四）开展古今融通的"东林学人"行动，激发立德树人活力

1. 对话"东林先贤"。以东林书院为依托建设校外实践基地，学生通过楹联创作、人物寻访、经典诵读、书院导览讲解等主题活动，传承东林先贤讲学风、讲正气、躬行实践、爱国利民的品格。学生通过品读东林先贤的励志故事，汲取"仁民爱物"的文化基因和爱国精神。

2. 走读"红色地图"。学校在假期开展"东林少年行"活动，

走进无锡第一党支部，张闻天、顾毓琇等名人故居，通过查阅资料，编绘形成无锡红色革命资源地图等一系列研学成果，感受革命先烈及爱国志士的爱国之志与报国之行，引导学生读好无锡城里的人和事，深入认识无锡城，理解城市精神，培养奋进品格，进一步提高"家国情怀"培育的实效性。

3. 践行"我爱家乡"。组织学生挖掘无锡历史文化遗存、讲好城市建设奋斗故事，做好"城市宣传小使者"。创设深度参与城市生活的实践体验情景，开展研学活动，让学生走进博物馆，了解历史、记录感悟、畅想未来，争当"城市发展小读者、小记者"。指导学生用脚步丈量城市、用慧眼观察家乡，争当"城市建设小行者"。

三、工作成效

经过多年的实践探索，整合育人资源，开发多元的"读校行"实践，创新了思政育人模式，厚植了家国情怀。学生志趣高远，格局开阔，高度认同、积极践行社会主义核心价值观，增强了担当意识和家国情怀，学习动力十足。

2021年"播下家国情怀的种子——东林少年'读校行'"作为无锡市中小学生品格提升工程项目市级项目结项，并被评为特色项目。2021年学校获评江苏省中小学思政育人特色学校。2022年"读校行：厚植家国情怀的东林思政创新实践"获批江苏省中小学生品格提升工程项目。"将'青春门'设在社会实践课堂上""'山河之恋·黄河颂'跨学科主题学习启动仪式""银杏树下，'跨'出来的美好"等一批案例在省市综合性媒体上发表。《校史文化育人价值的深度开发》《项目驱动下的学校德育管理变革》等论文在省级刊物发表。

四、工作启示

（一）坚持历史与现实相结合，回应时代关切

校史承载着学校的文化底蕴和价值观。通过对校史的学习和研究，可以更好地理解学校的教育理念和育人目标，进而为当下的思政育人工作提供指导和借鉴。要重视历史与现实的结合，厚植爱国主义情怀，把爱国情、强国志、报国行自觉融入思政课程中。

（二）坚持思政与其他学科相融合，锚定立德树人根本任务

要利用好各学科课堂教学这个主渠道，构建"全学科育人"格局，使各类学科课程与思政课同向同行，形成协同效应，落实立德树人根本任务。

（三）坚持学校与周边相结合，创新思政建设举措

要推动思政小课堂与社会大课堂的深度融合，形成协同育人机制，增强思政课的思想性、理论性和亲和力、针对性，使思政课更加生动鲜活、深入人心。

"经行考察团"：探索实践育人新模式

一、基本情况

福建师范大学经济学院是我国南方坚持马克思主义经济学教学与科研的重要阵地，学院拥有全国中国特色社会主义政治经济学研究中心、民政部新型智库——中智科学技术评价研究中心等13个国家和省级重点科研平台，为学院的学科建设、科学研究和人才培养提供了重要支撑。学院历来高度重视学生思想政治教育工作与学科特色的有机融合，学院各组织先后入选第三批全国党建工作标杆院系、首批全国党建工作样板支部、首批全国高校"双带头人"教师党支部书记工作室等，获评全国先进基层党组织、全国五四红旗团委、全省先进基层党组织、福建省青年五四奖章集体、福建省五四红旗团委等荣誉称号。

二、主要做法

（一）凝聚思政教育"青动力"，三翼助力"行走的思政课堂"动起来

1. 展翼起航，以学院党政干部为主抓。经行考察团由学院党委

牵头统筹，分管学生工作负责人担任总策划，团委负责老师担任秘书，学院党政工团各级组织、各科室和涉及人员为主要抓手，联合校院有关部门实施党组织共建机制，形成构筑顶层设计、推动落地实施的良好育人格局。

2. 添翼护航，以学院专业教师为主导。经行考察团充分发挥学院师资力量优势，由"世界马克思经济学奖"获得者、全国"最美奋斗者"、福建师范大学文科资深荣誉教授陈征和"世界马克思经济学奖"获得者、福建师范大学文科资深荣誉教授李建平担任考察团总顾问，学院院长担任总指导，博士生导师和各系室专职教师担任指导老师，负责全程指导考察团的专业理论研学和社会实践调研，突出专业教师推动思政育人的主导作用。

3. 振翼续航，以学院本硕博青年为主力。经行考察团成员由本硕博青年组成，充分发挥学生主体作用，设博士生团长 1 名、硕士生和本科生副团长各 1 名，成立办公室、宣传部、策划部、执行部并分别设部长、副部长 2 名，团内成员分为若干小组，由指导老师定期带队前往实践地点，结合学科特色与时政热点，开展学科调研、民生考察、区域发展、理论宣讲、志愿服务等国情社情考察活动，提高青年学生解决问题的实践能力、责任担当和爱国情怀。

（二）迸发思政教育"青活力"，三线助推"行走的思政课堂"活起来

1. 聚焦理论学习主线，深化思想引领。经行考察团注重激活理论学习的"内驱力"，通过学习沙龙、理论研讨、主题宣讲、实践调研等形式，率先收听收看、先学先悟、深研深耕习近平新时代中国特色社会主义思想，开展线上线下相结合的理论学习与实践考察活动 100 余场次。

2. 聚焦专业特色引线，强化实践锻炼。经行考察团注重激活专业实践的"原动力"，充分发挥经济学理论优势和学科特色，嫁接起理论知识和专业实践的第二课堂，在假期有重点、有计划、有步骤地推进专业考察调研工作进基层、进乡间、进社区、进企业、进机关，培养青年学子运用专业理论知识分析和理解社会经济现实问题。

3. 聚焦素质拓展长线，优化能力培养。经行考察团注重激活成长成才的"牵引力"，推出"经行观察家"人才定向选拔专项，在学术科研、志愿服务、创新创业等多方面为考察团成员定制个性化、精准化、长效化的培养方案，推动考察团实践调研成果有效转化为创新创业项目、科研项目和学术论文等，在实践调研中多方位、多维度、多层面提升考察团成员综合素质。

（三）彰显思政教育"青合力"，三擎助益"行走的思政课堂"实起来

1. 校地合作，为乡村振兴赋能。与清华大学乡村振兴工作站闽清站、晋江市内坑镇黎山村等6地共建社会实践基地，搭建高层次产教科研融合创新平台，与福州市闽侯县厚美村、侯官村、新峰社区等多地签署城乡社区实践计划，鼓励在乡大学生投身乡村振兴，开展基础教育、服务"三农"、青年工作、基层社会治理等领域的实践活动，以"行走的思政课堂"为乡村振兴赋能。

2. 校社联动，为志愿服务聚能。盘活学校、学院、社区三方资源，组织实施"银发经济""金融反诈""经世致知，融榕践实"等经济金融知识科普的专业志愿服务，并推出一批志愿服务文化产品，不断打造志愿服务"金名片"，带动广大青年在服务奉献中崇德修身、引领新风、履责担当。

3. 校企共建，为创新创业蓄能。经行考察团以校企共建为引擎，积极探索校企产学研融合培养新模式，深入安踏体育用品集团、恒安集团、凤竹纺织科技股份有限公司、功夫动漫股份有限公司等 75 家企业调研，签订校企合作协议，共建创新创业实践基地，将学术科研与解决企业问题、社会热点及创新创业相结合。

三、工作成效

（一）思政课堂在行走中不断拓宽，育人平台服务力向广度延伸

始终坚持"经邦济世，知行合一"的理念，积极组织成员深入基层，将思政教育贯穿浸润到实践育人全过程，团结带领返乡学子奔赴福建、贵州、黑龙江等地开展志愿服务，走进 10 处习近平总书记曾调研过的地方、6 个福建省乡村振兴示范村、20 余处文化遗址、对接 5 处"大思政课"实践教学基地，实践地点覆盖全国 89 个城市，累计服务群众达 2000 余人次。围绕学习贯彻习近平新时代中国特色社会主义思想开展政务锻炼 35 场次、企业实践 34 场次、文化宣传 33 场次、志愿服务及其他社会实践活动 200 余场次，实践内容丰富、形式新颖、效果突出，为家乡发展注入新活力。

（二）思政课堂在行走中不断深入，育人成果引领力向高度跃升

通过向书本学、向实践学、向群众学等多个渠道开展社会观察，推动理论研究与实践考察项目化、成果化，使学生在实践中深刻认识到自身的社会责任和使命，更加关注社会热点问题。撰写

16 篇调研报告，其中《"山海协作，共绘蓝图"："晋江—长汀"协作推进共同富裕的实践探索与创新路径》获评 2023 年全国"三下乡""返家乡"社会实践优秀调研报告，考察团成员还受共青团中央邀请前往北京参加主题分享活动，是全国高校调研报告类别中唯一受邀作分享展示的团队。

2023 年 12 月，经行考察团成员受共青团中央邀请赴京参加主题分享活动

（三）思政课堂在行走中不断夯实，育人品牌影响力向效度提升

经行考察团实践育人品牌的社会美誉度和影响力不断增强，所开展的"返家乡"社会实践活动获各类媒体报道学校学生典型人物和事迹 100 余篇次，其中人民日报、中国教育报、中国青年报、新华网等国家级媒体报道 20 余篇次，省级媒体报道 80 余篇次，得到

各地政府和社会群众的高度认可与好评。经行考察团所在学院团委获评 2022 年福建省大中专学生志愿者暑期"三下乡"社会实践活动先进单位，考察团全体成员累计获集体奖项 160 余项，先后选树培育了各类优秀大学生典型 100 余名，先进青年 500 余人次，彰显了丰硕的育人成果。

四、工作启示

（一）强化政治引领，打造实践育人新范式

要在实践育人中准确回答"为谁培养人"的问题，引导学生坚定理想信念，矢志不渝听党话、跟党走。要在实践育人中准确回答"培养什么人"的问题，推动社会实践和思政教育深度融合，引导学生立志做有理想、敢担当、能吃苦、肯奋斗的新时代好青年。要在实践育人中准确回答"怎样培养人"的问题，坚持高质量成果导向，聚集育人合力，聚力改革创新，抓好全员育人队伍、瞄准全过程育人长线、实现全方位育人成效。

（二）强化多方联动，构建协同育人新生态

要扩展育人空间，深入乡村、社区、企业等第二课堂，共建校地合作的社会实践基地、校企合作的创新创业基地、校社合作的志愿服务中心。要整合育人资源，以校企互动、校地联动、校地互动，实现实践育人与理论宣讲、学术科研、创新创业、志愿服务等的深度融通与高效衔接。要汇聚育人合力，畅通校地联络渠道，强化联系基层机制，积极携手乡村、社区、企业，共同围绕地区经济发展建设中的热点难点堵点、人民关注的生产生活问题、企业发展

的瓶颈难题进行"把脉问诊"、建言献策，让奋斗的青春始终与党和国家的发展同向同行。

（三）强化专业特色，培养经世济民新人才

要讲经促学，结合专业特色开展理论宣讲。采取形式多样、生动活泼的宣讲方式，讲清讲明讲透中国共产党为什么能、中国特色社会主义为什么好，进而摸清实情、找准症结、形成报告，在理论宣讲中打磨专业运用、专业技能，练就过硬本领。要传经促研，结合专业特色开展调查研究。聚焦经济社会跨越式发展、企业高质量发展、乡村全面振兴中经济热点等问题，组织青年学子深入基层一线开展前瞻性、战略性、全局性的专题调查研究，致力为政府、企业谋新招、硬招、实招，做好政府、企事业单位的"智囊团"，彰显当代青年服务社会发展的时代价值，展现新时代青年的责任担当。要引经促用，结合专业特色开展志愿服务。凝聚师生合力，组织青年学子走进社区、走进乡村、走进基层，发挥专业特色与优势为他人送温暖、为社会作贡献，引导广大青年学子在服务社会中彰显理想信念、爱心善意和责任担当，致力成为弘扬"奉献、友爱、互助、进步"志愿服务精神的前行者、引领者和示范者。

"育见秭归"：讲好新时代"大思政课"

一、基本情况

秭归县地处湖北省西部，是楚文化的重要发祥地之一。这里出土了7000多年前的"太阳人"石刻，诞生了伟大爱国诗人屈原，走出了民族和平使者王昭君，孕育了革命先驱夏明翰，屈原故里端午习俗被列入世界非物质文化遗产名录。2022年8月以来，为寻求多样文化资源思政育人价值转换全新方式，找准理论武装与实践教学的结合点，实现思政小课堂与社会大课堂融合并进的发展格局，秭归县因势利导，坚持"处处、时时、人人"的"开门办思政"理念，着眼以文化人、以文育人，整合县域人文资源，打造"育见秭归""大思政课"工作品牌，协同多元主体联动，对接各方教学需求，推动秭归成为案例教学之地、浸润心灵之地、锤炼品质之地、立德树人之地。

二、主要做法

（一）整合大资源，打造全域式思政课堂

1. 多元共建优格局。秭归县成立领导小组，组建综合协调、对

外联络、课程开发、队伍建设、线路设计、宣传推介、督办考核 7 个工作组，建立联席会议制度，定期会商，推动落实。举办新时代"大思政课"实践教学基地建设研讨会，30 多所高校和研究机构出席研讨会，14 所高校在秭归挂牌设立"大思政课"实践教学基地。积极引入市场主体、社会组织、民间团体和群众力量参与基地建设，画好思政育人"同心圆"。

2. 多点布局建基地。秭归县因地制宜建设主题鲜明、功能互补的实践教学基地。依托屈原祠、三峡移民博物馆、夏明翰红色文化研学基地等，建设 7 处爱国主义教育、廉洁教育、理想信念教学基地。依托烟灯堡、万古寺、陈家坝、云上磨坪等特色村镇，建设 19 处产业发展、乡村振兴、基层社会治理、生态保护实践教学基地。统筹党校、文化场馆、党群服务中心、农家书屋等阵地资源，建设 20 多个思政课宣讲报告厅，保障实践教学"有听的、有看的、有体验的、有配套服务"。

3. 多类专题连线路。秭归县深挖屈原文化、革命文化、柑橘文化、移民文化等多元文化样态的思政内涵，分类打造爱国主义、革命文化、民族大团结、移民搬迁、长江大保护、脐橙全链产业促乡村振兴、美好环境与幸福生活共同缔造、地质科普、文化自信自强 9 条专题实践教学线路。举行线路发布仪式，推出《人文秭归思政行》宣传片，线上线下同步推介秭归"大思政课"实践教学线路，吸引 2 万多人次走进秭归开展实践教学。

（二）搭建大场景，打造沉浸式思政课堂

1. 搭建历史与现实交融的情境式课堂。秭归县用虚拟现实还原历史情景，以《九歌》为蓝本打造大型光影演艺节目《楚骚秀·九歌大典》，以端午为契机打造大型音舞诗画《楚辞里的中国》。依

托现实场景设计故事情节，开发"屈原故里楚服游""红色基地忆英烈""万名师生老区行"等项目；在归州夏明翰故里，讲解员"化身"烈士遗孀深情讲述夏明翰短暂而光辉的一生；在秭归县第一个党支部诞生地陈家坡，"重走长征路"、吃"忆苦思甜饭"，在今昔对比中坚定信仰信念信心。

2. 搭建主体与客体同频的互动式课堂。秭归县采取拜一次屈原、参加一场"村落夜话"、分享一次学习体会等形式，变"我讲你听"为主客互动，充分体现教师的主导性和学生的主体性。在屈原祠山门、大殿、南碑廊等节点设置礼拜屈原、敬献兰草、诵读楚辞等环节，用充满仪式感的方式调动师生情绪，升华教学主题。组织师生走进乡村振兴示范区、美丽乡村示范带参与"村落夜话"，在与群众对话中启发思维、激活思想。

3. 搭建理论与实践贯通的体验式课堂。秭归县采取参加一次劳动体验、参与一场民俗活动、学习一项非遗技艺等形式，将教学场地从室内搬到室外，以柑橘示范园、丝绵茶基地、电商物流产业园等为依托，引导受众全方位了解秭归特色农产品，感受乡村振兴带来的巨大变化。结合一年一度的屈原故里端午文化节，引导受众体验包粽子、赛龙舟、挂艾草等传统民俗。

（三）用活大教材，打造点单式思政课堂

1. 整合资源推出"服务清单"。秭归县编撰出版《诗祖屈原》《伟大的思想家屈原》《千古英杰夏明翰》《秭归革命老区发展史》《后皇嘉树》等文学作品和普及读本，为爱国主义和理想信念教育提供参考文本。精心编排民俗歌舞剧《大端午》《长江长　香溪香》《峡江船工号子》，非遗表演唱《露水一条河》等文艺精品，为文化自信教学创造丰富载体。全力推进新滩滑坡遗址保护利用

2023年3月19日至20日，新时代"大思政课"实践教学基地建设研讨会暨夏明翰事迹宣讲报告会在秭归成功举办

特色公园等重大项目建设，为生态文明和创新实践教学提供生动案例。

2. 畅通渠道征集"需求清单"。秭归县主要党政领导干部带队赴各级政研会、社科联问计求策，根据指导意见制定课程大纲，确保教材规范性。教育部门积极对接上级主管单位，明确大中小学校实践教学课程标准；党校主动对接掌握上级和周边县市主体班教学安排；群团组织广泛对接各级机关企事业单位干部职工党性教育、廉洁教育、实践锻炼需求，根据反馈意见，调整课程内容，完善基地建设。

3. 对接需求定制"特色清单"。秭归县精准研判教学对象的思想、心理等特征，依托基地场馆、生产一线、文化活动等特色载体实施分众教学。自"大思政课"实践教学基地建设启动以来，前来屈原祠学习参观的人群络绎不绝，最高峰时日均流量达1000人次。

在全国特色产业"亿元村"王家桥村，华中师范大学农学院的师生们走进田间地头体验田间轨道运输、无人机植保等农业新科技。在一年一度的屈原故里端午文化节现场，龙舟竞渡、骚坛诗会让受众在文化滋养中增强历史自觉、坚定文化自信。

（四）培育大师资，打造共建式思政课堂

1. 育强思政专业人才。秭归县组织全县 277 名中小学校思政课教师开展集中研训，遴选 78 名优秀思政课教师和 10 名优秀道德与法治教师组建"大思政课"讲师团、中小学思政教育名师工作室，着力提升专职思政教师水平。实施屈原文化传承发展青年人才培育工程，培养储备 40 余名屈原文化研究创作和传播推广人才。实施红色文化传承人队伍建设工程，选拔 100 余名青年红色传承人和"红领巾讲解员"，作为思政课实践教学后备力量。

2. 用好思政兼职队伍。秭归县聘请中国人民大学马克思主义学院教授刘建军为秭归县"大思政课"建设首席专家，邀请多位高校专家到秭归指导培训，发挥党校、史志研究中心、屈原文化研究院等作用，培育本土"大先生"。邀请人民满意的公务员、上榜的"中国好人"等先进典型担任思政课兼职教师，现身宣讲，用榜样的力量鼓舞人。党政领导干部带头走进学生中间、深入课堂一线，用党的创新理论铸魂育人。

3. 激活思政志愿力量。秭归县广泛组织动员红色基地讲解员、基层文艺工作者、农村乡贤能人等志愿者，经常性参与中小学思政课教学，充实思政教师队伍，实现用身边的故事引导人、用接地气的形式吸引人。

三、工作成效

（一）构建了一体化工作格局

秭归县形成党委统一领导、党政齐抓共管、有关部门各负其责、全社会协同配合的工作格局，最大限度把全社会各方面的育人自觉性充分调动起来。

（二）开发出多样化教学场景

秭归县因地制宜建设教学基地，串珠成链打造教学线路，创新载体丰富教学场域，打破课内课外、校内校外、网上网下界限，搭建起思政课走出教室、走向国情社情一线的重要阵地。

（三）实施好分众化课程供给

秭归县立足县情推出课程菜单，紧扣需求区分课程重点，贴近受众转换课程话语，让听众能"解渴"、有共鸣，进而真学真懂、真信真用。

（四）建强了全员化师资队伍

秭归县将群众身边的榜样典型、青年群体中的先锋模范纳入师资队伍，使之成为重要的育人力量。同时，这支兼职教师队伍也在教学相长、学育并进的过程中实现了自我提升。

四、工作启示

（一）要树立整体思维，增强"大思政课"引领力

必须把办好思政课放到中华民族伟大复兴战略全局和世界百年未有之大变局中来把握、来落实，从党和国家事业后继有人的高度来把握、来落实。各级党委要把思政课建设摆上重要议程，在工作格局、队伍建设、支持保障等方面采取有效措施，推动形成全党全社会努力办好思政课、教师认真讲好思政课、学生积极学好思政课的良好氛围。

（二）要践行融合理念，增强"大思政课"生命力

思政课既要用好"有字之书"，坚持以马克思主义基本原理及其中国化时代化最新理论成果为基本教学内容，保证思政教学的政治性、思想性和理论性，又要用好"无字之书"，将乡村振兴、非遗传承等生动案例资源融进教学，利用社会和时事热点丰富教学素材，在观照现实中增强"大思政课"的生命力。

（三）要实施精准供给，增强"大思政课"吸引力

思政课要以教学对象的获得感和悦纳度为导向，灵活开展分众式教学。针对青少年群体，要通过参加理论宣讲、志愿服务等方式，在实践中感悟真理魅力和实践伟力。针对党员干部群体，要通过重温入党誓词、宪法宣誓、诵读烈士名篇等活动，加深学习体验，锤炼党性修养。针对企业员工和其他社会团体人员，要通过参加群众性文化活动、非遗手工制作等体验式教学，亲身体验党领导

人民创造的美好生活。

（四）善用人文资源，增强"大思政课"感染力

"大思政课"实践教学要善于开发利用地方文化资源，将文化资源转化为教学资源，做好对本地历史文化资源的梳理工作，挖掘提炼蕴含其中的精神内核和时代价值，找准其与思政教育的契合点，有选择地加以利用。要创新方式和载体，根据教学目标和受众特征，进行文艺化创作、数字化运用、网络化表达，实现历史文化资源与思政课教学的融会贯通。

抓实民族团结进步教育
铸牢中华民族共同体意识

一、基本情况

宁夏回族自治区中卫市沙坡头区所辖中小学校及公办、民办幼儿园共计107所，共有义务教育阶段在校学生3.3万余人。义务教育阶段教职工2325名，其中，专兼职思政课教师465名，党员教师125名，专职55名，兼职410名。学校要立德树人，教师要教书育人，开齐开足开好思政课是"先手棋"，做实做细做好民族团结进步教育是"关键招"。沙坡头区教育局坚持以铸牢中华民族共同体意识为主线，将民族团结进步教育与青少年思想政治引领深度融合，用心绘好民族团结进步"同心圆"。

二、主要做法

（一）做实"两张清单"，锻造民族团结进步教育"金钥匙"

1. 强架构，建立完善学习清单。区教育局重点围绕中央民族工作会议、自治区民族工作会议及相关会议要求，结合工作实际，每年年初制定中共沙坡头区委教育工委工作要点，形成年度工作清单，实现民族团结进步教育年度工作事项清、底数实、责任明。各级学校党组织坚持以落实支部主题党日"4+1+X"模式、"三会一课"等制度为依托，主动将铸牢中华民族共同体意识纳入党员教育培训重要内容，切实加强对学校党员教师党的民族理论政策培训，实现培训教育全覆盖。中小学校（幼儿园）坚持以干部理论学习会、教师大会、专题讲座等工作机制为依托，将民族团结进步教育学习内容列为"常设议题"，利用"学习强国"学习平台等，整合碎片化学习时间，引导广大教师由"要我学"向"我要学"转变。

2. 补弱项，规范管理工作清单。实时跟进民委、统战、宗教等部门的新部署新要求，及时梳理课程设置、活动安排、理论学习等重点任务，对工作清单进行动态调整，做到各项工作有计划、落实有质量、"规定动作"不漏项。由教育局以季度为节点，梳理与民族团结进步教育相关的重要会议、讲话、指示批示等关键内容，在党组理论学习中心组学习、干部理论学习等学习会中专设议题，切实增强理论学习的时效性。每年组织征集学习贯彻习近平总书记关于加强和改进民族工作的重要思想的理论文章，通过公开征集、活动评比等形式，丰富学习形式、拓宽学习内容。

（二）解决"两类问题"，铺设民族团结进步教育"快车道"

1. 抓主线，解决教育形式的问题。立足沙坡头区实际，深度推动青少年思政课与民族团结进步教育工作有效结合，坚持以中卫市第九小学"93596"育苗工程为蓝本，面向辖区各中小学校进行试点推广。探索建立"民族团结进步教育＋思政课程教育＋学雷锋品牌活动"的"2+1"德育工作体系，全力推进"9个1行动"落实落地（每所学校建设 1 个文化长廊、打造 1 个活动阵地、提炼 1 个特色品牌、形成 1 项教学活动、拍摄 1 部宣传片、展示 1 批教学成果、建设 1 批档案、培育 1 名解说员、配备 1 名指导教师），确保民族团结进步教育工作取得实效。协同沙坡头区委统战部，以"石榴籽杯"为主题，组织开展征文、演讲等各类比赛，形成齐抓共管工作合力。

2. 抓特色，解决教育品牌的问题。坚持专人专事专责，形成了"一把手"牵头抓总，分管领导盯抓落实，业务科室统筹推进的工作机制。通过划片包保、督导问效、通报评比等方式，引导各学区、教育集团、直属学校履行工作责任，压茬推进民族团结进步教育，确保部署到位、责任到人。紧贴"共同团结奋斗 共同繁荣发展"的主题要求，以 10 所民族团结进步特色品牌学校为引领，连续 3 年在全系统范围内开展"互观互检"活动，在观摩学习中提升工作质效。常态化开展"学雷锋·树新风""新时代好少年""同上一堂思政课"等德育活动，高质高效提升德育工作实效。

（三）创新"两种机制"，开拓民族团结进步教育"新路径"

1. 项目化实施"三个建设年"。一是"德育品牌建设年"。探索构建横向跨年级、纵向跨学段的德育评优表彰体系，常态化开展"沙坡头区十佳德育品牌"、民族团结进步教育优秀案例等评优活动，并在学生中选树表彰"五育之星"，引导学生在践行中收获肯定、养成习惯。扎实推进习近平新时代中国特色社会主义思想"三进"工作，以遴选"三进"精品课例等措施为载体，对中小学生进行经常性政治理论学习教育。二是"校园文化建设年"。将民族团结进步教育类图书、阵地等要素列为必查项目，抽调校长、督学对

39 所中小学校校园文化建设情况进行验收。推动民族地方特色音乐、体育元素融入素质教育活动课程，开设武术、射箭、葫芦丝等兴趣活动小组，通过"一校一品、一校多品"的有力举措，推动民族团结进步教育融入课堂。三是"学生综合素质提升年"。高标准创建自治区级"互联网＋教育"示范区，稳步推进"全国中小学科学教育实验区"建设，组织各族学生"同上一堂课、同唱一首歌、同读一本书"，构筑同学共进的网络空间，实现优质教育教学资源共建共享共用。

2. 坚持闭环管理抓落实。一是文件管理精细化。对自治区、中卫市、沙坡头区安排部署关于民族团结进步教育类的各项文件，实施清单式管理、跟踪式推动、销号式验收、常态化督查。二是工作成效具象化。对工作成效进行量化考核，将辖区学校开展民族团结进步教育工作情况纳入年度效能考核目标，明确考核分数。坚持正面引导，对成功创建自治区、中卫市级以上示范校的学校进行加分。三是管理机制动态化。对沙坡头区级以上重点督办事项进行全程跟踪问效，确保办理事项不延时、不误事。围绕培育自治区民族团结进步示范学校、打造铸牢中华民族共同体意识教育基地等重点工作，明确培育学校范围、细化培育工作目标任务，经常性深入学校逐项抽查落实情况，确保创建工作管理过硬、质量过硬、标准过硬。

（四）推动"两个融入"，培育民族团结进步教育"好课程"

1. 将民族团结进步教育融入理想信念教育。一是全面落实国家通用语言文字作为教育教学基本用语用字的法定要求。引导学生讲普通话、写规范字、做文明人，严格落实教师持普通话等级

103

证书上岗制度，加强教师配备和培训，大力提高教师国家通用语言文字教学能力。开展学校语言文字达标建设。加强学前儿童普通话教育，推进"学前学会普通话"行动。全面推行使用国家统编教材全覆盖，巩固中小学国家通用语言文字教育教学成果。二是分学段常态化开展形式多样的民族团结进步教育。认真组织升旗仪式、奏唱国歌、入党入团入队等仪式。推动民族团结进步教育融入党日团日、少先队活动、主题班会等，融入传统节日、重要节庆日、重大纪念日等重要时间节点。三是加强和改进校园文化环境建设。突出国旗、国歌等国家标志，规范使用国家通用语言文字，立体呈现政治性强、内涵丰富、意蕴厚重、接受度高的中华文化符号和形象。用好板报、校园广播、校刊校报、新媒体

中卫市第九中学举行"铸牢中华民族共同体意识　弘扬新时代雷锋精神"主题升旗仪式

平台等方式，发挥教室、德育室、阅览室、走廊等场所的德育功能，将民族团结进步教育融入校园文化建设，引导学生爱党爱国爱人民，明礼守法讲美德。

2.将民族团结进步教育融入中华民族爱国主义教育。一是继承和发扬爱国主义传统。强化祖国统一教育和中国梦教育，引导学生自觉把个人理想信念融入国家富强、民族振兴、人民幸福中来，坚决反对一切分裂祖国、破坏社会稳定的行为，筑牢反分裂思想防线。二是构建协同育人机制。加强对社会资源的整合利用，搭建活动平台，鼓励社区与学校联动，发挥团委、妇联、科协、关工委等组织优势，全面调动社会力量参与学校民族团结进步教育。三是强化家庭教育。建立以学校为主导、家庭为基础、社会为支撑的协同育人机制。学校充分利用家长委员会、家长会、学校开放日等家校平台，组织开展专题教育宣讲等活动，引导家长做好家庭教育。

三、工作成效

（一）推进民族团结进步

2023年，共培育自治区铸牢中华民族共同体意识示范校4所、教育基地1所。中卫市第九小学被国家民委评为"第十批全国民族团结进步示范单位"；中卫市第二小学、中卫市第十二小学被评为全区民族团结进步示范学校；中卫市第五小学挂牌铸牢中华民族共同体意识教育实践基地。

（二）教育教学出成果

经常性开展"石榴籽杯"科技创新大赛，有力提升学生科技创新能力。2023 年以来先后荣获科技创新比赛市级以上奖项 474 个，中卫市第五小学、中卫市第七小学分获 2023 年世界机器人大赛青少年机器人设计大赛北京、烟台锦标赛一等奖，中卫市第六中学荣获 2023 赛季全球青少年人工智能竞赛一等奖。

（三）为民办事有实效

认真办好教育质量提升等 10 个为民办实事项目，"自治区关心下一代工作先进集体""宁夏青少年科技创新大赛优秀组织单位"等 10 余项自治区级以上荣誉花落沙坡头。坚持以落实营养午餐政策、增加校车数量、添置农村学校学生食堂设施设备等举措为抓手，推行起始年级阳光分班、摇号入园等制度，兜底解决随迁子女入学问题，有力保障了教育公平。

四、工作启示

（一）坚持把党的领导贯穿教育全过程

全面加强党对学校的领导，把增进共同性作为前提和方向，遵循教育规律和学生成长规律，做好与大中小学思想政治教育一体化的有机融合。依托少先队、共青团等组织，积极开展各族学生共同参加的文体活动和社会实践，让各族学生在共同营造的愉快氛围中相互学习、共同进步。

（二）铸牢中华民族共同体意识教育是一项系统工程

落实立德树人根本任务和建设中华民族共同体工作目标深度融合是基本要求，通过改善办学条件、加大优质教育资源供给、保障教育公平、推动落实民族团结进步教育等方式，能够有效推进铸牢中华民族共同体意识教育工作提质增效。

（三）发挥课堂教学固本强基作用是基础

发挥好"大思政课"育人主渠道作用，将民族团结进步教育纳入各级各类学校教学计划，能够有力教育引导各族学生牢固树立正确的国家观、历史观、民族观和宗教观。加强校园文化环境建设，注重发挥文化环境的隐性教育作用，能有效帮助学生更具体、生动理解民族团结进步教育的丰富内涵。

"六水载德"：探索"以水育人"新实践

一、基本情况

河海大学是一所拥有百余年办学历史，以水利为特色，工科为主、多学科协调发展的教育部直属全国重点大学，被誉为"水利高层次创新创业人才培养的摇篮和水利科技创新的重要基地"。学校坚持以习近平新时代中国特色社会主义思想为指导，深入研究中国传统文化中的水文化，将学校百余年治水报国的精神传承转化为新时代"以水育人"优势，打造了水融合、水实践、水文化、水课程、水艺术、水故事"六水载德"思政工作模式，推动形成思政队伍懂水利、青年学生知水情、校园环境显水彩、课程思政融水德、艺术教育展水韵、红色教育彰水志的"六水"育人工作格局，引导学生知水、信道、行厉"知信行"统一，在润物无声的思政教育过程中实现立德树人根本任务。

二、主要做法

（一）队伍育人：思政队伍懂水利

抓住思想政治教育主体，注重抓好思政课教师和辅导员两支骨干队伍，让教育者先受教育。一方面通过"牵手"结对强化思政课教师的"水素养"，思政课教师与水利专业课教师进行一对一结对，思政课教师定期赴水利一线进行研习，带领学生奔赴水利基地开展实践，在身行力践中走近水、了解水、融入水，助推实践成果转化为课堂教学的内容。另一方面通过"顶岗"磨炼辅导员的"水情感"，针对辅导员学科背景多元、专业差异性较大的情况，通过搭建融入式教育平台，与水利单位共建国情水情教育基地和实习基地，每年组织辅导员赴水利基层单位顶岗实习1个月，同时定期带队赴水利单位开展志愿服务、社会实践等，在深度参与水利单位的日常工作中，使辅导员队伍懂水、爱水，使水教育内化于心。

（二）水情育人：青年学生知水情

注重实践育人，丰富拓展实践活动。将水情教育融入学生成长成才，创办形式多样的"行走课堂"，注重在课程实践、创新创业竞赛、志愿服务、社会实践等方面，引导学生领略水利人治水、用水、管水、崇水的悠久历史。注重将水情教育融入思政课课程实践教学环节中，指导学生赴水利工程一线开展水情实践调研。打造"溯源保护母亲河"等志愿服务品牌项目，组织学生参与保护母亲河、家乡河志愿服务活动，增强学生珍惜水资源、保护水环境、爱护水生态的意识。组织学生赴水利单位开展社会实践活动，组建长江保护、黄河流域文化研究、白鹤滩水电站调研等社会实践调研团，引导帮助学生了解国情、认识社会。

（三）环境育人：校园环境显水彩

注重以文化人，以水育人，营造良好的校园环境文化氛围。建设打造丰富水景观，将学校百余年因水而生、缘水而为、顺水而长的深厚历史积淀外化于形，营造水文化氛围浓厚的校园环境。学校道路全部采用江河湖海命名、主要楼馆全部采用水利人物命名，同时建设了三峡石、水利先贤群像、小浪底音乐广场等水文化景观。打造水文化特色品牌，注重凝练水学科文化，将水元素融入学校特色文化环境建设、形象识别系统建设等。积极营造水境语，利用学校多媒体宣传矩阵，开辟"南水北调工程中的河海人""港珠澳大桥工程建设中的河海校友""深圳改革开放 40 周年水利人的风采"等专题，宣传全国劳动模范、全国先进工作者中的校友事迹，引导学生积极传承弘扬行业优良作风和光荣传统。

（四）课程育人：课程思政融水德

推动将"以水育人"融入课程教育。做好顶层设计，出台实施学校课程思政建设实施方案，将中华优秀传统文化教育、爱国爱水教育等有机融入人才培养目标，发挥所有课程的以水育人作用，实现水文化课程育人的全覆盖。建成校级本科生及研究生课程思政示范课程 100 余门，获首届全国水利德育教育优秀成果一等奖。实施课程思政"五大工程"，将水教育融入课程思政体系设计工程、分类建设工程、改革研究工程、素养提升工程和质量保障工程。上好"思政第一课"，将水利名人、治水历史、杰出校友故事等纳入"开学第一课"选题范围，实施校、院两级思想政治理论课第一课制度，推动爱国爱水教育入脑入心。

（五）艺术育人：艺术教育展水韵

深化美育创新实践，注重在艺术教育、艺术创作与展示中设计引导学生体悟水韵之美。成立大学生艺术中心，组建大学生艺术团，组织学生参演《禹·志》《港珠澳大桥》等校园原创舞蹈，在

中国青年志愿者优秀个人奖获得者河海大学学生谢域海带队开展水域救援志愿服务社会实践

校内外巡演累计100场次。赴社区、对口扶贫单位等开展送文艺下乡活动，将丰富多彩的文化艺术作品带给基层民众，得到当地民众好评，相关做法得到人民日报、新华日报等媒体报道。组织开展高雅艺术进校园、国家大学生素质教育基地博雅讲堂讲座，开展"水韵美"系列讲座，精选与水有关的滨水建筑、水乡音乐、碑刻书画，以绚丽的艺术珍品讲述建筑、音乐、书画中的"水"故事，引导学生感悟水之美、水之韵。以爱国爱水为主题，持续20年开展大型团体操表演，让学生在团体操中享受乐趣，涵养美丽心灵。这一融体育、文化、艺术和教育于一体的品牌活动成为学校新生的"入校第一课"，也成为受益近10万人的"大思政课"。

（六）红色育人：红色教育彰水志

深入挖掘学校红色资源，引导学生传承"红帽子大学"精神，继承"天下有溺犹己溺"的水利报国之志。讲好红色故事，深入挖掘百年历史积淀中的红色人物故事，推出张闻天、沈泽民、曹锐、严侍等"红色人物故事"系列，引导学生传承红色基因，赓续红色血脉。展现红色风采，制作《红漫于心的青年张闻天》《训江蹈海 红色脊梁》《红帽子大学》等红色教育系列专题片、纪录片等，在校园网站、全国高校思政网等学生喜闻乐见的平台上展播，增强以水育人实效。深入挖掘校歌中的红色元素，拍摄校歌宣传视频，讲述校歌背后的故事。传承红色精神，指导学生创作原创话剧《马克思》，弘扬敢于斗争的马克思主义精神，在高校展演巡演，获江苏省大学生戏剧展演优秀剧目奖。

三、工作成效

（一）提升了思政工作队伍育人能力

紧紧围绕思政工作队伍建设这一关键点，以师生互动成长为主线，盘活做实思想政治工作"存量"，提升思想引领要素配置"增量"，有效影响思想"变量"，形成"以教师队伍育人为主体、思想政治工作队伍育人为支撑、管理服务队伍育人为保障"的结构体系，打造培养学生品格、品行、品位的"大先生"。在辅导员队伍建设中，设计"理论学习—立项研究—技能培训—教学实践—精品工程"五位一体的培训体系，做好辅导员队伍建设及个人职业规划工作，推进辅导员职务职级职称"三线"晋升，构建目标明确、层次鲜明、路径清晰、行之有效的辅导员专业化职业化发展保障机制。先后获评全国高校辅导员素质能力提升骨干训练营"十佳标兵"、全国优秀易班辅导员、江苏省"最美高校辅导员"等多项荣誉。

（二）形成了校园特色思想政治工作品牌

坚守"以水育人"的工作理念，积极探索突破、打造亮点，形成了特色文化育人品牌。依托张闻天陈列馆等省级爱国主义教育基地，创办的张闻天实境课堂教学受到了校内外的好评；连续24年开展的河风海韵大型团体操表演活动影响深远；连续25年开展的"张闻天"班级评选，获奖班级曾多次获得国家级、省级优秀班集体荣誉，促进形成良好的校风、学风；连续23年开展的"世界水日 中国水周"系列活动，多次走进社区、街道、中小学校园，注重将水文化融入社会；连续9年组织辅导员参与水利相关企业挂职锻炼，连续11年组织学生参与溯源保护母亲河行动，让教育者和受教育者在实践锻炼中体悟水之情，坚定以水报国之志。

（三）提升了思政工作育人实效

始终坚持立德树人根本任务，注重实干、实践、实效，培养了一大批"爱国、爱水"的杰出人才。培养的学生在三峡水利枢纽、白鹤滩水电站、港珠澳大桥等国家重大工程中，在多次重大抗洪抢险任务中发挥了重要作用，在西部地区、水利基层单位等贡献力量、服务社会，以实际行动践行爱国爱水之志。紧紧抓住育人工作的政治标准，全面深化人才培养模式改革，着力培养具备"中国灵魂、全球视野、河海特质"的一流人才。多名学生获评全国高校百名研究生党员标兵、全国大学生自强之星、全国优秀共青团员等荣誉。

四、工作启示

（一）善用社会资源为思政工作拓展路径

要善用社会资源，充分利用行业资源。学校与三峡集团、南水北调集团等行业重点单位共建实践育人课堂。举办"河海铸神针""道德的力量——劳模进校园活动"，邀请参与建设大国重器的杰出校友为师生讲述铸造大国重器中的感人故事，为师生传递劳动精神、劳模精神、工匠精神。开设"长江大讲堂""长荡湖讲坛"等，为师生宣讲国家"江河战略"和国家水网重大工程，教育引导师生胸怀"国之大者"，主动响应国家需求。用好地方资源，与雨花台烈士陵园、渡江胜利纪念馆等地方红色资源共建实践基地，上好"纪念馆里的思政课""行走的思政课"。

（二）善用数字技术为思政工作赋能助力

要将思政教育的传统优势同信息技术同向融合，以数字化赋能思政工作。学校打造虚拟仿真实验教学课程，录制在线开放课程，以讲故事的形式、可视化的表达，打造"思政微课堂"，提升思政课的传播率、时代感。依托易班网、学校官方微信视频号等新媒体平台，讲好师生故事，传播正能量。加强网络思想政治教育，建设校级网络思想政治工作中心、院级网络思想政治工作站，形成立体化网络思政育人格局。

（三）善用全员育人为思政工作汇聚力量

要注重专兼结合，加大思政课教师的引进力度，打通校内人才流动的"双向道"。学校支持符合条件的党政管理干部、辅导员转任专职思政课教师，聘请党政领导、专家学者、先进模范等担任思政课兼职教师。强化全员参与，充分发挥"辅导员、班导师、心理健康教师、管理人员"等校内力量，借力"院士、专家学者、杰出校友"等校外资源，形成"校内＋校外"育人"同心圆"。

"红绿相融"：
构建"一站式"学生社区育人新生态

一、基本情况

德育构筑空间，思政融入日常。近年来，南京林业大学着力构建"一站式"学生社区育人新生态，聚合林业高校特色优势，坚持以学生为中心，设置与优势学科研究成果密切相关的水杉、桂花、银杏、樱花四大特色书院型社区，建成5000余平方米的集学生思想教育、师生交流、文化活动、生活服务于一体的功能复合型空间，构建了"四三三"学生社区综合管理模式。该模式坚持以党建引领为核心，聚焦"红色教育"和"绿色培育"，打造"四位一体"社区党建工作矩阵，推进三大协同育人工程，开展三大特色文化品牌活动，让社区充分彰显党建引领、实践赋能、特色培育、文化浸润四大功能，实现"一站式"集约、"一站式"通达，形成全员围绕学生、全方位关照学生、全过程服务学生的"三全育人"新格局。

二、主要做法

（一）突出党建引领，构建"四位一体"工作矩阵

坚持以党建引领为核心，创新党组织设置方式，成立社区功能型党支部，形成校党委把方向、学院级党组织负责、党支部具体实施、党员干部发挥先锋作用的"四位一体"工作矩阵，形成了以学生成长为中心的"党建+"社区育人模式。

1. 突出政治引领作用。校领导带头深入社区开展交流活动，畅通交流渠道，建立"书记有约""校长面对面"等直接沟通机制，倾听学生心声、采纳学生建议，并在新生入学、毕业生离校等重要时间节点为学生讲授党课和思政课。

2. 健全党委工作机制。制定《南京林业大学"一站式"学生社区综合管理模式建设试点工作实施方案》，构建学院级党委、职能部门横向管理到边、纵向服务到底的工作机制。充分利用党员干部队伍、教师队伍、辅导员队伍、学生自治队伍的多重网格，推动实现社区治理网格化、社区服务精细化、学生管理清单化。

3. 创设功能型党支部。立足四大书院型社区（水杉社区、桂花社区、银杏社区、樱花社区）独特的资源禀赋与空间类型，联动校内外多元主体，创新设置功能型党支部，加强内涵式建设，实现人才"立体式"培养，有效发挥党组织的战斗堡垒作用。

4. 打造党建活动品牌。依托学生宿舍楼宇4个党员活动室，开展支部联系楼宇、党员联系宿舍、入党积极分子自主结对的"党建+"精品活动。重点打造学生党建工作站，积极开展"落实国家'双碳'战略，汇聚时代发展强音""译言译语谈金句，勠力同心向

未来"等主题党日活动,广泛宣传"党员宿舍""绿色标兵"等典型事迹,发挥学生党员先锋模范作用。

(二)聚焦学生发展,推进三大协同育人工程

坚持以生为本,紧密围绕学生发展实际需要,针对学业帮扶、就业指导、双创服务等学生发展急难愁盼问题,依托社区多元空间,发挥校园领导、专职教师、毕业校友、优秀学生代表等特色优势,推进实施三大协同育人工程,赋能学生全面高质量发展。

1. 策应学业帮扶,实施"携手并进"工程。针对部分学业困难群体,依托学校社区书屋和校院党团活动室,邀请党课名师、学院院长、系主任、学科带头人、优秀学生代表等,举办"院长午间茶""名师工作室""学术午餐会""学霸分享会"等学业帮扶活动,为学生提供全方位的学习支持和服务,帮助学生取得更好的成绩。

2. 策应就业指导,实施"职面未来"工程。依托社区征兵工作站、职业指导名师工作室,组织开展学生职业素质测评、毕业生就业创业案例解读、简历制作设计大赛等活动,为学生提供高质量就业指导服务。学校定期邀请优秀企业家进社区,将宣讲会、招聘岗位送到学生社区,与学生零距离开展就业信息分享,打造社区浓厚的就业氛围。邀请优秀学子进社区分享就业、考研经验,畅谈求职感悟,帮助同学们更深层次了解就业形势,明确就业方向,提高就业竞争力。

3. 策应双创服务,实施"敢闯会创"工程。依托社区创业服务工作站,组织开展中国国际大学生创新大赛"青年红色筑梦之旅"实践活动、"挑战杯"全国大学生课外学术科技作品竞赛红色专项活动等宣讲辅导、作品展示、交流研讨等活动。围绕国家林草局、江苏省教育厅等乡村振兴专项计划,依托"国家级创新创业学院""国家级众创空间",自主设置"揭榜挂帅"社区创新项目,组

织学生开展科技创新和竞赛备赛，以赛促学、以赛促创，全面提升学生双创能力。

（三）提升社区品质，打造三大特色文化品牌

为满足学生在校期间学习、生活、娱乐的实际需求，发挥文化浸润作用，坚持时间契合、主题融合、资源整合，紧扣传承中华优秀传统文化、弘扬绿色生态文化、创新树木树人文化等主题，开展特色鲜明、丰富多样的文化活动，全面提升学生综合素养。

1.打造社区邻里文化。结合端午、中秋、冬至、春节等传统节日，开展"圆月满南林　欢喜在社区""山河为颂　南林同你度国庆""灯谜显神通　汤圆闹元宵"等系列中华优秀传统文化体验活动。引导留学生参加中国节日、制作中国美食、品尝中国味道，感受邻里情谊、了解中国文化、体验中国魅力。发扬互帮互助的传统美德，依托个体咨询室、沙盘体验室、家庭咨询室、正念放松室、宣泄室、慢读书屋等场所，以"3·20"心理健康周和"5·25"心理健康月为契机，以线上线下相结合的方式，开展"五育润心，沐光同行"大学生心理健康节、趣味心理运动会、心理电台等系列活动。

2.弘扬绿色生态文化。坚持以习近平生态文明思想为指导，以绿色为主基调，通过"点线面"相结合的方式精心布局四大书院型社区，在潜移默化中引导学生形成生态自觉理念。社区环境优美，绿植面积高达70%，植物品种达到120余种，形成了春有花、夏有荫、秋有果、冬有色的学生生活起居优美环境，切实提高学生生态文明意识，推进生态文明主流价值观建设。

3.创新树木树人文化。聚焦德智体美劳"五育"并举，开展系列校园文化建设活动。"德"，依托习近平生态文明思想学习大讲堂，开展融政治品德、学术道德、个人道德等于一体的学习文化活

2023 年 3 月 12 日，南京林业大学学生参与"社区花园会客厅"改造，营造人人参与、人人共享的良好氛围

动；"智"，依托"郑万钧学术大讲堂"，开展碳中和、"我与林业有约"等系列学术报告会，营造浓郁学术氛围；"体""美""劳"，则依托水杉剧社、街舞社、篮球俱乐部、书法协会等学生社团，组织开展艺术专业毕业生作品展、劳动之星风采展示、美味巧技劳动小课堂等文化活动，强化以体树人、以美育人、以文化人、以劳塑人，全面提升学生综合素养。

三、工作成效

（一）学生思政工作提质增效

学校荣获 2022 年度江苏大学生"志愿服务乡村振兴计划优秀组织奖"，3 位志愿者荣获江苏大学生"志愿服务乡村振兴计划优秀志愿者"称号，7位志愿者获得"江苏省志愿服务纪念章"。"'竹载未来'研究生团队实践育人项目"入选2023年教育部高校思政工作精品项目。实施"南京林业大学水杉思政名师培育工程"，遴选并培养1名"水杉思政名师培养对象（网络思政方向）"。《创新发展新时代"枫桥经验"，打造全景式社区育人新生态》荣获江苏省高校网络思政"金微课"二等奖。

（二）创新创业成果更加丰硕

近3年，学校共荣获省级以上奖项2648项，其中，"互联网+"大学生创新创业大赛成绩斐然，获省级以上奖项131项，国家级金奖19项，国赛金奖总数位列大赛历史总排行榜第九。荣获第七届"青年红色筑梦之旅"高校集体奖、第八届"高校集体奖"，100余个团队已经注册公司。在"挑战杯"全国大学生课外学术科技作品竞赛中，荣获一等奖3项、二等奖4项、三等奖2项；在"挑战杯"中国大学生创业计划竞赛中，荣获银奖2项、铜奖1项。

（三）校园环境治理卓有成效

学校依托社区定期开展安全宣传月活动，开展应急救护知识持证培训活动（心肺复苏）、消防演习观摩及实战、消防安全知识主题讲座，推广安全知识，加强安全防范措施，并通过培训、演练等形式提升学生对安全问题的认知和应对能力，有效做好专项整治和联防联控工作。学生公寓管理服务中心提交了《基于大数据的新时代高校学生公寓精准化管理》，获江苏省高校学生公寓与物业管理品牌特色项目优秀单位。南京林业大学"一站式"学生社区提交的《尚劳明德，树木树人——学生公寓"壹出发"劳动教育的探索与实践》获得江苏省高等学校劳动教育优秀实践项目评选二等奖。

四、工作启示

伴随教育信息化、高等教育大众化时代的到来，以及学分制、选课制的广泛普及，大学生对学生社区的需求日益增强，学生社区在高校育人体系中的地位日益凸显。要充分认识党建、学科、环境、学生在体系中的地位和作用，创新形式、系统构建、统筹推进，充分发挥"一站式"学生社区在育人体系中的重要作用。

（一）党建引领，着力推进"一融双高"

坚持党的领导，聚焦立德树人根本任务，以党建引领为航标，实施时代新人铸魂工程，构建"四位一体"党建工作矩阵，不断创新形式，推动党的建设与人才培养、学校发展深度融合，通过强阵地、优设置、作表率、重宣传，强化学生社区主流意识形态阵地建设。

（二）学科赋能，创构绿色社区生态

社区是学校的细胞，文化是社区的灵魂。学校充分发挥林科相关专业优势和专业技能，主动对接"一站式"学生社区建设，将专业实践教学课堂搬到社区，新建或改造特色社区，对于营造美丽和谐社区人居环境，提升学生幸福指数起到积极的推动作用。

（三）共建共享，发挥学生主体作用

充分发挥学生在"一站式"学生社区综合管理模式建设中的主体性作用，通过自我教育、自我管理、自我服务、自我监督，实现学生社区的共建共治和发展成果共享，提高学生在社区内的责任感、获得感、成就感和幸福感。

"红色＋"育人工程：
探索红色文化资源育人新路径

一、基本情况

常州大学秉承"把红色资源利用好、把红色传统发扬好、把红色基因传承好"的理念，将"红色文化"作为三大办学特色之首，成立常州大学红色文化特色建设领导小组，建设常州大学红色文化研究院，将红色文化融于人才培养、科学研究、学科建设、校园文化和社会服务，全力打造"红馆""红库""红联""红基""红刊""红书""红社""红培""红课""红剧"等具有辐射力、亲和力、影响力的"十红"育人品牌，重点实施"红色＋育人环境""红色＋教育教学""红色＋科教融合"三大工程，打造"红色＋"育人常大模式，全力走稳走好"红色文化育人之路"，让思想政治教育焕发新的生机与活力。

二、主要做法

（一）实施"红色＋育人环境"浸润工程，强化濡染育人

1. 以"红色基因"为标识，探寻育人"新范式"。学校有瞿秋

白政府管理学院、史良法学院、李公朴社会教育学院、周有光文学院、华罗庚学院、刘国钧管理学院、吴敬琏经济学院等学院，命名秋白路、太雷路、代英路等校园道路，建立秋白讲堂、太雷讲堂，成立史良法学理论研究中心、史良仲裁法庭、张太雷青年学习社等研究活动机构，丰富学校红色教育基因，让红色基因"润物细无声"，达到"入芝兰之室而久自芳"的育人效果。

2. 以"环境思政"为密码，激活育人"新课堂"。深耕"环境思政"责任田，以创建省、市文明校园为目标，形成长期、常规、常态的工作机制，以"优美环境"培育时代新人。学校重点推进"环境思政 成风化人"相关工作，推动各学院部门聚焦优势亮点，创造性地开展思政"墙"文化建设工作，打造会说话的"文化墙"。将红色故事、红色精神与学校办学实际相结合，在学校各楼宇的墙面通过文字、图片、绘画等形式呈现，让每一面墙会说话、讲故事，在全校营造"时时有思政课、处处有思政味"的良好氛围，实现全员、全程、全方位育人。

3. 以"红色品牌"为底色，打造育人"新样本"。通过立"红馆"（红色文化主题教育馆）、建"红库"（红色文化资源大数据库）、组"红联"（红色文化宣传教育阵地联盟）、拓"红基"（红色文化研究践行基地）、办"红刊"（红色文化研究动态）、编"红书"（大学生红色文化读本）、创"红社"（大学生红色基因传承社）、办"红培"（红色文化培训学院）、上"红课"（《中国共产党革命精神30讲》等"金课"）、演"红剧"（《白云溪上》《觅渡》等音乐剧），不断做强学校"十红"育人品牌；开展中国共产党人精神谱系研究，全力打造"中国共产党人精神谱系46种伟大精神展""灯塔照耀中国——中共中央驻地联展（1921—1949）""学习党的二十大报告主题展"，并在新疆、海南、山东、江苏等多地开展全国巡展；连续 5 年举办"红色五月　铸魂育人"系列活动，连续 3 年举办红色文化教育运动会，开展"马克思日""革命文物周周讲""云上思政课""红色经典视听音乐会"等红色文化品牌活动，通过红色观影、党史知识竞赛、演讲比赛、红色经典诵读、传统节日活动、主题班会等形式固化红色主题特色，确保学生定期能够享受红色文化"大餐"。

（二）实施"红色＋教育教学"领航工程，实现感召育人

1. 以"红色融入"为关键点，打造思政金课。学校深入推进思政课程综合改革，将红色文化有机融入思政课堂，编写《革命先驱瞿秋白研究》《革命先驱张太雷故事》《永恒的丰碑——中国烈士陵园研究》《致敬铁军——中国 48 座新四军纪念馆（旧址）研究》《中国改革开放始建红色文化纪念馆研究》等红色文化系列"红书"。邀请专家、道德模范、革命后代、历史亲历者、革命纪念馆馆长、红色影视艺术家等开展对话式、专题式、互动式、问题式教学，形成了立体式、特色化的红色文化课程体系，打造《信仰之魂——中国共产党革命精神系列讲座》《从"常州三杰"看中国共产党人的信仰力量》《30 位革命纪念馆馆长进高校思政课堂》等一批富有特色的"红色金课"，已经完成建党精神、井冈山精神、延安精神等 20 讲高校红色文化精品课程，让红色文化进教材、进课堂、进头脑。通过设立"传承红色基因"思政课实践课程，深化实践教学改革，把思政课搬到博物馆和革命纪念馆，构建具有鲜明特色的常州大学思政课实践教学体系。坚持把革命文物有机融入高校思政课，发起成立全国第一个专题的馆校合作联盟，依托联盟资源，从全国 100 多个革命类博物馆精选出具有红色基因的革命文物，创新推出"思政＋文物元融合——全国百馆百校百课"等特色课堂。

2. 以"红色元素"为支撑点，融合课程思政。积极推进课程思政示范课堂和示范专业建设，通过挖掘红色资源，找准各学科蕴含的思政元素，打破红色文化教育与专业教育之间的"孤岛效应"，将优良的红色传统渗入各门课程、各个领域，"有底气""接地气""带热气"地走进课堂、宿舍、实验室，实现思政课程与课程思政同频共振、同向同行。学校立足石油石化办学特色，以大庆精神和铁人精神为着力点，把体现石油精神的石油人物、石油故事、石油历史融进各类课堂；开发常州大学网上"红馆（VR）"，将红色数字资源融入日常教学实践，将老一辈革命家、实业家、科学家的精神气节融进各类课堂，把红色文化之"盐"融于专业教育之"汤"，创新"课程思政""专业思政"新模式，织就促进学生全面发展的"育人大网"。

3. 以"红色实践"为结合点，拓宽育人渠道。一是与社会实践相结合。依托"红社——红色基因传承社"，开展"红色蜜蜂"行动计划和"红燕衔泥"活动，每年组织上万名学生开展红色研习之旅，做好红馆志愿讲解、红色文化大数据志愿采集、红色经典诵读等多项活动；以暑期"三下乡"社会实践活动为契机，每年组织60 余支实践小分队奔赴全国各地开展红色文化探索实践之旅，通过红色精神寻访、全国红馆打卡、红色人物访谈等多种形式，引导学生在社会实践、志愿服务中全方位、多角度、立体化地传承红色基因。学校已连续6 年荣获全国大中专学生志愿者暑期"三下乡"社会实践活动先进单位称号。二是与专业实践相结合。将红色美育和艺术类专业实践巧妙融合，将红色文化积极融汇到文艺作品、展陈展示等专业创作中，达到"以美为媒　红色润心"的育人效果。原创红色音乐剧《白云溪上》将"常州三杰"的故事搬上舞台，获常州市第十届精神文明建设"五个一工程"奖；创作红色话剧《织梦运河》，融入运河市井文化、老城厢文化和红色文化；原创诗话剧《月亮与烟火》，表达了新时代青年对历史的追忆和对国家的热忱；原创小歌剧《觅渡》演绎"常州三杰"短暂而又光辉的生命须臾、情感点滴。

常州大学原创红色歌剧《觅渡》

（三）实施"红色＋科教融合"提升工程，突出学术育人

1.红色做底，科研育人焕光彩。学校拥有全国馆校合作联盟、江苏省中国特色社会主义理论体系研究基地、全国首个红色文化资源大数据库、红色文化培训学院、红色文化研究基地、常州市高校马克思主义理论教育联盟等高质量平台，定期开展红色文化理论研究、学术沙龙等科研活动，邀请国内知名专家作学术报告达50余场次，承办"红色文化在中国式现代化建设中的探索与实践论坛""馆与校——跨界融合联动　共育时代新人　革命文物融

入'大思政课'高端研讨会""新四军精神与红色文化育人高层论坛"等全国性学术会议，提升大学生对红色文化研究的兴趣和参与度。

2. 红色助力，双创育人显活力。学校坚持将红色基因融入双创教育，将红色教育、专业教育与创新创业教育相结合，以大学生创新创业红色筑梦之旅实践活动为抓手，先后组建团队深入革命老区和城乡社区开展创业实践活动，举办"红色筑梦　薪火相传"创业实践课堂活动，积极推动学生开展公益创业，引导学生发挥学科专业优势，聚焦基层发展需求，服务乡村振兴战略，将创新创业成果写在祖国的大地上。学校连年在"挑战杯""互联网＋"等竞赛中取得佳绩，实现"挑战杯"金奖"五连冠"，并蝉联"优胜杯"，涌现出"姜黄哥龚亮""盲盒哥缪安勤""编码姐丁贝"等一批高素质创新创业人才典型。

3. 红色联动，协同育人聚合力。牵头发起成立全国馆校合作联盟，积极推进革命文物资源深度融入高校思想政治教育工作体系，目前已有 200 多所高校马克思主义学院和革命博物馆纪念馆加入，通过"一校一馆、一校多馆、一馆多校"合作模式，迅速推进馆校跨界融合；与全国 46 家革命场馆共建红色文化践行基地，聘请全国 46 位馆长为客座教授；建立红色资源大数据库，已收录全国范围内约 2600 家红色场馆的档案数据，包括红色档案数据近 2.3 万件、图片 10 万多张、线上 VR 展厅 70 余家、电子图书近万册。牵头联合常州 83 家单位成立"常州市红色文化宣传教育阵地联盟"，进一步整合常州市红色文化资源，推动红色资源有效融入大中小学思想政治教育。

三、工作成效

（一）形成特色亮点，品牌效应彰显

学校把实施红色基因传承工程、红色文化研究工程、爱国主义教育工程，纳入全校发展总体规划，成功打造"十红"特色育人新模式。学校"聚焦立德树人　探索构建红色文化育人体系"获批教育部高校思想政治工作精品项目，"红色文化资源融入大中小学思政课一体化建设研究"获批江苏省大中小学思政课一体化建设高校领衔示范项目，《"五维融入"活化资源——探索革命文物进入高校"大思政"课堂有效途径》入选全国100个以革命文物为主题的"大思政课"优秀资源精品名录，太雷青年学习社获评江苏省省级"青年学习社"。

（二）受到广泛关注，社会评价凸显

通过构建具有常大特色的"红色 +"育人模式，打造"红色五月·铸魂育人"等系列活动，每年吸引近3万名师生积极参与学习实践，教育效果良好，充分发挥了社会资源的育人效应。近年来，学校红色育人相关活动被新华社、"学习强国"学习平台、中国教育报等国家级、省市级媒体报道，受到了社会的广泛关注，提升了学校影响力。

（三）涌现先进典型，育人成效明显

学校将红色文化融入"三全育人"之中，有效提升了学生综合素养，涌现出"中国大学生自强之星"、江苏省"最美大学毕业

生"、"江苏省大学生年度人物"、全国大学生就业创业典型人物、十佳江苏省大学生就业创业年度人物、江苏省"最美基层高校毕业生"、江苏省"大学生年度人物"提名奖等优秀典型。

四、工作启示

（一）树立"融思维"，激发育人动力

红色文化是中华民族宝贵的精神财富，是社会主义先进文化的有机组成，其蕴含的丰富精神内涵对提升大学生的思想道德素养至关重要。坚持将红色文化融入高校思想政治工作，用红色文化铸魂育人，帮助学生深刻领悟中国共产党为什么能、中国特色社会主义为什么好，这是新时代高校思政工作的头等大事，也是新时代高校思想政治工作的根本遵循。

（二）打造"合作链"，增强育人能力

红色文化有助于丰富高校思想政治教育的内容、延展教育空间、活化教育形式。充分利用高校和社会丰富的红色文化资源，通过校校、校馆、校企、校地的多维合作，实现学校和社会资源的互联互通，形成双向互动、共享共育的有效机制，从而打通校内人才培养的各个环节，使得红色文化资源在课堂融入增多、实践活动层次提高、社会参与度更广泛，达到事半功倍的育人效果。

（三）建好"生态圈"，提升育人效力

大学所创设的环境，是一个有声无声、无所不在的大课堂，它以潜课程的隐性形式发挥着重要的育人作用。注重将红色基因融入

高校思想政治教育生态环境各环节，使红色文化育人氛围遍布校园各处，能更好地发挥好环境熏陶人、感染人、塑造人的作用，打造时时、处处、人人育人的"生态圈"。

"云间理堂"：开创基层理论宣讲新局面

一、基本情况

理论宣讲工作要更好体现时代性、把握规律性、富于创造性。如何把习近平新时代中国特色社会主义思想讲清楚、讲明白、讲透彻，让老百姓听得懂、能领会、可落实，推动形成最大公约数、画出最大同心圆，是当前理论宣讲工作需要着力解决的突出问题。

上海市松江区自觉承担起举旗帜、聚民心、育新人、兴文化、展形象的使命任务，积极培育理论宣讲特色团队，加强理论宣讲工作思路、方法、机制、举措创新，以深入学习宣传贯彻习近平新时代中国特色社会主义思想为主线，围绕"思想伟力·云间故事"这一主题，着力构建具有松江特色的基层理论宣讲矩阵，打造"三大讲习堂系列"理论宣讲品牌，"云间讲习堂"由松江区党政领导干部、党校专家等宣讲骨干组成，"思政讲习堂"由各驻松江区的高校马克思主义学院青年教师组成，"国政讲习堂"由国防大学政治学院优秀博士生和硕士生组成。通过开展扎实有效的理论宣讲，努力做到"坚如磐石、话语响亮、生机勃勃"，引导党员干部群众把思想和行动统一到党中央精神和市委、区委部署上来，为改革发展营造浓厚氛围，提供有力保障。

二、主要做法

（一）着力"引"，引导多元主体参与，解决好"谁来讲"的问题

领导干部"带头讲"。依托区级讲师团，精心打造一支由处级领导干部和后备干部组成的党员干部主题宣讲团，让党员领导干部学在前、做在先，走出办公室、沉到基层去。自2020年起，已有46名处级干部，56名后备干部到基层宣讲党的十九届五中、六中全会和党的二十大精神，以及习近平新时代中国特色社会主义思想，起到了良好的示范引领作用。

高校师生"出门讲"。松江是大学之城，汇聚了上海外国语大学、东华大学、华东政法大学等10余所高校。整合驻松高校资源，与有关院校签订合作协议，引导高校师生参与基层理论宣讲。驻松高校师生通过"松江三人行"理论宣讲社会实践活动、国政讲习堂、思政讲习堂等载体，走出校门，在社会实践中，真正做到学以致用、服务群众。

先模人物"现身讲"。发挥先模人物的示范引领作用。组织劳动模范、巾帼代表、退伍老兵到田间地头、农家大院、企业车间、新时代文明实践站宣讲，让身边人说身边事，说身边发展变化，增强了宣讲的感召力、影响力。

草根名嘴"线上讲"。充分挖掘各基层理论宣讲团队中的草根名嘴，把"面对面"和"屏对屏"结合起来，先后推出《老徐讲三农》《老罗说党史》《健康松江》等党史、"四史"专题线上宣讲短视频。草根名嘴们把大主题转化为小切口，把书面语变成口头

语，把普通话翻译成松江话，宣讲短视频在"学习强国"上海学习平台、"文明松江"微信公众号推出后，极大地满足了基层学习需求。

（二）立足"广"，线上线下同步发力，解决好"在哪讲"的问题

以"四有"标准为基，夯实主阵地建设。在推进三级文明实践阵地全覆盖的过程中，注重理论宣讲"四有"标准配套，切实做到有队伍，成立理论宣讲志愿服务队；有菜单，印发年度常态化理论宣讲菜单；有活动，整合区域宣讲资源，将常态化宣讲和特色宣讲有机结合；有管理，依托上海新时代文明实践中心综合服务平台，做好理论宣讲供需对接工作并做好志愿服务时长记录，累计推出 146 个志愿服务宣讲菜单。发挥融媒优势，助力理论宣讲。一方面，区级融媒体中心持续深入报道，如"上海松江"客户端发布的"松江三人行"党史学习教育主题宣讲启动的报道共有 11.8 万次阅读量，并被"学习强国"上海学习平台、上观新闻、新民晚报等市级媒体报道。另一方面，加强平台联动。新时代文明实践平台与融媒体平台协同发力，在"上海松江"客户端推出文明实践中心专栏，充分放大理论宣讲优质内容的"分贝"和"分量"。扩大线下"辐射圈"，拓展线上新渠道。坚持将派单宣讲和点单宣讲有机结合。通过派单宣讲，实现"六进"有效覆盖；借助点单宣讲，精准匹配基层单位宣讲需求。确保理论宣讲覆盖的点面融合。坚持"面对面"宣讲，打通理论宣讲"最后一公里"。通过"板凳课堂""田间课堂"等形式，及时将"小板凳"搬到群众家门口，让理论宣讲贴近群众。坚持"屏对屏"宣讲，让理论宣讲从"一时一地"到"随时随地"。线上宣讲打通了线下

线上，极大丰富和拓展了理论传播途径。

（三）突出"活"，积极探索宣讲新模式，解决好"怎么讲"的问题

开展组团式宣讲，对象化宣讲看点多。"松江三人行"理论宣讲由3位宣讲员组团进行理论宣讲。例如，老兵讲故事宣讲团在宣讲中，打造"红领巾＋大学生＋老兵"宣讲组合，三代人同台宣讲，忆峥嵘岁月，唱红色歌曲，立鸿鹄之志。又如，新桥镇"松江三人行"组合由镇里的"店小二"和创业青年搭档，选取新桥历史上的典型人物，讲透"区区合作、品牌联动"新桥模式，讲好新时代新桥青年的创业故事。再如，中山街道将辖区内懂宣讲、善唱歌、会朗诵的理论宣讲志愿者组合在一起，让群众坐得住、听得进。开展叠加式宣讲，分众宣讲有成效。积极探索"宣讲＋"，以贴近实际、

2021年"松江三人行"党史学习教育主题宣讲暨"行走的思政课"大学生社会实践活动启动仪式

贴近生活、贴近群众的形式开展分众化宣讲。比如，"宣讲＋趣缘"，岳阳街道联合区集邮协会推出"邮票中的党史专题"，选取党史中具有代表意义的邮票进行宣讲。又如，"宣讲＋戏曲"，将擅长红歌、沪剧、越剧的百姓明星组合在一起，通过"文艺搭台、理论唱戏"的形式，用一首歌、一出戏推动信仰的传承。再如，"宣讲＋动画"，推出"松江三人行"系列动画宣讲。开展场景式宣讲，互动宣讲"零距离"。一是场景还原，以情动人。由同济大学在校大学生组成的石湖荡镇"'红色济'松江三人行"宣讲队，生动再现扶贫女将黄文秀同志感人事迹，以情动人、以理服人。二是老旧物件，以小见大。罗克平是 2021 年度上海市基层理论宣讲先进个人、上海市优秀人民建议获奖者代表，他在宣讲中善于以老物件切入，讲述身边人身边事的变化，进而阐释群众日子红火、事业蒸蒸日上得益于党的正确领导。三是现场开讲，以学促干。区总工会组建劳模宣讲团，依托工会资源打造"流动课堂、实践课堂、身边课堂"三大课堂，运用"宣讲＋交流＋实践"的形式，变照本宣科为互动交流，让职工群众坐得住、听得懂、记得牢、学得进、用得上。

三、工作成效

（一）注重挖掘红色资源，"松江三人行"宣讲品牌效应不断显现

以松江第一位共产党员侯绍裘 1923 年冬陪同罗章龙、恽代英到松江传播马克思主义、开展党团工作的红色史实为基础，以罗章龙创作的 3 首《松江三人行》七言绝句为由来，创设"松江三人

行"理论宣讲载体，通过以三人一组的灵活方式，运用分众化、对象化、互动化的表现手段，深入城乡社区、企业园区，开展理论宣讲走基层活动。发布"松江三人行"LOGO、主题歌、宣讲菜单，设计"松江三人行"红色盲盒，获得上观新闻等市级媒体广泛宣传报道，入选上海市党史学习教育优秀案例，获评全国文化科技卫生"三下乡"活动示范项目、上海市基层理论宣讲先进集体。

（二）网聚后浪潮音，成功打造属于松江青年的 IP

青年群体既是理论宣讲的重点群体，也是理论宣讲队伍中的生力军。从这一实际出发，与团区委共同打造"青年说"新媒体理论宣讲，按照常态化模式运行，每年围绕一个主题举办一季活动，先后发动区域内 162 个单位（团组织），600 余名青年参与活动，着力让青年成为"学"的主角、"讲"的主力、"听"的主体，以青春力量传播党的声音。"青年说"采用线上展示票选，线下比赛推优的形式开展，在"学习强国"学习平台、腾讯视频、B 站、"青春松江"微信公众号等各类平台投放，据不完全统计，活动视频播放量超 116 万次。区教育系统在"青年说"的基础上，还形成"云间少年说"宣讲品牌，不断厚植青少年群体爱党爱国爱社会主义的情感，让红色基因、革命薪火代代传承。

（三）激发基层活力，打造各具特色基层理论宣讲"轻骑兵"

坚持把宣讲的重心下移，注重依托各地区、各领域优势，积极挖掘并培育宣讲骨干组建不同类型的理论宣讲特色团队，如工会系统的百名劳模宣讲团、团委系统的云间青响青年讲师团、妇联系统的巾帼宣讲团、区委党史研究室的云间青史宣讲团、退役军人事务局的老兵宣讲团、泖港镇的田间课堂、新浜镇的"乡村茶馆云课堂"、新桥镇的小新说和老罗讲故事、小昆山镇的昆冈"声"力军等，如同一支支理论宣讲轻骑兵，活跃在松江的城乡基层，形式多样地开展党史和理论宣讲，呈现出百花齐放、各具行业和地域特色的理论宣讲生动局面。截至目前，全区已组建基层特色宣讲团队 40余支。

四、工作启示

（一）主题精心策划，才能唱好主旋律大合唱

基层理论宣讲矩阵建设坚持"画好同心圆、传递正能量"的工作思路，引导多元主体参与，激发理论传播线上线下共振、同步同向发力，拓宽对象化、分众化、互动化理论宣讲的方法和路径，形成多主体参与、多内容融合、多形式宣讲、多平台联动的理论宣讲工作格局，共同唱好主旋律大合唱。

（二）区域统筹谋划，才能确保基层宣讲上下贯通

上海市松江区围绕宣传工作主题主线，每年度发布松江区基层理论宣讲矩阵方案并召开矩阵建设推进会，通过整合资源、搭建平台、创新手段，有序推进"松江三人行"、"青年说"、区级讲师团和"三个讲习堂系列"四大平台建设，培育各级基层特色宣讲团队，进一步解决好"谁来讲""在哪讲""怎么讲"问题。

（三）形式丰富多彩，才能提高基层宣讲受欢迎度

大力推动"专家讲"与"大家讲"相结合，"接天线"与"接

地气"相结合，"面对面"与"键对键"相结合，"常态化"与"精准化"相结合，有效推动理论宣讲进机关、进社区、进农村、进学校、进企业，打通宣传群众、教育群众、引导群众、服务群众的"最后一公里"，着力让党的创新理论在基层"热起来""活起来""潮起来"。

"柏桥讲堂"：小讲堂讲活新思想

一、基本情况

2023 年 4 月 11 日，习近平总书记赴广东省茂名市视察，深入高州市根子镇柏桥村考察调研，同大家拉家常、话发展，面对面、手把手指导茂名人民推进乡村振兴、实现共同富裕，不断引领深化中国式现代化的茂名实践，留存下弥足珍贵的精神财富。为深入学习贯彻落实习近平总书记视察广东、视察茂名重要讲话、重要指示精神，茂名市委、市政府于 2023 年 5 月创设"柏桥讲堂"。"柏桥讲堂"坚持以学习习近平新时代中国特色社会主义思想为初心，以习近平总书记在柏桥村考察调研点为主线，以"思想教育的阵地、传播知识的课堂、宣传'百千万工程'成果的窗口"为定位，结合柏桥村推进乡村振兴的生动实践，努力打造集理论宣讲、现场体验、互动交流于一体的思政讲堂。相继开展"千名村书记话振兴""机关党员进讲堂""大中小学生进讲堂"系列活动超 800 场次，吸引全国各地 50 多万名党员干部群众前来观摩学习，有力推动广大党员干部群众深刻感悟人民领袖思想伟力和人民情怀，有效凝聚起推进乡村振兴、实现共同富裕的强大精神力量。

二、主要做法

（一）强化组织领导，精心构建思政工作的"新平台"

1.坚持高位谋划。市委、市政府高度重视，多次召开专题会议进行研究，科学谋划"柏桥讲堂"建设，先后制定《关于开设"柏桥讲堂"的工作方案》《关于深化"柏桥讲堂"的若干措施》等一批制度文件，按有阵地、有制度、有标识、有师资、有课程"五有"标准，谋划以习近平总书记在柏桥村考察调研点为主线，依托根子镇荔枝种植园、柏桥农创园、中国荔枝博览馆等资源，建设集理论宣讲、现场体验、互动交流于一体的"柏桥讲堂"。

2.坚持高位推进。市委主要领导主持召开会议研究部署，出席"柏桥讲堂"成立揭幕仪式，带头在"柏桥讲堂"开讲，宣讲党的理论、党的政策，为基层党员干部充电赋能。同时由茂名市委组织部牵头成立"柏桥讲堂"工作领导小组，严格落实工作责任制，坚持"每周一调度"，定期召集成员单位研究处理涉基础设施、经费投入、师资队伍、课程设计等重要工作事项，形成工作合力，高效共同推进"柏桥讲堂"建设。

3.坚持高标建设。坚持把"柏桥讲堂"办成学习习近平新时代中国特色社会主义思想主阵地的定位，高标准抓好"柏桥讲堂"的课程体系、师资队伍、活动载体、机制体制等建设，不断完善"柏桥讲堂"软件、硬件。先后与广东省委党校、北京大学、中山大学、暨南大学等开展联学共建，依托党校、高校在知识、技术、人才等方面的优势，加强研究和资源转化，共同打造教学基地。

（二）强化理论宣讲，全力打造铸魂赋能的"充电站"

1. 选优建强宣讲队伍。按照"地域、领域、行业全覆盖"的原则，致力打造"专家学者讲理论、镇村干部讲举措、党员群众讲变化"的"立体课堂"宣讲格局，重点选优配强 3 支宣讲队伍。第一支是从高校、党校等系统遴选 17 名专家学者，坚持从体系化、学理化上阐析习近平新时代中国特色社会主义思想。第二支是选取一批在乡村振兴一线工作的镇村干部，结合自身工作实践和丰富经历，以人民群众喜欢听、听得懂、记得住的形式，全面讲述茂名在推进乡村振兴、实现共同富裕中的思路方法、工作举措、进展成效。第三支是选取一批基层党员群众代表成立"柏桥讲堂"宣讲队，致力通过"身边人"讲好讲活"身边事"，引导广大人民群众感党恩、跟党走，奋力建设美丽乡村、创造美好生活。

2. 精心打造精品课程库。"柏桥讲堂"以学员需求为导向，针对党员干部、机关企事业单位人员、学生、普通群众等不同群体，量身定制教学课程，精心打造由理论课程、"乡村振兴的柏桥实践"现场教学课程和"百千万工程"特色课程三大类别组成的精品课程库，分类施教，全方位满足个性化学习需求，力求形式丰富有针对性、内容生动有感染力。

3. 创新开设"柏桥讲堂·云上课堂"。"柏桥讲堂"利用网络开设了"云上课堂"，通过市、县、镇、村四级党员远程教育直播互动平台，定期组织开展线上学习教育，着力打通党员干部教育培训"最后一公里"，实现基层党员理论学习全覆盖，推动基层党员干部理论学习入心见行。

（三）强化现场体验，着力打造田间地头的"活课堂"

1. 打造"行走"课堂，延伸拓宽学习空间。坚持"立足现有资源打造、不搞大拆大建"原则，把学习习近平总书记重要讲话、重要指示精神作为核心内容和生动教材，以习近平总书记在柏桥村考察调研点（根子镇荔枝种植园、根子镇柏桥农创园）为主线，连接国家荔枝种质资源圃、中国荔枝博览馆、中国荔枝产业大会会址等"一圃一馆一址"3个国家级荔枝产业平台以及甜美果海乡村振兴示范带、柏桥实践馆，精心设计打造现场教学精品路线，以原物实景讲好故事。

2. 打造"实景"课堂，开展沉浸式体验学习。坚持打破传统课堂模式，大力开展"看、听、品、走、问"融合的行进式研学活动，在荔枝种植园、龙眼荔枝专业合作社等点位，邀请致富带头人和党员群众代表等现身说法，给学员们传经送宝，让各地前来研学的党员干部群众通过深入田间地头、直达生产一线，边看边学、边学边悟。

（四）强化互动交流，积极探寻共同富裕的"金钥匙"

1. 变"理论化"为"通俗化"，积极开展经验分享。"柏桥讲堂"经常组织邀请全省乃至全国的专家教授、先进代表，围绕基层党建、乡村振兴、基层治理、联系服务群众等方面向学员分享经验，进一步拓宽视野、学习优秀发展经验。学员积极参与到课堂中，认真做好笔记、消化吸收，不时结合工作实际提问交流，针对乡村振兴中的难点堵点，学案例、找对策、谋发展。

2. 变"灌输式"为"互动式"，搞好集中研讨交流。积极开展"村书记圆桌""柏桥夜话""乡村振兴大家谈"等集中学习研讨，围绕推动乡村振兴、发展村集体经济、帮助村民增收致富等话题，共同探讨解决问题的思路方法，交流分享经验感悟，找寻"产业致

"柏桥夜话"现场气氛活跃

富经""乡村发展道",在"头脑风暴"中碰撞出乡村振兴发展的智慧火花,激发乡村振兴的"柏桥灵感"。

三、工作成效

"柏桥讲堂"自创设以来,受到上级部门的关心关注和大力支持,2023 年全省"百千万工程"现场交流会在茂名举办,"柏桥讲堂"作为参观考察点,知名度进一步打响,得到央媒、省媒频频关注。"柏桥讲堂"成为全省首批 24 家"大思政课"实践教学基地之一。

(一)持续推动学习习近平新时代中国特色社会主义思想走深走实

通过搭建"行走的思政课堂",结合主题教育开展,广泛吸引全国各地党员干部群众纷纷走进茂名、走进高州、走进根子柏桥，通过重走习近平总书记在柏桥村留下的光辉足迹，聆听柏桥村党员干部群众分享习近平总书记在考察调研时的点点滴滴，切身感受习近平总书记深厚的人民情怀，深刻体悟习近平总书记对广东、对茂名的厚望重托，感受扑面而来的学习贯彻习近平新时代中国特色社会主义思想的浓厚氛围。

（二）全力帮助基层党员干部找到推进工作、解决难题的方法路径

"柏桥讲堂"作为一个开放包容的交流平台，综合运用现场讲解、情境教学、沉浸式体验、交流研讨、案例分享等互动性教学方式，为各地交流经验做法、解决实际问题、探索乡村振兴提供了良好平台，有力推动了各地之间互学互鉴。

（三）广泛凝聚茂名推进乡村振兴、实现共同富裕的强大力量

"柏桥讲堂"通过总结推广柏桥及茂名全市其他特色先进村、样板墟经验做法，全力打通"调查研究—归纳总结—学习传授—借鉴落实"的转化路径，广泛宣传如党组织建在产业链、设在专业合作社等发展特色农业的"金点子"，为全市推进"百千万工程"、乡村振兴形成更加全面、立体、直观的认识，提供更多可复制可参考可借鉴的实践经验和成功范例。

四、工作启示

茂名市创设"柏桥讲堂"为新时代加强和改进基层思想政治工

作带来了新的启示。

（一）加强和改进基层思想政治工作要坚持政治引领

"柏桥讲堂"是基层思想政治工作的重要阵地，是政治讲堂，必须坚持以学习贯彻习近平总书记视察广东、视察茂名重要讲话、重要指示精神为"柏桥讲堂"建设的出发点和落脚点。"柏桥讲堂"把学习习近平总书记重要讲话、重要指示精神作为核心内容和生动教材，坚持以原物实景、讲好故事传递人民领袖的思想伟力和人民情怀，有力推动了习近平新时代中国特色社会主义思想在茂名落地生根、开花结果。

（二）加强和改进基层思想政治工作要注重分类施教

"柏桥讲堂"坚持打破传统课堂模式，针对党员干部、机关企事业单位人员、学生、普通群众等不同群体提供"点餐式"培训服务，量身定制教学课程和观摩路线，全方位满足个性化学习需求，因而能受到广大干部群众欢迎。

（三）加强和改进基层思想政治工作要强化参与体验

"柏桥讲堂"通过综合运用现场讲解、情境教学、沉浸式体验、交流研讨、案例分享等互动性教学方式，结合"千名村书记话振兴"、干部群众"柏桥夜话"等研学活动，变"被动接受"为"参与主动"，变"要我学""要我信"为"我要学""我要信"，使思想政治工作接地气，变得鲜活起来。

"花开有声"：
推动党的创新理论深入人心

一、基本情况

近年来，广东省广州市花都区聚焦用党的创新理论武装全党、教育人民这个首要政治任务，坚持需求导向，注重守正创新，以打造"花开有声"理论宣讲品牌为牵引，通过建强"有生气"的宣讲队伍，搭建"接地气"的宣讲平台，创建"聚人气"的宣讲矩阵，形成了"领导干部讲政策、专家学者讲理论、学校教师讲思政、基层百姓讲故事"的宣讲格局，先后开展各类主题宣讲6600多场次，线上线下覆盖人群超58万人次，不断推动习近平新时代中国特色社会主义思想"飞入寻常百姓家"，为花都区奋力建设广州北部增长极统一了思想意志、汇聚了磅礴力量。

二、主要做法

（一）建强"有生气"的宣讲队伍，解决单向灌输"照本宣科"的问题

1. 优化队伍结构，夯实人才基础。花都区以宣讲人才建设为引

领，充分吸收专家学者、领导干部、模范人物、企业高管、学校师生、文艺骨干、乡村振兴带头人等，建立区、镇（街）、村（社）三级宣讲团，制定宣讲方案，制作团旗团徽，配备宣讲设备，形成高标准多层次宽领域的宣讲员梯次队伍。其中，区级理论专家20 名、理论骨干 50 名，百姓宣讲员 100 名。花都区为宣讲员配备《习近平谈治国理政》《习近平著作选读》《习近平新时代中国特色社会主义思想学习纲要》《党的二十大报告辅导读本》等权威资料，为高质量开展宣讲夯实了理论基础。

2. 注重素质培养，提升宣讲水平。花都区定期开展宣讲培训和座谈交流，通过集中培训、集体备课、名师指导、示范宣讲等形式，邀请理论专家、名师名嘴等前来辅导授课、现场教学，不断提升宣讲骨干的理论水平、知识储备和宣讲能力。深化与在穗高校、"全国道德模范赖宣治工作室"等的合作共建，重点孵化培养宣讲骨干。举办优秀宣讲员大赛，围绕"志愿故事我来讲""红色故事微宣讲"等主题，以"赛"选人，以"诵"育人，以"讲"练人，培养了大批"基层宣讲能人"。

3. 健全激励机制，激发工作活力。花都区完善基层宣讲工作制度，把宣讲队伍建设培养纳入基层年度绩效目标考核内容，积极申报宣传思想文化领军人才、优秀创新团队、青年文化英才等，对先进宣讲集体、个人以及优秀宣讲报告适时通报表扬并向上级推荐。完善宣传推广机制，培育了青年宣讲团、劳模宣讲团、百姓宣讲团、志愿宣讲团、红色文化宣讲团、红棉老兵宣讲团、律师普法宣讲团、"百千万工程"宣讲团等一批特色鲜明的优秀宣讲队伍，为推动党的创新理论走深走心走实储备了基层人才。

（二）搭建"接地气"的宣讲平台，解决脱离群众"强塞硬灌"的问题

1.巩固"老字号"宣讲阵地。花都区发挥理论学习中心组、镇（街）党校、"三会一课"、"名师大讲堂"、"流动红色讲堂"等传统宣讲阵地作用，邀请党校教授、经济专家、企业行家等，开展各类大型报告会300余场次。发挥"头雁效应"，区四套班子领导成员和镇（街）、区直单位"一把手"走进田间地头宣讲达800多场次，把党的创新理论、重大方针政策等送到基层。"两代表一委员"、驻村第一书记、城中村党组织书记深入调研群众所疑所惑，坚持"送课下村""送学上门"，做到既充分掌握中央要求，又充分尊重基层需求，在宣讲中坚持用事实说话、用典型说话，受到群众热烈欢迎。

2.创建"新活力"宣讲平台。花都区以弘扬中华优秀传统文化和传承岭南乡村记忆为切入点，因地制宜建成村史馆、家风馆、农家书屋等，打造集宣讲理论、传播文化、科技学习、志愿服务于一体的新时代文明实践所（站）273个，开展"听党话、感党恩、跟党走"等主题宣讲1600多场次。搭建"花开有声·花语话政策"宣讲平台，开设"花政新声"微信公众号，采取现场宣讲和录播视频的方式，就土地资源保障、推动招商引资、跨境电商发展、境外展销扶持、金融融资支持、中小企业培育、乡村振兴政策等进行"零距离"解读，形成全区上下万众一心推动实施"百县千镇万村高质量发展工程"的强劲势头。

3.打造"家门口"红色学堂。花都区整合区内28处革命斗争史迹，利用中国工农红军第四师成立大会遗址、花县（今花都区）第一届农会旧址、中共花县第一个委员会旧址等红色场馆，

2023 年 8 月 3 日，广州市花都区"新时代 我来讲"全区优秀宣讲员大赛决赛暨"花开有声"百姓宣讲大会在区图书馆举行

把理论宣讲融入情境式讲堂，组织党员干部群众接受"四史"宣传教育，接受红色文化的熏陶，领悟党的创新理论。组织师生到各类红色场馆开展"传承红色基因""红心向党"等研学活动，邀请"五老"宣讲队、"红色讲解员"等开展主题宣讲，取得良好效果。

（三）创建"聚人气"的宣讲矩阵，解决短期应景"逢场作戏"的问题

1.巡回式"文艺讲"让理论通俗化。花都区通过组织"潮花都·文化嘉年华""盘古王民俗文化节""花都合唱节""街镇文化节""客家山歌比赛"等节庆活动，将党的创新理论融入百姓喜闻乐见的艺术形式之中，不断增强理论宣讲的穿透力和感染力。先后推出话剧《七彩绳话》《卢永根》，红色情景剧《历史的天空》《共赏木棉红》，歌舞《乡村振兴唱起来》，歌曲《英挺木棉红》等有

温度、能共情、接地气的原创文艺精品 100 余部，采取"理论 + 文艺"的形式，结合文化进万家、百场宣讲下基层、送戏下乡惠民演出、农村公益电影放映等主题活动，推进党的创新理论飞进千家万户、田间地头，让市民群众在活动中感悟习近平新时代中国特色社会主义思想的实践伟力。

2. 沉浸式"互动讲"让理论大众化。花都区举办"英雄花开英雄城"传承弘扬红色文化系列活动，把红色基因融入灰塑、珐琅、钉金绣等本地非遗文创产品。在红色场馆开设"木棉花开"灰塑体验、"共绣红旗"钉金绣体验、"追寻红色印记"立体书制作、"红色之旅"桌游等沉浸式体验区，通过互学互鉴、联学共建等形式，引导市民群众打卡互动，让红色基因融入"城市表情"。运用 VR 三维全景等技术，将全区革命旧（遗）址和花都城市展厅生动展现在网络"云端"，打破时空限制，让参与者在沉浸式体验中凝聚走好新时代长征路的精神力量。

3. 网络式"云宣讲"让理论实时化。花都区依托融媒体中心，借助政务"两微一端"新媒体和广播、电视、报刊等传统媒体，构建全方位、立体式科学理论传播矩阵，实现网上网下互动共享。围绕筑梦湾区、乡村振兴、生态文明、高质量发展、新质生产力等主题推出"线上学堂"，提供精品课件，发布宣讲视频，实现一次宣讲多种传播，随时可看。举办学习贯彻党的二十大精神主题征文和网上知识答题活动，遴选群众关注度高的热点问题，制作"花开有声"动漫宣讲微视频 30 期，先后在"广州花都发布"微信公众号、党建网推出，将"一次性"宣讲转为"裂变式"宣传，总访问量超过 30 万人次。

三、工作成效

（一）突破人才瓶颈，提升了宣讲的引领力引导力

"花开有声"理论宣讲品牌着力解决了基层宣讲"填鸭式"强塞、"打夯式"硬灌等问题，避免了照本宣科、不求甚解的做法，真正让老百姓听得懂、能领会、可落实。在参加中央和省市举办的"时代新人说"演讲大赛中获得奖项 14 个，随广州红色故事会宣讲团走进龙岩等地进行宣讲。1 人被评为全省基层理论宣讲先进个人。

（二）满足群众需求，提升了宣讲的感召力公信力

"花开有声"理论宣讲品牌着力解决了基层宣讲脱离群众"一头热"、不分对象"一勺烩"等问题。在推动党的路线方针政策下基层中，统筹科工商信、发改金融、海关税务、市场监管、资源规划、农业农村等部门资源，围绕促进民营经济发展壮大、高质量建设制造强省、实施百千万工程、绿美广东等重大主题开展宣讲，推动各部门和各企业比学赶超、赛龙夺锦，为"二次创业"再启航积蓄了奋进力量。

（三）丰富形式载体，提升了宣讲的凝聚力影响力

"花开有声"理论宣讲品牌着力解决了基层宣讲短期应景"一阵风"、标新立异"走过场"等问题，不断推动习近平新时代中国特色社会主义思想进机关、进企事业单位、进城乡社区、进校园、进各类新经济组织和新社会组织，使党的声音在城乡基层持续传播、长期回响。微宣讲视频《三代人的盆景振兴路》获评第三届

"读懂中国·新青年看中国"中外短视频征集活动优秀作品。

四、工作启示

（一）必须构建全员参与工作格局

做好新时代理论宣讲工作，必须以宣讲队伍建设的多元化，回应宣传内容的体系化、宣传受众的分众化，动员各方力量积极参与理论宣传，推动习近平新时代中国特色社会主义思想深入人心、走深走实。

（二）必须推动供给侧结构性改革

新时代理论宣讲是一场公共文化服务的供需改革，只有从满足群众的需求入手，才能提高宣讲供给质量，既充分展示党的创新理论的真理力量和实践伟力，又把党的理论转变为与群众切身利益相关的惠民政策。

（三）必须创新基层工作方式方法

思想政治工作归根到底是群众工作，不可能一蹴而就，必须久久为功、善作善成，必须拉近与人民群众的距离。只有以人民群众喜闻乐见的方式加强传播手段和话语方式创新，新时代理论宣讲才能在润物细无声中说服群众、引领群众、鼓舞群众，不断形成"理响中国"的浓厚氛围。

"说唱管家"：当好"党的传话员"

一、基本情况

青海省西宁市城中区南川东路街道水磨村，东起水磨大山根，西以南川河为界，南到总寨镇逯家寨村，北临南川东路第一小学和矿建家属院。凝聚着乡土之美、人文之美的水磨村"说唱管家"曲艺宣讲，以传播中华优秀传统文化为宗旨，以个性化、多样化的曲艺文化使党的好声音、好政策"飞入寻常百姓家"。水磨村"说唱管家"前身为水磨眉户戏小班，始创于20世纪60年代末，70年代末80年代初为水磨村眉户戏小班的兴盛期，主要表演的眉户曲种是《小姑贤》《小放牛》《冯爷站店》《老黄顶灯》等曲目。2018年水磨村党支部重新整合资源成立了"说唱管家"曲艺队，充分发挥曲艺宣讲队有利优势，坚定文化自信，坚守艺术品格，用"文艺＋宣讲"的形式，让群众在家门口接受思想教育，了解党的惠民政策，欣赏地道的家乡戏演出，让党的二十大精神走进千家万户，增强了群众的幸福感和获得感。

二、主要做法

（一）"说唱管家"用乡音传"党音"

水磨村定期举办"说唱管家"活动，将习近平新时代中国特色社会主义思想、社会主义核心价值观等内容融入进去，由原来的"一人讲，大家听"变为如今的"大家问、大家讲、大家议"。组织"草根名嘴"等基层宣讲力量，把"书面语"转化为"家常话"，以群众视角、群众话语，实现理论宣讲面对面、心贴心。充分利用红色资源，讲好党的故事、革命的故事、根据地的故事、英雄和烈士的故事，引导干部群众坚定理想信念、不忘初心使命。1 年来，水磨村以"说唱管家"的方式，开展"党的声音进万家"、移风易俗宣传、普法宣传等活动 10 余次，利用农家书屋等活动阵地开展"读书分享会""亲子阅读"等活动 10 余次，依托新时代文明实践站开展丰富多彩的红色宣讲活动 3 次，使老百姓进得来、待得住、听得懂。

（二）"说唱管家"架起干群"连心桥"

水磨村通过入村、入户，进一步拓展宣讲阵地，将"说唱管家"开到村广场、农家小院、田间地头等地方，把群众最方便的地方设为宣讲场地，结合群众需求开展形式多样的活动。扎实推动、深化党的创新理论传播，深入联点村多形式开展宣讲，并结合村实际，紧紧围绕移风易俗、民族团结、关爱未成年人、环境保护等内容进行宣传宣讲，引导广大群众养成勤俭节约、团结友爱、绿色低碳、文明高尚的生活方式，增强村民拒毒、防毒、禁毒的意识。依托"我们的节日 +"开展一系列文化活动，增强干部群众凝聚力，塑造川东良好形象。成立红白理事会,制定完善村规民约,大力倡导文明节俭办事,反对铺张浪费,抓党风、转政风、促民风,凡红事、白事统一规定宴请范围、规模、标准,不择日子,不上烟酒,严禁攀比,节俭办事,形成良好的民俗风尚。成立村民议事会、禁赌禁毒会、道德评议会等,在弘扬新风正气、倡导文明风尚、推进移风易俗等方面发挥了重要作用。常态化开展"五星级文明户""最美家庭""美丽庭院"等群众性评先选优活动,共评选各类先进典型 10 余人,通过深入开展创评活动,定期进行检查、评比、评定动态管理,以先进典型促进村风民风向上向善,推动全村明大德、守公德、严私德,全力提高村民思想道德水平和文明素养。

（三）"说唱管家"沉下去，理论宣讲"活起来"

水磨村高度重视文化建设,常态化开展各类文化惠民活动。通过创新载体和表现形式,将移风易俗宣传教育和文化表演有机融合,依托"说唱管家"曲艺队进行更接地气的民间文化传播,结合主题党日开展群众性文化活动,将小广场、小院子变成"宣讲场所","普通话"改成"土方言",用"小故事"讲清"大道理"。让党的新思想、新政策与群众生产生活有机融合,并依托新时代文明实践站,充分发挥曲艺作用,丰富群众精神文化生活,把舞台真正搭到群众家门口,把文艺送到群众心里,让曲艺艺术贴近生活、贴近群众,更让群众进一步感受到曲艺的独特魅力,真正做到文艺惠民、文艺为民、文艺乐民,不断构筑农村精神文明新高地,为基层治理赋能。

（四）"说唱管家"以点带面，乡村振兴"百花齐放"

水磨村以培育和践行社会主义核心价值观为统领,以"强"领

2024年1月24日，水磨村"说唱管家"用曲艺的方式宣讲党的好政策

导、"正"乡风、"美"村容、"热"活力、"传"文明、"富"百姓为载体，全力提升村民人文素养和道德修养。坚持以改善村容村貌、提升人居环境、打造幸福文明村为目标，把人居环境提升工作与推进乡风文明建设相结合，依托每月"创建日"活动，组织广大党员干部对村内环境卫生进行认真摸底排查，做到了心中有数，为综合整治打下基础，同时加大整治力度，努力营造优美环境。顺应广大村民日益增长的美好生活需要，广泛动员、引导村民深度参与，让农村人居环境整治从"要我干"变成"我要干"，让村民成为农村人居环境整治的"当家人"，逐步形成"户户为阵地、人人都参与"的农村人居环境整治局面。

（五）"说唱管家"小步子，乡风文明"大路径"

水磨村坚持把党建引领作为贯穿乡风文明建设的主线，充分发挥基层党组织战斗堡垒作用，以文明村、传统村落为切入点，

157

以党组织带动、党员参与的形式，通过实地调研、走访群众、开展座谈、征求意见，做实村庄规划，补齐发展短板，理清发展思路。依托民俗文化馆、党建文化长廊、科普文化长廊、视频播放屏、百姓大舞台、榜样墙等文化宣传阵地，组织开展理论政策宣讲、民俗文化表演、科技知识普及、传统文化学习等一系列新时代文明实践活动，凝聚群众力量，涵育文明乡风。以村党支部为先锋，采取对外宣传和对内报道相结合的方式，通过宣传栏、横幅、微信网格群和电子屏等及时发布志愿者活动相关信息，持续开展党员卫生大扫除、义务巡逻、消防知识宣传、法治宣传等一系列活动。抓好志愿服务制度建设，推出志愿者奖励激励计划，实行积分制兑换，引导村民以行动换积分、以积分转习惯、以习惯促新风，对志愿者的活动开展情况和成效进行量化，并给予一定的物质奖励，努力形成有困难找志愿者、挤时间当志愿者的志愿服务氛围。

三、工作成效

水磨村"说唱管家"坚持把社会主义先进文化融入乡村文化振兴的全过程、全环节，强化主流意识形态对乡村文化的引导，使其成为群众的内在价值导向和主动行为自觉。

（一）运用党的创新理论为精神文明建设提供强大动力

水磨村党支部通过曲艺宣讲"唱响"党的创新理论教育来引导广大党员干部和人民群众，大力宣传习近平新时代中国特色社会主义思想，把理论学习成果转化为实打实的工作成效，成为基层党建引领乡村文化振兴的重要路径。

（二）筑牢意识形态阵地为乡村文化振兴提供坚实基础

水磨村党支部不断拓展新时代文明实践活动的覆盖面，开展文化教育、知识科普、家风家教工作，弘扬红色文化和伟大精神，抢抓乡村意识形态主阵地，激活了乡村文化的铸魂功能，满足了农民精神文化多样化、个性化需求。

（三）宣传党的先进思想文化为全面乡村振兴提供精神养分

水磨村党支部以社会主义核心价值观为引领，大力整治农村普遍存在的高价彩礼、人情攀比、铺张浪费等不良风气，深入开展绿色家庭、文明家庭评比等精神文明实践活动，让大家在潜移默化中遵守社会公德、破除陈规陋习，提振农民精气神。

四、工作启示

（一）教育管理要从"自我循环"向"互促共育"转变，夯实乡村振兴思想基础

要以贴近实际、贴近生活、贴近群众为原则，建立资源共享、培训共办、队伍共育机制，充分发挥道德讲堂、农家书屋、新时代文明实践所（站）等学习阵地作用，建立内容丰富、形式活泼、参与性强、覆盖面广的宣讲阵地，打通理论进村"最后一公里"。

（二）基层治理要从"单向发力"向"联合驱动"转变，凝聚乡村振兴精神力量

要以"组织联建、党员联管、资源联用、活动联办、服务联

做"的"五联共建"为模式，推进"党员＋志愿活动"，进行双向认领，确定双向服务，引导广大党员在讲好家乡故事、推进乡村文化振兴的进程中跑在前、作表率，潜移默化地影响农民日常生活实践，推动形成文明乡风、良好家风、淳朴民风。

（三）文化惠民要从"单边运行"向"开放共享"转变，拓展乡村振兴内涵外延

传统曲艺要积极适应新时代发展要求，提升与现代文化的交融互补对接能力，把握好文旅融合产业升级契机，充分利用互联网传播途径，乘乡村振兴之东风，让优秀民族传统文化浸润乡村。

"轻骑兵"宣讲团：
推动理论宣讲"走新走心"

一、基本情况

核工业党校是中国核工业集团有限公司党组领导的培养党的干部的学校，是中核集团人才教育培训的主要平台。在加快建设核强国的新征程上，核工业党校牢牢坚持"党校姓党、核校强核"根本原则，紧紧围绕中核集团党组聚焦服务国家战略的首要任务、加快发展的中心任务，有力发挥党校思想引领、理论建设职能作用，面向核工业重大工程、科技创新、产业开发、安全生产、经营管理等各领域专业骨干人才开展党的理论教育和党性教育，助力广大中核人进一步强化理论武装、提升党性修养、坚定理想信念，肩负起新时代强核强国的责任担当。为进一步做强做优新时期党校思想政治工作、更好服务党和国家事业大局，核工业党校在党的二十大胜利召开之后，第一时间组建党的二十大精神青年理论宣讲"轻骑兵"，以创新"轻骑兵"理论宣讲赋能党校高质量思想政治工作，助推中核集团以强核报国之志筑牢中国式现代化战略支撑。

二、主要做法

核工业党校党的二十大精神青年理论宣讲"轻骑兵",以理想信念教育为核心,培养一批理论功底扎实的新时代青年马克思主义者,打造一批对党忠诚、信仰坚定、素质优良、作风过硬的青年思想政治工作者,通过"冒热气、接地气、聚人气"的创新宣讲形式,不断把中国核工业在党的创新理论指导下的生动实践宣传好、展示好,创新打造有特色、有影响、有价值的"轻骑兵"宣讲品牌。

(一)敢做"先锋",让宣讲品牌"树起来"

做好党校思想政治工作,必须擦亮"声"入人心的宣讲品牌。"轻骑兵"所有队员均为各部门青年骨干,队员们充分发挥先锋模范作用,积极响应组织号召,在高质高效完成日常工作的基础上,利用晚上、节假日等个人休息时间钻研讲稿,充分展现了党校青年担当作为、昂扬进取的精神面貌。围绕如何讲好讲实党的创新理论,宣传好宣传实中国核工业改革发展取得的系列成就,队员们反复查阅大量资料文献,同时开展"头脑风暴"、研讨会,经过一次次打磨,努力打响党校理论宣讲"金字品牌"。

(二)依托"青马",让宣讲队伍"强起来"

做好党校思想政治工作,必须锻造素质过硬的理论研究和宣讲队伍。核工业党校"青马工程"的青年导师与学员结对,组建党的二十大精神青年理论宣讲"轻骑兵",共同研学习近平新时代中国特色社会主义思想和党的二十大精神,用青年的学思践悟、青春的表达方式、高昂的精神风貌，走向基层宣讲党的二十大精神。"轻骑兵"荣获2023年度中核集团"五四"表彰金牌青年突击队称号，获评中核集团党建融入中心标杆案例、"创新优化年"优秀案例、核工业党校"特别奋斗奖"。

（三）突出"主线"，让宣讲主题"亮起来"

做好党校思想政治工作，必须把准政治方向、明确主题主线。"轻骑兵"理论宣讲既全面梳理党的二十大报告内容，又展现中核集团取得的重大成就，突出重点、主题鲜明，通俗易懂、入脑入心。宣讲以党的二十大报告为主线，以"祖国需要我"为主题，全景式展现新时代十年取得的巨大成就，生动阐释习近平新时代中国特色社会主义思想的理论伟力，深刻领会新时代新征程的使命任务，充分展现中核人的硬核担当，以自我革命助力中国式现代化建设，团结奋进向未来。当激扬的新时代核工业司歌《祖国需要我》旋律响起，队员们就把个人的理想追求深深地融入中华民族伟大复兴、核工业强国建设的洪流之中，激励全场听众一起感悟党的创新理论和伟大实践。

（四）结合"方言"，让宣讲内容"实起来"

做好党校思想政治工作，必须搭建好理论和群众之间的桥梁。"轻骑兵"紧紧围绕核工业实际，讲自己身边的人和事，把更多的"普通话""大道理"转化为基层群众听得懂、听得明白的"方言""土话"，既"顶天"，又"立地"，使宣讲内容更加务实、接地气。在宣讲新时代十年取得的伟大成就时，展现了十大科技成果，其中就有核电技术，一段拥有完全自主知识产权的三代核电技术"华龙一号"的批量化建设视频震撼全场；在诠释党的创新理论时，运用"两个结合"的 DNA 结构模型演绎马克思主义中国化时代化的新境界；特别是结合核工业实际，展现用习近平新时代中国特色社会主义思想引领核工业高质量发展、推进核工业强国建设的生动实践，使宣讲富有激情和穿透力、感染力。

（五）创新"载体"，让宣讲方式"活起来"

做好党校思想政治工作，必须运用富有时代特点、符合传播方式的宣讲模式把深邃的理论讲清楚。"轻骑兵"以精、快、活为特色，精准受众、快速反应、灵活机动，创新沉浸式、扁平化的宣讲载体，提高"抬头率"，推动党的二十大精神入心入脑、走深走实。一场宣讲的主讲有五六个人，人员精简，可以是单人演讲，也可以是两人对讲，还可以是多人分角色宣讲，形式活泼多样。再配以大量音视频、情景剧、动画 PPT、现场讲解、画外音、隔空对话等辅助手段，呈现渲染震撼、身临其境的场景，宣讲气氛迅速点燃。宣

2023 年 7 月 11 日，核工业党校党的二十大精神青年理论宣讲"轻骑兵"面向全集团青年开展宣讲

讲成员既像娓娓道来的演说家，又像谆谆善导的授课教师，知识面广、信息量大、感染力强，一举一动、一招一式，处处展现着理论功底深厚的党校青年风采。在场的观众，看着一张张图片、一段段视频、一个个节目，赞不绝口，大家普遍认为，这样的青年理论宣讲深受欢迎，听得进、记得牢、效果好。

（六）注重"互动"，让宣讲现场"火起来"

做好党校思想政治工作，必须坚持在引导热度、激发热情上下功夫。"轻骑兵"开启了齐唱司歌、有奖知识抢答、开放式问答的互动模式，找到了一条有效、有趣、有意义的宣讲新路。核工业司歌《祖国需要我》，中核集团员工几乎人人会唱，开头结尾加6个篇章，都用传唱司歌串场，宣讲成员和现场人员齐声高唱，互动性强。将党的二十大报告中应知应会的知识点用互动抢答形式呈现，争先恐后，趣味性强。特别是在阐述完新时代新征程中国共产党的使命任务后，提出了一个"你心目中的中国式现代化是怎么样的"开放式问题，引起了听众的强烈响应，大家纷纷畅想自己心目中的"中国式现代化"的美好蓝图和光明前景，有描绘个人的美好生活，有展现祖国的美好远景，有分享核工业的行业发展，林林总总，众说纷纭，现场气氛火爆热烈，宣讲寓教于乐，深入浅出，参与感极强。

三、工作成效

核工业党校坚守党校初心，注重发挥思想引领作用，不断加强学术研究和学理支撑，深入阐释党的基本理论、基本路线、基本方略，为巩固中核集团全系统干部职工团结奋进的思想基础作出积极贡献。

（一）展现了"青"年力量

青年导师边研究边宣讲，青年学员边学习边宣讲，学习、研究、授课、宣讲"四不误""四促进"，让宣讲呈现高频率、高节奏、高品位、高质量，是青年主体的"青骑兵"。

（二）体现了"轻"装简从

以基层一线为主战场，抓住群众工作间隙等时机进行宣讲，拓宽了理论传播渠道，打通基层理论宣讲"最后一公里"，推动党的创新理论直达基层群众"神经末梢"，是轻松便捷的"轻骑兵"。

（三）实现了"亲"切感人

充分运用沉浸式宣讲、多媒介呈现、互动式参与等，真正体现了"受众为王"的宣讲理念，有效解决了传统理论宣讲吸引力不强、方式单一等问题，增强了理论的"亲和力"，让党的二十大精神入脑入心、走深走实，成为贴近听众的"亲骑兵"。

四、工作启示

做好党校思想政治工作，必须紧扣广大学员关切、关注、关心的问题，善于把握内在规律，切实发挥自身优势，搭建好理论和人民群众之间的桥梁，使理论宣讲感染人、打动人、温暖人，使思想政治工作有高度、有热度、有温度。

（一）必须坚持围绕中心、服务大局

中心工作推进到哪里，党校的思想政治工作就跟进到哪里。核工业党校牢牢坚持"党校姓党、核校强核"的办学原则，紧紧围绕中核集团党组中心工作履职尽责，努力为全面建设核工业强国、筑牢中国式现代化战略支撑奠定强有力的干部人才根基。

（二）必须坚持统筹兼顾、同步发力

做好党校思想政治工作，必须牢固树立一盘棋的思想，积极构建协同高效的大思政工作格局。"轻骑兵"是来自各部门、各领域的青年骨干，大都承担培训或教学任务。正是在党的领导下，高质量的思想政治工作产生了强有力的黏合效应，引领带动广大职工群众更加主动作为，为新时代核工业高质量发展添砖加瓦。

（三）必须坚持质量优先、争创一流

党校思想政治工作不能简单以解决有无问题为目标。要通过创新组织"轻骑兵"理论宣讲，鲜明树立质量导向，推动思想政治工作从注重"做了什么""做了多少"向"做出什么效果"转变，坚持更高标准、追求更高水平，主动争创特色、不断发扬优势，守正创新做好党校思想政治工作，进一步筑牢"为党育才、为党献策"初心使命，为核工业干部人才培养提供更加有力的教育培训支撑。

"好理围圆"宅基路演：
把党的创新理论送到群众家门口

一、基本情况

　　江苏省常熟市海虞镇地处市域北部、长江之滨，全镇总面积109.97平方公里，常住人口约14万人。2023年，全镇实现地区生产总值140亿元，一般公共预算收入16.18亿元。近年来，海虞镇先后获评全国百强镇、全国小城镇建设示范镇、中国美丽乡村建设示范镇、全国农业产业强镇、江苏省文明乡镇、江苏省乡村振兴先进集体等。为深入学习贯彻习近平新时代中国特色社会主义思想，全面贯彻党的二十大精神，聚焦用党的创新理论武装全党、教育人民这个首要政治任务，海虞镇以理论宣讲为抓手，坚持重心下移，面向广大党员干部群众，打造集看点、观点、亮点于一体的"好理围圆"宅基路演品牌，将基层理论宣讲搬到宅前屋后、小区楼道、乡村乐园，把党的创新理论送到群众家门口，让党的创新理论"飞入寻常百姓家"。

二、主要做法

　　"围圆"二字取自海虞本土方言，意为"好多"。"好理围圆"

既寓意着将党的创新理论"大餐"烹制成群众喜爱的"家常饭"，送到千家万户，又展现了广大群众围坐在宅基上，聆听党的声音的生动画面。理论宣讲骨干"海虞先锋送讲团"以路演的形式与基层群众围坐在一起，通过方言小品、音乐快板、戏曲、器乐演奏等形式，为大家在理论上解"渴"、政策上解"惑"，走出一条"名嘴+草根"同台竞技、"党音+乡音"同频共振、"路演+网宣"同向发力、"土味+情味"同声合唱的理论宣讲新路径，提升了思政教育的传播力、穿透力、吸引力和辐射力。

（一）量身定制"聚人气"，解决好"对谁讲"的问题

1. 明确宣讲对象。空地不种上庄稼，马上就会杂草丛生。农村是思政工作的重要阵地，如果轻视了思想教育这个环节，党的思想舆论阵地就会失守。"好理围圆"宅基路演是海虞镇分众化理论宣讲的重要举措之一，主要面向广大农村居民。这类群体大多具有年龄偏大、文化程度参差不齐、不熟悉普通话、白天需要忙农活、出行不便等特点，因此，路演的内容、形式、主体和场所是根据受众群体的特点来综合制定的。

2. 锚定工作方向。为提高分众化宣讲的针对性，"好理围圆"宅基路演以摸清宣讲对象思想、心理、情感等方面的需求为基础，朝着精细化方向努力。路演一般在农村居民空闲的时间举办，宣讲内容主要围绕群众所思所想所盼和关注的热点难点问题，确保真正走进广大群众的心坎里。由镇党委宣传部门、党校人员、"百姓名嘴"等组成的创作团队深入基层，摸清受众群体的思想状况、教育需求、习惯喜好、从事的生产活动情况等，从他们的工作和生活方面入手，将党的理论与他们在现实生活中的感受有机结合起来，让群众听得进、坐得住、记得牢，达到润物无声的效果。

3. 注重评价反馈。坚持贴近实际、贴近生活、贴近群众，变"我能给你讲什么就讲什么"为"你需要我讲什么就讲什么"。把群众的口碑作为评判宣教效果的重要依据，每场路演结束后，由观众选出自己心目中最喜爱的宣讲节目，并通过问卷调查、座谈会等形式收集群众反馈意见，持续动态调整路演时长、内容、宣讲员阵容等，让理论宣讲始终保持"走心"又"上头"。

（二）红色先锋"鼓士气"，解决好"谁来讲"的问题

1. 在人才选拔上下功夫。建立全市乡镇首支理论宣讲团队"海虞先锋送讲团"，并实施宣讲员动态选拔机制，通过"百姓名嘴"和"冬训主讲人"理论宣讲比赛、新时代文明实践站长擂台赛、理论宣讲名师工作站引荐等形式，深度挖掘政府机关青年、学校教师、新乡贤、企业员工等群体的宣讲力量，做好宣讲人才储备。特别挖掘和吸收一批具有理论素养、文艺特长、热爱宣讲工作的"草根宣讲员"，注重发挥先进模范、"两代表一委员"、"第一书记"、"田秀才"、"土专家"等基层宣讲员作用，使理论宣讲工作既"接天线"又"接地气"。

2. 在人才培养上谋良策。对宣讲员进行定期理论政策培训，邀请苏州市新时代基层理论宣讲名师等专业讲师对宣讲队伍进行指导，通过"理论宣讲体验官"等实战演练手段不断更新和扩充宣讲内容和技巧，帮助宣讲员不断夯实理论功底、完善知识储备、灵活应对宣讲过程中的突发状况，增强基层理论宣讲的说服力和号召力。

3. 在人才激励上出实招。加大镇财政支持力度，设立专项经费，开展"好理围圆"年度优秀理论宣讲员、精品微党课和优秀组织单位评选活动，对获奖人员和作品进行表彰和展示。同时，利用

2023 年 3 月，海虞镇在特色点位梨花邨举办"好理围圆"宅基路演

各类媒体平台，大力宣传优秀宣讲员事迹，提高宣讲工作者的荣誉感和自豪感。

（三）千村美居"有生气"，解决"哪里讲"的问题

1. 深入乡间阵地。不追求"大场面"、听众多，而注重"小而灵活"、成效好。宣讲阵地突破形式局限，打造互动化宣讲生态。在农村宅基、小区架空层、田间地头等群众熟悉的日常环境点位，只要搬上小板凳，摆好节目单小黑板，宣讲员往前一站，就是一场理论的"饕餮盛宴"，拉近了与群众的心理距离。

2. 拓展特色阵地。为加强受众的体验感和代入感，因地制宜将"路演"放在能展现乡村新风貌的特色点位，以家乡原生态风光充当理论宣讲背景板，举办梨花树下话冬训、铜官山下话振兴、稻田音乐会等主题宣讲活动 150 余场次，直接受众超万人次，提升了

"路演"品牌的感染力和影响力。

3. 开辟新媒体阵地。将深受群众欢迎的方言微党课制作成集时代感、时尚范儿、互动性于一体的微视频，通过新时代文明实践阵地，"学习强国"学习平台，"理论之光""i 海虞"视频号等阵地平台传播，观看量超 500 万人次，实现线上线下共同发声。

（四）传神走心"接地气"，解决好"怎么讲"的问题

1. 语言本土化。宣讲员用通俗易懂的语言和口语化的表达，把理论政策里的"书面语"翻译成"地方话"。结合本地特色，采用戏曲、音乐快板、小品、红歌、"三句半"等多种艺术手段，有效烘托诠释宣讲主题，用接地气、冒热气的群众话语把习近平新时代中国特色社会主义思想和党的二十大精神讲清楚、讲明白。同时，还以拉家常的方式宣传农业产业化、土地流转、生态农业、农村低保、农宅翻建等政策，引导群众把个人幸福与家乡发展联系起来，呼吁大家凝聚共识、诚实劳动、不懈奋斗，用勤劳的双手创造美好生活。

2. 思想故事化。通过身边人讲身边事，用具有启发性的鲜活例子以及可感数字不断增强宣讲的亲切感、说服力、感染力。《元元翠翠拉家常之党的二十大报告暖心篇》《绿水青山人人爱》《在家学"习"》《村民的名义》等方言微党课，用小载体讲大道理、小角度阐释大观点、小事例回答大问题，把深奥的思想通俗化、抽象的观点具体化、高深的道理浅显化，让干部群众愿意听、听得懂、有收获。

3. 形式互动化。在形式多样的微党课中，穿插互动性较强的党的二十大精神知识擂台赛，在有条件的点位打造"理响集市"、灯谜长廊等，构筑起双向互动宣讲模式，充分调动群众参与的积极

性，实现了"宣讲在一线，理论零距离"。在宣讲的同时，收集一线更鲜活的资料、信息，从而丰富后续宣讲内容，形成良性循环。

三、工作成效

（一）"插柳成荫"，沁润百姓心田

"好理围圆"宅基路演克服了以往宣讲中存在的效果不明显的问题，把对群众的感情渗透到理论的宣传阐释之中，落实到政策帮扶的力度和实效之中，让理论宣讲成为党和政府与群众沟通交流的重要纽带，让群众从心里接受思政教育，实现潜移默化的精心滴灌。"好理围圆"宅基路演入选 2023 年度苏州市社科普及惠民扶持项目和常熟市"我为群众办实事"重点扶持项目，辐射带动"理响铜官山""丽都爷爷""汪桥阿姨"等一批基层理论宣讲品牌做精做优。

（二）"育种蹲苗"，涵养草根人才

依托苏州市新时代基层理论宣讲名师工作站（常熟市）海虞分站，实施"1+N"动态培养机制，做好 N 名"百姓名嘴"的筛选与培育。本土"草根明星""元元"和"翠翠"成为本地理论宣讲的代表人物，"好理围圆——元元翠翠 E 起来"新媒体传播矩阵，获评江苏省社科联系统创新案例。"好理围圆"理论宣讲骨干程刚获评江苏省"听党话、感党恩、跟党走"走基层"面对面"宣讲活动优秀宣讲员。常熟市江岸艺术团被评为江苏省第三批群众文化百千万工程优秀群文团队。"好理围圆"宅基路演还注入了"90后""00后"新鲜血液，以"路演""快闪""脱口秀"等形式，让

宣讲以群众喜闻乐见的形式出圈。

（三）"深耕厚植"，激活"一池春水"

随着"好理围圆"品牌的不断深化提升，"先锋送讲""空中课堂""元元翠翠 E 起来"等线下线上理论宣讲品牌的持续成熟完善，海虞镇分众化大立体理论宣讲格局逐步凸显。"海润万家"多维理论宣讲课堂入围苏州市"众说学习"理论宣讲重点项目，文艺党课《海虞妈妈》进省赴京演出。2023 年，海虞镇获评全国综合实力千强镇第 62 位，成为"中国新农民"故事会永久会址。海虞镇和美乡村建设成果获得人民日报、央视《新闻联播》的关注。

四、工作启示

（一）需求端："聚焦分众"方有效

海虞镇"好理围圆"宅基路演针对农村居民理论宣传这一薄弱环节，细致把握宣教对象的特点规律、思想状况和精神需求等，通过"看人下菜"的方式激活学习"兴奋点"，提高了受众群体的积极性主动性。要坚持需求导向和效果导向，构建"政府出单＋基层点单＋团队接单＋群众评单"的理论宣讲闭环互动模式，推动基层理论宣讲与群众需求精准对接。

（二）供给侧："深耕内容"是硬核

路演宣讲稿创作的出发点和落脚点要放在农村发展实际和农民利益上，以"换位思考"取代"自我中心"，以"小中寓大"映照"宏大叙事"，围绕基层干部群众普遍关注的民生问题，运用科学理论进行有针对性、有说服力的解疑释惑，始终保持宣讲供给内容与受众接受需求的契合度，让群众知晓党和政府解决问题的思路和举措，了解为什么要这样做。当人民群众切身感受到贯彻党的理论和政策与自己息息相关时，也必定会自觉做一名理论政策的积极宣传者和投身发展的主动参与者。

（三）工作链："引导群众"须合力

农村地区人多面广，要提升基层理论宣讲工作的广度和深度，仅仅依靠体制内的资源和力量是不够的，必须充分依靠人民群众的智慧和力量。海虞镇一方面统筹党政部门资源，将机关事业单位、村（社区）、国有企业、人民团体等体制内力量整合起来，做好路演方案的策划和实施；另一方面把非公有制经济组织、社会组织、新的社会阶层等对大众有影响的社会力量吸纳进来，构建面向农村基层群众的宣讲骨干队伍，整合社会各方面力量和资源，构建"大宣讲"格局。

"可爱的中国"宣讲团：
打造新时代红色宣讲新 IP

一、基本情况

江西省上饶市是闽浙赣革命根据地的核心区、人民英雄方志敏的故乡。2023 年 3 月以来，上饶市委宣传部抽调上饶市委党校、江西方志敏干部学院、方志敏革命旧址管理中心、上饶师范学院方志敏研究中心、弋阳县等单位和地方骨干人员组建"可爱的中国"示范宣讲团，深入基层开展习近平新时代中国特色社会主义思想、党的二十大精神、方志敏革命精神等主题宣讲，打通宣传群众、引导群众、服务群众"最后一公里"。2023 年 9 月第二批学习贯彻习近平新时代中国特色社会主义思想主题教育开展以来，开启"可爱的中国"全国巡讲和全市大中专院校新生宣讲，以"行走的思政课"方式走进全国高校。

二、主要做法

（一）请干部群众熟悉的专家能人，组成千支"可爱的中国"宣讲团

1. 广纳贤人搭班底。广泛吸纳上饶市委党校、江西方志敏干部

学院、方志敏革命旧址管理中心、上饶师范学院方志敏研究中心、县（市、区）等党政干部、理论专家、党史专家加入创作团队，吸纳红色宣讲员、文明实践员、乡村教师、业务骨干、志愿者等各种高素质人才加入宣讲队伍。同时，突出上饶红色文化底蕴丰富的特色，邀请红军后代讲述自己祖辈的故事，党校教师讲述战场上鲜为人知的战斗故事，大学生村官用切身体会和感悟宣讲国家方针政策，"小小讲解员"从孩子的视角讲述令人动容的红色故事。他们的动情讲述让红色文化育人润物无声，让红色精神滋养着上饶儿女的心田。

2.源源不断推新人。开展基层理论微宣讲，"党的创新理论""党的二十大精神""强国复兴有我"宣讲，"红色故事我来讲"，"可爱的中国"宣讲员选拔赛等活动，将能讲、善讲、爱讲的骨干力量，吸收到宣讲团，进一步充实宣讲力量。上饶在打造市级示范宣讲团的同时，还推动各县（市、区）积极发挥各地"微夜校""民心讲堂""鹅湖会讲"等特色宣讲品牌效应，精心遴选政治素质好、宣讲能力强的人员，不断充实、壮大"可爱的中国"宣讲团，形成"可爱的中国""一县一品"宣讲矩阵。

3.培训试讲强素质。组织宣讲团集体备课，集中试讲培训，并在市直各单位、各县（市、区）、全市大中专院校试讲30余次，试讲期间邀请理论和党史等方面专家进行旁听，反馈修改意见，实现促进提升。上饶各级宣讲团积极行动，制定工作方案，筛选宣讲团成员，邀请专业人士指导文本框架和内容，宣讲团成员认真学习领会、加班加点排练，做好充分准备。上饶市委党校宣讲团成员组织了10余次集体备课；上饶师范学院大学生宣讲团专程到横峰采访红色股票收藏者龚奇龙，探究当年方志敏发行红色股票背后的故事。

（二）送干部群众关心的时事政策，分类开展"可爱的中国"宣讲

1.明确宣讲内容。围绕习近平新时代中国特色社会主义思想、党的二十大精神、习近平总书记考察江西重要讲话精神、方志敏革命精神等主题，立足自身优势，明确课程定位，讲好党的创新理论和红色文化，传递改革发展声音。不断探索拓展宣讲内容，从最初多是讲党的理论政策、当地红色故事等，逐步吸纳越来越多大学生村官、村干部及"草根达人"加入"可爱的中国"宣讲团，创新性地将红色家风、文明乡风、民俗文化等融入宣讲内容。

2.聚焦分众分类。做到应需而讲，讲听众想听的，既有政治理论、政策法规、红色故事，又有道德风尚、惠民政策和业务技术。为老干部讲述政策时局，给青年人讲解创业经验，帮农民朋友作农

2023 年 5 月 17 日，"可爱的中国"宣讲团深入弋阳县南岩街道南岩社区进行宣讲

事辅导，实现大中小学生、党员干部、基层群众等不同群体精准投放，确保听众听得懂、用得上、有收获。

3. 实现课程聚合。综合各示范宣讲团成员优势，做到既互相学习借鉴又有不同特色，共同推进课程聚合提升，打造了《坚持不懈用习近平新时代中国特色社会主义思想凝心聚魂》《全面建设社会主义现代化国家的政治宣言和行动纲领——深入学习贯彻党的二十大精神》《学习贯彻习近平总书记考察江西重要讲话精神　奋力谱写中国式现代化江西篇章》《为了可爱的中国——"可爱的中国"主题宣讲》《方志敏的历史贡献与方志敏精神的时代价值》等优秀课程。

（三）用干部群众喜欢的传播方式，让"可爱的中国"家喻户晓

1. 注重丰富形式。"可爱的中国"各级宣讲团不断创新形式，用群众喜闻乐见的方式，通过影像资料、情景再现、角色扮演、时空对话等"情景声画"形式开展立体式宣讲，用舞台艺术和视频形象展示的方式，实现理论宣讲与舞台艺术的融合。方志敏革命旧址管理中心宣讲团用演讲与情景话剧结合的形式，生动形象地展示了方志敏的光辉事迹；上饶师范学院大学生宣讲团以游戏形式导入，带领大家"穿梭时空"到方志敏烈士的身边……让广大群众爱看、想看，让他们听得懂、记得住、用得上。

2. 扩大宣讲覆盖。拍摄制作宣讲视频，依托小红书、抖音、快手等新媒体平台展播和在中宣部党建网全网推送，在网络上唱响弘扬传承红色基因"大合唱"。同时，融媒体中心开设"宣讲进行时"专栏，及时刊播宣讲情况，实现线上线下同频共振，进一步扩大宣讲影响面。

3. 听取需求反馈。每场宣讲后，宣讲团分别发放"党的二十大""可爱的中国"宣讲留言簿，收集群众建议及需求，实现精准对接需求跟进服务，提高理论宣讲的针对性和影响力。

三、工作成效

各级"可爱的中国"宣讲团通过实施宣讲活动联动举办、宣讲内容共研共享、宣讲人员集中培训，形成了市、县、乡三级联动，领导干部带头、市县理论骨干为中坚、10 余支基层宣讲团（队）和 100 余名基层理论宣讲员共同参与的大宣讲格局。

2023 年以来，上饶市各级"可爱的中国"宣讲团已组织"可爱的中国"线下宣讲 1600 余场次，受众达到 110 万人次，线上"可爱的中国"新媒体产品阅读量突破 5000 万人次。《光明日报》要闻版刊发《江西上饶："可爱的中国"飞进千家万户》；《党建》杂志第 6 期刊发了《江西上饶：依托本土资源打造特色宣传教育品牌》，并在"学习强国"学习平台首页显著位置推送；新华社刊发《"可爱的中国"全国巡讲启动》，单条阅读量超过 50 万人次；人民网、江西日报、江西宣传等也纷纷专题报道。"可爱的中国"宣讲团被评为 2023 年全国基层理论宣讲先进集体。

2023 年 9 月第二批学习贯彻习近平新时代中国特色社会主义思想主题教育开展以来，上饶市推动"可爱的中国"全市大中专院校新生宣讲和全市全覆盖宣讲。目前已宣讲 700 余场次，参与人数 15 万余人次。在提升宣讲方法的共情性上下功夫，实现大中小学生、党员干部、基层群众等不同群体精准投放，确保听众听得懂、用得上、有收获。2024 年 3 月，举办上饶市"可爱的中国"宣讲团赴在昌高校巡讲活动，宣讲团走进南昌大学、江西财经大学、江西师范大学、南昌航空大学等 18 所在昌高校，为 8000 余名教师和学生宣讲革命故事、演绎红色情景剧，线上观看总数达 4051.9 万人次。

四、工作启示

（一）围绕"讲什么"，不断夯实"两个维护"的思想根基

要始终坚持思想引领聚民心。把学习宣传贯彻习近平新时代中国特色社会主义思想作为首要政治任务，深刻阐释习近平新时代中国特色社会主义思想的重大意义、丰富内涵、精神实质和实践要求，把博大精深的理论体系讲透彻讲明白。要坚持政策解读强信心，讲好党带领我们取得的辉煌成就，讲好新时代党的惠民政策，不断增进广大干部群众对中国共产党和中国特色社会主义的政治认同、思想认同、理论认同、情感认同。要坚持回应关切暖人心，将理论宣讲与服务群众、解决困难相结合，紧密联系干部群众普遍关心的热点难点问题进行宣讲解读，及时回应基层所想、群众所惑、百姓所盼。

（二）围绕"怎样讲"，让党的声音"飞入寻常百姓家"

要以小故事阐释大道理。把理论和实践贯通起来，把道理和故事结合起来，在历史和现实相贯通、国际和国内相关联、陈情与说理相结合中讲出特色、体现风格。要以分众化推动大众化。根据不同行业、不同领域、不同群体的差异性、特殊性，结合工青妇人民团体、产业工人、党外人士、新经济组织等重点组织和群体的不同

特点，广泛开展对象化、分众化、互动化理论宣讲，满足群众的多元化需求。要注重以数字化赋能大传播。充分发挥新媒体传播快、影响大、覆盖广的优势，打造涵盖"报、台、网、微、端、屏"等的全方位、多层次、多声部理论传播矩阵，精准推送党的创新理论成果。

（三）围绕"谁来讲"，变"专人讲"为"大家说"

要强化品牌建设，形成理论宣讲品牌矩阵。同时，组建青年讲师团、红领巾宣讲团、劳模工匠宣讲团、退役军人宣讲团等宣讲队伍，不断扩大理论宣讲人才库。通过品牌化实施、项目化推进、集成化宣传，吸纳各行各业的人员参与宣讲，增强理论宣讲的内生动力。要选拔培训宣讲人才，围绕重大节点、重大主题，以形式多样的学习宣讲竞赛激发基层宣讲热情，通过层层推荐、比赛选拔、专家评审等环节，选拔出更多宣讲优秀人才。同时要健全理论宣讲人才培训培养机制，每年举办基层理论宣讲骨干培训班，建立宣讲师资库，为理论宣讲骨干搭建有效平台，不断提升宣讲骨干的理论水平、知识储备和宣讲能力。

"三张清单"：唱响"滨滨有理"好声音

一、基本情况

基层是人气最足的地方，也是推进马克思主义大众化的主战场。基层理论宣讲是理论传播的重要方法和有效手段，是做好基层思想政治工作的有力途径。新时代新征程上，如何加强传播方式和话语体系创新，着力提升基层宣讲工作质效，是我们面临的新挑战新命题。为答好这一时代课题，推动学习宣传贯彻习近平新时代中国特色社会主义思想往深里走、往实里走、往心里走，让党的创新理论在基层落地生根、开花结果，近年来，山东省滨州市立足群众需求，坚持问题导向、系统思维、品牌意识，制定需求、服务、供应"三张清单"，将理论宣传重心下移、力量下沉，以"滨滨有理"宣讲品牌为引领，着力传递群众听得懂、听得进、喜欢听的内容，精心打造5600余名宣讲员组成的"千人宣讲团"和10支宣讲队伍，创新开展"e系列"微宣讲、"滨滨有理"宣讲赶集、"校园雨露"宣讲、"走基层、诵原文"宣讲等特色宣讲活动，推动党的创新理论让人民群众真正听得懂、记得牢、用得好，探索出了一条全面提升基层宣讲工作质效的新路径。

二、主要做法

（一）"需求清单"分众化，提升吸引力

"滨滨有理"理论宣讲坚持分类施"讲"、投"民"所好，针对不同受众，采取不同方式，建立 7 张"需求清单"，让宣讲员"想讲的"与老百姓"想听的"同频共振。

1. 面向青少年。利用节假日到理论宣讲基地、爱国主义教育基地、展馆、实践基地等开展"小小春苗在成长""青少年宣讲小课堂""青春不一 young""'清风习来'主题宣讲进校园""书会进校园"等活动。截至目前，"小小春苗"宣讲视频每期视频浏览量均超 10 万次。以线下进校园、线上云宣讲形式，开展"五为·红色宣讲"志愿服务示范活动，观看人数突破 40 万人次。

2. 面向新型农业经营主体。宣讲内容围绕种养殖技术、养殖户扶持政策、法律法规、产业发展情况等方面，更具实用性。滨州市沾化区面向冬枣专业合作社宣讲中央农村工作会议精神，从强化冬枣标准化管理需要中选取宣讲内容，融入政策、技术、电商等信息，助力乡村振兴。

3. 面向"两新"组织。聚焦园区、企业、企业协会，宣讲金融惠企政策、科技创新、税收政策、资金扶持、经营管理等内容。面向工人，宣讲务工政策、社保政策、医保政策以及和企业签订合同需注意的事项等，让他们及时了解相关信息。

4. 面向留守老人。充分考虑老人年龄、健康情况、隔代照料等因素，运用好新时代文明实践站（所）志愿者队伍以及 3300 余名镇、村党组织书记、学校老师，创新采取"百姓夜话""行走课

堂""支书话家常""微宣讲视频下乡""马扎课堂""不夜城小讲"等形式开展宣讲活动。

5. 面向留守儿童。针对农村家庭面临的亲情缺失、教育空场、心理需求缺乏等多重困境，依托"四点半课堂"、农家书屋社区儿童活动中心，邀请老教师、老党员、非遗传承人、志愿者等开展宣讲，拓宽农村学生的视野和知识面。假期利用村庄周边党史学习教育基地、村史馆、红色展厅等红色资源，组织学生现场参观学习。

6. 面向返乡群体。组建"有理滨小圈"，突破传统宣讲时间、空间限制，把"面对面"的理论宣讲变成"朋友圈"的云端互动，让理论宣讲有声有色，理论触手可学。

7. 面向妇女群体。滨州市无棣县开设巾帼宣讲公交车，驾驶员全部为女性，并筛选思想政治过硬，公益心、责任心强的百名巾帼宣讲员，宣讲女性奋斗建功故事、女性权益保护制度等内容，激励更多妇女自尊自信自立，在新时代贡献巾帼力量。自线路开通以来，开展宣讲180场次，受众3600余人次。

（二）"服务清单"多样化，提升感染力

"滨滨有理"理论宣讲突出宣讲方式、宣讲主体的多样化，构建"我们式"宣讲关系，变"被动灌输"为"主动尚学"，变"以我为主导"为"以群众为主导"，推出形式各异的"服务清单"，不断提高人民群众的获得感、幸福感。

1. 丰富宣讲主体。提出"人人都是宣讲员"理念，营造党员群众争相学理论、传理论的浓郁氛围。比如，邀请有着丰富劳作经验的农村老人定期开展技能传承宣讲，邀请农村文化传承人或民间艺人，在地方特色节日活动中宣讲民俗礼节、农村特色文化等，增强群众对本土文化的认同感和自豪感。

2.厚植文艺优势。把抽象的理论政策巧妙地转换成老百姓听得懂、喜欢听的乡音常理。创新开展"滨滨有理"宣讲赶大集活动，参与"沿黄九省（区）融媒联动直播'沿着黄河赶大集'"，全网总传播量超 1700 万次，直播观看量超 248 万次；开展走进胡集书会、走进百年梨园"梨花节"等活动，线上线下群众积极参与。滨州市沾化区推出"宣讲 + 渔鼓戏 + 歌曲"宣讲，创作渔鼓戏《村里有个烂筐子》《老邪上任》等 100 余部（首），创作全国首部渔鼓戏电影《枣乡喜事》，使基层群众在潜移默化中受到党的创新理论的滋润。

3.发挥典型示范。全体村民根据"孝、诚、爱、品"的标准和村民表现选出文明户，开展文明户讲"孝德、爱德、诚德、品德"活动。文明户作为看得见的榜样，宣讲蕴含孝道、诚信、友爱、良德的乡村优秀传统故事，形成了对标榜样、学习榜样、争做榜样的良好氛围。

4.用好网络宣传。坚持"场景化宣讲 + 个性化制作 + 全媒体传播"结合，推出"e 系列"微宣讲等分众化的宣传产品。策划开展了侧重县市区地区特色的"e 理 e 诵·语润滨州"县市区篇、侧重面向青少年群体的"e 理 e 诵·强国有我"校园篇、侧重专家学者阐释解读的"讲理 e 刻"、侧重学在日常的"学习 e 分钟"、侧重广泛动员参与的"e 起来宣讲"等"e 系列"微宣讲，制作视频 65 期、微宣讲作品 85 个。

（三）"供应清单"系统化，提升持久力

"滨滨有理"理论宣讲强化"供应清单"组织保障、基地建设、精品打造、队伍培育 4 个环节，推动基层宣讲更可持续。

1.强化组织保障。构建"1+8+1"工作落实体系，成立党建统

领工作推进专班和学习宣传贯彻党的二十大精神推进工作组，有力有效发挥调度督导作用。借助基层组织治理架构，着力完善"市级领导带头讲—党组织书记第一讲—镇街干部下沉讲—社区（村）干部分众讲—党小组组长互动讲—党员代表入户讲—群众村民自发讲"的七级联动宣传体系，让理论宣传的组织保障更到位。

2. 强化基地建设。不断优化 4 个省级、77 个市级、N 个分系统领域和县市区宣讲基地组成的"4+77+N"宣讲基地三级布局，形成省市两级宣讲基地为示范点、各级宣讲基地为辐射点的宣讲基地工作格局，打造规章制度、讲师队伍、课程设计、品牌选树、宣讲策划"五位一体"的宣讲基地工作体系。

3. 强化精品打造。打造形成"一县一品"为支撑（沾化区"枣乡新语·理润沾化"、邹平市"平语邹心"等）、行业特色为补充（工会系统"劳模工匠"、老干部系统"渤海银辉"等）、乡村两级再拓展（惠民县魏集镇"古镇党旗红"等）的理论宣传宣讲矩阵，形成了良好的品牌示范效应。

滨州市"冬枣树下·马扎课堂"宣讲活动现场

187

4.强化队伍培育。组建"旗帜"领导干部、"智库"专家学者、"领航"基层党组织书记、"后浪"青年、"榜样"先进模范、"老渤海"党史学习教育、"新风"美德健康生活、"蒲公英"志愿服务、"微米"最美宣传员等 10 支队伍组成的"千人宣讲团",并加强宣讲员队伍培训,确保宣讲队伍的整体稳定和素质提升。

三、工作成效

(一)设计链优化,建立健全机制,谋划积极有效

针对基层理论宣讲系统性不强、散点作战问题,着力强化顶层设计,加强组织实施,强化统筹安排和调度指导,通过领导干部示范带头讲、各类宣讲团集中讲、各级党组织"书记第一讲"等形式,营造全市千名宣讲骨干同讲党的创新理论强大声势。滨州市委宣传部、"滨滨有理"理论宣讲队分别获评山东省理论教育工作先进单位、山东省基层理论宣讲表现突出集体。

(二)服务链优化,丰富拓展形式,活动广泛覆盖

针对理论宣讲吸引力不强、群众参与度不高的问题,着力在对象化分众化上求实效,在广覆盖广延伸上下功夫,建立百姓宣讲活动"县、市、乡、村四级 + 分系统领域"比赛宣讲模式,多层次、多角度讲好党的创新理论,有力实现基层常态化宣讲广泛覆盖。

(三)传播链优化,经验宣介得力,品牌持续擦亮

针对基层理论宣讲品牌培树和宣讲活动精品度不高问题,精心打造和构建起"滨滨有理"宣讲总品牌统领下的宣讲品牌体系,在

扎实开展特色精品活动基础上，注重强化经验提炼总结和宣传推介，持续擦亮工作品牌。《光明日报》《时事报告》等刊发专题文章，介绍滨州经验做法。

（四）保障链优化，有效统筹力量，有力组织实施

针对基层理论宣传力量薄弱、保障措施不到位的问题，明确"1+8+1"工作落实体系，完善七级联动宣传体系，用活 3500 余支市、县、乡、村各类基层宣讲队伍，发挥"4+77+N"理论宣讲基地辐射作用，每年深入群众开展基层宣讲活动超万场次，持续推动党的创新理论"飞入寻常百姓家"。

四、工作启示

（一）宣讲内容要大众化通俗化

滨州市坚持贴近实际、贴近生活、贴近群众，紧扣发展所需、现实所期、群众所盼，找准理论服务群众的着力点，把握理论联系群众生活的结合点，了解群众理论诉求的兴趣点，做到群众关心什么就聚焦什么、人们困惑什么就解答什么、百姓喜欢什么就讲述什么，真正讲出"百姓味道""时代味道"，让宣讲员"想讲的"与老百姓"想听的"同频共振。

（二）宣讲活动要精品化优质化

滨州市从观念理念、方法手段、平台载体等方面创新发力、求新谋变，推出"理论＋文艺"的宣讲赶集、"理论＋新媒体"的"e系列"网络微宣讲、"理论＋社会实践"的"小小春苗在成长"青

少年宣讲、"理论＋乡音"的百姓宣讲等，着力提升理论宣讲工作实效。同时注重挖掘特色亮点，做好宣传宣介，扩大宣讲活动声势影响。

（三）宣讲方式要对象化分众化

滨州市准确把握不同受众的特点，组织形式上各具特色、内容上各有侧重的宣讲队伍，通过网络微宣讲、宣讲赶集、"百姓夜话"、"行走课堂"等丰富的形式载体，推动党的创新理论进企业、进城乡社区、进网络、进机关、进校园、进"两新"组织。

（四）宣讲工作要体系化制度化

宣讲工作需内容和载体同向发力，滨州市坚持完善工作机制、建强队伍阵地，借助七级联动组织体系"一竿子插到底"，实现理论宣讲工作自上而下有效贯通。"滨滨有理"品牌矩阵和"千人宣讲团"，将专家学者、时代先锋、百姓市民、文艺骨干等纳入其中，以"专题辅导＋情境模拟＋示范宣讲＋交流研讨＋现场教学"模式，常态化培训培优宣讲骨干。

"理响永州"：
打通基层理论宣讲"最后一公里"

一、基本情况

湖南省永州市始终坚持把理论宣讲作为武装头脑、指导实践、推动工作的重要抓手，充分发挥中华优秀传统文化和革命文化资源优势，着力打造"理响永州"理论宣讲栏目。"理响永州"理论宣讲栏目由永州市委宣传部主办，永州市融媒体中心（市广播电视台）、永州日报社承办，市直相关部门协办，建立起多部门参与话题策划、多部门推荐主讲嘉宾、多部门轮流协办节目的运行机制。这一栏目坚持周周推送、时时在线，每周制作一期8分钟左右的短视频，并同步推出文字版、音频版，以通俗化、大众化的宣传方式抢占理论传播制高点，用接地气、显锐气、有生气的方式宣传阐释党的创新理论的道理学理哲理，有效打通了基层理论传播的"最后一公里"。

二、主要做法

（一）突出多元化，打好理论宣讲"组合拳"

基层理论宣讲能够常态化、长效化，关键是要有一支数量足、素质高、结构多元的宣讲队伍。在宣讲队伍的组建上，"理响永州"积极衔接市内外、体制内外资源，从内部挖潜力、从外部引智力，汇聚各方优势资源力量，组建起了一支土专兼备、优势互补的多层次宣讲人才队伍，既有"大专家"，又有"土秀才"，既谈创新理论又讲生动实践，实现"通天线、冒热气"。

1. 做好"天线圈"。通过合办、特邀等方式，加强与湖南省社科院、湖南省委党史研究院、广东省社科联等市外社科研究机构合作，聚合省内外不同领域的专家学者参与节目录制。

2. 做优"骨干圈"。市内由宣传部门牵头，整合社科、党校和相关市直单位等部门力量，建立以党政领导、理论专家、青年党员、优秀教师为主体的讲师资源库，发挥领导干部掌握政策优势带头讲，发挥专家学者专业特长优势专题讲，发挥青年党员密切联系青年优势广泛讲，发挥思政教师走进课堂优势深入讲。

3. 做强"基层圈"。坚持来自基层、服务基层理念，从群众身边的道德模范、致富能手、创业青年、"五老"人员、"草根名嘴"等不同职业和群体中广泛选聘百姓宣讲员，创新宣讲形式，群众在哪里理论宣传就延伸到哪里。走进社区开展"小板凳"宣讲，走进农村开设"屋场会讲堂"，走进学校开办"思政大课堂"，一场场精彩微宣讲成为"理响永州"一个个精品微课，真正把"理"送到群众家门口、讲到百姓心坎上。在"理响永州"理论宣讲栏目的示范带动下，全市构建起三级理论宣讲队伍矩阵，分别涌现出"薪火相传""莲姐姐""潇湘习语""忠诚正道"等基层志愿服务宣讲品牌团队 20 个、各类草根微宣讲团 200 多个，基层宣讲骨干 900 多名、"百姓名嘴" 2800 多人。

（二）突出分众化，下好理论宣讲的"绣花功"

理论宣讲只有精准面向不同群体，打造直面热点、深入浅出的理论节目，让"马克思讲中国话"、让"大专家讲家常话"，才能让基本原理变成生动道理、让根本方法变成管用办法，理论传播才能变得更加鲜明、生动、可爱。由此，"理响永州"坚持分众化生产内容，面对党员干部开设"主栏目"，面对青年开设"青年说"，面对学生开设"思政课"，面对广大群众开设"故事荟"，形成了1个主栏目加3个子栏目的"1+3"宣讲品牌矩阵。

1. 主栏目聚焦主线。"理响永州"主栏目紧扣迎接学习宣传贯彻党的二十大精神这条主线，分阶段策划话题、推出专题，邀请专家及时解读习近平总书记最新重要讲话和重要指示批示精神，打造网络版"第一议题"学习平台。大会召开前，组织市、县两级领导干部谈习近平新时代中国特色社会主义思想在永州的实践与思考，邀请专家学者深入解读党的十九届六中全会、全国两会等重要会议精神。党的二十大召开期间，连线采访历届党代表和习近平总书记接见过的大学生、技术工匠、农民群众谈切身体会。大会胜利闭幕后，线上推出"二十大·二十讲"专题，线下同步组织开展"二十大·二十队""七进"宣讲活动，充分展现习近平新时代中国特色社会主义思想在永州的生动实践。

2. 子栏目各有侧重。分别与团省委、省委党史研究院、湖南科技学院合办"理响永州·青年说""理响永州·故事荟""理响永州·思政课"。其中，"青年说"侧重从青年视角、用青年语言解读习近平总书记"金句"，推出"沿着总书记的'足迹'再出发""奋进的力量""追星星的人"等系列主题宣讲节目；"故事荟"注重从永州红色故事讲起，先后讲述了李达"求真求实"、陶铸"心底无私天地宽"、陈树湘"断肠明志、绝对忠诚"等红色革命故事，"中国好人"谢红军、湖南省首届"新时代新雷锋"村医夫妻唐军华和伍艳芳等先进典型无私奉献故事，"草根英雄"李德顺、陈国治等舍己救人的故事；"思政课"聚焦《习近平新时代中国特色社会主义思想概论》等最新思政课教材，打造网络思政"金课"，讲好新时代"大思政课"、激活社会大课堂、汇聚育人大能量，陆续推出以"我们的新时代""坚持党的领导""人民至上""中国梦""文化自信""改革开放"为主题的思政课，在 6 个县（市、区）建立"大思政课"实践教育基地。

3. 小栏目折射大时代。"青年说"，以青年视角解读党的创新理论，讲述最美好的历史时代。"故事荟"，善用故事化表达，解读红色密码、赓续红色血脉，受众共情度高涨。"思政课"，推出县（市、区）定制版，推进大中小学思政教育一体化，推动党的创新

"理响永州·思政课·宁远"栏目开播仪式

理论进学校入课堂。截至 2024 年 3 月底，"理响永州"已推出节目 93 期，全网总浏览量超 7 亿次，得到人民日报、新华社等中央主流媒体报道。

（三）突出故事化，奏好理论宣讲"交响曲"

把鲜活的思想讲鲜活，把彻底的理论讲彻底，让人民群众听得懂、听得进，才能有效推动党的创新理论"飞入寻常百姓家"。"理响永州"坚持把学透中央精神与紧贴永州实际结合起来，把政治话语、理论话语与群众语言、日常语言结合起来，把抽象理论逻辑与形象生活逻辑结合起来，选取小切口，注重讲故事，确保每期节目既有理论深度，又有宣讲温度。

1.让话题"冒热气"。坚持围绕人民群众普遍关心关注的急难愁盼问题来选话题，努力让理论宣讲回应基层所想、群众所惑、百姓所盼。比如，全面建成小康社会后，老百姓普遍关心脱贫后会不会脱政策、脱帮扶，专门策划推出一期解读乡村振兴战略的节目，讲清楚巩固拓展脱贫攻坚成果同乡村振兴有效衔接的政策。又如，为引导广大干部群众更加深刻领悟"两个确立"的决定性意义，陆续推出"'两个确立'的决定性意义""党是领导一切的"等专题节目，引用毛泽东同志"一个桃子剖开来，只有一个核心"来说明党的领导核心至关重要，用苏联解体血的教训来佐证坚持党的领导的重要性，用"众星捧月"来形象讲述党是最高政治领导力量。

2.让宣讲"接地气"。坚持从群众身边人、身边事入手，通过摆事实、列数据、作对比，让宣讲内容结合实际、贴近生活。比如，用市委、市政府宁可把湘江渔村改造成市民公园，也不愿将其开发成房地产项目的案例，把"绿水青山就是金山银山"讲清楚，把习近平生态文明思想讲透彻。又如，讲传承弘扬中华优秀传统文化，就结合本地实际，讲舜帝德孝文化、周敦颐理学文化、柳宗元民本思想等永州优秀传统文化的保护、传承、转化，引发听众思想共鸣。再如，"理响永州·思政课"第一课《点赞新时代》，用动画模拟的形式，让孩子们一下子就感受到了时代的新变化，通过讲述"从过去的爷爷当年一家人几亩地，天天干活才能填饱肚子，到现在机器种田、年年丰收，从爸爸从永州出发到长沙上大学，坐着绿皮火车整整 6 个小时，到现在高铁只需要 1 个多小时"等鲜活事例描绘出中国特色社会主义进入新时代发生翻天覆地的变化，帮助孩子们从小坚定听党话、跟党走的决心。

3. 让效果"聚人气"。坚持一次生产、多种生成、多元传播，只要有屏幕、有喇叭，就能把精品节目送到基层媒体平台、新时代文明实践站所、田间地头、街头巷尾。文字内容在永州日报、今日永州、永州发布等平台同步推出；音频内容通过 FM94.8、"村村响"广播定期滚动播出；视频内容借力"学习强国"学习平台、"新湖南"、红网等渠道，借助永州市融媒体中心与新时代文明实践中心融合共建传播平台，依托微信公众号、抖音号、"村村响"等，八大渠道 20 多家平台同步发声，使其覆盖更广、传得更远。同时，打造"理响广场"百姓讲台，开办"潇湘大讲堂"，举办"强国复兴有我"读书分享会，实现线上线下同向发力、理论与舆论同频共振，吸引党员干部群众纷纷点击浏览、点赞留言。

三、工作启示

（一）遵循传播规律，理论宣讲才能走深走实

进入互联网时代，传统媒体和新兴媒体融合发展是必然趋势，

理论宣传普及工作必须顺应媒介之变，才能让党的声音传得更开、更广、更深入。"理响永州"栏目积极适应移动互联网带来的新变化，以群众方便、群众喜好为导向，灵活运用"微宣讲""云宣讲"形式将理论宣传搬上荧屏，满足基层干部群众网络化、碎片化接受习惯，大家随手点击、随处可看、随时可学，真正把"理"送到群众家门口、手心上，党的创新理论在线上动起来、在屏上活起来，成为指导人民认识世界和改造世界的强大思想武器。这启示我们，打通理论宣讲"最后一公里"，就要主动适应时代发展趋势和群众接受习惯，在宣传方式、传播形式上积极创新，更好地推动党的创新理论直达基层"神经末梢"、直抵群众"内心深处"。

（二）优化内容供给，理论宣讲才能入脑入心

理论要让人民所喜爱、所认同、所拥有，首先要让他们在理论学习时坐得下、听得进。"理响永州"栏目聚焦群众"需求侧"，优化内容"供给侧"，把一个个"大道理"融入群众身边的"小故事"中，贯穿到解决群众急难愁盼问题的"小事例"中，群众一听就明白，一看就清楚，也就更加觉得深邃的理论可亲可近、可学可用。这启示我们，只有坚持贴近实际、贴近生活、贴近群众，坚持内容为王、需求为先，用有温度的内容承载有深度的理论，用真情实感讲故事，才能深入浅出讲道理，真正把党的创新理论讲鲜活讲生动讲透彻。

（三）加强要素集成，理论宣讲才能见行见效

做好理论宣传工作，关键在人，关键在人才。面对基层理论宣传人员缺乏、人才匮乏的现实问题，"理响永州"栏目始终树立大

宣传理念，紧抓人才队伍建设，千方百计整合各方资源力量，通过向内聚合力、向外借智力、向下挖潜力，把市内市外、高校院所、基层代表等人才聚集到一起，统一规范、统一培训、统一运用，从根本上解决人的问题。这启示我们，打通理论宣讲"最后一公里"，就要充分发挥各级宣传部门牵头抓总作用，把各方面的要素尤其是人才资源统筹整合起来，建立完善理论宣传优质课程库、师资库、案例库，打造一支多层次、广覆盖、可持续的理论宣传队伍，确保这一工作有人做并且做得好。

"七星闪耀"强示范　多频共振润民心

一、基本情况

近年来，陕西省铜川市耀州区高度重视理论宣讲工作，打造了"耀宣讲"系列品牌。2022年，党的二十大胜利召开，耀州区紧紧围绕学习宣传贯彻党的二十大精神这条主线，专题研究，系统谋划，对"耀宣讲"工作品牌进行优化，组建了"初心闪耀"党员宣讲团、"马灯闪耀"红色宣讲团、"美德闪耀"好人宣讲团、"青春闪耀"青年宣讲团、"巾帼闪耀"新时代女性宣讲团、"红星闪耀"儿童宣讲团、"网络闪耀"新媒体宣讲团"七星闪耀"示范宣讲团，在全区范围内广泛开展"喜迎二十大　闪耀新思想"和"党的二十大精神'闪耀'基层"系列群众性宣讲活动。各镇（街道）、区级各部门各单位组建"闪耀"系列基层宣讲队伍160余支，实现了行业系统和行政区域全覆盖。"七星闪耀"系列宣讲充分发挥各领域各群体人才资源优势，根据不同受众特点，开展对象化、分众化、互动化宣讲，在全区掀起学习宣传贯彻党的二十大精神热潮，截至目前已经开展宣讲2000余场次，覆盖全区干部群众15万余人次。"七星闪耀"系列宣讲得到了社会的广泛关注，新华社、"学习强国"学习平台、陕西日报等主流媒体刊发相关稿件百余篇。

二、主要做法

（一）分层次、分领域打造队伍

根据受众人群特点，通过发挥各领域各部门职能、人才、资源等优势，区委宣传部牵头，区委组织部等部门参与，遴选党校、机关工委、团区委、妇联、教育系统等行业部门的优秀人才，分别组建"初心闪耀"党员宣讲团、"马灯闪耀"红色宣讲团、"美德闪耀"好人宣讲团、"青春闪耀"青年宣讲团、"巾帼闪耀"新时代女性宣讲团、"红星闪耀"儿童宣讲团、"网络闪耀"新媒体宣讲团"七星闪耀"示范宣讲团，全区各镇（街道）、区级各部门各单位结合各自实际，立足本地本行业本系统特点，在区级"七星闪耀"示范宣讲团引领下，遴选优秀共产党员、劳模、乡贤能人、致富能手、"身边好人"、杰出女性、优秀学生代表等，组建"闪耀"系列基层宣讲队伍 160 余支，骨干成员 600 余人，打造了一批分布广泛、代表性强的宣讲队伍。

（二）高标准、严要求辅导培训

区委宣传部为"闪耀"系列宣讲团定制"学习、培训、辅导"套餐。党的二十大胜利召开后，第一时间为他们配发党的二十大精神学习辅导读物、党章等资料，通过"耀州微学堂"定期推送党的二十大精神权威解读，组织宣讲团成员学深悟透党的二十大精神。同时，组织宣讲团骨干成员参加各级专题培训 20 余人次，并组织宣讲员到照金纪念馆、陈家坡会议旧址开展实地培训。邀请全国理论宣讲先进个人杜天祥、全省理论宣讲先进个人袁英民，区委党校、区委讲师团和文联等单位专家领导，对宣讲团成员撰写的宣讲稿，创作的快板、歌曲、"三句半"等群众宣讲作品进行辅导修改和审核把关。

（三）配餐式、点单式"精准滴灌"

"闪耀"系列宣讲针对不同职业、不同年龄的"口味"和特点，创作快板、情景剧、故事、歌曲、"三句半"等，并贴近基层实际、紧盯群众需求制作宣讲短视频，开展分层分众的"精准滴灌"，把党的二十大精神和党的创新理论在基层讲清楚、讲明白，让老百姓听得懂、能领会、可落实。一方面，"闪耀"系列宣讲团根据宣讲主题，结合不同领域、不同行业、不同人群的特点，开展分众化、差异化"配餐"，深入机关、街道、社区、学校、企业等开展常态化宣讲，组织"喜迎二十大　闪耀新思想"宣讲1300余场次，组织"党的二十大精神'闪耀'基层"宣讲680余场次，覆盖人群15万余人次。另一方面，依托新时代文明实践中心平台，实施"闪耀"系列宣讲志愿服务项目，设置"党的二十大精神＋照金精神＋基层需求"的定制"菜单"，随时更新补充内容，基层群众按照"既选课题，又选宣讲团队"的模式，进行"私人定制"，随时进行"点单"，目前已派单200余场次。

（四）接地气、进网络广受欢迎

"闪耀"系列宣讲力求在语言通俗化、内容形象化、形式互动化、宣传网络化等方面探索创新，让广大干部群众听得懂、听得进、传得开。党的二十大代表、"初心闪耀"党员宣讲团成员郝春侠，及时分享交流参加党的二十大的所感所悟20余场次；全国人大代表、耀州区锦阳路街道水峪村党总支书记、村委会主任杨春平，第一时间深入基层传达学习贯彻习近平总书记重要讲话精神和全国两会精神 40 余场次；区委理论学习中心组成员进村入户宣讲党的创新理论 130 余场次；"马灯闪耀"红色宣讲团依托陈家坡会议旧址等开展现场互动宣讲 500 余场次；"红星闪耀"儿童宣讲团排演《习仲勋在照金》等 5 个红色情景剧，开展沉浸体验式宣讲；"美德闪耀"好人宣讲团成员编写《党的二十大精神指航向》《满怀豪情赞两会》等快板、小品等群众作品 200 余个；"巾帼闪耀""青春闪耀"等宣讲团创作党的二十大相关主题书法、剪纸、刺绣、烙画、散文、诗歌等文艺作品 500 余篇幅；"网络闪耀"新媒体宣讲团推出《二十大精神在耀州》《二十大精神每日一学》等栏目，将基层优秀宣讲作品进行可视化表达和网络化传播，推出网络宣讲视频、图文信息 1000 余篇次，在线上平台迅速传播，各平台综合阅读量超过 500 万人次。

三、工作成效

在"七星闪耀"示范宣讲团示范带动下，各镇（街道）、区级各部门各单位结合各自实际、积极开展"闪耀"系列宣讲活动，同频共振奏强音，迅速掀起了学习宣传贯彻党的二十大精神热潮，把党的创新理论、党的好声音传遍千家万户。

（一）探索了基层理论宣讲新模式

"闪耀"系列宣讲调动社会各方力量，采取灵活多变的方式方法，主动适应不同群体需求，积极发挥媒体融合优势，有效破解了基层理论宣讲"谁来讲""向谁讲""讲什么""怎么讲"的问题，推动理论宣传工作更加接地气、冒热气、聚人气。

2023年1月12日，"七星闪耀"示范宣讲团以快板形式宣讲党的二十大精神

（二）实现了党的二十大精神宣讲全覆盖

"闪耀"系列宣讲构建起了示范带动、多点发力的理论宣讲大格局，"七星闪耀"示范宣讲团带动160余支基层队伍、600余名骨干成员，横向覆盖各个行业单位、社会阶层，纵向贯通区镇村户和各个年龄阶段，无缝衔接线上线下、网络内外。

（三）凝聚了高质量发展的强大合力

"闪耀"系列宣讲把党的二十大精神宣讲与学习贯彻习近平总书记来陕考察重要讲话重要指示精神和给照金北梁红军小学学生回信精神结合起来，与区域经济、乡村振兴、文化兴耀等中心工作结合起来，与干部群众的工作生产生活实际结合起来，有力有效地鼓舞斗志、明确方向、坚定信念、凝聚力量，以高质量的创新宣讲赋能耀州区经济社会高质量发展。

四、工作启示

（一）凝聚宣讲工作合力、构建大宣讲工作格局，贵在一起使劲

做好基层理论宣讲，是各级党委政府的共同责任，没有局外人、旁观者。要从各级党员领导干部、理论工作者、老党员老干部、新时代青年、杰出女性、先进典型、致富能手、乡贤能人中吸收培养一批扎根基层、心系群众的"基层宣讲家"，把理论宣讲同各领域各行业政策宣传更紧密地结合起来，使理论宣讲从党委宣传部门的"独角戏"，转变为多部门、多领域联动的"大合唱"，形成上下互通、横向联合、齐抓共管的生动局面。

（二）找准结合点，走进现实生活、满足群众需求，重在接地气聚人气

基层理论宣讲的主题不能变、主线不能偏，但同时也要结合人们亲历亲闻、可知可感的身边故事，既寓理于事又就事论理，让人们深刻感受到理论的真理力量、实践力量。要剖析好社会关注的热点难点，回答好广大干部群众的所困所惑，用鲜活的事实说话，用生动的实践说话，帮助人们明辨重大是非、廓清思想迷雾。基层理论宣讲是打通党的创新理论传播"最后一公里"的重要渠道，要创新形式、培树品牌，把讲台让给群众、把话筒交给百姓，用通俗话传播理论，用身边事提升认同，使党的创新理论和方针政策得到有效理解和掌握，让群众坐得下、听得进、弄得懂、记得牢，努力让党的创新理论"飞入寻常百姓家"。

（三）宣讲创新方法载体、丰富表达方式，关键在增加感染力和实效性

开展基层理论宣讲，根本目的在于通过理论传播的通俗化带动大众化，拓展理论传播的深度、广度和空间，提升宣讲质量，增强宣讲的感染力，从而增强传播效力。基层理论宣讲不仅要用好讲座式宣讲，还要针对不同受众的特点，在理论通俗化、语言群众化、形式多样化、载体时代化上下功夫，让科学性与大众性、学理性与通俗性、政治话语与群众语言有效融通，搭建理论通向大众的桥梁，做到"中央的声音、群众的语言，理性的思考、感性的展示"，在"大众化"的宣讲中达到"化大众"的效果。只有实现理论的通俗化、大众化、具象化，把深刻的道理用简洁形象的方式讲清楚、说明白，才能让创新理论具有说服力和感染力，宣讲才有生气、有活力，才能入情入理、入脑入心。

"吴忠有忠"理论宣讲：
奏响新时代最强音

一、基本情况

近年来，宁夏回族自治区吴忠市始终坚持把基层理论宣讲作为打通党的创新理论传播"最后一公里"的重要渠道，聚焦基层群众需求，着力统筹全市各级各类宣讲资源，健全完善面向基层、面向群众的基层理论宣讲工作体系，以"吴忠有忠"市级理论宣讲品牌示范引领，构建形成"多元化宣讲内容、多层级宣讲主体、多梯次宣讲队伍、多保障宣讲机制、多样化宣讲活动"的立体化宣讲格局，不断做大宣讲队伍、做优宣讲品牌、创新宣讲形式、丰富宣讲载体，深入推进对象化、分众化、互动化理论宣讲工作，把党的创新理论讲清讲透讲深，凝聚起广大党员干部群众踔厉奋发、勇毅前行、团结奋斗的澎湃力量，在吴忠大地上奏响了时代最强音。

二、主要做法

（一）紧扣重点、突出特色，提升宣讲实效性

1. "讲深"重大主题，凝心铸魂。坚持以习近平新时代中国特

色社会主义思想为主线，围绕学习贯彻党的二十大精神、《习近平谈治国理政》（第四卷）等重大主题宣讲活动，制定全市宣讲方案，精选政治素养和理论水平高的领导干部、专家学者等，组建市级宣讲团队，全覆盖分解一对一宣讲任务，统一编印宣讲提纲，分层召开宣讲动员会、培训会，集中审核宣讲稿件，确保讲准、讲深重大主题内容，引导全市广大党员干部群众深刻领悟"两个确立"的决定性意义，增强"四个意识"、坚定"四个自信"、做到"两个维护"，推动习近平新时代中国特色社会主义思想在吴忠大地落地生根、开花结果。

2. "讲精"殷殷嘱托，感恩奋进。聚焦习近平总书记视察宁夏时的重要讲话精神，广泛开展"牢记嘱托 感恩奋进"主题宣讲活动。在习近平总书记视察的各点位，打造"习语大道"、"兰花芬芳"志愿服务中心、黄河安澜亭等一批群众身边的新思想传播学习教育阵地，培育了"弘德""兰花芬芳""黄河安澜"等宣讲品牌，深入开展"总书记来到咱身边""沿着总书记指引的方向前进"等特色宣讲活动，让总书记的关心厚爱、殷殷嘱托，"传入千家万户，播进田间地头，飞入寻常百姓家"。

3. "讲活"特色内容，坚定信念。立足吴忠实际，紧扣特色优势，发挥红色资源铸魂育人作用，因地制宜开辟第二课堂，就近就地开展红色教育，让党员干部在沉浸式学习中培根铸魂。紧扣现代化美丽新吴忠建设任务，持续开展"社会主义是干出来的""奋进新时代 永远跟党走"主题宣讲活动，把党的创新理论宣讲与各项事业发展实践相结合，把干事创业、开拓未来的信心和决心传递给群众，把群众需要的知识传授给群众，唱响"共产党好、黄河水甜"主旋律，进一步凝聚、激发了干事创业的力量和激情。

（二）强化组织、统筹联动，凝聚宣讲新合力

1. 坚持以上率下，市级示范讲。建立市级领导基层理论宣讲联系点机制，市委主要领导率先示范，带头开展宣讲，市级领导及时跟进，深入分管领域、基层联系点开展宣讲 110 余场次。聚焦重大主题宣讲活动，遴选了 172 名政治素质过硬、理论素养精深的领导干部、专家学者等组成市级宣讲人才库，结合宣讲内容，深入各单位开展宣讲 700 余场次。市直各部门（单位）班子成员采取专题党课、辅导培训等方式，结合实际开展宣讲活动，推动市级层面学习贯彻走在前、作表率。

2. 坚持同频共振，行业领域分众讲。围绕不同领域和不同群体需求，成立了青年、"红领巾"讲师团和"巾帼"、"劳动者之声"宣讲团等 15 支行业宣讲团队，组建了企业、青年、学校、网络等 6 支市级宣讲小分队，把各领域、群体关注的重点和关键讲准讲透讲活。各级中小学校利用"开学第一课"、主题班队会、国旗下讲话、"互联网＋智慧课堂"等形式，组织开展"喜迎二十大　童心永向党"等校园宣讲活动近 3000 场次。"劳动者之声"宣讲团采用启发式、案例式、体验式方法，按照"每月一主题"要求，开展了"学习宣传贯彻党的二十大精神""礼赞劳动者　奋进新时代"等主题线上线下宣讲活动 1100 余场次。

3. 坚持常态长效，县区广泛讲。各县（市、区）结合实际、不断创新形式，全面广泛开展各类宣讲活动。利通区组建"向阳花开心向党""石榴花开促团结""蒲絮迎风育新人""稻花飘香传科技""兰花芬芳香满园"的"五朵金花"宣讲团，全面实施"五朵金花向阳开"宣讲工程。红寺堡区建立"四级联动、六次入心"理论宣讲矩阵，以新时代文明实践"讲、帮、乐、树、行"的形式，

让理论转化为生动实践，激励全区上下同欲、凝心聚力共同推动示范区创建。青铜峡市成立市、镇（街道）、村（社区）三级宣讲队伍，形成了志愿者讲、"夏奶奶说"、"轻骑兵演"、融媒体推、"村村响"播的宣讲格局。同心县健全完善全方位、立体式的"讲、评、乐、播、督"工作机制，充分发挥"薪火相传""每月一讲"等品牌宣讲队伍作用，让党的创新理论深入人心。

4.坚持立足实际，基层反复讲。持续拓展四级书记赴一线、千名干部大调研、万名党员大宣讲"四千万"工程，各级党组织书记、广大党员干部深入基层一线开展各类宣讲活动。培育打造"金声田韵""东街大妈""三先开路"等71个基层宣讲品牌，组织驻村第一书记、社区干部、乡村致富带头人、身边典型等基层代表，发挥新时代文明实践站（所）和"干部课堂""村级党校""百姓讲堂""指尖课堂""道德讲堂""田间课堂"六大课堂作用，把"大讲堂"和"微宣讲"结合起来，广泛开展"庭院会""快板党课""家庭微党课"等既接地气又聚人气的宣讲活动，在群众家门口，用通俗易懂的语言和群众喜闻乐见的方式讲新、讲活、讲透党的创新理论。

（三）做大品牌、建强团队，提升宣讲引领力

1.加强队伍建设。建立"吴忠有忠"市级品牌队伍建设机制，摸清全市理论宣讲员底数，建立人员台账，逐步建立完善由多部门、多领域、多层次专兼职人员组成的宣讲队伍人才库，目前登记人数近3400人。细化党的创新理论、产业政策、法律知识、身边典型、移风易俗等6大类11项不同宣讲人员分类台账，针对宣讲内容，选派宣讲人员，确保宣讲的针对性和实效性。

2.加强人员培养。建立基层宣讲员的培训锻造机制，定期组织

吴忠市"农家学院"宣讲团以长廊宣讲会形式为基层群众开展理论宣讲

开展集体备课、试讲、说课和评课活动，充分交流研讨，反复打磨修改讲稿，确保理论宣讲全面准确深入、生动活泼接地气。持续深入开展"送宣讲下基层活动"，组建宣讲培训小分队，深入各县（区）、企业、工业园区等开展基层骨干示范宣讲培训活动，进一步提高基层宣讲员政策理论水平和宣讲技能。通过高频次学习、高强度培训、高质量辅导，把准政治方向、明确宣讲内容、提高宣讲水平。

3. 加强品牌打造。建立宣讲品牌培育、打造、升级机制，坚持以"吴忠有忠"市级品牌为龙头，逐步形成"1 个市级品牌 +15 个行业团队 +N 个基层宣讲品牌"的品牌建设体系，推动全市宣讲工作上下联动、整体推进。开展基层理论宣讲品牌培育工程，深入挖掘机关、学校、乡村、企业等"理论名师""百姓名嘴"，组建各具特色的基层宣讲品牌，在全市范围培育打造"薪火相传""唱响盐州""星火"等86个理论宣讲团。

（四）创新方式、丰富载体，拓展宣讲新阵地

1. 曲艺宣讲聚"人气"。通过"文艺搭台、理论唱戏"将党的政策方针、惠民政策、红色历史融入文艺节目中，新编创作秦腔《攒劲女人》、改编提升《一诺千金》等一批优秀文艺作品，组织开展各类演出1590余场次，广大党员干部群众在潜移默化中受到了教育，凝聚了共识，增强了信心。

2. 模范宣讲强引领。组织"七一勋章"、全国道德模范获得者王兰花，2022年全国"诚信之星"十大人物李耀梅等先进典型，举办全市"学习先进典型 奋进伟大征程"、"攒劲"女人事迹巡回报告会等60余场次，用先进模范人物的动人事迹感召广大党员干部群众，营造崇尚道德模范、学习先进典型、争做时代楷模的新风正气。

3. 情境宣讲润心田。发挥红色资源优势，充分利用34个爱国主义教育基地、62处红色文化遗迹遗址，因地制宜开辟宣讲第二课堂，开展革命传统教育等实践活动，参与人数共计38万余人次。加强民族团结教育，广泛开展马克思主义"五观"百场万人大宣讲、铸牢中华民族共同体意识主题宣讲、"算好身边账、感恩共产党、共创新生活"等活动1400余场次。

4. 网络宣讲广传播。运用微博、微信等新媒体，持续叫响"吴忠有忠"等网络宣讲品牌，推出党的二十大精神、"我的抗疫故事"等网络精品微宣讲视频100余期，吴忠日报微信公众号"早安·同学"发布习近平总书记系列重要讲话音频568期，《学习进行时》栏目制作《习近平新时代中国特色社会主义思想学习纲要》《习近平

谈治国理政》等音频 264 期，进一步扩大"吴忠有忠"影响力和覆盖面。

（五）强化措施、健全机制，确保宣讲常态化

1. 加强标准考核。研究制定《吴忠市星级宣讲员评定管理办法（试行）》，对宣讲团骨干成员进行动态管理，评星定级，定期考核，推动宣讲员队伍常态化充实更新。制定市级优秀宣讲品牌量化标准，每年开展选树活动，截至目前，已评选市级优秀宣讲品牌 35个，命名授牌市级宣讲团队 14 个。

2. 加强经费保障。出台《吴忠市理论宣讲管理办法（试行）》，明确宣讲单位和主办单位职责，依据相关规章制度，细化宣讲人员课酬补助、劳务费、交通费、伙食费和住宿费等标准，完善宣讲人员保障机制，有效调动基层宣讲员宣讲积极性。

3. 加强评选表彰。建立定期评比表彰机制，在全市范围内开展基层理论宣讲先进集体、优秀理论宣讲员、优秀理论宣讲报告、优秀宣讲微视频等评选活动。适时召开基层宣讲分享会、"微宣讲"大比武等活动，举办基层理论"微宣讲"大赛等活动，以赛促学、以赛提质。

三、工作启示

（一）坚持上下联动、统筹推进

吴忠市始终坚持市委全面统筹、宣传部门牵头负责，各地各部门（单位）联动协作的工作机制，建立健全市、县、乡、村四级宣讲工作网络，形成"领导干部带头讲、专家学者示范讲、骨干成员

集中讲、行业领域分类讲、百姓草根一线讲"的宣讲模式，切实打通了基层理论宣讲的"最后一公里"。实践证明，只有构筑多层次、多领域的宣讲队伍，形成各部门齐抓共管、协同用力的大宣讲工作格局，才能更广泛、更全面地覆盖受众，使党的创新理论"飞入寻常百姓家"。

（二）坚持品牌带动、示范先行

吴忠市把培育做强宣讲团队、做优宣讲品牌作为提升宣讲水平的重要举措常抓不懈，相继培育了"董毅说书""薪火相传""东街大妈"等一大批有特色的宣讲品牌团队，遍布农村、社区、学校等基层单位，激发了宣讲员热情，实现了从"要我讲"到"我要讲"的转变。实践证明，选树培育更多的优秀宣讲品牌和团队，才能够激励带动更多的人员主动参与宣讲、热爱宣讲，才能不断壮大基层宣讲力量，提升宣讲质量。

（三）坚持模范带头、典型引领

吴忠市组建由全国道德模范、"七一勋章"获得者王兰花，全国脱贫攻坚先进个人朱玉国，全国优秀党务工作者丁建华等先进模范组成的宣讲团队，充分发挥了先进模范在基层宣讲中的示范带动作用，教育引导广大干部群众见贤思齐、向善向好。实践证明，发挥先进模范的"社会名人"效应开展宣讲，具有事半功倍的效果，他们的宣讲更具有感染力、感召力，是干部群众思想教育的活教材。

（四）坚持分众施策、提质增效

针对机关干部、普通群众、青少年、产业工人、离退休人员等不同群体，采用了讲故事、编排文艺节目等多种形式，大力实施对象化、互动化、分众化宣讲，达到了理论宣讲"接地气""入人心"的目的。实践证明，理论宣讲要注重对受众实际情况的关注和思考，在宣讲中找准群众的利益关注点、思想共鸣点，采取大众喜闻乐见的方式进行宣讲，才能确保宣讲更有针对性和实效性。

（五）坚持完善机制、强化保障

吴忠市相继出台了宣讲管理办法等制度，对队伍建设、激励奖惩、培训教育、经费保障等方面内容进行规范。通过举办宣讲大赛、表彰奖励优秀宣讲团队和优秀宣讲员、宣讲员评星定级等极大激励了宣讲员的积极性、主动性。实践证明，充分发挥制度的指导和约束作用，建立健全保障机制、激励措施，才能够使宣讲工作更加规范有序深入推进，不断提升宣讲工作整体水平。

"托峰明珠"宣讲团：小宣讲彰显大成效

一、基本情况

温宿是古西域三十六国之一姑墨国所在地，也是古丝绸之路上的著名驿站商埠。党的二十大报告指出，巩固壮大奋进新时代的主流思想舆论，健全用党的创新理论武装全党、教育人民、指导实践工作体系。近年来，新疆维吾尔自治区阿克苏地区温宿县组建"托峰明珠"宣讲团，坚持以习近平新时代中国特色社会主义思想为引领，贯彻落实习近平文化思想，持续深化基层理论宣讲。来自全县的党员干部、人大代表、政策宣讲骨干、思政教师、党校讲师、道德模范、"身边好人"、文化文艺能人等480余人成为宣讲主力军，聚焦群众关心关注的生产生活问题，围绕就业、教育、住房、医疗、食品药品安全、乡风文明、移风易俗、生活环境等，用"沾泥土"的"本地话"、"短时新"的"微宣讲"、"具体化"的"小切口"、"精准快"的"小行动"，用身边人说身边事、小故事讲大道理，既讲怎么看、又讲怎么办，推动惠民政策"应享尽享"，常态化开展各类理论政策宣讲活动48.6万场次，受益群众129.2万人次，切实让党的创新理论"飞"入千家万户、"传"到田间地头、"走"进群众心坎里。

二、主要做法

（一）丰富宣讲方式，让宣讲既"走新"又"走心"

1.采用"文艺＋宣讲"的方式。凭借良好的地域优势，找准各族群众热爱音乐、喜欢舞蹈、享受生活这个切入点，"托峰明珠"宣讲团积极收集具有本地特色的历史文化、音乐舞蹈等，将群众喜闻乐见的舞蹈、歌曲、小品、快板等融入理论宣讲、政策解读等，将党的最新理论政策转化为"大白话""本地话""小故事"，使宣讲内容从"高大上"变成"接地气"，宣讲形式从"单一式"变为"互动式"，让各族干部群众愿意听、听得进、记得住。

2.组建文艺宣讲队。充分发挥退休干部"余热"，组建"托峰明珠"宣讲团文艺宣讲队，坚持"把精彩的节目送到人民中去，把党的声音传到人民中去"的宣讲理念，采取快板、舞蹈、戏曲、情景剧等形式，创作编排了《筑梦二十大》《天山骄子》《梦回温宿》等脍炙人口的作品 20 余部，深入基层一线、田间地头、街道巴扎等，开展巡回宣讲 110 余场次。自"托峰明珠"宣讲团成立以来，积极动员民间艺术爱好者组建"百姓之声""托木尔峰"等文艺宣讲小分队 15 余支，开展各类宣讲活动 3.2 万余场次，惠及各族干部群众 14.6 万余人次，切实让宣讲"走新"更"走心"，让党的好声音深入基层、深入人心，更加坚定各族干部群众听党话、感党恩、跟党走的决心和信心。

3.线上线下共同发力。温宿县统筹各种媒体平台整体发力，坚持线上宣讲广泛传播，线下宣讲齐头并进，综合运用专题专栏、短视频等全媒体手段和平台载体，大屏小屏联动，形成网上网下一体、线上线下联动的良好氛围。转载转发、制作发布党的二十大精神新闻稿件、短视频512条，浏览量达43.2万次。充分发挥"温宿零距离""温宿好地方"App和各乡镇融媒体分中心的作用，做好《理上网来》微宣讲栏目，制作推出一批宣讲微视频，涌现《网红理论云宣讲》《习语金句》《玛纳斯非遗传承》《红色精神我来讲》《胡达拜迪的红色情结》《托乎提·萨依木大叔的红色展馆》等各具特色的网上宣讲栏目，把理论宣讲由"一时一地"拓展为"随时随地"。

（二）建强宣讲队伍，让宣讲既面对面又心贴心

1. 建强理论宣讲队伍。温宿县以"托峰明珠"宣讲团为龙头，打造"百姓之声""沙棘花""轻骑兵马背宣讲""白衣天使"等27支特色宣讲分队，构建"1+27+139"覆盖县、乡、村三级的大宣讲格局。组织开展"领导干部学理论、行业系统学业务、基层群众学政策"和"领导干部讲政策、各族群众讲变化、司法人员讲法律、医务人员讲健康、科教人员讲科学、宗教人士讲正信、群团骨干讲风尚"的"三学七讲"活动。县委书记率先垂范、主动带头，全县52名县处级领导干部、380余名科级干部、442名党支部书记带头先学一步、学深一层，当好"第一宣讲员"，同时，遴选思政教师、党校讲师、道德模范、"身边好人"、文化文艺能人等志愿者组成宣讲主力军，深入机关、社区、农村、企业、学校等开展政策理论示范宣讲8.2万余场次，受教育群众达62.4万余人次。

2. 加大队伍培训力度。"托峰明珠"宣讲团通过以"讲"带"培"、以"优"带"新"、以"学"带"促"的方式，组织开展"声入万家　理响温宿"全区优秀宣讲员温宿行指导交流活动，

创新推出"理论培训＋实地观摩＋指导帮带＋集中备课＋成果展示＋巡回宣讲"全程式宣讲培训法，邀请专家学者为县、乡、村三级 425 名基层宣讲员进行专题辅导。积极探索"1+2+N"组团式宣讲模式，通过以"1 名区级优秀宣讲员 +2 名县级宣讲骨干 +N 名基层宣讲员"的方式，辐射引领带动全县各级各类宣讲员掌握宣讲技巧，提升宣讲能力和宣讲水平。组织 12 名地州优秀宣讲员与 24 名县级宣讲骨干一起精心备课，通过面对面指导，为基层宣讲员理思路、教方法、传经验，提升宣讲员能力水平和宣讲技巧。自"托峰明珠"宣讲团成立以来，累计邀请专家学者、优秀宣讲员开展各类培训 200 余场次，惠及宣讲员 6000 余人次，切实打造出一支理论功底扎实、政策把握到位、实践能力较强的宣讲队伍。

2023 年 10 月 12 日，温宿县"托峰明珠"宣讲团到阿克苏纺织工业城对温宿籍务工人员开展党的二十大精神宣讲活动

（三）融入志愿服务，让宣讲既春风化雨又身体力行

1. 开展灵活机动的微宣讲。"托峰明珠"宣讲团改变传统的"集中式""开会式"宣讲，从不同群体的需求出发，采取形式灵活、场地便利、人员机动的微宣讲方式。例如，针对博孜墩柯尔克孜族乡村民居住分散、山路崎岖、路途遥远等实际，组建库尔干村马背宣讲队，奔赴牧区开展微宣讲，向牧民们宣传党的创新理论和乡村振兴、生态保护等方面的政策。8年来，马背宣讲队从最初的12人、4匹马壮大到53人、18匹马，常年奔波往返在夏特古道牧区，成为"托峰明珠"宣讲团的一张"金名片"，也成为凝聚群众、宣传群众、服务群众、引导群众的"最后一米"和"关键之招"。

2. 与基层文明实践相结合。在深化拓展"两个中心"阵地、人员、机制、资源"四融合"的基础上，将基层理论宣讲与新时代文明实践中心功能紧密结合，纵深推进"十百千"工程。"十"即实现进农村、进社区、进企业、进学校、进机关单位、进商超、进工地、进军营、进公共场所、进千家万户的"十进"目标；"百"即梳理汇总100个宣讲主题"菜单"，根据基层实际需要，进行"点菜"上课；"千"即举办千场示范宣讲活动。根据群众需要和宣讲员特长，依托新时代文明实践中心（所、站），通过"群众点单、中心（所、站）派单、宣讲员接单、群众评单"运行模式，有针对性地设计理论学习"菜单"，采用"你点菜我掌勺"菜单式理论学习宣讲模式，"私人定制"入乡随俗的"特色菜"，满足差异化的"理论口味"。

3. 与解决实际问题相结合。充分发挥县、乡、村三级联动宣讲体系作用，利用"入户走访"、周五志愿服务、"大调研大走访"等问计群众，采用"让群众知晓、请群众出题、解群众难题、由群众

评判""四步走"工作法，走村入企察民情、访民意，聚焦优化创业就业、乡村振兴、民生难题等发展重点，征集群众身边急难愁盼问题，立足实际进行有序办理，实现既为群众思想上解"惑"、政策上解"渴"、精神上解"压"，又为群众的实际困难解"题"的效果。截至目前，"托峰明珠"宣讲团接到群众点单 1.4 万余条，解决群众反映急难愁盼问题 1.1 万余件。

三、工作启示

（一）立足"实"处，明确理论宣讲内容，解决好"讲什么"的问题

理论只有说服人，才能掌握群众；而理论只有彻底，才能说服人。理论宣讲要学懂弄通做实习近平新时代中国特色社会主义思想，做到知其然更知其所以然，切实摸清自己的宣讲对象关心、困惑的问题是什么，需要讲清什么道理、澄清什么事实。宣讲员既要吃透党的大政方针的"上情"，又要摸透群众所盼所忧的"下情"，还要悟透带有普遍性、突出性问题的"社情"，才能更好地把党的创新理论传播到群众中去，为群众解疑释惑。

（二）立足"新"处，丰富理论宣讲形式，解决好"怎么讲"的问题

基层宣讲要深接地气，切合群众心声。宣讲者只有把"普通话"翻译成"地方话"，用"身边事"说明"大政策"，用"活典型"阐释"大道理"，才能让群众理解和接受。要创新运用乡村"大喇叭"、讲故事、拉家常、打快板、唱歌曲等灵活多样的形式，

使宣讲更接地气。

（三）立足"宽"处，发挥宣讲阵地作用，解决好"在哪讲"的问题

基层宣讲要建好用好理论宣教基地，在用好域内各级爱国主义教育基地的基础上，积极整合乡（镇）文化站、党员活动室、村级文化活动室、新时代文明实践中心（所、站）、道德讲堂等场所资源。要建好用好宣传阵地，在各类新媒体平台统一开设专题专栏，打造线上"微课堂"，提供学习"微菜单"，发布宣讲"微视频"，奏响学习宣讲的网上强音。要建好用好社会宣传阵地，充分依托域内公园、广场等阵地，通过宣传栏、展板、户外 LED、广播音响等载体开展宣传宣讲，让广大人民群众在潜移默化中受教育。

打造基层理论宣讲驿站
让党的创新理论润泽百姓心田

一、基本情况

南关区位于吉林省长春市中南部，是省会城市中心城区之一，区域面积共 80 平方公里，下辖 13 个街道，1 个乡，7 个行政村，65 个社区，实际居住人口约 65.77 万人。南关区是长春市的历史发祥地、文脉所在地、百年商埠地、红色基因发源地和行政中枢，无论是历史文化氛围浓厚的北部老城区，还是作为长春市科教文化中心的中部城区，抑或是具有广阔发展前景的南部新城，都承载着这座城市深厚的历史底蕴和独特的文化传承。如何充分发挥区位优势，学习宣传贯彻好党的二十大精神，把政策理论送到群众身边，是摆在基层宣传工作者面前的新任务。为此，南关区委宣传部在深入调研、认真谋划的基础上，决定将思想政治工作创新的重心放到基层一线，按照"重心下移、延伸触角、面向基层、服务群众"的工作思路，打造"基层理论宣讲驿站"，通过"点单式"供给、"云端上"配送、"全链条"服务，推动基层理论宣讲常态化深入基层、对象化精准施策、鲜活化宣传宣讲和通俗化研究阐释，不断提升基层思想政治工作的质量和水平。

二、主要做法

（一）夯基础增动力，让基层理论宣讲驿站充满人情味

"基层理论宣讲驿站"依托"新时代党委讲师团"队伍架构，向外借力省市理论专家，向内挖掘本土"草根名嘴"，组建了一支高素质基层理论宣讲队伍，形成干部讲课、名家引路、草根说事"三位一体"的理论宣讲整体格局。

1. 宣讲工作常态化。充分运用领导干部了解基层、熟悉政策，区委党校教师功底扎实、研究深入以及一线党员干部扎根基层、贴近群众等优势，区分创新理论、基层党建、科学普及、道德法治等宣讲主题，成立相应团队，形成了一支相对固定的、高素质的宣讲队伍。

2. 队伍力量专业化。充分发挥社会力量特别是理论专家、资深学者、行业权威等"外脑"作用，建立"宣讲智库"，邀请省市专家下沉，通过"每月一课"载体，每年开展政治理论、形势政策、改革发展、法律法规等方面的宣讲活动。同时着重增强理论辅导针对性，围绕推动高质量发展等课题进行专题解析，有效提升了各级干部的理论水平、职业素养和业务能力。

3. 团队主体特色化。突出区域特色，组建传统文化、"四史"宣传教育、群众文艺等主题宣讲团队。从国学文化传播者到"草根理论达人"，从机关领导干部到非公企业职员，从10多岁的"红领巾宣讲员"到80多岁的"百姓学习之星"，成员构成覆盖各个层面，把党的创新理论转化成百姓语言、百姓故事，用百姓视角传递到百姓心田。

（二）搭平台激活力，让基层理论宣讲驿站氛围冒热气

"基层理论宣讲驿站"针对不同宣讲对象，以亲民化、互动化、分众化为基本导向，注重在宣讲内容精准化、形式多元化和语言群众化方面下功夫，有效破解了基层理论宣讲"过河"难题。

1. 点单供给增针对性。精心组织"百站千场万人"基层宣讲活动，围绕干部群众关心关注的热点问题，面对面与群众话家常，以具体的事例讲解抽象的理论。开通"民生求助通道"，采用群众点单、党组织接单、党员领单的"三单"为民办事新模式，用"点单"方式确定宣讲内容，把"固定讲台"换成"流动课堂"，把党的二十大精神传递到千家万户，有效增强了宣讲的针对性和实效性。

2. 云端配送强吸引力。运用动漫、H5、微视频、微电影、线上直播等形式开展线上宣讲。通过"南关发布"微信公众号、"逐梦南关"抖音号等新媒体平台，进行多样化呈现、多平台推广、多渠道传播，累计推送宣讲小视频万余个。依托"鸿方舟"智慧党建体验中心等新媒体平台推出青年党员代表《党的二十大精神我来讲》主题微宣讲视频，打造党员、群众思想政治学习"指尖阵地"，实现宣讲内容"云端"配送，推动基层理论宣讲由"一时一地"拓展为"随时随地"。

3. 链条服务保生动性。把理论宣讲融入党的建设、社区治理、惠民服务、文化生活等，定期开展"小区邻里节"系列活动，为居民提供丰富多彩的生活体验，组织开展百姓大舞台、梨园大戏台、诗书大讲台、艺术大展台四大板块 20 余项文化艺术活动，推出"群众大合唱""群众舞蹈大赛"等一系列群众文化赛事，开展"赏桃花之美""品桃花之味""剪桃花之妙"等群众文化活动，让干部群

众在文化参与中受到教育。

（三）挖资源添助力，让基层理论宣讲驿站布局小而精

南关区从加强阵地建设入手，打造区级总驿站、学区分驿站和社区（村）微驿站三级宣讲驿站体系，以点带面，辐射带动，夯实面向基层、深入宣传的网络阵地。

1. 总驿站唱响主旋律。举办"矢志不渝跟党走　踔厉建功新南关"学习贯彻党的二十大精神基层理论宣讲大赛，来自不同行业、不同岗位的 42 组选手用激昂宣讲唱响南关声音，用鲜活事例讲述南关精神，取得了很好的社会反响。赛后，组织优秀选手录制微视频，在人民网平台推出了《声动南关》系列基层理论宣讲微视频。举办"放歌新时代　奋斗在南关"优秀宣讲稿件征集评选大赛，多形式、多渠道掀起学习宣传贯彻党的二十大精神的热潮。

2023 年 6 月，南关区举办"矢志不渝跟党走　踔厉建功新南关"学习贯彻党的二十大精神基层理论宣讲大赛

2. 分驿站演绎地方情。各宣讲分驿站深入挖掘地方特色，紧扣时代主题，创新打造"理论＋实际＋情境"的体验式宣讲阵地。打造"拂晓吉林——吉林党史陈列室"、"红烛党建直播间"、"百年瞬间"照片墙、"云端红色展馆"等载体，推出"红色故事我来讲""青少年普法课堂""闪闪红心运动会"系列课程。开展巡回讲座"吉林人民革命斗争史"，推出东北抗联系列宣讲作品《杨靖宇将军》，录制《红色吉林》《党史年志》《伟大的改革——改革开放历史》《优秀共产党员事迹》等精品视频课程 1000 余集。"90 后"基层宣讲员于宗泽精心录制《历史公嗨课》微视频，以通俗易懂的讲述方式，把最真实、最鲜活、最生动的"地方事"讲给社区居民尤其是青少年听，让理论宣讲更加接地气、更加深入人心。

3. 微驿站说好百姓事。各宣讲微驿站紧扣理论重点、生活热点和群众焦点，深入小区、驻街单位，用"小板凳"凝聚"大能量"，用"小方言"阐述"大道理"，宣传党的理论政策和党委政府重大决策部署，解答群众疑惑。退休干部庞文双针对村民的接受实际，把党的理论、形势政策融入通俗易懂的"身边故事"进行宣讲，7 年多的时间，写出 100 多万字的讲稿，制作 200 余个视频。

（四）强统筹聚合力，让基层理论宣讲驿站管理成体系

南关区建立宣讲工作培训提升、激励创新、评价考核、服务保障等闭环管理体系，实现工作推进全要素统筹，典型培育全链条推进，宣讲员成长成才全周期管理。

1. 体系再优化。以宣讲驿站建设为重要抓手，由区委宣传部专门负责理论宣讲工作的统筹指导，把握宣讲导向、健全宣讲制度、组织交流座谈、制作学习资料，挖掘草根人才、做好服务管理。区

教育局、区司法局等部门牵头抓好本系统的理论宣讲工作，其他各部门、各街乡发挥各自优势，积极吸纳、培育、推荐优秀宣讲人才，开展示范宣讲，形成了党委主导、多方配合、运转顺畅、各负其责的工作格局，确保基层理论宣讲工作有序有效推进。

2. 培训再提升。资深专家、宣讲名师充分发挥"传帮带"作用，机关与基层互学共建、互助提升，通过举办宣讲大赛、微视频展播等活动实现"以老带新""以讲代培""以赛促优"，提升基层宣讲员理论功底。建立健全基层理论宣讲"三会一课"学习培训运行机制，即理论研讨会、集体备课会、经验交流会和线上宣讲技术培训课，不断提高宣讲队伍的思想境界、理论素养和业务水平。

3. 动力再激活。将加强基层理论宣讲工作列入重要议事日程，作为打造思想政治高地的重要举措，健全和完善干部激励机制、考核考评机制，做好宣讲台账报送、宣讲员备课试讲、宣讲工作督促评比等环节的衔接，切实做到了有组织领导、有经费保障、有服务管理，有效提升基层理论宣讲常态化、长效化水平。

三、工作启示

（一）整合力量是基层理论宣讲的基础

宣讲队伍的组建、宣讲力量的充实是基层宣讲常态化、专业化的决定性因素。做好基层理论宣讲，必须把宣讲队伍牢牢抓在手上，全面借力、系统推动，促进基层理论宣讲有高度、有广度、有深度。南关区基层理论宣讲队伍吸纳省市理论专家、区级领导干部、基层宣讲骨干、本土"草根名嘴"等各级各类宣讲人才，不断吸纳人才，充实队伍，凝聚基层理论宣讲强大合力。

（二）形式多元是基层理论宣讲的重点

基层理论宣讲只有因人制宜、因材施教，分层分类、形式多元，才能贴近群众的实际需要。南关区"基层理论宣讲驿站"坚持把"讲道理"和"讲故事"结合起来，把"讲政策"和"演文艺"结合起来，将党的创新理论融入接地气的群众语言、融入喜闻乐见的文艺表演，使基层理论宣讲"活"起来、"动"起来，形成强大"磁场"，实现精神共鸣。

（三）消除盲区是基层理论宣讲的关键

传统的理论宣讲由于受到时间地点的限制，对象大多是党政机关干部和社区老年人，受众面窄，效果不佳。如何让党的理论政策潜移默化地传播到新经济组织、新社会组织、新就业群体等的身边，是基层理论宣讲需要不断突破的瓶颈。南关区活化深化"七讲七进"宣讲，通过线下宣讲驿站、线上宣讲直播，以点带面、深入推进、广泛传播，有效实现基层理论宣讲全覆盖。

（四）解决问题是基层理论宣讲的目标

群众更多关心的是与自己的切身利益相关的事情，是民生实事、急难愁盼。理论宣讲不能空对空，而要把宣传理论政策和解决群众问题结合起来，真正推动理论落地。南关区积极探索理论惠民新路径，开通"民生求助通道"，利用为民办事新模式，快速精准解决群众问题。在运用科学理论分析问题、解答问题的同时，及时上报、统筹全区解决实际问题，让老百姓看到实实在在的效果，有效增强了基层理论宣讲的针对性和实效性。

"潮·音"澎湃：
让党的创新理论"声"入人心

一、基本情况

中国华电集团有限公司浙江公司成立于 2003 年 4 月，资产总额达到 167.43 亿元，截至 2024 年 6 月，公司总装机 541.47 万千瓦，是一家以天然气发电为主，气、水、风、光共同发展的纯清洁能源企业。

公司党委立足浙江"三地一窗口"独特红色优势，创新打造"潮·音"理论宣讲团，推动党的创新理论与生产经营、绿色发展、人才建设等重点工作深度融合，凝聚起改革创新、高质量发展的强大动力。3 年来，累计开展宣讲 250 余场次，推出线上课程 20 余期，受众 10 万余人次，持续为群众解困惑、增信心、添动力，让党的创新理论"飞入寻常百姓家"。各类宣讲视频屡次登上"学习强国"学习平台，宣讲团成员先后获得浙江省"守好红色根脉　班前十分钟活动"十佳领讲员、省国资委微党课二等奖等多项荣誉称号。

二、主要做法

（一）以"信"为本，深学细悟精修内功

1.宣讲队伍"增底气"。公司坚持"单位推荐、公开选拔、个人自荐、择优选聘、动态更新"原则，广泛吸纳党组织书记、党员骨干、劳模工匠、团员青年等各层级、各领域中的优秀人才进入宣讲队伍，形成全域覆盖、结构合理的宣讲人才库。坚持从党校、各高校马克思主义学院等单位中聘请宣讲顾问，帮助指导宣讲员提升理论功底、提高宣讲技巧、创新宣讲形式、丰富实践案例。坚持从公司系统内党群专家、劳模工匠中，聘请一批内容顾问，及时收集掌握全公司的宣讲内容需求，确保宣讲团在宣讲内容的把握上更加有针对性、实效性。

2.选材内容"聚人气"。公司注重把党的理论与基层的典型事例结合起来，把上级精神与地区实践经验结合起来，深入学习贯彻习近平新时代中国特色社会主义思想，围绕集团公司年度重点任务目标，聚焦加快发展新质生产力等年度重大任务，精准把握分众主体的需求。配备《习近平著作选读》《习近平新时代中国特色社会主义思想学习纲要（2023 年版）》《论党的自我革命》等学习辅导用书 6000 余册，开展了"追寻领袖足迹""我最喜爱习总书记一句话"等专题宣讲策划。

3.选题策划"接地气"。公司紧扣职工群众关心关注的热点难点堵点问题，对宣讲内容进行"精准加工"。在策划选材上，以小切口展现大主题、小舞台释放大能量、小故事讲透大道理，将枯燥无味的文件语言变成富有"百姓味""时代味""真理味"的生动讲

述，真正让新时代党的创新理论宣讲工作"燃"起来，让人民群众坐得下、听得进、弄得懂、记得牢，实现入脑入心。

（二）促"行"砺兵，精磨内容提升质效

1. 突出政治功能，理论内容更扎实。公司坚持把学习宣传贯彻习近平新时代中国特色社会主义思想作为首要政治任务，深刻阐述贯穿其中的立场、观点、方法，把博大精深的理论体系讲透彻讲清楚，引导广大干部职工自觉做新思想的坚定信仰者、忠实践行者。针对错误论调和思潮，开展"建设性"的批判与引导，通过具体、生动和深入的纵横比较，把中国共产党为什么能、马克思主义为什么行、中国特色社会主义为什么好等重大理论和现实问题讲深、讲透，引导职工群众在辨明大是大非、真假黑白中，坚定对马克思主义的信仰、对中国特色社会主义的信念、对实现中华民族伟大复兴中国梦的信心。

2. 优化内容适配，理论学习更聚焦。公司组建由党组织书记、工匠名师、青年骨干等人员组成的理论宣讲队伍，优化宣讲主客体适配度，确保取得实效。直属单位党委书记"带头讲"，重点讲党的创新理论、党中央决策部署、集团党组重要会议精神；基层企业党委书记"分类讲"，重点讲特色亮点工作、思路举措、典型经验；基层党支部书记"一线讲"，重点讲实践经验和各类问题的解决举措。工匠名师围绕劳动精神、工匠精神以及各自的奋斗历程，分享工作中的创新实践、技术突破和成果贡献，讲述如何通过辛勤劳动和不懈努力，实现个人价值和企业价值的统一。青年骨干围绕在能源保供、提质增效、科技创新、工程建设、乡村振兴等重大任务中的优秀事迹和经验做法，开展体验式、案例式、情境式上下联动"分层讲"，引导广大职工学理论、谈收获，增强政治学习的实效性。

"潮·音"理论宣讲团成员深入企业生产一线开展现场宣讲

（三）立"新"破局，聚焦质量匠造精品

1."潮·音"青年理论宣讲团。公司持续拓宽党课宣讲"源头"，让最具活动力和创造力的青年群体成为学的主力、讲的主体、演的主角。扎实推进"青马工程"，成立由"青年干部、业务精英、劳模工匠、青年骨干"组成的理论宣讲团，培养和储备了一批信仰坚定、能力突出、素质优良、作风过硬的青年政治骨干。

2."8090"新时代理论宣讲团。公司下属龙游公司"8090"宣讲团通过导师辅导、组织备课交流、实地考察等方式，引导青年由"要我学"向"我要学"转变。紧扣职工群众"看得懂、坐得住、听得进"的要求，结合浙江"红船精神"、龙游当地红色故事，用大白话、拉家常、说方言等方式开展理论宣讲。

3."xin"党课。公司秉承"潮·立"文化，在宣讲模式上突出"新潮"，主打"时间短、形式活、接地气、效果好"的体验式、讲座式、访谈式、情境式、融媒体式党课，将"小而美""短而精"的理论产品编辑成册、成档、成片，让有料有趣的理论宣讲变成更靓、更富穿透力的"xin"党课。一是"快闪党课"。公司 100 余名党员职工从项目建设工地、水电大坝、风光发电站等地，共同"云聚"党旗国旗下，用时新、走心的方式演绎《唱支山歌给党听》。二是"文创党课"。公司下属半山公司党员青年自拍自导自演自剪《"浙"一抹红　相伴同行》党课，融合江南刀剪剑、伞、扇、丝绸系列特色主题，讲述半山公司党员在海内外的先锋模范事迹，体现特色浓郁的"杭儿风"。三是"田园党课"。公司下属乌溪江公司宣讲团青年用镜头"带路"，走进乡村振兴帮扶点金家山村，原汁原味呈现"提篮书记"故事，讲解"高山蔬菜灌溉"蓄水池、小皇姜种植基地等振兴成果。

（四）从"心"出发，多维传播拓宽舞台

1.拓展新媒体阵地。公司发挥"融媒体＋理论宣讲"矩阵优势，灵活运用微音频、动态图、微视频、漫画等职工喜闻乐见的宣讲载体，打造新媒体阵地。《分众化　差异化　全覆盖且看"浙"样学》等特色融媒体视频先后在"学习强国"学习平台、"潮新闻"、"思想政治工作研究"公众号等新媒体平台刊载推广。

2.构筑"云党课"阵地。公司开发上线"浙先锋"党建系统平台，开设"云党课"掌上学习阵地，定期推送区域各单位精品党课内容，打造党员职工掌上"加油站"，方便职工群众随时随地享用鲜活、管用的"理论营养大餐"，让知识从"指尖"走到"心尖"。

3.创新传统阵地。公司致力将"融媒体"创意融入"潮·音"青年理论宣讲，设计青年宣讲赛、微视频制作赛、微信推文现场竞速赛等环节，通过短视频展播、PPT 发布、微信推文制作，融合说、

唱、演多种形式，接地气、带露珠、有温度地讲好红色故事、企业高质量发展故事。

三、工作成效

2023 年全年，公司燃机发电量、供热量、经营利润屡创历史新高。"潮·音"青年理论宣讲团先后获得省国资委微党课二等奖、青年理论宣讲大赛二等奖、"优秀组织奖"等多项荣誉称号。公司下属乌溪江公司深入挖掘"浙江第一颗夜明珠""新中国水电建设的摇篮"红色基因，黄坛口水电站旧址入选省级爱国主义教育基地。

四、工作启示

（一）选材注重"党味"

理论宣讲必须坚持"守正创新"原则，弘扬主旋律，用先进文化占领思想文化阵地。要结合国企特点，在党课选材、设计方面注重整体性、系统性、逻辑性。要坚持从职工群众的理论需求出发，紧跟当前社会热点难点问题。

（二）宣讲营造"韵味"

宣讲要在探索思政工作与企业改革发展深度融合上下功夫，多维度做好"融媒体"文章，突出宣讲机制创新、主体创新、主题创新、平台创新、形式创新等，以"故事性""文艺性""趣味性""互动性"等丰富形式，将"书面语"变成"大白话"。

（三）载体别有"滋味"

宣讲在巩固壮大传统阵地的同时，要积极开辟"融媒体"宣讲阵地。依托"学习强国"学习平台、抖音、快手、B站、"两微一端"等网络平台，引导基层党员群众点击观看、点赞、收藏和转发。要充分发挥青年"生力军"作用，锻造一支懂理论、懂传播，提笔能写、张口能说的理论传播骨干队伍。

（四）成效值得"回味"

宣讲要扎实推进思政工作与企业改革发展、服务群众融合互促，在学知悟行中聚"合"力、办"实"事、开"新"局。要发挥国有企业的独特优势，深化国企思政品牌建设，提炼国企理论宣讲特色，多维度构建理论传播矩阵，为国企高质量发展强信心、聚民心、暖人心、筑同心。

学习袁隆平　争做一粒好"种子"

一、基本情况

袁隆平在湖南怀化工作生活了 37 年，成功研究出杂交水稻并走向世界，获得"共和国勋章"殊荣。习近平总书记指出："我们对袁隆平同志的最好纪念，就是学习他热爱党、热爱祖国、热爱人民，信念坚定、矢志不渝，勇于创新、朴实无华的高贵品质，学习他以祖国和人民需要为己任，以奉献祖国和人民为目标，一辈子躬耕田野，脚踏实地把科技论文写在祖国大地上的崇高风范。"近年来，湖南省怀化市认真落实《新时代公民道德建设实施纲要》《新时代爱国主义教育实施纲要》《关于新时代加强和改进思想政治工作的意见》，以"学习袁隆平　做一粒好种子"为主题，创新开展以成立"一个研究会"、组织"一次微宣讲活动"、开展"一场献给 2035 年的演讲"、观看"一部电影"、举办"一场民族音乐会"、打造"一条精品研学路线"、拍摄"一部城市形象宣传片"、印制"一期纪念邮票"、办好"一期专题思政节目"、组织"一场思政大比武""十个一"为主要内容的宣传教育活动，目前已开展线上线下活动 1200 余场次，现场宣讲近 600 场次，数十万名观众现场聆听、社会反响良好，人民日报、新华网、"学习强国"学习平台、新湖南等主流媒体先后报道。《学习袁隆平　做一粒好种子》成为湖南省唯一入选中宣部"全国优秀理论宣讲报告"，怀化市委宣传部荣获全国理论微宣讲先进单位。

二、主要做法

（一）办好思政教育大课堂，培育种子金课

1. 推出思政大讲堂，扩大课程影响力。怀化市策划推出"做一粒好种子——讲好隆平故事 厚植种子文化"电视思政大讲堂，在怀化电视台播出，并通过"班班通"连线基层学校、教室现场，覆盖全市大中小学生95万人次，深入阐述"种子"精神。联合湖南教育电视台制作《小小的种子 大大的梦想》，通过"我是接班人"网络思政大课堂栏目播出，并在"学习强国"学习平台、人民日报客户端、国家中小学教育平台等设置学习端口。

2. 制作精品思政课，增强课程吸引力。怀化市精选一批优秀思政老师，在安江农校集中学习、现场体验，了解袁隆平事迹，集体备课、写课，从大学、中专、中学、小学4个层面精心打磨4堂"学习袁隆平 做一粒好种子"高标准思政课，进入校本教材，推进隆平思政课进学校、进课堂、进师生头脑。市委党校编写《一粒种子，从怀化走向世界》党课，并在"五溪讲坛"开讲，获湖南省党性教育精品课。

3. 举行思政大比武，激发教师创造力。怀化市以"安农天下有神农"为主题，在湖南省率先举办大中小学思政课现场教学比武活动，分小学、中学、大学3个组别，按照各县市区初赛、市级复赛、现场决赛3个赛段进行，共吸引500余名教师参与，8万余名学生观赛，推动大中小学思想政治教育一体化走深走实。3个组

别的第一名分别在怀化电视台进行教学展示，淬炼教师过硬教学能力。

（二）开展思政教育微宣讲，讲好种子故事

1. 坚持"内容为王"，做好"讲什么文章"。怀化市从袁隆平"对党忠诚、信念坚定、勇于创新、朴实无华、无私奉献"5 个方面的精神品质中各筛选 2 个故事，进行再创作再加工，印制成学习光碟发放到机关单位、学校、企业、村（社区）、军营并组织观看。怀化职业技术学院组织专家、学者编辑整理出原汁原味隆平故事 30 个。洪江市以袁隆平在安江的足迹、遗址文物等为线索，面向机关企事业单位、社会群体征集隆平故事 56 个，形成《袁隆平故事集》。

2. 坚持"示范引领"，做好"谁来讲文章"。怀化市组建一支由"讲解员＋专家＋师生联合体"300 余人组成的宣讲队伍，依托新时代文明实践中心（所、站）分散讲，明确每个县级中心每年宣讲不少于 30 场次、实践所不少于 20 场次、实践站不少于 10 场次。邀请国家杂交水稻工程技术研究中心主任邓华凤等权威专家在洪江市芙蓉中学作"学习袁隆平 做一粒好种子——献给 2035 的演讲"，并制作成短视频在"学习强国"学习平台推介。

3. 坚持"突出重点"，做好"为谁讲文章"。怀化市开展"学习袁隆平 做一粒好种子"红色故事微宣讲"七进"活动，并将之纳入党员干部教育培训、"三会一课"、主题党日等活动。聚焦青少年学生开展"走进红色课堂 传承红色基因""千场红色故事微宣讲""我是红色小小讲解员"等活动，引导学生扣好人生第一粒扣子。聚焦科技工作者开展"学习袁隆平 抢占新赛道"专题宣讲，学习袁隆平逐梦不止、勇攀高峰的科学精神。

（三）践行思政教育新要求，厚植种子文化

1. 突出理论研究。怀化市成立隆平文化研究会，举办"一粒种子　改变世界"籼型杂交水稻研究成功 50 周年暨种业高质量发展研讨会。开展"声动怀化——传播 e 粒文明种子""读袁隆平故事　争做一粒好种子"等主题征文，推动"袁隆平的品质与风范研究""'一粒种子　改变世界'的历史启迪研究"等课题立项为全市社科重大课题。

2. 突出实践养成。怀化市将安江农校附近的下坪村打造成"一粒种子　改变世界"精品研学线路，让广大团员、少先队员现场体验种植农作物、制作豆腐等劳动实践，感受乡村文化、提升动手能力。在全市中小学校广泛践行"光盘行动"活动，开展"光盘之

2023 年 11 月 28 日，怀化市举行"学习袁隆平　做一粒好种子"大中小学思政课教学比武活动

星"评比，引导学生从小争做珍惜粮食、勤俭节约的模范。市税务局根植信仰、希望、奋斗"三粒种子"，推行种子党建理念，打造怀化税务"铁军"。市民宗局凝聚种子"向阳、传承、开拓、包容、共生"精神，绘就怀化民族团结新画卷。

3. 突出权威解读。怀化市开展"再忆院士旧事、再现巨人风范"活动，专访李必湖、曾春晖等老科技工作者，阐述袁隆平的科学家精神。举办以"一粒种子　改变世界"为主题的弘扬科学家精神道德讲堂，对袁隆平高贵品质和崇高风范进行深层次、多方位解读。邀请湖南省科学家精神宣讲团深入怀化开展进机关、进农村、进学校"三进"活动，引领广大干部群众尤其是青少年投身科技事业。

（四）创新思政教育新模式，擦亮种子名片

1. 开设"种子"专栏。怀化市在市直媒体设置"一粒种子　改变世界"专栏，刊播相关稿件 1000 余篇。怀化日报打造 4 集《怀化问"稻"》专题片，讲述五溪儿女扛起"杂交水稻发源地"的责任担当。怀化电视台制作大型纪录片《向南！向南！》、广播剧《大地情深——袁隆平的追求与情怀》，以历史的"黑白色"镜头讲述袁隆平坚持、奋斗、创新的"彩色"故事。

2. 打响"种子"品牌。怀化市拍摄城市形象宣传片《一粒种子　改变世界》，同步组织"一粒种子　改变世界"主题展览，"一粒种子　改变世界"成为网络热词，"来怀化，感受种子的力量"网络宣传主题实现现象级传播。在全国首发杂交水稻纪念邮票，借"国家名片"宣传怀化城市形象。

3. 创作"种子"精品。以袁隆平事迹和红色故事为主线，怀化市创作打磨《稻花飘香》《妈妈，稻子熟了》等 7 首民族音乐作品，

在北京、长沙、怀化等地举办"一粒种子　改变世界"原创民族音乐会，诠释袁隆平的高贵品质和种子精神，网络总浏览量达8亿次。

三、工作启示

（一）基层思政工作要因人而异，才有吸引力

做好新时代基层思想政治工作要时刻瞄准群众需求，根据不同群体需求，采取群众喜闻乐见的方式，做到春风化雨、润物无声。要聚焦党员干部、青少年学生、科技工作者开展各有侧重、形式各异的微宣讲，主题宣传教育活动才能取得良好效果。

（二）基层思政工作要不断创新，才有生命力

做好新时代基层思想政治工作要对标《关于新时代加强和改进思想政治工作的意见》，顺应时代要求不断创新工作理念、方法，唯有创新才能活力迸发。例如，在"学习袁隆平　做一粒好种子"主题宣传教育活动中，怀化市在湖南省率先举办"全市大中小学思政课教学比武活动"和"一粒种子　改变世界"原创民族音乐会，让思政课充满活力、魅力。

（三）基层思政工作要各方协作，才有持久力

做好新时代基层思想政治工作要善于整合各级各部门力量，不能"单打一"，而要"大合唱"。例如，在"学习袁隆平　做一粒好种子"主题宣传教育活动中，怀化市形成了"宣传部门统筹协调＋各部门齐抓共管＋上下联动＋全社会参与"的工作大格局。

"学文秀　争优秀"：
提振干部群众踔厉奋发精气神

一、基本情况

黄文秀是"七一勋章"获得者，是全国优秀共产党员、全国脱贫攻坚楷模、时代楷模，是"感动中国 2019 年度人物"。黄文秀生前是广西壮族自治区百色市委宣传部干部。2016 年从北京师范大学研究生毕业后，她放弃在大城市工作的机会回到家乡百色工作。2018 年 3 月，她积极响应组织号召，到乐业县百坭村担任驻村第一书记，埋头苦干，带领 88 户、418 名贫困群众脱贫，全村贫困发生率下降 20% 以上。2019 年 6 月 17 日凌晨，她在从百色市返回乐业县途中遭遇山洪不幸遇难，献出了年仅 30 岁的宝贵生命。习近平总书记对黄文秀同志先进事迹作出重要指示，号召广大党员干部和青年同志以黄文秀同志为榜样，不忘初心、牢记使命，勇于担当、甘于奉献，在新时代的长征路上作出新的更大贡献。

近年来，广西壮族自治区百色市深入贯彻落实习近平总书记对黄文秀同志先进事迹的重要指示精神，创新方式方法，丰富内容载体，深入学习黄文秀同志先进事迹，着力推动黄文秀同志优秀品质学习宣传走深走实，有效提振了干部群众踔厉奋发精气神，有力推动了全市经济社会高质量发展。

二、主要做法

（一）多种形式，广泛宣传先进典型事迹

1.深入开展新闻宣传。百色市积极组织协调中央、自治区和市级主流媒体深入挖掘黄文秀同志感人故事，开设"时代楷模黄文秀""学文秀、争优秀"等专栏，全方位立体化多角度宣传黄文秀同志先进事迹。在"学习强国"广西学习平台设置"文秀，我想对你说"和"黄文秀一直在"等专栏，刊发专题报道8篇；开设《黄文秀扶贫日记》有声书栏目，选取20篇黄文秀驻村日记制作成14期音频作品，扩大宣传声势。

2.深入开展网络宣传。百色市充分运用短视频、H5、长图、音乐电视等形式制作接地气、感人心的融媒体产品，宣传展示黄文秀和"黄文秀式好干部"良好形象。设计制作"黄文秀式好干部"专题短视频，在市、县两级新媒体平台推送宣传。设置微博话题"黄文秀""黄文秀离开我们4年了"等，话题阅读量近2400万人次，参与讨论次数超过4万人次。

3.深入开展社会宣传。百色市在辖区主要街道、大型商场、公交车站、汽（动）车站、楼宇电视、户外大屏等社会宣传媒介滚动播放习近平总书记对黄文秀同志先进事迹重要指示精神和黄文秀同志先进事迹，印发黄文秀同志先进事迹海报、宣传画等，营造"学文秀、争优秀"的浓厚氛围。

（二）创新方式，有效弘扬先进榜样力量

1.推动黄文秀先进事迹进教材。百色市多次与教育部等国家部

委对接联络，积极推介黄文秀同志先进事迹和黄文秀优秀品质，推动黄文秀同志先进事迹进教材。目前，由教育部组织编写、人民教育出版社出版的教科书《道德与法治》（七年级上册）收纳了黄文秀同志先进事迹，并于 2023 年秋季学期在全国各地推广使用。

2. 建设黄文秀先进事迹展馆。百色市在百色起义纪念园设立黄文秀先进事迹展，在乐业县百坭村设立黄文秀同志先进事迹展览馆。同时，开发 20 多个反映黄文秀优秀品质的"微课""情景党课"，打造富有感染力和影响力的党员教育"百色品牌"。

3. 创作系列文艺作品。百色市组织创作大型民族歌剧《扶贫路上》，从不同侧面、不同角度讲述黄文秀的扶贫故事，并先后在中国国家大剧院、上海大剧院等地公演。参与摄制电影《秀美人生》、电视剧《大山的女儿》、动漫《文秀姐姐》、纪录片《青春之歌》等，组织撰写《秀儿——"时代楷模"黄文秀纪事》《2019 时代楷模黄文秀》《黄文秀扶贫日记》《少年文秀》《一个女孩朝前走》等文学作品，组织出版《时代楷模黄文秀》《黄文秀先进事迹讲习教材》《永恒的记忆——黄文秀日记》等主题教育读本。

（三）丰富载体，厚植担当奉献情怀

1. 选树先进典型。百色市委出台了《在脱贫攻坚一线考察识别"黄文秀式好干部"办法》等"1+5"系列文件，积极培育选树"黄文秀式好干部"。

2. 创办"文秀班"。近年来，在扶贫状元陈开枝的号召下，爱心企业和社会各界人士踊跃捐赠资金奉献爱心，累计筹集资金 8300 多万元，创办"文秀班"205 个，覆盖大学、高中、中职、初中、小学等 60 多所学校，惠及家庭困难、品学兼优的学生 1 万多人。

3. 开展系列主题活动。百色市每年利用清明节、"七一"、黄文

干部群众在黄文秀先进事迹展览馆参观

秀牺牲之日等时间节点，组织开展纪念、缅怀黄文秀等系列活动，引导广大干部群众重温黄文秀先进事迹，传承弘扬黄文秀优秀品质。开展"追忆时代楷模　凝聚前行力量"主题活动，向全市驻村第一书记、工作队员赠送《黄文秀扶贫日记》。开展"文秀"志愿服务活动，组建"黄文秀志愿服务队"，设置20多类"文秀先锋岗"，推进志愿服务制度化、常态化，这些都成为新时代文明实践的"金字招牌"。

三、工作成效

近年来，中央和自治区主流媒体刊发黄文秀同志先进事迹相关报道1.4万多篇，市、县两级新闻媒体刊播报道2万多篇，累计阅读量超过20亿人次。自黄文秀先进事迹展和黄文秀同志先进事迹展览馆建成以来，观展人数达20多万人次。百色市通过全方位、多角度宣传报道黄文秀同志先进事迹，向全社会传播了担当作为的正能量，全市上下形成了敬仰楷模、学习楷模、关爱楷模的良好氛围。广大党员干部和青年同志以黄文秀同志为榜样，坚定信念，敢于担当，奋勇拼搏，甘于奉献，汇聚起建设中国式现代化壮美广西的磅礴力量。2019 年至今，全市先后在脱贫攻坚、疫情防控、试验区建设等急难险重工作一线选树了 3 批共 107 名"黄文秀式好干部"，提拔任用 32 名，晋升职级 23 名，公务员记三等功 4 名，事业编制人员记功 19 名；选树"黄文秀式好少年"73 名；向自治区推荐"黄文秀式第一书记"候选人 3 名。

四、工作启示

（一）把黄文秀故事传唱得更响

黄文秀同志是在习近平新时代中国特色社会主义思想指引下成长起来的优秀青年代表，是不忘初心、牢记使命的先进典型，是在脱贫攻坚一线挥洒血汗、忘我奉献的基层党员干部的缩影。要深入学习贯彻习近平总书记的重要指示精神，讲好唱响黄文秀同志先进事迹和优秀品质，让黄文秀同志的事迹和形象永放光芒。

（二）把黄文秀优秀品格挖掘好打造好

黄文秀优秀品质是一笔宝贵的精神财富，要继续对黄文秀优秀品质进行全面系统的挖掘打造，使黄文秀同志优秀的精神品质始终与时代发展主旋律同步，始终与人民精神需求同步，推动全社会形成崇尚楷模的浓厚氛围。

（三）培养更多黄文秀式好干部

党的干部是党的事业的骨干，要做好"黄文秀式好干部""黄文秀式好少年"等选树和表彰工作，持续深化"学文秀、争优秀"等活动，着力培养更多的"黄文秀式"好党员好干部好青年，引导他们在新时代的长征路上建功立业。

（四）更好发挥黄文秀纪念场馆的作用

纪念场馆是党员群众接受教育的重要阵地，要建好用好黄文秀纪念场馆，让广大干部群众在参观学习中深切缅怀黄文秀、接受精神洗礼、锤炼党性修养，不断激发广大干部群众干事创业的热情，凝聚形成推动高质量发展的强大精神动力。

"路边音乐会":
新时代群众思想政治教育的新载体

一、基本情况

贵州省贵阳市民间音乐文化氛围浓郁，市民群众一直有在社区、街头、景区等区域自发组织歌唱活动的传统。2023年，贵阳市云岩区携手数百位来自音乐、新媒体、演艺等行业的城市文化积极分子，选址文昌阁日晷广场，每周五夜间准时开演，联合缔造"贵阳路边音乐会"IP。经精心培育，发源于文昌阁的路边音乐会持续流量破圈，覆盖全贵阳，并扩散到重庆、厦门等地，成长为与"村超""村BA"并列的贵州"三大超级文化IP"。

为强化思想引领，助推群众文化波澜，云岩区创造性成立"路边音乐会群众决策委员会"，支撑路边音乐会的长期发展。在"2023天下贵州人年度影响力人物"颁奖典礼上，路边音乐会群众决策委员会与"村超""村BA"团队共同荣获"2023天下贵州人年度影响力人物（集体）"。路边音乐会的兴起，创新了思想政治教育的载体、机制和方法，丰富了市民文化的供给，引领新时代群众文化绽开新花朵，为贵州外宣再树生动形象，共筑了流量经济时代贵州新发展的"城乡双桥墩"。

二、主要做法

（一）以人民为中心，践行党的群众路线

1. 坚持"三性"定位，即群众性、开放性、公益性。一是坚持群众性。无论是银发老人还是阳光少年，是律师教师还是外卖小哥，是过路居民还是来筑游客，都可以同台表演、共享盛宴；无论是官方媒体、网络"大 V"，还是新媒体志愿者、市民群众都自发参与宣传推介；无论是警察维护秩序、志愿者现场服务，还是城管清理占道、环卫清理卫生，场地上都有"好服务"。二是坚持开放性。坚持空间的开放包容，现场没有围墙、没有专业灯光，不收门票、不设界线，歌手走下舞台、走进路边，群众随性而站、即兴互动。在守好意识形态的前提下，坚持内容和宣传的开放包容，形成人人都是推介官、人人都能做代言、全网都来广发声的宣传局面。三是坚持公益性。路边音乐会是全民共享的免费文化服务平台。歌手乐队不拿演出报酬，志愿服务保障不求回报，无论性别、年龄、职业、收入、地域都可以平等享受音乐、感受氛围，舞台上是梦想初心，舞台下是真诚纯粹，舞台后是热忱无私。

2. 保持"三零"特色，即零门票、零舞台、零商业。一是零门票。路边音乐会坚持公共文化服务初心，不收费、不抢票，是人民群众尽享美好生活的文化盛宴。二是零舞台。音乐会不搭专业舞台，广场旁台阶上就是舞台；不架炫目灯光，打亮手机灯光也能点燃现场气氛；不设复杂背景，600 年历史沉淀的文昌阁老城墙就是天然的背景。三是零商业。路边音乐会自举办以来，无任何商业赞助、营销炒作，没有广告植入、资本介入，舞台更显纯粹、回归音乐本真。

3. 秉持"三味"风格，即烟火味、人情味、文化味。一是烟火味。无论是行色匆匆的路人，还是初来乍到的游人，都能与一曲悠扬乐曲不期而遇。这种流动而浪漫的氛围，成了镌刻在市民游客心间最有烟火气息的贵阳符号。二是人情味。路边音乐会打破了圈子的隔离，为人们繁忙的工作和生活装点了一抹"小确幸"，更有场内安心欣赏、场外全力保障的城市管理服务中彰显的温情与包容，而一个棱角柔和、能够承载"诗和远方"的城市更会幸福美好。三是文化味。音乐狂欢在古城墙下绽放，古文物焕发新生命、老城区彰显新活力，为拥有着"半部贵阳史"的云岩区注入了青春气息。这既彰显优秀传统文化的独特魅力，又凸显出新潮音乐文化的时代张力。

（二）传承红色基因，弘扬民族精神和时代精神

1937 年 4 月，筑光音乐会（原名筑光音乐研究会）成立。抗日战争爆发后不久，贵阳地下党组织动员部分地下党员和进步青年加入筑光音乐会，运用音乐这个富有感染力的武器，在贵阳广泛进行抗日救亡宣传。近年来，《白毛女》的作曲者严金萱，《奢香夫人》《最炫民族风》的词曲作者张超，《白狐》的词作者玉镯儿以及《忐忑》的演唱者龚琳娜等一批从贵州走出去的音乐家，都在持续缔造流行音乐圈中"贵州神曲"现象。2018 年以来，贵阳音乐爱好者在六广门地下通道、大十字广场、街边路边零星举办小型路演，歌唱美好生活，贵阳人的音乐情结以及对生活的浪漫感知，在城市的各个角落不断涌现。2023 年 7 月以来，路边音乐会每周五晚固定在文昌阁古城墙下上演，"国庆三天乐"掀起了线下和线上以音乐表白祖国母亲、献礼祖国华诞的浪潮。同一地域、不同时空，音乐总能展现城市底蕴、唤起家国情怀。

（三）坚持德育教化，推动社会主义核心价值观融入社会发展和百姓生活

路边音乐会在专场中植入家国情怀、人文关怀。比如，"国庆专场"唱响献礼祖国赞歌，厚植爱国主义情怀；"冠军之夜"专场亚运冠军现身，高扬体育精神；"重阳节专场"把舞台留给老年群体，弘扬尊老爱幼传统美德。此外，还有"折耳根"乐队、"辣子鸡"乐队以自身经历讲述励志故事，云岩公安集体说唱更是把文明观演植入群众心中，不断升华正能量。志愿者踊跃报名、主动参与，引领了"我参与、我共享、我快乐"的文明风潮。这种上下同心同德努力、内外热情善意配合、人民群众友好参与的氛围逐渐形成一种向上、向善、向美的社会风尚。

（四）巩固壮大主流思想舆论，传播贵州好声音

云岩区坚持以媒体宣推为引领，以创意策划为核心，搭建全媒体宣推矩阵，充分发挥好主流媒体和新媒体作用，强化新媒体宣传队伍建设，推动路边音乐会持续火爆出圈。云岩区主动站在全国、全省、全市的高度，通过创新宣传形式、丰富主题宣传内容、提升传播品质，进一步扩大路边音乐会的传播力影响力，并充分调动网民参与宣传推广路边音乐会，通过互联网平台弘扬正能量、唱响主旋律，引导网民为贵州代言、为贵州发声。

三、工作成效

路边音乐会被贵州省委网信办评为优秀网络传播案例，被省文明办评为优秀文明实践项目。群策委成功入选"2023 天下贵州人年

度影响力人物（集体）"。2024 年，路边音乐会被写进省政府工作报告，在致全省干部群众的新年贺词中提到"'路边音乐会'装点了贵州特色的'诗和远方'"。

路边音乐会的探索实践，形成了创新精神和创造活力竞相迸发、文艺精品和文艺人才不断涌现、群众满意度和口碑影响力同步提升的生动局面，其成效主要体现在 3 个方面。

（一）巩固壮大媒体主流思想舆论

截至目前，路边音乐会全网曝光量超 15 亿次，网络直播观看人数超 4000 万人次。获人民日报、新华社、中央广电总台、光明日报等中央媒体和 60 余家省、市媒体关注报道。先后 31 次登上抖音同城热搜榜，其中 23 次登上榜首，每周话题播放热度均超 450 万；先后 16 次登上微博同城热搜榜，其中 5 次登上榜首。路边音乐会被"中国之声"誉为与"村超""村 BA"并列的贵州"三大超级文化 IP"。

（二）打响城市品牌

众多知名音乐人和千万级、百万级粉丝"大 V"为路边音乐会视频"打 call"并多次献唱，路边音乐会影响力从本土扩散到全国。

（三）促进文化事业和文化产业发展

路边音乐会作为贵州被全国乃至全世界看到的音乐平台，得到越来越多音乐人的认可。主动报名的参与者因热爱而欢聚，也因流量加持得到了更多人的关注。大量原创音乐人主动报名将文昌阁路边音乐会作为其新歌的首发地，优质作品不断在路边音乐会首发唱响。当家乡有了发展平台、"出圈密码"，漂泊在外的音乐人回流故土意愿就更加强烈。路边音乐会以"音乐 +"为突破口，在实干苦干巧干中推动文化事业发展，在全省乃至全国首创路边音乐会这一文化品牌，成为标杆典型。

四、工作启示

（一）以人为本是立场，注重思想引领是关键

路边音乐会之所以能不断释放出源源不断的魅力，就在于其把人民对美好生活的向往作为奋斗目标，始终保持了"人民舞台"和"人民的音乐艺术"的纯粹属性，始终坚持人民音乐人民办、人民音乐人民唱、人民音乐人民享。就在于其把文化活动从"推给群众"变成"群众想要"，再变成"群众创造"，站在群众立场上推动文化创造性转化、创新性发展，让每个人都能从"旁观者"变成"参与者"和"受益者"，真正实现文化由群众定义、由群众共享。

2023年9月8日，文昌阁路边音乐会演出现场

（二）坚持用"正能量"凝聚群众"向心力"

一次次感人心的温暖高歌，一个个现象级的融媒产品，一次次聚光灯的高频亮相，都在不断增加城市的曝光率，汇聚城市的正能量，传递城市的"金名片"。路边音乐会激发了市民的"主人翁"意识，歌手乐队、保障人员、热心市民共同发力维护城市品牌，有效增强凝聚力、激发向心力，呈现出上下同心同德努力、内外热情善意配合、人民群众友好参与的生动局面。

（三）创新实干是核心，担当作为是前提

路边音乐会实践证明，唯有发扬"担当、实干、协力、争先"精神，坚决摒弃"等、靠、要"思想，才能切实以新气象、新作为推动基层思想政治工作高质量发展取得新成效。

做好"三篇文章" 打造"承德样板"

一、基本情况

河北省承德市是闻名中外的"世界文化遗产地"和国家首批历史文化名城，有5000多年的红山文化、1000多年的契丹文化、300多年的清朝文化，草原游牧文化、中原农耕文化、皇家文化、民族民俗文化、佛教文化，在这里交融荟萃。承德也是全国特色鲜明的文物大市，文物遗存"数量多、类型全、规模大"，拥有全国重点文保单位22处，各类文化遗存4200多处，馆藏文物33万多件，国家级非物质文化遗产10项。这些"奇珍异宝"是承德"家底"，如何保护好传承好利用好，是承德必须肩负的政治使命和历史责任。近年来，承德市认真学习贯彻党的二十大精神和习近平文化思想，做好保护、传播、创新"三篇文章"，在保护中发展、在发展中保护，努力探索打造新时代文化遗产保护传承的"承德样板"。

二、主要做法

（一）做好保护文章，守护"一城文脉"

1.抓牢基础性保护。完成了保护项目62项，新谋划启动保护项目 59 项。加强与故宫博物院、中国文化遗产研究院合作，建设"文物科技保护修复实验室"，不断提升文保能力和水平。

2. 做实预防性保护。在全国率先启动古建筑预防性保护工作，设立预防性保护网络平台，实施避暑山庄及周围寺庙、长城文化公园等文保工程 35 个。大力推进"文物安全防护"工程，推行"4763"网格化管理体系（4 级、7 层、63 个网格）。用好"无人机、大数据、云计算"等科技手段，推动防护监管"云端化、网络化、可视化"，争取不让一砖一瓦遭到破坏。

3. 推深挖掘性保护。挖掘历史文化根脉，参与"考古中国：红山社会文明化进程研究"等国家重点项目，成立"长城文化研究中心"，组建铸牢中华民族共同体意识研究中心，文史专家团队研究相关课题共 800 多项，编纂《承德各民族交往交流交融史》《清史诗画》等一批文献资料，加强 309 项非遗项目系统性保护，承德市、丰宁县同时被列入全国非遗数据体系建设试点名单。

（二）做好传播文章，焕发"时代魅力"

1. 全媒体联动"大宣传"。建立由广播、电视、报纸、网站、微信公众号、抖音等各类媒体融合的全媒体传播平台，加大对承德历史文化发展与传承的宣传报道，先后设置"人文承德"等文化专栏 12 个，制作《假如文物会说话》《承德历史文化探秘》《爱上博物馆》《一本书一座城》《味蕾之旅》等广播电视专题节目和短视频 150 多集，刊发《承德方言的前世今生》等报道 120 余篇。《承传——非物质文化遗产承德影像录》《为时代画像》等 15 部纪录片荣获国家级和省级奖项，其中《人文承德》荣获 2023 年度中国纪录片学术盛典"十佳"栏目。

2. 新媒体直播"大平台"。聚焦历史文脉、民族非遗、重点活动，在人民日报、新华社、中央广电总台等中央媒体推出介绍新春文旅节目 600 余篇（条），《避暑山庄及其周围寺庙》等纪录片在央视国际频道播出。春节前在央视新闻客户端进行 2 小时直播互动《"承"吉"德"福》，既有传统文化又展现时尚元素，成效显著、影响广泛，点击量达 7000 万次以上。

3. 自媒体推介"大联盟"。发挥优秀自媒体的流量效应，组织协调"承德新鲜事""承德笑笑""极限飞拍""甜筒"等一大批有影响力的优质自媒体、短视频创作者，立足承德深厚的历史文化资源、非物质文化遗产、传统民俗进行创作，形成了一系列有影响的作品，在抖音、快手、微信视频号等新媒体平台火爆出圈，获网友转发 10 万条（次）。

（三）做好创新文章，激活"一江春水"

1. 培育文化创意产业"样板"。积极培育文化产业项目，"21 世纪避暑山庄"国家级文化产业示范园区等不断发展壮大，"皇家淘金小镇"入选省"十大文化产业项目"，山庄老酒集团、鼎盛文化公司入选河北省"知名文化企业 30 强"。实施承德文物创意产业园、罗汉山下文创园等一批示范项目，开发文创产品 23 类、2300 余款。

2. 创新文旅深度融合"载体"。以旅彰文，主打"皇家避暑地、热河温泉城"品牌，实施协同养老示范项目 18 个，长城国家文化公园（承德段）项目 15 个，推进民族文化、长城文化资源保护发掘；以文促旅，点亮元宝街、普宁小镇等 18 条"夜经济街区"，鼎盛元宝街入选第三批国家级旅游休闲街区，《鼎盛王朝·康熙大典》入选全国旅游演艺精品名录。

3. 擦亮宣传交流展示"窗口"。坚持把展览请进来，承办"清代宫廷史"学术研讨会，举办皇家瑰宝展、热河革命史展等一系列

承德博物馆精选馆藏的 215 件珍贵文物信息进行数字化采集

重大活动，同故宫博物院、扎什伦布寺共同举办"须弥福寿——当扎什伦布寺遇上避暑山庄"文物展，"望长城内外——清盛世民族团结实录展"获"全国博物馆十大陈列展精品奖"。坚持让文化"走出去"，赴外省市博物馆办展 24 场次，参加深圳文博会、河北旅发大会、四川版博会等大型会展，宣传文化魅力。坚持使文物"活"起来，承德博物馆精选馆藏的 215 件珍贵文物信息进行数字化采集，制作"魔墙"上线，观众通过"移动""放大""旋转""讲解"等简单操作，便可实现与文物互动体验。

三、工作成效

（一）深化改革催生发展新动力，重点工作有突破

承德市成功入选第二批国家文物保护利用示范区创建名单。打

造文物研究高规格新平台，2024年5月，承德避暑山庄博物院获评国家一级博物馆。重组旅游集团，理顺管理新体制，实现安全生产、责任落实、品牌打造一体化管理，截至2024年5月底，景区门票、年票收入6813.59万元，同比增长11.69%。

（二）文物保护事业再上新台阶，薄弱环节有强化

文物保护项目更持续。避暑山庄永佑寺舍利塔石质文物修缮等62项文物保护项目有序实施，避暑山庄珠源寺古建筑遗址整修等59项文物保护项目谋划推进，全市不可移动和可移动文物的整体保护状态均得到有效提升。承德避暑山庄及周围寺庙的保护管理机构成为北京世界文化遗产保护管理联盟观察员。

（三）文物保护利用出实招，常规工作有提升

吸引社会力量参与文物保护工作，争取到资金4000余万元用于景区基础设施和周边环境整治。运营模式再有突破，首次开放冬季环山游项目，设立联动式"网红打卡地"，提升景区吸引力。宣传推介再上档次，人民日报、央视新闻客户端、新华网等媒体平台，全方位、多角度对避暑山庄相关活动进行宣传推介，全网总点击量达9086万次，抖音话题播放量达1.7亿次。

四、工作启示

（一）加强文物保护，就是要让优秀传统文化展现发展脉络

文物安全是基础、是"生命线"，保护是前提，保护好才能利

用好。加强文物保护，要切实增强政治责任感，坚定文化自信的历史使命感，真正保护好、利用好、传承好宝贵的世界文化遗产，让中华优秀传统文化展示给子孙后代，展示给全世界。

（二）传承文化遗产，就是要让优秀传统文化融入当代社会

传承文化遗产，要采取多种方式与手段，加快与现代产业发展相融合，吸引更多游客参观游览，让游客更方便、更全面、更深入地感受和体验文化遗产的深厚底蕴和独特魅力，带动住宿、餐饮等旅游相关产业，促进文创、文旅和经济社会融合发展。

（三）坚定文化自信，就是要让优秀传统文化焕发时代生机

坚定文化自信，要深入挖掘文化遗产的历史文化价值，从民族、宗教、建筑、园林等方面进行全面、深入、细致的研究，通过复原陈设、陈列展览、学术交流、非遗展演、文创展示等多种方式，让文物焕发生机、表达历史意蕴、讲好时代故事。

"石油魂"宣讲：移动的精神课堂

一、基本情况

大庆精神（铁人精神）是中国共产党人精神谱系的重要组成部分，大庆油田作为大庆精神（铁人精神）的发源地，宣传、弘扬、践行大庆精神（铁人精神），是大庆石油人的神圣使命、光荣责任。从 2010 年起，油田组建"石油魂"宣讲团，深入油田各单位，向广大干部员工面对面地宣讲大庆精神（铁人精神），同时走出油田，到 29 个省（市、自治区）和香港、澳门特别行政区，国资委、中华全国总工会等单位，及中亚、中东、南美等地的 10 多个海外项目进行宣讲，累计宣讲超过 1000 场次，行程 100 万多公里，受众近 400 万人次，被誉为"行走的石油展厅""移动的精神课堂"，成为中国石油集团时间最长、场次最多、影响最广泛的一次思想文化教育活动。在 14 年的宣讲过程中，宣讲团逐渐摸索形成了较为完整的工作方式、宣讲流程，通过高站位谋划、全方位推进、持续性提升等具体举措，为探索新时代理论宣讲新模式提供了重要经验和有益参考。

二、主要做法

（一）高站位谋划，探寻有效传播的教育途径

1. 传承红色基因，赓续精神血脉。习近平总书记在致大庆油田发现 60 周年的贺信中强调，大庆精神、铁人精神已经成为中华民族伟大精神的重要组成部分。习近平总书记两次到黑龙江考察，都提出"大力弘扬东北抗联精神、大庆精神（铁人精神）、北大荒精神"。油田总结以往经验、多次开会讨论，决定把宣讲作为贯彻落实习近平总书记重要讲话精神、推动大庆精神（铁人精神）教育的重要方式。

2. 把握正确导向，强化方向引领。油田把"石油魂"宣讲作为引导主流价值的重要教育手段，宣讲的核心内容是大庆精神（铁人精神），同时系统介绍"两论"起家、"两分法"前进、"三老四严"、"四个一样"等大庆石油会战时期形成的优良传统。这些都是社会主义核心价值观的重要体现，背后的故事都是践行社会主义核心价值观的具体实践。

3. 聚焦发展主题，凝聚智慧力量。油田从肩负的重大责任和使命出发，提出了建设世界一流现代化百年油田的战略目标。实现这一目标，需要坚定不移地用大庆精神（铁人精神）构筑全体干部员工共同的思想基础。油田组织广泛而深入的"石油魂"宣讲活动，使广大石油人始终保持迎难而上、坚韧不拔、奋发有为的精神状态，始终践行艰苦奋斗、精益求精、拼搏奉献的优良传统，始终锤炼思想过硬、作风过硬、技能过硬的队伍素质。

（二）全方位推进，打造知行合一的精神盛宴

1. 抓好调研，打磨内容。油田党委宣传部牵头抽调60多人建立宣讲前期工作组，历时10个月，对120多位大庆石油老劳模、老领导、老专家深入走访，对60多本历史书籍反复研读，对4200多万文字精心提炼，形成了2万多字的基础报告稿。宣讲采取宣讲员宣讲和多媒体配合的形式，每场宣讲配备宣讲员2名，男女搭配；多媒体配以历史照片150余张、音视资料10余处、经典故事近20个，确保充分展现艰苦卓绝、波澜壮阔的大庆石油会战的生动历程。

2. 抓好组织，落实责任。油田党委对"石油魂"宣讲工作高度重视，把宣讲工作纳入每年的党建重点工作。制定《宣讲活动工作手册》，做出具体要求和安排。在组织运行上要求"五提前"，即提前进行沟通协调、提前调试会场效果、提前自备相关物品、提前进入宣讲状态、提前做好应急预案。在队伍管理上要求做到"八注意"，即注意作风形象、注意遵守时间、注意团结协作、注意统一行动、注意及时总结、注意贴近基层、注意遵章守制、注意保存资料。

3. 抓好跟踪，动态推进。"石油魂"宣讲的核心内容是大庆精神（铁人精神），以确保主线不断、频道不换，并不断修改完善，做到紧扣中央精神，紧跟发展步伐，紧贴听众心声。针对不同形势，推进有步骤；针对不同需求，内容有侧重；针对不同受众，篇幅有调整。2021年，油田组织打造"石油魂"宣讲党史学习教育版，深入解读"党史下的石油史、石油史中的党史"。

4. 抓好队伍，展现作风。油田先后选拔40余人组成宣讲队伍，并开展4次集中培训，确保了宣讲队伍的高质量。2023年，油田党委立足集团公司企业精神教育基地，专门选聘一批大庆精神（铁人

精神）首席宣讲员和特约宣讲员，形成有序宣讲梯队，促进各单位积极培养和锻炼基层宣讲队伍。宣讲员不断提升自身素质，把"感动从我做起"作为对自身的要求，深切体悟，进入角色，无论是上千人的会场，还是只有 10 多个人的井场，宣讲员都把每一场当作第一场。黑龙江省委宣传部大力支持宣传工作，在大庆油田铁人学院举办宣讲员培训班，从全省各地党校（行政学院）教师、爱国主义教育基地讲解员以及劳模工匠宣讲团、青年讲师团、巾帼宣讲团中遴选 200 名优秀人员，培养成为宣讲大庆精神（铁人精神）的业务骨干和重要力量。

（三）持续性提升，创新伟大精神的时代表达

1. 对内凝聚、对外展示，内外结合打通辐射渠道。油田注重宣讲对象的深层次、多渠道、宽领域，对内让宣讲活动成为凝聚队伍投身发展的时代宣言，对外让宣讲活动成为宣传伟大精神、展示企业形象的桥梁平台。在中央人民政府驻香港特别行政区联络办公室的支持下，宣讲团走进香港，宣讲员关颖为香港市民进行了 5 场 11 个小时的宣讲，赢得了观众感动的泪水和热烈的掌声。当时的香港工会联合会会长对宣讲团说："邀请'石油魂'宣讲总队作报告，就是要传播大庆精神、铁人精神，宣传爱国奉献精神，让香港市民更好认识我们的国家。"

2. 内容丰富、形式多样，整合资源创新活动载体。宣讲团通过做展板、签队旗、写留言、唱红歌、作采访、发书签等活动，营造氛围、加强互动，采用巡回展览、宣讲报告、网上宣讲等多种形式，推进巡展宣讲活动进机关、进校园、进企业、进社区、进农村、进网络。

3. 网络媒体、线上相伴，打破界限走向广阔舞台。宣讲活动充分

利用网络技术和新媒体资源优势，全力打造"云课堂""云影视""云展览""云服务"，组织"清明忆先烈，缅怀寄心语""提质增效共克时艰，我们在行动"等专场专题。以"弘扬伟大精神，学好百年党史"为主题的宣讲报告会通过微信直播，近 14 万人在线同步观看。

三、工作成效

（一）宣讲活动成为石油系统传承红色基因的精品课程

"石油魂"宣讲团上高原、下井队、闯大漠、进山区，走遍了中国石油国内所有企业单位，实现了中国石油党员领导干部和员工的全覆盖。油田党委把宣讲活动作为大庆精神（铁人精神）再学习再教育再实践的重要举措，作为油田大学生入职、新员工入厂、先进分子入团入党教育的第一课，为"当好标杆旗帜、建设百年油田"提供了强大的精神动力。中国石化、中国海油等石油企业，相继邀请"石油魂"宣讲团进行宣讲。

（二）宣讲活动成为中央企业展示良好形象的亮丽名片

2012 年，国资委党委举行中央企业先进精神报告会，大庆精神（铁人精神）作为中央企业先进精神之一，同载人航天精神、青藏铁路精神一起在全国进行巡回报告，先后为各省（市、自治区）300多家单位进行宣讲。2022 年，宣讲团再次参加由中央组织部主办的"央企伟大精神报告会"，首场报告会线上线下收看超 130 万人次。

（三）宣讲活动成为社会各界荡涤心灵的丰厚滋养

宣讲团走进国家机关、知名高校、民营企业、外资企业等 100

2023 年 5 月 18 日，"铁人精神代代传　振兴龙江谱新篇"首场巡回宣讲在大庆市举行

多个单位，更加广泛地宣传大庆精神（铁人精神），产生了良好的社会效应。黑龙江省委把"石油魂"宣讲团纳入黑龙江优秀精神报告团，在 13 个市（地）机关、全省工矿企业、15 所高校巡回宣讲。2023 年，结合铁人诞辰 100 周年，黑龙江省委宣传部联合大庆油田开展"铁人精神代代传　振兴龙江谱新篇"百场巡展宣讲活动，先后在全省 13 个市（地）和省总工会、省教育厅等单位举办 17 场宣讲报告会，线上线下超 60 万人次观看。

四、工作启示

（一）宝贵的文化资源只有不断盘活利用，才能焕发青春活力

大庆精神（铁人精神）不仅仅属于中国石油、属于石油行业，

更属于中国共产党、属于中国人民、属于中华民族。必须把中国故事、中国精神讲出新意、讲出品位，激励人们投身建设社会主义现代化强国的伟大实践。

（二）思想的教育引导只有做到与时俱进，才能激发无穷力量

宣讲团系统展示中国石油各企业培育形成的"磨刀石精神""种子队精神"等各具特色的企业精神，全面展现"超越前人、超越权威、超越自我""只有荒凉的沙漠、没有荒凉的人生"等使大庆精神（铁人精神）永具活力的时代传承。大庆精神（铁人精神）之所以能生生不息、历久弥新，十分重要的一个原因就是石油人始终与时俱进丰富、发展其新的内涵。

（三）基层的文化阵地只有坚持主动作为，才能确保坚如磐石

思想政治工作在一线大有可为，必须把握主动权、打好主动仗、占领主阵地、弘扬主旋律，只有持之以恒、坚持不懈，涓滴不弃、聚沙成塔，才能宣传好党的创新理论，弘扬好伟大精神，引领各行各业走好新时代的"长征路"，实现伟大复兴的中国梦。

"记录苏垦"工程：
用镜头记录军垦文化

一、基本情况

江苏省农垦集团有限公司的前身是根据 1952 年 2 月毛泽东同志签署的命令，由中国人民解放军原步兵第 102 师整建制转为农业建设第四师，在江苏沿江、沿海、沿湖荒滩"屯垦戍边"创建的国有农场。经过 70 多年的改革发展，江苏农垦成为以现代农业为核心，以医药健康、房地产和相关投资为支撑，一二三产业融合发展的省属大型国有企业，是江苏规模最大、现代化水平最高的商品粮生产基地和优质农产品供应基地。

近年来，江苏农垦大力传承和发展军垦文化，实施"记录苏垦"工程，组织拍摄创作纪录片、微电影、短视频等影视作品，立体生动展示军垦文化所具有的忠诚文化、执行文化、合作文化、管理文化特征，发挥了凝聚人心、支撑发展的作用，教育引导广大党员干部和职工群众听党话、跟党走，自觉主动融入农垦、服务农垦，广泛汇聚起推进中国式现代化农垦新实践的精神力量。

二、主要做法

（一）纪录片——溯源军垦文化的历史根脉

军垦文化起源于转业部队屯垦戍边的光荣历史。为溯源军垦文化的历史根脉，展示军垦文化的忠诚文化特征，江苏农垦组织拍摄创作纪录片《问道沧桑》。采访拍摄对象以老军垦、军垦后代、专家学者三类人群为主，让对那段峥嵘岁月深有感触的人，从不同视角现身说法，累计访谈 108 人次；拍摄方式上，开展历史寻访，对在世老军工、老知青以及历史文物等进行系统梳理，有计划地组织采访拍摄，留下宝贵的文化影像资料。《问道沧桑》全景式呈现了1952 年 4 月至 1955 年 6 月，农建四师万名官兵以忠诚之魂和创业之志奔赴黄海之滨，一把大锹一杆枪，一张芦席作营房，喝咸水、睡地床，在盐碱荒滩建成国营农场，揭开江苏大规模开发国土资源、发展农垦事业序幕的历史。

党有号召、农垦有行动，无论在纪录片内还是现实世界，都体现得淋漓尽致。比如，1952 年毛泽东同志命令下达后，农建四师万名官兵通过上书和宣誓，表示参加农业建设、生产待命的决心，义无反顾投入伟大的垦荒和建设事业中。又如，纪录片拍摄时，几乎所有老军垦都不约而同穿上了当年的衣服，很多衣服虽经缝缝补补，却整洁平整。在采访原中共江苏省委常委、革委会副主任、农建四师政治部副主任徐方恒时，已逾百岁的她紧紧拉着工作人员的手，反复询问农场的发展现状。《问道沧桑》拍摄完成后，在央视频、射阳电视台等媒体播出，在广大干部职工中引起强烈反响，鲜明揭示了无论江苏农垦的名称、体制怎么变，初心和使命永远不变；无论江苏农垦的规模、成就怎么变，忠诚和担当永远不变。

（二）微电影——聚焦军垦文化的传承发展

江苏农垦的前身农建四师是一支英雄的解放军部队，人民军队的显著特点和突出优势就是执行力强、善于合作。进入新时代，开启全面建设社会主义现代化国家新征程，更需要江苏农垦广大干部职工发挥执行力、激发凝聚力。在庆祝江苏农垦创建 70 周年之际，江苏农垦组织拍摄创作微电影《使命》，将发展史实和里程碑事件加以浓缩提炼，进行艺术创作。《使命》分为"开拓""变革""梦想"3 个篇章，以军垦文化的传承发展为脉络，以一家三口、三代农垦人为主角，通过讲述他们为农垦事业奉献一生的感人事迹，把不同侧面捕捉到的闪光点串联成一幅幅生动立体的画面，展示了农垦人献了青春献终身、献了终身献儿孙的精神品格，呈现了农垦人勇担历史使命、勇立时代潮头的精神风貌，诠释了农垦人一脉相承、与时俱进的时代使命。

随着岁月变迁，执行文化和合作文化不断绽放出新的时代光芒。比如，影片中，建垦之初，王耀东和战友们以革命英雄主义的无畏气概，以革命乐观主义的战斗豪情，接连打赢了生根、立足、建场"三大战役"，被时任华东军区司令员陈毅盛赞为"皇帝的气魄，叫花子的干法"。又如，生产建设兵团时期，转业军人与 16 万名城市知识青年同舟共济、团结合作，先后建起纺织、化纤、医药等 13 个具有较大规模和影响的直属工厂，开辟了农垦工业发展新天地。

集团运用"一微一网一报一刊"等自办媒体，对《使命》进行集中宣传推介，收获广泛赞誉和好评。军垦文化所彰显的强烈执行性和包容合作性，启迪着广大干部职工在新征程上继续把稳执行之

"舵"、扬起合作之"帆"，推动现代农业航母"江苏号"劈波斩浪、奋勇前行。

（三）短视频——聚焦军垦文化的时代体现

在江苏农垦创业、改革、发展的非凡史诗中，管理文化始终是贯穿全篇的一个鲜明特征。1997 年，经江苏省人民政府批准，原江苏省农垦农工商联合总公司正式改制为江苏省农垦集团有限公司，在全国农垦系统率先走上集团化道路。此后，江苏农垦管理体系逐步完善，管理水平不断提高，军垦文化的管理文化特征也越发凸显。组织拍摄创作"讲奋斗故事 展职工风采"系列短视频，把镜头对准基层职工，展现新时代江苏农垦职工朝气蓬勃、昂扬向上的精神风貌，激励广大干部职工弘扬军垦文化，加强企业管理，聚力创新创造。江苏农垦充分发挥短视频成本较低、内容集中、互动性强等优势，把视频时长控制在 3 分钟以内，以连载形式投放至江苏农垦信息网、微信公众号、苏垦大厦电子显示屏等多个平台，便于职工随时随地观看，取得了较好的传播效果。

江苏农垦组织拍摄"讲奋斗故事 展职工风采"系列短视频《牛人》

江苏农垦在主题策划上下功夫，在价值取向上做文章，把短视频制作成为具有感染力和带动力的教育素材。比如，《牛人》讲述了东辛农场东旺奶牛公司总经理刘玉成秉持"对标行业一流，提升管理水平"的发展理念，带领工作室 5 年获得 7 项国家专利，获评"全国农林水利气象系统示范性劳模和工匠人才创新工作室"的故事。又如，《江苏工匠——王超》讲述了苏舜公司技术总监王超 26 年如一日坚守车间一线，在汽车发动机尾气治理、电子控制等方面积累丰富经验，开展技术培训 8000 余人次，带领团队创新技术案例 16 项，走出一条规范化、精细化、个性化管理之路，被江苏省人民政府评为"江苏工匠"的故事。

短视频以小见大、以微见深，教育干部职工感悟军垦文化所蕴含的创新管理内涵，引导职工在思想上、行动上与企业同心同德、同向同行，立足岗位为企业高质量发展作出新贡献。

三、工作成效

（一）以文铸魂，筑牢思想根基

实施"记录苏垦"工程以来，思想政治教育收效明显，非党员职工积极申请入党。《问道沧桑》获评"第 28 届中国纪录片长片十佳作品"。在全国农垦渔业畜牧系统职工"喜迎二十大　建功新时代"短视频大赛中，江苏农垦选送的 5 件短视频作品全部获奖。

（二）以文化人，涵养精神文明

实施"记录苏垦"工程以来，江苏农垦所属企业大力培育和践行社会主义核心价值观，深化文明创建，开展文明实践。苏垦农发获评全国先进基层党组织、全国文明单位，所属 19 家企业获评"2019—2021 年度江苏省文明单位"。江苏农垦在全国农垦系统率先建设新时代文明实践中心，实现所属党委建制企业文明实践所建设全覆盖。垦区组建 224 支志愿服务队，近 1.4 万名在册志愿者常态化参与各类活动，打通了宣传、教育、服务职工群众的"最后一公里"。

（三）以文兴企，助推企业发展

实施"记录苏垦"工程以来，江苏农垦高质量发展开创新局面。江苏农垦常年生产粮食 25 亿斤以上，近两年完成 22 万亩大豆玉米带状复合种植任务，2023 年创下江苏小麦单产、江南麦区单产、全国稻油轮作油菜单产 3 个高产新纪录。组建江苏省种业集团，所属大华种业综合实力跻身全国行业前三，常规麦稻良种销量全国第一。江苏农垦利润指标连续 5 年位居全国农垦之首，江苏省属企业高质量考核连续两年获得第一等次。

四、工作启示

（一）坚定文化自信，加强文化传承

坚定文化自信，把文化保护好、传承好是基本前提。军垦文化作为农垦的文化根基、精神根脉，是农垦人为之奋斗的灵魂，积淀着农垦人最深层的精神追求，代表着农垦独特的精神标识。

（二）挖掘文化内涵，推进文化发展

军垦文化是中国特色社会主义文化的组成部分，是红色文化的

鲜活载体，也是企业文化的一座"富矿"。只有加强对文化内涵的挖掘，对其中的思想精华进行提炼，与时俱进予以提升，才能推进企业文化创造性转化、创新性发展。

（三）创作文化精品，聚力文化弘扬

文化创作生产是文化建设的中心环节。只有坚持以人民为中心的创作导向，把文化传播的触角植根群众文化生活，把群众作为文化作品的主角，推出大量有故事、有温度、有情怀的文化精品力作，才能充分激发职工群众对企业文化的认同感、归属感、自豪感，引领职工群众大力弘扬企业文化，携手阔步新的征程。

革命文物映初心　红船起航高校行

一、基本情况

浙江省嘉兴市南湖革命纪念馆是广大党员干部、人民群众和青少年群体进行爱国主义教育、革命传统教育的重要阵地，也是开展红船精神和党史研究的重要阵地，被授予全国首批"大思政课"实践教学"双基地"、全国首批爱国主义教育示范基地、全国青少年教育基地、全国廉政教育基地、全国社科普及优秀教育基地、全国关心下一代党史国史教育基地、全国民族团结进步教育基地等荣誉称号。

近年来，纪念馆坚持不懈用习近平新时代中国特色社会主义思想铸魂育人，推动革命文物进高校、进基层思政课课堂，创新打造"革命文物映初心　红船起航高校行——行走的思政课"（以下简称"行走的思政课"），把红色资源禀赋转化为"大思政课"教育教学的优质资源，将单一化灌输式的革命文物宣讲转化为互动式体验式的宣讲实践，推动新时代革命文物工作与思政课改革创新融合发展。

二、主要做法

（一）整合红色资源，铸牢思政教育之基

1. 内容孵化，以小见大。以红船为核心，纪念馆不断整合党的一大南湖续会相关的红色资源，在内容编排方面以"通俗化"的话语开展基层宣讲工作，实现理论符码由高阶到低阶、由抽象到具体的"转译"，注重"大"与"小"融合，用小切口解析大道理，用小故事反映大时代，用小场景展现大情怀。

"行走的思政课"结合大中小学思政教育内容，开发"革命文物里的初心故事""百年航程里的初心故事""红色初心故事"等宣讲菜单；开发系列红色研学课程，编写《红船少年先锋行》研学课程，为学校研学活动提供了有效载体；推出沉浸式实景剧《听王会悟讲"一大"故事》，"沉浸式"演绎穿越时空的阻隔，共同见证中国共产党创建时期的艰难曲折和不灭的初心；创作文物故事《共产党宣言》《一叶红船问初心》，红色微党课《写给陈延年的一封信》，英语微党课《让世界倾听"嘉"音》，音乐党课《初心的约定》等，将革命文物资源送入大中小思政课堂；创新制作"行走的思政课"主题宣传片，采用手绘动漫形式，打造极具辨识度的"红船宣讲小分队"卡通人物形象，拉近与广大青少年的距离；开展"纪念馆里的思政课"，遴选一批具有代表性的馆藏文物，邀请在校师生、社团组织等走进纪念馆开展现场教学，讲述文物背后的故事，体悟文物所承载的中国共产党人精神谱系的力量。

2. 形式多变，推陈出新。"行走的思政课"注重思政宣讲内容

的时效性，紧密贴近基层群众生产生活，宣教团队不定时集中更新"宣讲菜单"，根据宣讲实践反馈优化内容，剔除陈旧过时的主题，将党的创新理论成果融入课程中，将各类鲜活的思政内容输入宣讲中，即便是多次合作的宣讲单位，也能从每一次宣讲中获取新的感悟。

（二）培育优质师资，凝聚思政队伍核心

"行走的思政课"升级红船讲解员小分队 2.0 版本"红船宣讲小分队"，由馆领导挂帅领衔，南湖革命纪念馆宣教部优秀宣讲员们组队"成团"，主力成员具有丰富的一线讲解经验，深入了解不同受众群体的多元化诉求，注重群众对理论宣讲的参与感和获得感，使理论宣讲更具生动性和感染力。所谓的"小分队"，可以 1 人成团讲述一个红色故事，也可以 3 人成团演绎一场沉浸式情景剧，亦可 10 人成团表演一堂音乐党课，组合灵活，满足不同活动规模、时长、场地的需要。

（三）创新宣讲形式，激发思政课堂之魂

1. 人群分类。面向中小学生，推出菜单《红色故事小宣讲》，选材兼具教育性和趣味性；面向高校学生，邀请专家研发课程、参与思政课教学，将中共建党史研究的最新成果融入宣讲中，以"一大南湖续会召开时间""一大成员构成"等小课题切入，由浅入深、层层递进；面向机关企业的党员群众，利用生产车间、饭堂、村镇文化礼堂等一线场地灵活开展党性教育，以"中国革命红船起航地"为切入点，注重通俗表达、深入浅出，更好地引导和激励广大党员群众爱岗敬业、拼搏奉献。

2. 场景灵活。"行走的思政课"主要以线上、线下，"请进来、

2022 年 12 月 15 日，南湖革命纪念馆红船宣讲小分队"行走的思政课"走进加西贝拉压缩机有限公司

走出去"的方式，开展巡讲活动，提高基层思想政治教育便捷性和群众覆盖率，打造没有围墙的红色资源教育阵地。"南湖画舫""红船大讲堂""校园课堂""展厅"……群众在哪里聚集，宣讲就在哪里覆盖，打通基层宣讲"最后一公里"。

3. 活动多样。把理论宣讲和群众喜闻乐见的活动结合起来，以庆祝"八八战略"二十周年、杭州亚运会等重大活动及"五四"青年节、"七一"等重要时间节点为契机，推出"青年力量——传承五四薪火 赓续青春荣光""5·18 国际博物馆日——在南湖革命纪念馆遇见'八八战略'的美好生活""红船少年心向党 红色基因代代传——'红船小讲解'暑期体验营""红船破浪行，为亚运助力，向祖国献礼——南湖革命纪念馆国庆系列主题活动"等系列红色宣教活动，联合大中小学开展"开学第一课""十八岁成人礼""国旗下的讲话""我在红船旁为祖国庆生"等形式多样的主题活动，形成规模效应，营造浓厚氛围。

（四）建设体系制度，打造思政宣教样板

纪念馆将"行走的思政课"流程体系制度化，从队伍、内容、服务、宣传4个方面完善成熟的体系建设，实现可落地、可见效、可复制、可推广。宣讲成员皆来自一线讲解部门，以讲代练、以赛代练，打造高素质宣讲员队伍；内容研发分为小学组、中学组、大学组等不同的课程小组，将实践经验理论化、系统化，分众化打造思政课程；针对不同宣讲对象的需求提供服务，从"开学第一课"到"夕阳红党建"，从"思政课堂进社区"到"机关干部培训"，灵活贴合各式宣讲场景，让党的创新理论"飞入寻常百姓家"。

（五）探索信息改革，传播思政品牌之声

1.开展"云直播"宣教，让宣讲员在云端集结。通过微信公众号、钉钉等平台进行云宣讲，从"面对面"变为"屏对屏"，与浙江理工大学、杭州铁路局等单位对接开展线上直播，单次实时在线人数近万人次，有效解决宣讲人员有限、跨域宣讲难、活动渠道制约等问题。

2.开展新媒体宣传，让观众在云端相聚。通过虚拟现实手段，纪念馆对馆藏的珍贵革命文物进行更为全面、立体的呈现。在微信公众号、官方网站以及浙江新闻客户端，以视频或音频的形式，推出《革命文物里的初心故事》《百年航程里的初心故事》《红色初心故事》等系列线上"云"宣讲共70集，将革命红色文化服务触角延伸到各个学校。

（六）联动多方共建，搭建思政教育平台

纪念馆充分发挥红色文化资源优势和红色场馆社会教育作用，

通过馆校联动、馆企联动、党建联动、社会联动，实现红色场馆与德育课堂的双向贯通，把思政小课堂与社会大课堂结合起来，全面推动纪念馆思想政治教育创新发展。

1. 合作搭建馆校协作教育平台。2022 年，"行走的思政课"联合浙江理工大学大中小学红色文化一体化传承联盟，共建思政教育基地，通过探索"大思政课"模式实现资源优化整合、互联共享；2023 年与浙江大学共建革命文物协同研究中心；2023 年 12 月首批加入长三角民办高校党建与思政工作协作中心，深化馆校合作，进一步扩大平台优势，共谋长效发展。

2. 实现品牌强强联合。凝聚院校、纪念馆、团市委、少工委等多部门共识，将"红船旁好声音""红船小讲解""青春思享嘉""红色初心讲堂"等品牌活动同"行走的思政课"品牌联合起来，聚集优势、共享平台、联办活动，实现了革命文物资源从纪念馆到课堂、从"独享"到"共享"的突破。

三、工作成效

"行走的思政课"已累计完成宣讲 100 余场次，足迹遍布杭州、湖州、衢州、嘉兴多地，受众 10 万多人次，受到人民日报、光明日报等 20 多家新闻媒体关注报道，2023 年入选国家文物局、教育部联合公布的全国"大思政课"优质资源项目 10 个示范项目名单。"行走的思政课"品牌目前已成功实现"市县全覆盖、品牌有影响、学生真受益"，成为全面贯彻习近平新时代中国特色社会主义思想，切实推进"大思政课"建设走深走实的重要举措。

四、工作启示

（一）强化革命文物的精神引领

革命文物是革命文化的具象表达，用革命文物蕴含的精神力量铸魂育人，是创新思想政治教育方式，用历史文化资源构筑大思政育人格局的时代之需。

（二）推动"横纵协同"发展

"行走的思政课"品牌要发挥示范牵引作用，积极寻求多平台合作，整合跨地域、跨领域、跨单位的红色资源和创新力量，形成针对不同群体独具区域发展特色的教学资源库，合力统筹推进"大思政课"体系建设。

（三）融入感情创新形式

在基层开展理论宣讲、做好思想政治教育工作，是一个将"理性语言"走心走活走实的过程，思政宣讲应赋予理论传播以充沛的情感，对群众不仅要晓之以理，更要动之以情，让理论通过自身的情感温度提升群众掌握的广度、力度和精度。

"文化先行官"：筑牢基层思政主阵地

一、基本情况

山东省齐河县认真贯彻落实中共中央、国务院《关于新时代加强和改进思想政治工作的意见》，取得了较好的效果。在推动新时代思想政治工作守正创新发展过程中，仍面临一些难题。一是现实窘况。随着乡村公共文化场所和文明实践阵地的日益完善，出现了有思政教育场所，缺少专业人才、活动缺少吸引力等问题，导致场所效能发挥不足。二是主观困境。在乡村思政教育受众群体中，农民这个真正的主体易被边缘化、对象化，形成主客体错位。三是客观难题。传统乡土文化真正的创造性转化、创新性发展潜能尚未充分发掘，强大的内生文化动力尚未形成。四是发展瓶颈。城乡思政教育互通渠道未能有效打通，乡村与城市文化融合共生、思政教育协同发展的合力尚未形成。针对这些问题，齐河县创新实施"文化先行官"项目，探索引入社会力量激活"一池春水"，走出一条"政府主导、社会参与、激活阵地、群众受益"的乡村文化振兴之路，实现了文化振兴实体化运行、项目化推进，有效筑牢基层思想政治工作主阵地。

二、主要做法

（一）当好"一线指挥官"，活阵地、强队伍、聚人气

以"打造当地群众最爱去的宣传文化、思政教育阵地"为目标，在实现新时代文明实践中心、所、站、基地四级全覆盖的基础上，依托"文化先行官"项目，牢牢把握宣传思想文化工作方向，深入开展思想政治教育活动。一是资源集聚，推动电影、图书、表演、宣讲、人气向思政教育阵地集聚；二是人员集聚，通过集结专业辅导员、文化志愿者、中小学思政教师等组建志愿服务小分队，担当文化"辅导员"和思政"特派员"，深入宣传文化阵地，精准传递党的声音、对接群众需求；三是人气集聚，组织有文艺特长和兴趣的群众参与"小戏小剧"创演，通过"群众演群众看"的方式，用老百姓易于接受的"土话土语"，因地制宜地把精彩的表演、厚实的思政教育干货送到百姓家门口。

（二）当好"无品芝麻官"，搭平台、重服务、聚人心

充分发挥"文化先行官"的社情民意"联络员"、矛盾纠纷"调解员"角色优势，积极参与基层社会治理。一是帮助各村（社区）完善《村规民约》《居民公约》上墙上喇叭、入眼入耳入心，帮助村民议事会、红白理事会、民调理事会等自治组织发挥作用。二是在实践所建起和事佬议事厅、新婚礼堂，做好思政教育在基层的小事大业。组织专业志愿者成立心理疏导室、婚姻家庭调解中心，知百姓冷暖，为百姓解忧。三是创新推出文明实践联合社，串联文旅、农业、科技等领域志愿者，与农业合作社结对帮扶，建立

"供需联盟"，面对面解惑答疑、破解难题。四是依托"1+8+N""大义齐河"宣讲队伍，针对 12345 市民热线关切问题，因现行政策有明确要求而群众不知晓、不理解的诉求，常态化开展精准"热线"宣访，邀约文艺志愿者编创"政策解读类"说唱型文艺作品，解开百姓心结。

（三）当好"产业联络官"，挖资源、助"两创"、聚财气

强化非物质文化遗产保护传承，让虎头鞋、黑陶、扎刻、面塑等非遗资源在文化活动中传承培训，并搭建异地销售平台，让"老手艺"焕发"新生机"，实现思政教育助力乡村振兴的"有效增值"。一是协助梳理县级以上非遗项目 60 余个纳入手造项目库并实行动态管理，聚力"山东手造"进景区、进高速公路服务区、进商超、进酒店、进社区；二是整合黄河号子、打夯小调、绣球灯舞、"一勾勾"等 30 余种地域文化，深入挖掘传统节日、二十四节气等民俗文化资源，协助推进"一村一史"工程，全方位讲好"黄河故事"；三是实施"文化传播＋电商助农"模式，聚力打造"村村有礼"。依托国有平台，实行企业、乡村、农户三方联建，通过品牌化包装、产业化运营，百余种"黄河村礼"网上销售实现农副产品有效增值。

三、工作成效

（一）基层思政阵地全面提升

"文化先行官"通过提供活动策划与组织、阵地运营与管理、特色文化品牌打造、文化队伍培植与培训等一揽子思政教育服务，

"文化先行官"在焦庙镇郭窑社区党群服务中心向村民讲解党的理论政策，推进乡村治理

盘活用足阵地资源，突破从"建好"到"用好"的瓶颈。截至目前，全县 15 个乡镇（街道）全面启动"文化先行官"项目，建立起艺术团、合唱团、民乐团、民俗社、书画社、摄影社"三团三社"1800 余个（其中，精品"三团三社"180 余个），精品思政教育培训课程 8000 课时，服务群众超过 60 万人次，在全县培育了 8000 余名基层思政教育骨干，变"送文化"为"种文化"，从"育文化"到"融文化"，让基层思政教育阵地"活了起来"。

（二）乡村焕发文明新气象

通过实施"文化先行官"项目，搭建起社情民意"直通车"，实现以德治村、教化人心，以"文明之风"引领基层思政工作提质增效。先后带领乡村文艺能人和文艺爱好者，把村级治理规范编入

285

小戏小剧、相声小品，创作思政教育主题文艺作品 60 余部。聚焦"五老"群体，开办生日宴、饺子宴 150 余场次。依托"1+20+N"志愿服务队伍，结合文明城市创建，文明实践走村入户，帮助收集解决社情民意 5540 件，化解矛盾纠纷 850 件。同时，积极倡树美德和健康生活方式，帮助建起"颐养之家""善育之家""书香之家""红色之家"等特色"家庭星系"300 余个，把思政教育的创新指数变成民众的幸福指数。

（三）文化"两创"真正落地乡村

"文化先行官"以市场化运作模式开发非遗资源，进一步丰富思政教育内容，协助策划"黄河大集""村村有好戏"等民俗活动，以村庄历史沿革、村落文化、民俗风情等为内容，引导发展手工艺坊、农耕文化等体验性、参与性文旅项目，助力建设具有黄河流域特色的康养小镇、文化村落、黄河民宿、研学基地等项目，聚力共建沿黄河文化体验廊道。组建新时代文明实践直播间，定期组织网红达人培训，针对齐河特产开展线上直播带货，让手工艺品成了网红产品，实现"指尖技艺"向"指尖经济"转变，间接带动 2 万人就业，累计实现经济效益 4000 万元。

四、工作启示

（一）"文化先行官"激活三个主体，形成政府、社会、个人共同参与的基层思政教育新格局

一是政府从"办文化"变为"管文化"。齐河县在推动社会力量参与农村思想文化建设中，既当好"媒婆"角色，又履行好"指

导员"职责，为社会力量参与农村思想政治建设牵线搭桥，为群众参与精神文化生活搭建舞台，用社会主义核心价值观引领乡村文化建设，促进农民精神文化生活共同富裕，实现从"文化下乡"到"文化进城"。二是企业从"送文化"走向"种文化"。引入社会力量，激活乡村思政教育阵地，培强乡村文化队伍，挖掘地域文化资源，延伸乡村产业链，促进城乡要素双向流动，畅通拓宽乡村产业面，为城乡融合发展提供了新思路，实现从"文化输血"到"文化造血"。三是农民从"群众看"转为"群众演"。坚持以群众文化引领为主线，以文化民生为根本，激发群众在文化振兴中的内生动力，老百姓由"台下观众"变为"舞台主角"，实现从"文化温饱"到"精神共富"。

（二）"文化先行官"构筑三级平台，实现县、镇（乡、街道）、村三级思政教育体系全贯通

一是统筹协调。齐河县将"文化先行官"项目与思想政治教育工作有机融合，依托覆盖全县的文化力量，对全县各类资源进行激活、整合、下沉、共享，高位统筹，构建起上下贯通的工作体系，实现了信息联通、活动联办、队伍联建。二是搭建平台。通过文明实践所的提档升级搭建起承上启下的思政教育平台和活动载体，并将项目化、数智化、社会化贯穿于"文化先行官"项目全过程，实现了思政教育与群众需求的精准对接。三是积极参与。坚持阵地建设"依托存量、不搞增量"，将乡村思政教育积极融入基层党建、社会治理，立足本土特色，成立各类自治组织、文艺社团，培养村民向上向善的文化自觉，推进基层自治、法治、德治"三治融合"，实现了思政教育与乡村治理的良性互动。

（三）"文化先行官"理顺三个关系，开辟"文化＋产业"可持续发展的乡村振兴新路径

一是处理好"外来"与"本土"的关系。"文化先行官"项目通过"资源聚合、渠道融合、产业聚合"，助推文化撬动乡村振兴，实现基层思政教育"开花结果"。外来文化团队与本地国企、农业合作社联合，品牌化包装本地农副产品、非遗产品、山东手造等，跨域合作，实现了外来文化理念"引进来"，本土文化产品"走出去"。二是处理好"线上"与"线下"的关系。乡村文化振兴需要线上线下同步发力，"文化先行官"依托新时代文明实践直播间，借力外地网络平台，引领齐河"黄河村礼"跨域销售。通过培养当地网红达人，开展直播带货，让齐河的线下"土产""土味"实现"线上收益"。三是处理好"点"与"面"的关系。"文化先行官"项目自 2020 年推行以来，采取"试点先行、以点带面、梯次推进"的思路，先期试点乡镇、试点村先行先试、探索路径、总结经验，后期在全县 15 个乡镇（街道）、1036 个村庄全面推行，实现抓点示范、串线联动、促面增效，打造乡村思政教育展示带，推动齐鲁大地"村村有好戏"。

"文化十二条"：
乡村文化振兴的创新探索

一、基本情况

四川省达州市宣汉县位于四川盆地东北大巴山南麓，县域面积 4271 平方公里，辖 37 个乡镇（街道）、342 个村、81 个社区，人口 132 万人，是全国革命老区县、全国县域经济百强县、四川省天府旅游名县。近年来，宣汉县坚持以习近平新时代中国特色社会主义思想为指导，深入学习贯彻习近平文化思想，坚持文化塑形和文化铸魂相结合，聚焦文化服务效能、群众文化需求、赓续文化根脉、文化融合发展"四大主题"，创新探索"文化十二条"，大力推动乡村文化振兴，着力建设"望得见山、看得见水、记得住乡愁"的美丽乡村。

二、主要做法

（一）聚焦文化服务效能，"三项行动"夯实乡村文化根基

坚持"兜底线、补短板、强弱项"和"提质量、增效能、创品牌"两手抓，大力实施"三项行动"，着力健全公共文化服务体系。

1. 实施"硬基础"建设行动。"闲置资产盘活一批",对"沉睡"的闲置资产进行有效盘活,大力提升了公共设施的利用率。"提档扩面改建一批",补齐基础建设短板,全面提档升级,打造开放、集约、共享的文化服务阵地。"社会资本拓展一批",广泛发动乡贤带动社会资本,参与乡村文化建设,有效拓宽了基层文化阵地建设渠道。

2. 实施"软实力"提升行动。推行"头雁领航"计划,分层级开展乡村文化带头人评选活动,培养乡村文化带头人。推行"筑巢引凤"计划,打破体制壁垒、搭建干事平台,招聘引进文化专业人才。成立梦回巴国文化产业有限公司,破格招录民间歌王、剪纸艺人等本土文化能人进入体制内。推行"归雁还巢"计划,围绕聚集乡贤、用好乡贤,大力引导乡贤回报家乡、造福桑梓。

3. 实施"云服务"攻坚行动。采取"互联网 + 公共文化"服务模式,统筹推进"宽带乡村""户户通""村村响"建设,开通"宣汉图书馆""宣汉文艺"等一批微信公众号、视频号、小程序,将文化资源打包上"云",建成"宣汉文化云"服务平台,突破了文化服务时空限制,让群众足不出户就能赏精品、学艺术、享阅读、逛展览。

(二)聚焦群众文化需求,"三大活动"激发乡村文化活力

坚持"送文化、种文化、享文化"理念,积极开展"三大活动",通过广覆盖、多层次、高频次的群众文化活动,激发乡村文化活力。

1. 开展"进万家·送文化"活动。坚持文化点单与配单相结合,建立群众文化需求直报点,利用"宣汉融媒"App,及时掌握基层文化需求,精准制定派送文化清单,一大批歌舞、小品、快板等文艺节目,送到百姓家门口、群众心坎上。

2. 开展"结对子·种文化"活动。建立县级文化单位与乡村文化站结对帮扶机制，通过一对一或一对二结对子的方式，定期帮扶指导基层文化队伍。启动"名师带徒·匠心传承"项目，让非遗传承人青蓝相继、非遗文化薪火相传，增强了乡村文化"造血"功能。依托农家书屋，打造乡村"四点半课堂"，提供阅读、手工、绘画等服务，让孩子留守不留白。

3. 开展"展风采·享文化"活动。搭建"想秀你就来"乡村大舞台，让"民星"在舞台上展示自我风采。指导建立马渡苏二姐艺术团、南坝火凤凰艺术团、厂溪石榴红民族舞蹈队、峰城舞狮队等民间文艺团队，自编节目《苏二姐》《土家隔山鼓》等歌舞、小品、戏曲优秀节目，在基层巡回演出。村民自发组建腰鼓、钱棍、舞龙等演出小分队，常年走村串户开展薅草锣鼓、耍车车灯、舞狮子等民俗文化表演。

（三）聚焦赓续文化根脉，"三篇文章"丰富乡村文化内涵

全力做好"三篇文章"，大力弘扬优秀传统文化，在文脉传承中坚定文化自信，丰富乡村文化内涵。

1. 做好"文化溯源"文章。实施巴文化溯源工程，对罗家坝遗址进行了 9 次考古发掘，出土各类器物 3000 余件，建成开放全国首个巴文化专题博物馆——罗家坝遗址博物馆，举办学术研讨会，编印论文集，揭开了古老巴国的神秘面纱。实施非遗保护传承工程，建立传习基地，定期举办展演活动，编印传承教材，培育非遗项目，让非遗文化绽放时代光彩。实施乡村文化记忆工程，对传统村落进行保护、修缮和利用。

2. 做好"文化品牌"文章。依托文化资源，深入挖掘文化内涵，组建本土文化专家"智囊团"，与专业文化团队深度合作，精心打

造了全国首个巴文化大型沉浸式情景史诗剧《梦回巴国》，扎实开展"让世界看巴文化"系列活动，持续举办薅草锣鼓赛歌会，擦亮了中国巴文化之乡这张"金名片"，叫响"梦里巴国·山水宣汉"文化品牌。

3. 做好"文化结合"文章。将优秀传统文化与公民思想道德建设有机结合，深入挖掘巴文化内涵，创新开展以"忠勇信义·德住我家"为主题的公民思想道德教育活动，选树道德模范、"身边好人"、"最美宣汉人"，在每年腊月举行隆重的颁发仪式，为其颁发特制中国结（寓意家国情怀）、口杯（寓意好口碑）等荣誉标识，增强活动的仪式感和群众的荣誉感，引导广大群众厚植家国情怀、涵养淳朴民风。

（四）聚焦文化融合发展，"三大抓手"增强乡村文化动能

立足独特的自然风光，依托丰厚的人文底蕴，全面突出"三大

大型巴文化沉浸式情景史诗剧《梦回巴国》

抓手"，积极探索"文化＋"模式，激发经济社会发展内生动力。

1. 以文旅融合发展为抓手。紧盯"建成全国巴文化高地、全国生态旅游度假区"两大目标，深入实施"文旅靓县"战略，积极探索"文旅交融、互促共兴"融合模式，通过创作旅游形象歌曲、打造文化精品剧目、设置特色文化景观、开展民俗文化活动、设立文化展示馆和体验区等方式，精巧植入文化元素，着力提升旅游品位，不断增强景区吸引力，实现文化发展与旅游产业比翼齐飞。

2. 以文化村镇建设为抓手。按照"一村一品、一镇一特色"的思路，深入挖掘非遗文化、红色文化、民俗文化、土家文化、民歌文化等资源，活化利用、因地制宜建设了一批主题文化村镇，为美丽乡村建设注入文化灵魂，实现乡村建设与乡村文化融合互促。

3. 以文创产品开发为抓手。在挖掘特色文化的基础上，将民居、首饰、服饰、器皿、饮食等独特文化元素与创意开发充分融合，进行市场化运作，大力开发文创产品，形成了瓷叫虎巴、巴人刺绣、土家草编、曾氏竹编、峰城根雕、花田小白等特色文创产品20余种，实现经济效益和社会效益相得益彰。

三、工作成效

（一）文化阵地越来越坚实

"建、管、用"持续发力，"盘活、改建、拓展"综合施策，构建了城区"15分钟"文化圈和农村"10公里"文化圈，基层文化设施更加健全、公共文化体系更加完善、文化服务效能更加优化，基层文化阵地已成为乡村一道亮丽风景和群众的精神家园。

（二）文化队伍越来越壮大

通过"头雁领航、筑巢引凤、归雁还巢"三大计划，创新探索文化特派员制度，形成了一支门类齐全、结构合理、梯次分明、素质优良、数量充足的基层文化人才队伍，为乡村文化振兴奠定了坚实的人才基础，乡村文化人才如雨后春笋般涌现。

（三）文化活动越来越丰富

"送文化、种文化、享文化"三大活动的实施，形成了"周周有活动、月月有演出、节日有庆典、人人都参与"的生动局面，一大批内涵丰富、形式多样、覆盖广泛的文化活动让群众的文化获得感、幸福感得到持续提升。

（四）文化引领越来越深入

充分挖掘本土优秀传统文化内涵，提炼形成"忠勇信义、劲勇善战、奋勇争先"的巴人精神，创新探索文化引领载体、教育引导手段，纵深推动移风易俗，有效破解了群众思想政治教育弱化难题，社会主义核心价值观深入人心，文明新风劲吹宣汉大地，切实提升了基层治理质效。

（五）文化赋能越来越强劲

正确把握当前文化发展新态势，全力做好文化融合发展这篇大文章，建成了国家 4A 级旅游景区 3 个、3A 级旅游景区 6 个、省级旅游度假区 1 个，构建了东龙头、西休闲、南康养、北体验、中观光的"一区四圈"全域文旅融合发展新格局。

四、工作启示

（一）推进乡村文化振兴，必须坚持思想引领，把牢文化发展正确方向

推进乡村文化振兴，必须坚持以习近平新时代中国特色社会主义思想为指导，以社会主义核心价值观为引领，弘扬主旋律和社会正气，发展社会主义先进文化，弘扬革命文化，传承中华优秀传统文化，确保乡村文化振兴始终沿着正确的方向前进。

（二）推进乡村文化振兴，必须坚持文化惠民，满足群众精神文化需求

推进乡村文化振兴，必须坚持以人民为中心的发展思想，充分尊重和发挥人民群众在文化建设中的主体作用与首创精神，调动人民群众参与文化建设的积极性、主动性、创造性，不断满足人民群众多样化、多层次、多方面的精神文化需求，才能丰富人民的精神世界、增强人民的精神力量，促进人的全面发展。

（三）推进乡村文化振兴，必须坚持守正创新，注重传统文化传承发展

推进乡村文化振兴，必须坚守中华优秀传统文化这个根脉，正确把握守正和创新相互依存、辩证统一的关系。坚持古为今用、推陈出新，激发乡村文化生机活力，推动中华优秀传统文化创造性转化、创新性发展。

（四）推进乡村文化振兴，必须坚持相融互促，助力经济社会高质量发展

推进乡村文化振兴，必须牢固树立"文化+"理念，充分抓住"文化+"的各种机遇，积极应对"文化+"带来的挑战，将文化融入经济社会发展各方面全过程，以文兴业、以文塑旅、以旅彰文，实现乡村文化建设与经济社会发展相融互促、相得益彰。

巧借传统文化"作退一步想" 促进基层思政"更进一步为"

一、基本情况

安徽省黄山市黟县西递镇既是徽州之源、徽商故里，又是徽文化的重要发祥地和优秀传承地，是中国历史文化名镇，诚信、礼让之风自古盛行。在西递镇西递村内正街的中心有一处名曰"大夫第"的老宅，其侧门墙界后退半米多，正屋的墙角也被削去三分，门额上有"作退一步想"5个篆刻字。这是西递村人胡文照在修缮祖居时为方便路人推车、挑担、行走主动退让而为，并题字告诫后代子孙"裁直为圆、方便他人"的待人处世、和睦邻里之道。

2018 年，黟县将胡文照"作退一步想"理念融入基层人民调解机制，创新推出"作退一步想"工作法，运用"听、理、劝、借、退、和"六步法化解基层矛盾纠纷，实现"小事不出村、大事不出乡（镇）、矛盾不上交、平安不出事"的目标。2023 年，西递村入选"第三批全国乡村治理示范村"。如今，"作退一步想"不仅在矛盾纠纷调解中取得一定成效，更广泛运用于党员群众教育管理等思想政治工作领域，促进基层思政工作"更进一步为"。

二、主要做法

（一）多角度深化文化善治，挖掘思政工作"大内涵"

1. 立足和合底蕴。"世事让三分，天宽地阔；心田存一点，子种孙耕"等徽州传统家规家训，反映了徽州人"谦让和合、豁达通融"的经世智慧。"作退一步想"是徽文化精髓的直观体现。胡文照祖居门额上题写的"作退一步想"，高度契合了"天地之美，莫大于和"等中华优秀传统文化中的和合精神，为新时代思想政治工作创新发展提供了强大的生长基因和良田沃土。

2. 汲取息争智慧。"作退一步想"理念源于"君子有九思"，最大特点是让"礼让精神""自省精神"活起来，发轫于"居家戒争讼，讼则终凶"及"各村自为文会，以名教相砥砺。乡有争竞，始则鸣族，不能决，则诉于文会，听约束焉；再不决，然后讼于官，比经文会公论者，而官藉以得其款要过半矣，故其讼易解"的古徽州基层治理传统，在历史发展中逐步形成递进式的矛盾纠纷分层过滤体系，与新时代加强思想政治工作的重点任务相一致。

3. 巩固良政善治。"作退一步想"理念运用矛盾法则和辩证思维回答和解决基层社会矛盾纠纷中遇到的实际问题，教育引导当事人化消极因素为积极因素，实现互惠共赢。该理念内化为群众心中的道德习俗、外化为法治建设的自然习惯，彰显了思想政治工作的独特优势和强大活力。

（二）多层次深耕平台阵地，探索思政工作"新路子"

1. "作退一步想"让思想更统一。西递镇以习近平新时代中国特色社会主义思想为指导，把"作退一步想"融入党员群众教育管理，深入开展形式多样的学习、宣传、宣讲活动，引导广大党员群众深刻领悟这一思想的真理力量和实践伟力，不断增强政治认同、思想认同、理论认同、情感认同，自觉做党的创新理论的坚定信仰者、积极传播者、忠实实践者。

2."作退一步想"让人心更凝聚。西递镇在胡文照故居打造"作退一步想"特色调解工作室，悬挂劝诫自律、谦和、礼让的楹联、牌匾，发动基层干部、乡贤、"五老"、"两代表一委员"、"西递大妈"等各方力量，运用"听、理、劝、借、退、和"六字调解法参与矛盾纠纷调解，让当事人回归理性、解决问题，调解成功后拼合欢桌、饮和气茶，让人心更凝聚。

3."作退一步想"让社会更和谐。西递镇严格落实"民转刑"案件预警分析系统，有针对性地开展"作退一步想"思想工作，引导退避礼让防冲动，刑事案件立案数大幅下降。将"作退一步想"融入家规家训、村规民约，组织"邻里守望"暖心帮扶，倡导谦和礼让、互尊互敬的亲邻相处之道。把"作退一步想"列入客栈联盟、民宿协会等行业党组织章程，全力营造宜居、宜业、宜游的良好社会氛围。近年来，西递镇依托"作退一步想"共组织党员干部现场接受思想政治教育27场次，成功处理景区各项矛盾纠纷事务29件。

（三）多方位深入教育实践，拓展思政工作"小细节"

1. 构筑德治体系。2019年，黟县出台《关于探索开展"作退一步想"工作法的实施意见》，推动其从矛盾纠纷化解向文化传承发展、干部教育监督管理等领域拓展延伸，引导广大党员干部从"作退一步想"到"更进一步为"。

2. 推进效能提升。西递镇将"作退一步想"故事融入景区讲解词，让游客充分领会古徽州的文化魅力，着力提升基层思想政治工作的感染力号召力。人民日报、法治日报、安徽日报、"学习强国"学习平台等主流媒体多次刊发经验做法。"中国长安网"微博号两次直播介绍"作退一步想"工作法，全面展示中华优秀传统文化德治能量。

3. 赋能基层创新。西递镇拓展"宿村夜话""三三制"等系列创新经验，重点带动"两代表一委员"、先进模范人物、本土能人等群众力量紧扣"和"的内核，广泛参与基层治理，推出"老唐工作室""法官工作室""板凳议事会"等群众自治平台，建成"百姓评理说事点"6 个，有效解决思想政治工作中遇到的新矛盾新挑战。

三、工作成效

（一）政通人和，矛盾化解在基层

自 2018 年以来，西递镇排查介入调处矛盾纠纷 463 起，调解

"作退一步想"工作室

成功 462 起，调解成功率达 99.78%，连续 5 年矛盾纠纷"零上交"，连续 5 年未出现"民转刑"案件，连续 12 年未发生重大恶性案件、重大治安案件、重大群体性事件，连续 30 年命案"零发生"，群众安全感、满意度始终高居黄山市乡镇前列，基本实现"小事不出村、大事不出乡、矛盾不上交、平安不出事"的目标。

（二）德治教化，文明新风润村野

在"作退一步想"工作法的潜移默化作用下，西递镇将传统文化与乡风文明相结合，推出村规民约积分制，引导村民自我管理、自我服务、自我监督、自我教育，实现由"替民做主"向"由民作主"转变。2023 年，西递村共评选"最美村民"9 位，其村规民约被评为黄山市优秀村规民约。

（三）以文塑旅，文旅融合促发展

2023 年，西递镇接待游客 106 万人，至今无涉旅纠纷进入诉讼程序。自 2020 年"作退一步想"工作室建成开放以来，共接待省内外各系统代表团 200 余批次、6000 余人，让更多的受众承接、体验、感受到"作退一步想"工作法的创新和实用。

（四）产业兴旺，厚植沃土引金凤

西递镇持续巩固拓展"作退一步想"工作成果，积极制定"为民办实事"清单，聚焦急难愁盼问题，助力优化营商环境。2023 年累计投资 7.6 亿元，走访帮扶项目、企业 110 余次，解决诉求 81 个，满意率 100%。成立乡村合作社和直播运营中心，开展新零售直播培训和孵化，全年平台成交商品价值 3340 万元。村级集体经济规模不断壮大，全镇 6 个村集体经济经营性总收入达 1901.74 万元、收益总收入达 1401 万元。

四、工作启示

（一）党建引领是核心

要始终坚持把党的领导与学习贯彻新时代"枫桥经验"相结合，在基层社会治理中充分发挥思想政治工作优势，以党建为引领，依靠基层组织和广大群众，将传统文化与法治文化、德治文化、廉政文化相融合，更好推进乡村治理体系和治理能力现代化建设。

（二）文化传承是根脉

在中华优秀传统文化的创造性转化、创新性发展中，要去粗取精、去伪存真，有鉴别地借力徽文化、有扬弃地传承徽文化，让徽文化成为构建社会良治、推进基层治理现代化取之不尽、用之不竭的智力和动力资源宝库。

（三）以德辅治是关键

要始终坚持以德服人，利用传家训、立家规、扬家风等文化风俗，深入挖掘徽文化蕴含的道德规范，积极涵养社会主义核心价值观，营造"谦和礼让"的乡村文化。

（四）服务为民是宗旨

"作退一步想"的第一步，就是耐心倾听双方当事人的陈述，让大家把话说完，充分体现了以人民为中心的发展思想。要始终坚持一切为了人民，一切依靠人民，把群众期盼作为"风向标"，把群众满意作为"试金石"，努力建设人人有责、人人尽责、人人享有的乡村治理共同体。

"点燃理想之光":
让红色文化点亮青少年前行之路

一、基本情况

广州是一座英雄的城市，红色是广州的城市底色。中国共产党第三次全国代表大会书写了这座英雄城市彪炳史册的光辉篇章。近年来，中共三大会址纪念馆依托红色资源，以全国爱国主义教育示范基地、全国首批"大思政课"实践教学基地、全国中小学生研学实践教育基地、全国关心下一代党史国史教育基地为载体，将大力弘扬以伟大建党精神为源头的中国共产党人精神谱系和爱国主义作为主线，通过"品牌建设、阵地拓展、活动育人"三大渠道，全力打造"点燃理想之光"青少年教育品牌，面向全省中小学广泛开展主题活动，让红色主题教育引导广大青少年学生扬爱国情、树强国志、践报国行。

二、主要做法

（一）精心打造品牌，让红色精神光芒焕发

中共三大会址纪念馆以"中共三大"红色资源为主体，立体打

造"点燃理想之光"青少年红色教育品牌，通过研学教育、专题展览、文创开发、纪录片、系列微视频、数字化体验等多种形式，丰富品牌内涵、形成恒久魅力。结合革命文物、纪念馆建筑提炼中共三大红色文化元素，进行纪念馆标识系统设计和"三大"系列文创产品开发。结合中华民族文化基因库（一期）红色基因库首批试点单位建设，以中共三大会址革命文物和会议场景为题材，开发数字化复原建模 AR 元宇宙虚拟体验活动。推出"中国这十年""真理的曙光——马克思主义在中国的早期传播""人民的胜利"等专题展览，拍摄《中共三大历史文献纪录片》，开发《信念如炬》《百年相望》系列微视频。推出"百年恰是风华正茂""真理的曙光"等青少年研学活动，打造中共三大主题实景课堂"红盒子进百校"，引导青少年以共产主义远大理想点亮理想之灯、发出信念之光、筑牢思想之魂。

（二）着力拓展阵地，让红色文化遍地开花

中共三大会址纪念馆除了做好打造精品展览、创新宣传模式等主阵地建设，还着力让纪念馆走向社会，走入社区、学校，走融合化发展的道路，发挥"纪念馆＋"无限可能。中共三大会址纪念馆通过与广州交通系统合作，创新探索党史学习教育阵地多元化。红色资源与交通资源的结合，打造海陆空全方位布局红色文化宣传矩阵，将党史学习教育推广着眼在人们出行的细微处，把中共三大红色元素融入大众的现实生活中，变静态参观为动态的展示，为传承红色基因、弘扬红色文化增添新彩。依托微信、微博、抖音、B站等宣传平台，联合文艺院团创作出品广播剧《广州1923》、大型舞台话剧《春园·1923》，取得良好社会反响。承办广东省第二届"红心向党·革命故事会"，全省共有26万余名中小学生参与。打造党员群众版的"凝聚共识　开创伟业"中共三大主题图片展、青少年

版的"画说中共三大"连环画展,以进校园、进社区、进机关、进部队、进企业、进乡村的方式,开展"三大百年"百场巡展,将中共三大的红色故事传播到各条战线。结合所在新河浦历史文化街区的特点,以中共三大历史题材开发红色剧本游《前往南方的号召》,将中共三大会址与周边的逵园、简园、柏园、馨园等百年洋楼进行串联互动。

(三)重视以文化人,让红色种子在青少年心底萌芽

1. 研发"点燃理想之光"青少年教育之红色研学活动,让青少年在革命事迹中感悟革命力量。中共三大会址纪念馆开展"点燃理想之光"系列研学课程,以中共三大会址遗址、中共中央机关旧址春园、杨匏安旧居为研学基地,通过历史课堂、连环画制作、戏剧演绎、地图绘制、团队讨论、主题调查等创新性研学形式,以情境式学习模式还原历史现场,引发青少年共鸣。"点燃理想之光"研学活动形成了馆内研学、校内"大思政课"、社区研学、"开学第一课"等多场景多形式的课程矩阵,共开展近百场主题研学活动,覆盖数万名学员。开展"我在'三大'看祖国这十年"系列研学活动,精心制作了研学手册、三大特色笔记本、留言纸、励志书签等。研学活动还走出中共三大会址纪念馆,在毛泽东视察棠下农业生产合作社旧址纪念馆开展"我在'三大'看祖国这十年——小手绘时代 寻宝棠下村"研学活动。2021 年迄今,线上线下共开展研学活动 147 场,参与量达 24.5 万次。

2. 实施"点燃理想之光"青少年教育之红色文化进校园活动,让红色文化从纪念馆走进校园。中共三大会址纪念馆推出"雷锋从未离开"主题活动,通过将雷锋展览、雷锋故事、知识问答等送进校园,让雷锋精神薪火相传、常学常新,滋养青少年成长。2016

2023 年 3 月 4 日，中共三大会址纪念馆"雷锋从未离开"主题活动进校园启动仪式

年至 2023 年已连续开展 8 年，共走进 61 所中小学，线上线下参与量超 440 万人次。先后与广州市培正小学、第七中学等中小学共建"红色研学实践基地"，在青少年党史学习教育、主题活动、志愿服务、宣传推广等方面开展合作。与广东工业大学马克思主义学院、广东工贸职业技术学院等共建思想政治教育实践基地、思政课教学实践基地，把"时代画卷　人民有感——'中国这十年'主题影像展""中共三大历史陈列"等展览、《中共三大的召开及其重要历史意义》等党史课程送进高校。向华南师范大学、广东外语外贸大学、广州大学等高校招募大学生志愿者，协助开展纪念馆接待、教育活动等多项公共服务。与广东外语外贸大学国际商务英语学院联合举办微党课大赛，使更多学生了解中共三大历史，接受爱国主义教育熏陶。

3. 打造"点燃理想之光"青少年教育中共三大主题实景课堂，让红色文化跨越时间与空间。2022 年，中共三大会址纪念馆精心打造中共三大主题实景课堂"红盒子"，被列入"中央专项彩票公益金支持未成年人校外教育项目"。实景课堂通过互动游戏、戏剧演绎、红色电台等形式，以情境式学习的模式还原历史现场，释放博物馆教育效能。纪念馆作为广州首家推出课程资源包的红色主题展馆，原创性提出"红盒子入百校"计划，将思政课程与社会大课堂连接起来，给各校带来一场"双师联动"的"大思政课"。

4. 建设馆外青少年研学实践基地，让粤港澳青少年共上一堂思政课。2020 年 12 月，中共三大会址纪念馆建立红色文化传播基地（四会），旨在打造青少年爱国主义教育、革命传统教育的第二课堂，使红色基因融入青少年血脉、理想之光薪火相传，同时拓宽红色文化在粤港澳大湾区的影响力和辐射面，使其成为红色文化的重要展示窗口。2021 年 4 月，粤港澳大湾区青少年走进该基地，参观"中国共产党第三次全国代表大会历史陈列"展览，讲解员向粤港澳学子讲述中共三大历史，让粤港澳青少年共上一堂思政课，深刻体悟红色文化，厚植爱国情怀。

三、工作成效

2022 年，中共三大会址纪念馆荣获首批"大思政课"实践教学基地。2023 年"点燃理想之光"青少年研学课程入选全国"大思政课"优质资源 100 个精品项目名单。结合该课程举办的研学活动得到家长和学生的普遍欢迎，整体满意度方面接近 100% 好评，使学生感悟到树立理想信念的重要性，增强了社会责任感和历史使命感。

四、工作启示

（一）高标准打造红色场馆主阵地

纪念馆开展思想政治教育，要精细化管理，高品质运行，形成红色文化品牌效应，要以高品质的陈列展览、高品质的团队讲解、高品质的场馆环境，增强观众的认知感、仪式感、体验感，不断提升红色文化宣传教育的效果。

（二）高质量开展红色文化教育传播

纪念馆开展思想政治教育，要结合学习宣传贯彻党的二十大精神，挖掘红色文化的深厚内涵和时代特色，开展沉浸式红色短剧、红色文创集市、红色故事会等特色活动，创新运用漫画、剧本游、元宇宙等青少年喜爱的载体，使红色文化深入人心，不断提升红色文化影响力。

（三）高水平推动红色文化研究

纪念馆开展思想政治教育，要建强用好自身研究机构力量，加强与中央党史和文献研究院等国内一流学术机构的密切合作，加强革命史料和文物收集、整理、保护工作并进行研究成果转化，持续提升纪念馆展陈及活动的理论深度和吸引力。

用好红色资源　传承西迁精神

一、基本情况

交大西迁博物馆坐落于西安交通大学兴庆校区，建筑面积约为 3760 平方米，馆内布展面积 2400 平方米，内容分为溯源、西迁和致远 3 个部分，展出照片、图表和实物等 2200 余件，其中包括西迁人及广大师生校友捐赠的实物 480 余件。展馆以图文实物和多媒体等展陈形式溯源南洋、致敬西迁、向西而歌，集中体现西迁人"听党指挥跟党走""打起背包就出发"，筚路蓝缕西迁创业的艰苦历程和辉煌成就，展示西迁精神激励一代代知识分子奋勇前进的磅礴伟力。

2020 年 4 月，习近平总书记在陕西考察期间，参观交大西迁博物馆，指出西迁精神的核心是爱国主义，精髓是听党指挥跟党走，与党和国家、与民族和人民同呼吸、共命运，具有深刻历史意义和现实意义。西迁精神是纳入中国共产党人精神谱系的第一批伟大精神，是高等教育和知识分子群体的精神力量和宝贵财富。

二、主要做法

（一）汇聚红色文化育人"大资源"

1. 用好红色教科书引领青年。交大西迁博物馆加强红色资源的研究和挖掘，丰富拓展"大思政课"内容体系，形成了西迁史料、西迁口述、西迁故事、理论研究等相对全面的西迁主题式育人资源建设特色，承担中国科协老科学家学术成长资料采集工程等多项国家、省市各级研究项目。出版《交通大学西迁亲历者口述史》《西迁创业者列传》《西迁创业巾帼谱》等西迁系列图书，涵盖史实记叙、人物传记、报告文学、史料整理等，汇聚成了内容丰富且阐释深刻的西迁研究资料库，引导激励师生校友赓续红色血脉，以史为鉴，为建功立业新时代不懈奋斗。

2. 保存好红色实物以史育人。交大西迁博物馆保存着学校建校以来百余件（套）红色实物，有马克思主义经典著作《国富论》国内首份译本《原富》、20 世纪 50 年代中共中央关于交大西迁的珍贵档案文献、体现"听党指挥跟党走"的西迁专列乘车证、学校 4 次获得的"全国先进基层党组织"荣誉证书、"西迁人"爱国奋斗先进群体被国家九部委授予"最美奋斗者"证书奖章等。交大西迁博物馆积极组织青年学子参与抢救"西迁人"口述史料，推进"西迁人"口述档案整理建档，累计采集 400 余人，文字整理稿近 600 万字。一件件红色实物展品、一份份珍贵档案史料，展现交大百余年"始终与党和国家发展同向同行"的红色文化，以物证史、以史育人。

3. 推进红色资源共享拓展平台。交大西迁博物馆持续做好学校党史、西迁史、红色人物、红色展品等资源的数字化建设，充分整

交大西迁博物馆作为全国关心下一代党史国史教育基地，参与举办"游基地·学党史"红领巾夏令营活动

合学校红色档案、校史、展品等数字化资源，建立红色资源"云服务"平台，通过"虚拟展馆、主题展览、馆藏精品、校史影音、校史书籍"等板块，推动红色资源"云共享"。

（二）打造红色文化育人"大格局"

1. 立足校园思政主课堂。交大西迁博物馆坚持为新生上好"开学第一课"。面向全校学生开设"西迁精神与大学文化"通识课程，推出"场馆里的微党课""行走的党史课"等实践课。主编的《西迁精神教育读本》（高中版、小学高年级版）被纳入"陕西省中小学素质教育读本"，已发行百万余册，践行爱国主义教育进教材、进课堂、进头脑。紧紧围绕"听党指挥跟党走"主线，举办"西迁记忆守护者——小小讲解员""弘扬科学家精神，培养未来科学栋梁"等特色课程活动 20 余场次。

2. 融入社会大课堂。拓展特色鲜明的育人模式，开展"博物馆六进"等活动，组织师生讲解员走进大中小学、企事业单位开展西迁精神主题宣讲近百场，4 年来累计覆盖 3 万余人次。组织学生与新疆大学开展多民族学生联合社会实践活动，与上海交通大学开展"重走陕湘初心之路，双交共话红色宣教"活动，赴云南建设"爱国主义社会实践基地"，前往泸西县张永和纪念馆、江西上栗等地开展西迁精神宣讲活动，让青年学子主动融入社会大课堂，把"听党话、跟党走"融入育人全过程。

3. 打造网络云课堂。整合红色展馆、展览、展品、影音等数字化资源，建设"西安交通大学数字文博平台"，打造思政育人"素材库""蓄水池"。联合学校宣传部、出版社等建设"西迁精神融合出版平台"，打造西迁精神网络资源库和教育教学平台。组织学生志愿者参与红色"云展览"策划、"云直播"讲解、"云课程"建设，丰富实践育人新路径。创新开设"云课堂"，西迁老教授、学生宣讲员在交大西迁博物馆与千里之外的北京、沈阳等地的小学生们同上"云端思政课"。

（三）构筑红色文化育人"大平台"

1. 建设红色资源育人群落。交大西迁博物馆获批全国首批"大思政课"实践教学基地、首批科学家精神教育基地、全国关心下一代党史国史教育基地、全国妇女爱国主义教育基地，以及陕西省爱国主义教育、党史学习教育、青少年教育等 31 个基地（教学点），开馆至今为社会公众和师生校友讲述"听党指挥跟党走"的西迁故事累计 70.5 万余人次。校园内建设了西迁纪念广场、纪念碑、纪念园和西迁教授群雕等，构筑了相互联动的西迁红色资源群落，被文化和旅游部、中央宣传部等多部委选入"建党百年红色旅游百条精品路线"，为依托红色资源育人、发挥博物馆思政育人作用，提供了坚实载体和平台。

2. 营造多阵地育人环境。为党史学习教育、主题教育、"大思政课"教育提供定制式展示手段，通过"线下＋线上""展馆＋展厅＋展览""传统宣教＋网络宣教"等形式，打造多载体、多阵地育人品牌。西迁馆建成网上展馆，推进 AR、VR 互动项目建设，让科技手段为思政育人添"智"助力。举办"听党指挥跟党走——交大西迁档案文献展"等红色主题展览。入驻人民网"红色云展厅"、国家文物局"红色基因传承平台"、陕西省文物局"陕西革命旧址云上展"。创新融媒体宣传模式，用好微信公众号、微博、抖音、快手等平台，讲好西迁爱国奋斗故事。

三、工作成效

（一）构建"五位一体"模式，红色资源思政育人成效显著

构建"场馆—研究—展览—宣教—传播""五位一体"育人模式，推进"大资源""大课堂""大平台"建设，参与的项目"弘扬西迁精神、培育时代新人的探索与实践"获国家级教学成果奖一等奖；思政育人案例入选国家文物局、教育部以革命文物为主题的"大思政课"优质资源精品项目，入选国家文物局《深厚的滋养——革命文物资源服务党史学习教育大数据分析与案例探究》；用西迁精神推进"大思政课"建设经验案例被教育部官网、科学网、《陕西党史》等刊发。交大西迁博物馆主题展览获评国家文物局"弘扬优秀传统文化、培育社会主义核心价值观"主题展览重点推介项目、全省首届博物馆优秀展览"特别奖"。

（二）发挥实践育人优势，学生综合素质持续提升

先后组织学生参与科学家精神事迹采访、科学家精神项目研

究、科学人物展览策划和文艺作品创作等，发挥红色资源的实践育人作用。《访谢友柏院士谈学风传承》视频入选中国青年报和中国科协联合开展的"弘扬科学家精神"十大主题视频；青年学生讲解团队被全国妇联授予"全国妇联巾帼志愿示范宣讲队"，先后培养10余名解说团学子参加全国、省、市宣讲及演讲大赛，多名学生获全国高校博物馆优秀讲解案例展示，获全国"稷下杯"辩论赛和全省社科普及讲解员比赛一、二、三等奖，以及"互联网+"大学生创新创业大赛、中国青年志愿服务项目大赛、陕西高校"三秦青年说"、陕西省大学生"挑战杯"比赛等30余项荣誉奖励。

（三）用活红色资源，思政育人影响力持续扩大

交大西迁博物馆百余次亮相人民日报、新华社等国内主流媒体，通过人民网、中国教育报等媒体平台解读红色文物故事，推出多部红色故事讲解微视频。其中《西迁片羽》系列微视频入选"人民网2022年高校优秀校园新闻作品"新媒体类优秀作品，累计浏览量达110万次。微视频《交大西迁第一楼》《决不能失信于西北人民》分别获国家档案局微视频一等奖、"高校影视作品交流展映"纪录片二等奖。

四、工作启示

（一）加强党的领导，强化价值引领

坚持以习近平新时代中国特色社会主义思想为指引，深入挖掘西迁精神的历史意义和时代价值，将传承弘扬西迁精神与建设中国特色世界一流大学、推进"教育、科技、人才"三位一体高质量

发展相结合。系统推动西迁红色资源保存保护、研究开发、展示宣传、传承育人等整体部署、协同发展，持续焕发红色资源的内在活力与时代价值。

（二）强化资源整合，汇聚育人合力

牢固树立全员、全程、全方位协同育人理念，构建宣推、文博、出版、影视、网络等多渠道协同育人机制，形成"校园主课堂""社会大课堂""网络云课堂"协同育人合力，促进信息互通、资源共享、业务互促、队伍共建，构建起高校思想政治教育共同体。

（三）坚持守正创新，提升育人成效

把握时代特点，推进红色资源与高校思想政治工作相结合的理念创新、手段创新、工作创新。依托现代数字技术，打造多角度、多方位的红色资源教育模式，推动红色资源的数字化、可视化、互动化，不断增强红色资源育人工作的感染力、说服力、吸引力。

"六个一课"：
提高爱国主义教育针对性实效性

一、基本情况

侵华日军南京大屠杀遇难同胞纪念馆是全国爱国主义教育示范基地、全国"大思政课"实践教学基地和全国中小学生研学实践基地。近年来，纪念馆牢记习近平总书记两次来馆的谆谆嘱托，贯彻落实《中华人民共和国爱国主义教育法》，以国家公祭场所为依托，以分众化为特征，以青少年为重点，运用南京大屠杀历史铁证，开展了"六个一课"分众化爱国主义教育。"六个一课"分别是：一是面向国内留学生举行"行前一课"，教育他们出国后做爱国主义的践行者、中国故事的讲述者、和平种子的传播者；二是面向部队新兵和军校学员举行"入伍一课"，号召官兵们勿忘国耻、矢志强军；三是面向港澳台同胞和海外侨胞举行"复兴一课"，引导他们深化民族记忆，增强国家认同；四是面向党员干部举行"入职一课"，使公职人员在历史虚无主义等问题上敢于斗争、善于斗争，做国家公祭政策法规的执行者和国家利益的坚定维护者；五是以思政课教师为重点举行"从教一课"，让教育者先受教育；六是面向留学归国人员举行"归国一课"，激励他们心系"国家事"、肩扛"国家责"，大力弘扬留学报国的光荣传统。

二、主要做法

（一）活化利用南京大屠杀文物史料和纪念设施

1. 以文物为"教材"。纪念馆把 19.3 万多件馆藏品作为最真实、最生动、最有力的史证，讲好南京保卫战的抗战精神故事、中国人民英勇反抗日军屠杀的故事、南京大屠杀期间人道主义救援的故事、南京大屠杀真相国际传播的故事、战后取证与审判战犯的故事、南京大屠杀历史记忆传承的故事，通过一件文物讲一段故事、说一个道理、强一个信念。

2. 以场馆为"教室"。纪念馆发挥国家级抗战纪念设施和遗址的教育功能，把史料陈列厅和公祭广场、悼念广场、雕塑广场、和平广场等外部空间作为现场教学的"大教室"，通过"沉浸式参观＋理论解读＋分享交流"的教学模式，让"六个一课"融入纪念馆的"记忆之场"，使历史从"学理"进入"心里"。

3. 以遗址为"课堂"。纪念馆把遗址旧址作为爱国主义教育阵地，组织学员参观南京大屠杀死难同胞丛葬地等全国重点文物保护单位，走进约翰·拉贝故居、鼓楼医院旧址、南京利济巷慰安所旧址陈列馆以及南京保卫战战斗遗迹等遗址地，引导学员在寻访遗址的过程中深化历史认知，让"六个一课"实践教学更加贴近史实、融入时代。

（二）开展仪式感、沉浸式教学活动

1. 举行缅怀仪式，撞响"和平大钟"。纪念馆把缅怀仪式作为每一期"六个一课"的第一课，由 12 名学员代表撞响 13 声和平大

钟，寓意不忘 1937 年 12 月 13 日南京沦陷的黑暗时刻，以钟声缅怀同胞、祈愿和平。纪念馆在南京大屠杀遇难同胞名单墙、南京保卫战阵亡将士纪念碑等处举行献花仪式，让学员带着对遇难同胞的哀思走入记忆与和平的场域。

2. 举行朗诵仪式，激励奋斗精神。组织学员在德国友人约翰·拉贝雕像旁朗诵《拉贝日记》，在美国友人明妮·魏特琳雕像旁朗诵《魏特琳日记》，在守望相助的中国同胞展区朗诵《程瑞芳日记》，以读日记的方式加深对历史人物的认识。组织"行前一课""归国一课"等海外学员诵读美籍华人张纯如撰写的《南京浩劫：被遗忘的大屠杀》章节，传承张纯如追寻史实和捍卫正义的精神。组织青少年学员朗诵国家公祭日《和平宣言》，增强"强国复兴有我"的使命担当。

3. 举行演奏仪式，营造沉浸式氛围。在史料陈列厅播放反映南京大屠杀期间难民生活的《蚕豆歌》等历史歌曲，用钢琴、小提琴等乐器演奏《松花江上》等抗战歌曲和《我爱你中国》等表达爱国精神的歌曲，用乐声烘托现场教学氛围，引导学员渐渐走出悲伤的情绪，把悲痛之情转化为强国之志、和平之愿。

（三）抓住重要纪念日节点增强联动效应

1. 用好抗战纪念日节点。纪念馆在 7 月 7 日全民族抗战爆发纪念日、8 月 15 日日本战败投降日、9 月 3 日中国人民抗日战争胜利纪念日、9 月 18 日九一八事变爆发日、10 月 25 日台湾光复日等重要纪念日重点策划教学活动。特别是在每年 12 月 13 日南京大屠杀死难者国家公祭日，与北京、上海、沈阳等地 40 多家抗战纪念馆举行同步悼念活动，有力增强了思政教育的馆际联动。

2. 挖掘节日的涵育功能。结合南京大屠杀遇难同胞家属"清明祭"和"家祭"等悼念活动，纪念馆组织青年学员为南京大屠杀遇难同胞名单墙"描新"，让学员在亲身体验中升华民族情感。在"七一""八一""十一"等节日，举行升国旗、唱国歌仪式，开展朗诵抗战家书、演唱抗战歌曲、手绘和平鸽等活动，为中小学生、党员干部、部队官兵和社会各界青年上好思政课。

（四）点面结合构建"大思政课育人共同体"

1. 坚持"面"上拓展，形成片区大共建。纪念馆建立以党政部门统筹协调、院校整体参与、纪念馆具体承办的三方共建机制。将南京市普通高中和职业学校的中外合作办学项目及国际班纳入"行前一课"，为留学生行前教育填补了思政课空白。与教育、统战、台办、侨联、国防教育、干部学院等部门紧密对接，使纪念馆从"必到之地"变为"必学之地"。

2. 聚焦"点"上深化，突出一校一特色。纪念馆结合院校的专业优势设置有针对性的共建任务，如联合农学院创新劳育课设计、联合艺术院校创作国际和平海报等艺术作品、联合外语学院推动南京大屠杀史实国际传播等，形成了各类院校各展专长、各显风采的共建局面。与军校共建"国防教育基地"，与警校共铸新时代"忠诚警魂"，使馆校共建之点更聚焦、更契合、更有效。

（五）智库赋能建设思政教育"大师资"

1. 组建讲师团。纪念馆主办江苏省重点高端智库"国家记忆与国际和平研究院"，建立了专兼职结合的 60 多名讲师组成的队伍，与南京大学在集体备课、课程教学、校园宣讲等方面开展深度合作，为"六个一课"提供学理支撑和师资力量。

2. 建立教研室。纪念馆运用南京市中小学教材《南京大屠杀死难者国家公祭读本》小学版、初中版和高中版，推出了一批导向正确、内容丰富、视角多元、形式生动的课件，形成了"民族苦难与国家记忆""南京暴行的国际影响"等一批思政"金课"，使智库成为"六个一课"的重要研发平台和宣讲平台。

（六）幸存者后代推动历史记忆"大传承"

纪念馆深入贯彻落实习近平总书记在会见南京大屠杀幸存者代表时提出的"一代一代把记忆传承下去"的重要指示精神，开展"南京大屠杀幸存者后代记忆传承行动"，邀请幸存者后代与"六个一课"学员交流。截至 2023 年年底，已有 23 位南京大屠杀幸存者后代接过了讲述南京大屠杀证言的"接力棒"，成为"历史记忆传承人"。

三、工作成效

（一）推动了"大思政课"守正创新

"六个一课"抓住了青少年、党员干部、部队官兵、思政课教师、港澳台同胞、海外侨胞、留学归国人员等重点群体，通过"定制"的教育内容增强了各类学员的爱国精神，推动了革命类纪念馆"大思政课"教学的理论创新和实践创新。

（二）得到了师生的积极反馈和肯定

"六个一课"从学员的不同角度选准切入口，让学员切实从南京大屠杀历史之"痛"感悟正义与和平之"理"。"六个一课"的持续开展推动了一批又一批新时代的中国青年树立正确的历史观，牢

2023 年 9 月，94994 部队来到侵华日军南京大屠杀遇难同胞纪念馆参加"入伍一课"

记落后就要挨打、发展才能自强的道理，使他们不忘曾经的民族苦难，牢记今天的使命担当，不负明天的伟大梦想。

（三）取得了广泛而持续的传播效果

"六个一课"实践教学得到了人民日报、新华社、中央广电总台、"学习强国"学习平台等多家中央级媒体的追踪采访和重点报道，反响广泛。其中"云讲堂"入选了全国文化遗产云传播十佳云讲堂。在"学习强国"学习平台上线的 5 集微课《我们的和平宣言》，累计观看超百万次。

（四）案例入选多项全国和省级项目库

"六个一课"研究成果在《纪念馆研究》杂志创刊号、《中国文物报》等重要报刊发表。其中，"行前一课"活动入选了江苏省博物馆教育示范项目集锦、江苏智库实践十佳案例、江苏基层思想政治工作典型案例等项目库，在"六个一课"中率先形成示范效果。

四、工作启示

（一）要坚持分众教学，打造"走心的大思政"

纪念馆开展"大思政课"要紧密结合不同群体的特征和需要，从学员导向、问题导向设计教学模块，精准施教，精讲而不漫谈，走心而不走场。要加强"一群一策"，分群体建立健全铸魂育人长效机制，从"大"处着眼、在"课"上谋划、往"思想"发力。

（二）要增强多方联动，推出"行走的大思政"

纪念馆开展"大思政课"要加强教育对象、教学资源、教研平台的资源整合，构建主管部门、纪念场馆、院校单位"1+1+X"三方共建机制。要以馆校共建为纽带，以课办展、以展授课，在重要纪念日节点推动"六个一课"进学校、进机关、进部队，持续提升爱国主义教育的联动性。

（三）要加强学员追踪，做好"课后的大思政"

纪念馆开展"大思政课"要建立学员信息追踪反馈机制，邀请优秀学员回到"六个一课"现场作分享交流，将"课上"与"课后"贯通起来。要为学员提供"课后服务包"，定期推送纪念馆年度研究成果、有声读物、短视频等资料，持续扩大"六个一课"的影响力。

"军垦战士的一天"：
红色研学活动让兵团精神可触可感

一、基本情况

习近平总书记在第三次中央新疆工作座谈会上强调："要弘扬民族精神和时代精神，践行胡杨精神和兵团精神，激励各级干部在新时代扎根边疆、奉献边疆。"新疆生产建设兵团是维护新疆社会稳定、促进经济发展和实现长治久安的重要力量，为增进民族团结和巩固西北边防作出了重要贡献。70年来，一代又一代兵团人扎根新疆沙漠周边和边境沿线，认真履行党和国家赋予的职责，形成了"热爱祖国、无私奉献、艰苦创业、开拓进取"这一宝贵的兵团精神。

为认真贯彻落实习近平总书记重要讲话精神，在新时代传承和发扬好兵团精神，十六团新开岭镇立足区位优势和资源禀赋，创新推出"军垦战士的一天"沉浸式红色研学活动，推动兵团精神可触可感。

二、主要做法

（一）加强基础设施建设，营造红色教育氛围

1. 恢复旧址原貌。2020年，十六团新开岭镇以一营营部旧址为

主阵地，在恢复一营营部旧址原貌的基础上增强基础设施建设。3年多来，先后4次对一营营部旧址进行了维护修缮。2022年5月20日，一营营部旧址正式开馆，开馆以来共接待党建团体活动112余次，接待游客10万余人次。

2. 复原户外设施。保护修缮门前广场、大门、老房子、硬质路面、路灯、广场舞台等基础设施，注重一营营部旧址营区内外环境的整理打造，让旧事物焕发新生机。在广场内增设20世纪六七十年代户外活动设施，包括乒乓球台、单双杠、宣传栏、篮球架等。定期举办比赛，开展篮球、乒乓球等体育活动，体验老一辈兵团人的业余文化生活。

3. 还原生产生活场景。在室内增设办公室区域。办公区域均采用了场景复原的展陈方式，还原20世纪五六十年代老一辈军垦人生产生活以及学习的场景，包括保卫室、总机室、供销股、营长室、副营长室、招待室、会议室、图书室、卫生室、收发室、生产组办公室，让游客通过参观，身临其境地感受六七十年代老军垦和上海知青的工作场景。

（二）开发创新红色资源，转变精神传承方式

1. 体悟兵团精神。通过体验垦荒整地、组装平板车、独轮车、纳鞋底、滚铁环、唱红歌、学红色舞蹈等活动，并搭配以窝窝头、南瓜粥、塔河蜜薯等为主的"忆苦思甜"午餐，使游客能够沉浸式体验当年的军垦战士生活，亲身体悟并进一步传承和弘扬兵团精神。

2. 培养爱国品质。以"赓续红色血脉"为主题，展示一代又一代军垦人的精神风貌。通过红色文化体验、教育，让游客领悟兵团精神的深刻内涵，认识到我们祖国的繁荣昌盛，是由无数英雄的老

军垦战士们前赴后继、英勇牺牲得来的，增强爱国意识。

3. 增加合作精神。通过分班分组参加集体劳动、组装劳动工具等集体性活动，进一步培养团队的配合意识，加强团队合作的精神教育。

（三）推进文旅深度融合，带动红色旅游发展

十六团新开岭镇将基层思想政治工作与推动经济社会发展有效结合，在可触可感的体验中既传承了红色血脉，也带动了当地经济发展。

1. 带动团镇经济发展。围绕塔河源景区建设，确定"文旅兴团"发展目标，集中力量建设"一红一绿"特色文化旅游区。2023年塔河源景区成功开园，接待游客 10 万人次。成功举办首届塔河源冰雪文化旅游节、塔河源"花朝节"、第六届塔河源荷花文化旅游节，吸引游客 15 万人次，创造社会经济效益近 1700 万元。

2. 促进连队经济壮大。十六团 1 连抢抓机遇，成立新奇点乡村旅游农民专业合作社，打造一营营部旧址周边产业，实现职工再就业。以连队基础建设、合作社经营为主，职工承包经营民宿、水上乐园、农家乐等项目，让农民可持续致富。目前，一营营部旧址发展旅游业带动就业 68 人。

3. 推动兵地融合发展。深入实施兵团特色"访惠聚"工作，带动地方村近 1000 余人次参与体验活动。创新实施"文化引领"工程，开展各类文化活动 30 余场次。建立党员"结亲"机制，26 名党员结成互助对子，与结对村联合开展"党旗映天山"主题党日活动 10 余场次。通过宣传推广"红色套餐"，吸引了周边团镇来此开展主题党日活动，同时积极邀请兵地共建单位开展"兵地融合促发展 军垦文化润民心"等活动，体验"军垦战士的一天"，在一营

大食堂共同体味"忆苦思甜饭"，以实际行动架起"兵地连心桥"，推动兵地融合发展，把红色旅游变成乡村振兴的"金钥匙"。目前，该活动吸引了 46 个团队参与体验，参加体验人数 5000 余人次，增加经济效益 30 余万元。

三、工作成效

（一）传承了兵团精神

十六团新开岭镇一营营部旧址通过重温红色历史记忆的方式寻梦兵团印象，利用红色阵地讲好红色故事，发挥一营营部旧址红色旅游资源的优势，形成了具有鲜明军垦特色的红色教育品牌，成为

2023 年 6 月，十六团新开岭镇一营营部旧址外部建设情况

爱国主义教育、兵团精神教育、理想信念教育和廉政文化教育的有效载体，让红色教育"活"起来。该活动一经推出，就受到了社会各界的广泛关注，仅仅 3 个月就吸引了 40 多个团队参与体验，参加体验人数 1000 余人次。活动以实景体验的方式让广大职工群众深入了解老一辈兵团人的艰苦奋斗故事和崇高奉献精神，深刻感悟一代代兵团人为建设新疆、壮大兵团贡献力量的伟大精神，增强了对维稳戍边的认同感，同时增强了新时代传承弘扬兵团精神的自觉性。

（二）巩固了思想根基

兵团精神是几代兵团人爱党爱国、发愤图强、顽强拼搏、接续奋斗的真实写照，突出表现出了勇往直前的进取精神，具有强大的价值引领力和现实指导力，是建设忠诚可靠、吃苦能干的兵团队伍的宝贵资源，是激励广大干部职工扎根边疆、奉献边疆的生动教材。通过切实体验"军垦战士的一天"，参与队列训练、升国旗、锄草整地、制作生产工具等活动，学员深深体会到兵团人当年开疆拓土的艰辛，深刻地感受到老一辈军垦人舍家报国、无私奉献的伟大精神和感人事迹。兵团人、兵团事、兵团精神让人们的心灵得到激荡、精神得到洗礼、灵魂得到升华、党性得到锤炼。

（三）铸牢了中华民族共同体意识

依托 1 连红色教育基地，邀请结对村"两委"、党员、村民观摩学习，宣传兵团精神、胡杨精神、老兵精神和三五九旅精神，共同参与"军垦战士的一天"体验活动，教育引导结对村党员坚定理想信念、厚植爱国主义情怀，进一步铸牢了中华民族共同体意识。

四、工作启示

（一）强化阵地建设，打造红色文化教育品牌

红色文化是中国共产党及其领导的革命、建设和改革成功经验的历史积淀，承载着中国共产党人的理想信念、道德追求等精神资源，具有重要的育人价值。必须强化阵地意识，提高责任担当，把建好、管好、用好红色文化阵地作为思想政治工作的有效载体。一营营部旧址作为思想政治教育的重要平台，通过积极收集各类老物件，充分挖掘一营营部旧址的红色文化，找准着力点，打造出职工群众家门口的"思想政治文化讲堂"。

（二）挖掘自身优势，创新基层思想政治工作方式

坚持守正创新，推进理念创新、手段创新、基层工作创新，是使新时代思想政治工作始终保持生机活力的有效手段。必须坚持遵循思想政治工作规律，把解决思想问题与解决实际问题结合起来，因地、因人、因事、因时制宜开展工作。一营营部旧址作为红色文化传播主阵地，以"追寻军垦印记 赓续红色血脉"主题为指引，以传承发扬兵团精神为目的，以开展"军垦战士的一天"沉浸式活动为抓手，抓好用好发展机遇，以高质量的文化供给提高职工群众的思想认识，引导广大职工群众积极做红色基因的传承者和发扬者，推动兵团精神入脑入心。

（三）推动融合发展，将思想政治教育与经济社会发展有机结合

思想政治工作要同生产经营管理、人力资源开发、企业精神培育、企业文化建设等工作结合起来，既着眼长远又立足当下，切实将思想政治优势转化为经济发展的优势，实现经济发展与思想政治工作齐头并进。一营营部旧址通过党建引领支部带动，积极创办农家乐"老一营人民大食堂"、民宿等服务项目，把乡村旅游做起来，为连队职工群众提供就业岗位，拓宽连队农产品销路，增加连队职工群众收入。通过参观和参与实践活动，深刻体会"热爱祖国、无私奉献、艰苦创业、开拓进取"的兵团精神，为推动乡村振兴、推进高质量发展筑牢团结奋斗的思想基础，激励广大干部职工继承和发扬兵团精神，提高干事创业的热情，主动作为、脚踏实地，为团镇各项事业发展贡献自己的力量。

"湾区轨道文化长廊":
将思政工作深度融入城市动脉

一、基本情况

目前，广州地铁运营的"地铁＋城际"轨道交通里程超过1000公里，涵盖了地铁、城际铁路，以及有轨电车服务，每日承载的客运量超过1000万人次，选择地铁出行占全市公共交通出行比例超过65%。轨道交通已成为人们除办公室和家庭以外的"第三生活空间"。

2022年以来，广州地铁集团作为广东省首批培育和践行社会主义核心价值观示范点，充分发挥轨道交通作为文明窗口、文化平台、宣传阵地的重要作用，以"文化地铁，精彩旅程"为主题，打造"轨道搭台、专业展演"模式，与党政机关、文艺院团、媒体机构跨界合作，在轨道交通空间推出了一系列文化惠民活动。两年共推出文艺演出29场次、文化展览45场次、文创产品80款，做到了"月月有活动，日日有展览，时时有精彩"，形成了强大的传播力、引导力、影响力。

二、主要做法

（一）打造"轨道搭台、专业展演"模式，联合全社会专业力量为乘客幸福出行增加高质量文化供给

1. 与党政机关合作打造高站位宣传空间。广州地铁携手党政机关深度整合"地铁＋城际"资源，构建起一系列具有高站位的文化宣传和公民教育载体。与广州市委宣传部合作，创建全市首个社会主义核心价值观地下展示空间，举办"英雄花开英雄城"图片展、"强国复兴有我"优秀公益广告作品展、小林漫画主题展等多元化主题活动。与广州市国安局合作，连续 3 年推出 15 列"国安号"主题列车，打造"移动的国家安全知识普及大使"，央视《新闻联播》作了报道。与广州市国家保密局共同建立"龙潭地铁站保密普法示范基地"，荣获"广东省保密教育示范基地"称号。联合广州市纪委打造"君子悦廉·猎德站"，倡导共筑廉洁防线。

2. 与专业艺术院团合作打造高品质文化惠民服务。与广东民族乐团、广东音乐曲艺团、广州交响乐团、广州市音乐家协会、沙湾街道办事处、小云雀合唱团、广州少儿广播合唱团等机构建立战略合作，推出"粤韵今声""古典焕新""云雀之声""音你而来"等系列音乐活动，成功将艺术演出融入乘客日常出行，赋予通勤旅途更多文化享受。连续 3 年携手广东民族乐团开展"广东民乐进地铁迎春活动"，演奏家们使用广东传统乐器演绎《娱乐升平》《雨打芭蕉》《步步高》等经典广东音乐曲目，受到街坊的欢迎，新华社客户端报道浏览量突破 40 万人次。联合广州交响乐团推出交响乐主题专列，融合古典音乐与生肖文化，体现东西方文化交融，深受市

民喜爱，线上音乐专辑扫码收听次数高达 120 万人次。

3. 与媒体机构合作打造高水平热点 IP。连续多年携手人民日报新媒体中心，围绕重大社会主题，推出"青春号"主题有轨电车、"一带一路"主题宣传展览等活动，相关活动在人民日报微信公众号刊出后，吸引了百万网友观看、数千网友点赞。携手广东广播电视台，开展"广府情怀、地铁声音"流动城市声音名片征集系列活动，用生动有趣又富有青春气息的语言、歌唱和讲述方式，述说时代变迁和生活向前向上的故事，共征集 500 余份广州幼儿和青少年音频作品。协同南方农村报社策划广东荔枝地铁专列，巧妙融合广东荔枝品牌文化和古诗词艺术表达，有力提升广东荔枝品牌形象，助力乡村振兴战略实施。

（二）打造"三个系列"内容，以久久为功的努力将轨道上的大湾区打造成为"湾区轨道文化长廊"

1. 与群众手牵手的文艺演出系列。坚持亲民惠民，通过春节前举办艺术家为市民写春联、元宵节举办猜灯谜线上线下民俗活动，营造浓厚的传统节日气氛，增强城市的温度。携手本土艺术团体、民间艺人、社区居民及学生推出涵盖粤剧、民歌、曲艺、现代舞、诗朗诵等多种艺术形式的群众互动性活动，生动展现广州及岭南地区的文化底蕴和艺术风采。例如，与珠江钢琴集团、雅马哈音乐中心在番禺广场站、磨碟沙站、天河公园站共建"音乐角"，供乘客驻足弹奏钢琴。

2. 与历史面对面的文化展览系列。通过整合多元文化资源，巧妙融合古今元素，打造成为市民接触历史、体验传统文化的重要平台。携手广州市团委，在团一大广场站推出《匠心筑梦　青春闪光》漫画展，和广大青年一起回溯共青团百年光辉历程，共同书写新时代青春乐章。连续 14 年与南国书香节组委会合作，打造"轨道上的书香"系列展，并在番禺广场站、城际花都站设立"旅途图书馆"，营造"搭地铁 品书香"氛围，使乘客在日常通勤中尽享阅读乐趣。

3. 与潮流肩并肩的文创产品系列。紧贴时尚潮流，适时推出系列文创产品，让红色文化、传统文化变身时尚"潮文化"。推出具有浓厚传统韵味和时尚设计风格的春节年货套装，包括新春福袋、限量版毛绒玩偶及精美红包，受到市民追捧。助力乡村振兴，与贵州省毕节市合作开发的户外露营新品，因结合地域特色与现代审美，引发抢购热潮。

（三）打造"互动体验、文化共享"多元传播平台，汇聚全社会的热情为湾区人民注入文化活力

1. 民众融入，赋予文化轨道人间烟火味。在策划文艺演出系列活动中，广州地铁注重群众参与，使乘客既是文化观赏者也是创作

2022 年 5 月 29 日，"云雀之声，乐享全程"地铁车站音乐空间艺术展演活动现场

者，打造亲民文化轨道。例如，番禺广场站和磨碟沙站的"拾光音乐厅"、天河公园站的"音乐角"，采用了"市民演奏、乘客欣赏"的模式，受到欢迎，两年共有 3400 多名乘客登台演奏。

2. 数字互动，激活文化轨道人气磁场圈。积极探索并实践数字化文化传播新模式，借助互联网技术和社交媒体平台，强化群众参与互动，成功激活了轨道上文化的人气磁场，形成了一个活跃的文化交流生态圈。例如，结合文化展览内容设置趣味答题赢取奖品活动，增加了观众的参与度和趣味性。利用 AR（增强现实）技术打造虚拟合影打卡点，使市民得以身临其境地体验文化魅力。

3. 传播联动，助推文化轨道走上大舞台。通过微博、微信以及短视频直播等平台，快速输出优质内容，引发市民网友大量关注，"广州开通国内首列交响乐地铁"话题登上当天新浪微博同城热搜第二名。利用遍布地铁全网的 2.9 万多块地铁电视屏幕和 1.9 万个灯箱广告，每年发布 130 多条文化公益广告，使文化元素渗透至车站各处，形成视觉听觉全覆盖的文化传播格局。

三、工作成效

（一）赢得口碑：在深入服务群众中获得群众交口称赞

"文化地铁，精彩旅程"系列文化活动，得到了市民踊跃参与点赞、媒体广泛正面报道、政府以及社会各界的高度认可。市民梁小薇给广州地铁邮寄了《点赞信》，赞扬广州地铁弘扬岭南文化系列举措。雕塑家许鸿飞记录下地铁音乐会场景，表达敬意。有的网友看到"拾光音乐厅"乘客现场表演后，在网上留言：下班后看到乘客手指在琴键上飞舞，原本是要匆忙赶路回家休息，却被音乐留住脚步，让人感觉到一天的疲惫在此刻都释放了。

（二）形成品牌：打造了有传播力和影响力的"湾区轨道文化长廊"品牌

"文化地铁，精彩旅程"系列活动，创新了思想政治教育形式，巧妙地将红色文化、传统文化等元素融入现代交通体系，在丰富市民出行体验的同时，以生动有趣的方式普及社会主义核心价值观，形成了有传播力、引导力、影响力的"湾区轨道文化长廊"品牌。

（三）创新模式：轨道搭台，专业展演模式为文化传播和文化惠民工作提供经验

通过两年多的精心打造和精彩实践，"轨道搭台，专业展演"模式将地铁优势发挥与社会资源运用有机统一起来，不仅为思想文化传播随轨道向大湾区延伸拓展积累了丰富的实践经验，更为城市落实文化惠民政策、充分利用城市空间传播优秀思想文化、撬动社会专业力量打造文化服务品牌等，提供了可复制可推广的经验。

四、工作启示

（一）必须坚持贴近群众、服务群众、赢得群众

地铁是服务日均千万乘客的公共服务空间，必须始终以服务人民群众为中心，把文化为民、文化惠民和文化乐民转为实实在在的行动。"文化地铁，精彩旅程"系列活动，以地铁和城际作为舞台，把艺术文化直接"搬到"市民出行的日常生活场景中，最大限度拉近了艺术文化与人民群众的距离感，让乘客"零距离"直观感受艺

术文化的魅力与力量，在繁忙的旅途中得到身心的愉悦，受到了市民的普遍喜爱，提升了广州地铁公共文化服务水平。

（二）必须坚持发挥自身优势与充分利用社会资源有机结合

广州地铁拥有巨大的客流资源和广泛覆盖的地理优势，是一个具有广泛传播力和影响力的公共文化平台。而通过"轨道搭台、专业展演"模式，引入各类专业院团，开展跨界合作，共同开展文化惠民活动，一方面有效增强了文化惠民活动内容丰富性、形式多样化、服务品质化，另一方面有效保证了轨道上的文化活动能够持续开展下去。

（三）必须坚持线下活动与线上传播相结合

传播是提升文化影响力的重要方面。广州地铁虽然具备千万客流"自带流量"的特点，但是必须充分运用各类媒体、各种平台的优势，共同唱响"文化地铁，精彩旅程"品牌。实践中，通过线下实体活动与线上数字传播相结合，新媒体平台开展线上直播、在线互动、平台交流，让更多人能够跨越时空限制，随时随地参与到文化活动中，形成线上线下相互呼应、互为补充的立体传播格局。

"保护+开发"：
让三线航天文化"活"起来

一、基本情况

中国航天三江集团有限公司隶属于中国航天科工集团有限公司，是国防科技工业的骨干力量，其前身——066基地位于鄂西三线，被誉为"铸造共和国脊梁的地方"。自20世纪六七十年代以来，一代又一代066基地建设者积极响应毛泽东同志提出的"好人好马上三线"伟大号召，以"宁肯掉下几斤肉，也要建好066"的豪迈气概，生动践行了"艰苦创业、无私奉献、团结协作、勇于创新"的三线精神，抒写了一曲曲战天斗地的人生壮歌，开创了三线基地独立研制生产航天型号全系统的先河，填补了一系列技术和产品空白。

长期以来，航天三江深入贯彻落实习近平总书记关于把红色资源利用好、把红色基因传承好、把红色传统发扬好的重要指示精神，弘扬伟大建党精神，把066基地的工业遗存作为宝贵红色资源，充分挖掘蕴含其中的精神文化禀赋，汲取红色奋进力量，引导激励广大党员干部职工传承三线精神、赓续红色血脉、涵养初心使命，为加快建设航天强国汇聚磅礴力量。

二、主要做法

航天三江坚持"保护"与"开发"双管齐下，通过保护一批三线航天建筑遗存、推广一条三线航天文化研学经典线路、打造一张三线航天文化"红色名片"、建好一批内涵丰富的"精神讲堂"、形成一系列三线航天文化成果，让三线航天文化"活"起来。

（一）保护一批三线航天建筑遗存

066基地旧址作为航天三江三线建设时期的重要物质遗存，见证了航天三江筚路蓝缕、苦难辉煌的发展历程，是老一辈066人在战天斗地、克难奉献的辉煌历程中留下的宝贵财富。在整体搬迁至武汉、孝感以后，大量的三线建筑、设施空置在鄂西远安深山密林。为保护三线航天遗址，大力开展抢救性保护工作，航天三江积极申报文物保护项目，于2019年成功获评第八批全国重点文物保护单位，通过文物认定、划定保护范围，066基地旧址600余亩重点区域被纳入文物保护建设控制地带，使066基地旧址珍贵建筑遗存得以完整留存和全面保护。

为加大三线航天遗址和工业老设备的保护力度，航天三江积极拓展保护渠道，主动与中国国家博物馆对接，2023年将镌刻着三线建设峥嵘岁月和历史荣光的6台工业老设备，无偿捐赠给国家博物馆用于永久收藏和展览展示。截至目前，066基地旧址已相继获得国防科技工业军工文化教育基地、全国中小学生研学实践教育基地、国防科技工业军工历史文化遗产、第八批全国重点文物保护单位、首批100个中央企业爱国主义教育基地、中央企业工业文化遗产、中央企业党性教育现场教学基地、中国航天科工"青马工程"

现场教学基地、湖北省第一批革命文物、宜昌市国防教育基地等一系列品牌和荣誉，为三线航天红色资源保护开发和利用赢得政策支持和难得的发展机遇。

（二）推广一条三线航天文化研学经典线路

航天三江发挥企业党校在党员教育培训、研学教育实践等领域的业务优势，实行"党校＋研学"的工作模式，将承载三线航天文化的 066 基地旧址纳入研学现场教学课程，将其作为航天系统内外开展支部主题党日、研学实践教育和党史学习教育的重要场所，通过拍摄三线航天宣传片、制作三线航天发展历程宣传画册、编制三线航天文化研学教材等，把史料转化为教材，把现场转化为课堂，不断丰富研学活动内容和载体。

依托航天三江党校党性教育和研学实践教育的师资力量，在基地旧址建设党校远安教学点，选派专职讲师进驻，积极推介以三线航天文化、航天精神、三江精神为内涵的经典研学线路，动员所属各单位、党工团组织和外部联系协作单位到三线航天遗址开展主题实践教育活动，打造在 066 基地旧址开展三线传统教育、在孝感参观大国重器生产制造现场、在武汉国家航天产业基地体验未来太空探索、在南京 1865 产业园领略民族工业文化、在卫星发射基地观摩火箭发射的研学经典线路。

近年来，航天三江已累计组织 10 所学校近万名学生走进航天三江研学基地开展研学教育实践活动，在教育部公布的"十三五"中央专项彩票公益金支持未成年人校外教育项目绩效评价结果中，航天三江研学基地以国防科工板块第一名的成绩获评全国优秀，以三线航天文化研学经典线路为主要内容的"党校＋研学"教育教学活动已产生良好品牌示范效应。

2023 年 7 月，航天三江红林团员青年到三线旧址参观学习

（三）打造一张三线航天文化"红色名片"

航天三江以打造国家一流三线航天文物保护单位为载体，将066基地旧址纳入所在地远安县全域旅游和宜昌旅游产业带，积极融入诗画远安、魅力宜昌、锦绣鄂西、灵秀湖北旅游带整体发展规划，将三线航天遗址打造成为全面展示三线航天事业发展历程的生动现场、全国中小学生研学实践教育基地的标杆课堂、党员干部教育培训的经典课程、红色旅游的经典线路，不断增强红色传统教育的鲜活性和多元性，使之成为推动航天三江高质量发展、促进地方经济社会发展、助力远安打造航天动力之乡和航天文化之乡的新名片。

近年来，航天三江积极发挥三线航天的文化特色，充分利用三线航天遗址在党性教育、爱国主义教育、红色旅游等方面的资源优势，将三线航天文化与当地传统文化相结合，通过串联远安古城、沮河国家湿地公园、鸣凤山景区、董家花海等自然与文化景观，将航天文化、三线文化融入远安荆楚文化、嫘祖文化和传统民俗中，使三线航天文化成为远安县域旅游的特色项目，并逐步发展成当地红色经典旅游路线的一张闪亮名片。

（四）建好一批内涵丰富的"精神讲堂"

航天三江加强红色阵地建设，以红色文化传承引领"六地十二区"所属企业的业务整合与文化融合，先后在武汉、北京、孝感三地打造具有标志性的"三江精神讲堂、黄纬禄精神讲堂、王振华精神讲堂"，利用 3 个精神讲堂常态化开展内涵丰富、形式多样的宣讲活动，将红色三线航天文化纳入航天精神和新时期三江精神内涵，变红色遗址为现场课堂。

（五）形成一系列三线航天文化成果

航天三江组建三线文化工作专班，聘请一些对 066 基地发展历史熟悉、具有三线建设情怀和丰富党务工作经验的同志，常态化开展三线文章采写、三线故事宣讲和史料整理等三线文化研究工作，历时两年多组织对 130 余位三线建设亲历者、见证者进行采访，抢救性整理 26 余万字珍贵史料，汇编成书。与远安县政协合编的《激情岁月》一书被国家图书馆收藏。借助融媒体平台刊发有关三线历史和红色文化原创文章 100 余篇，组织编写《三江情怀》《三江岁月》《三线迹忆》等一系列图书，使红色资源活化为可看、可听、可读、可续的党性教育资源，再现红色资源历史"原味"。

三、工作成效

航天三江以"加强科学保护、开展系统研究、打造精品展陈、强化教育功能"为抓手，用好红色资源、传播红色文化、传承红色基因，把红色资源融入革命传统教育、爱国主义教育的大课堂，激活红色资源，实现"有形覆盖"向"有效覆盖"转变，切实把三线航天文化的红色资源优势转化为企业高质量发展的制胜优势，取得丰硕成果。

（一）工业遗存得到科学保护

自航天三江工业遗存获评第八批全国重点文物保护单位之后，066基地旧址大量建筑设施被纳入文物保护范围和建设的控制地带，使三线遗址得到完整留存和科学保护。特别是航天三江与中国国家博物馆已建立密切联系，一些使用长达半个世纪的工业老设备得以永久入藏，成为"活教材"，必将为传承弘扬三线航天文化发挥更重要的作用。

（二）文化价值得到充分挖掘

三线建设深刻诠释了中华民族的忧患意识和文化信仰，反映了中华民族选择自力更生、艰苦奋斗的道路，其蕴含的文化价值被充分挖掘并得到充分彰显，展现一种集体主义和爱国主义精神，对航天企业更好地加强国防教育、履行强军首责，发挥更加深远的影响。

（三）企业形象得到社会赞誉

三线航天文化资源的有效保护和开发，使社会公众走进航天企业，现场感悟航天人报国敬业奉献情怀，激发全民族团结一心、共同奋斗的精神力量。航天三江作为国之栋梁，有力支撑世界一流军队建设的航天企业形象和综合实力，得到社会认可和广泛赞誉。

四、工作启示

（一）在文化认同中强化使命担当

国企作为国家战略支柱，其发展不仅仅依赖于技术和资本，更需要具备稳固的思想政治基础和深厚的企业文化支撑。从"巨浪"奔腾到"东风"浩荡，再到"快舟"飞天……老一辈航天人的故事在航天三江"六地十二区"传颂，广大干部职工在"讲解、追寻、缅怀、聆听、体验"中，深入传承弘扬三线红色文化，在文化认同中强化使命担当，成为航天三江不断前进的根本动力和不懈奋斗的精神源泉。

（二）在有效保护中焕发生机活力

航天三江三线航天创业史是谱写"团结争气，艰苦创业，求实自强，改革创新"三江精神的发展史。让三线航天文化"活"起来，必须始终坚持党的领导，深入学习贯彻习近平文化思想，积极践行"让文物活起来"的新时代文物工作方针，坚持保护与开发双管齐下，使三线航天文化焕发出新的时代生机，为加快建设航天强国、实现中华民族伟大复兴贡献航天智慧和力量。

"40年·40个"：用精神传承使命

一、基本情况

2021年，中国石化以深化党史学习教育为契机，评选出首批"十大红色教育基地"。2022年，为深入贯彻落实中共中央办公厅印发的《关于推动党史学习教育常态化长效化的意见》部署要求，第二批"十大红色教育基地"发布。2023年，为深入学习宣传贯彻党的二十大精神，推进学习贯彻习近平新时代中国特色社会主义思想主题教育走深走实，在庆祝中国石化成立40周年之际，第三批20个"红色教育基地"发布。截至目前，"中国石化红色教育基地"共40个，其中时代楷模陈俊武陈列室红色教育基地等3个基地入选国家级科学家精神教育基地。

"40年·40个"中国石化红色教育基地，已成为中国石化广大干部员工党性教育的新阵地、党校教育的新课堂、日常教育的新平台、展示"具有强大精神感召力的中国石化"的新名片。

二、主要做法

（一）实施"溯源工程"，钩沉红色资源

我国石油石化工业是在党的领导下发展壮大的，石油石化战线凝结形成的石油精神、石化传统，集中体现了党的坚定信念、根本宗旨、优良作风，闪耀着艰苦奋斗、牺牲奉献、开拓进取的伟大品格，成为中国共产党人精神谱系的重要组成部分。中国石化的发展史就是红色基因代代相传，不忘初心、不移其志的奋斗史。中国石化企业内每一座历史遗址、每一件收藏物品、每一张珍贵照片、每一段传奇影像，都是石化人为党和人民忠诚奉献的时光见证。中国石化广泛动员各直属单位摸清红色家底，梳理汇总新民主主义革命

2023 年 7 月 21 日，江苏石油组织井冈山黄坳石化小学师生到南京中和路"学'习'加能站"参观

时期、社会主义革命和建设时期、改革开放新时期、党的十八大以来各个历史时期的企业纪念馆、陈列馆、展览馆、文化馆等场馆，以及爱国主义教育基地、红色文化广场、党员教育基地、工业文化遗产等红色资源，切实建好用好 3 座国家级"科学家精神教育基地"、3 个国家工业遗产、5 个中央企业工业文化遗产、6 个中央企业红色资源网络展览项目、3 个中央企业爱国主义教育基地等，确保红色文化鲜明、精神内涵丰富、教育价值突出。

（二）实施"精品工程"，突出红色引领

成立专家评审工作组，坚持细之又细的原则，对各直属单位申报的红色教育基地进行初步遴选。将申报基地推介视频在"奋进石化"学习平台进行宣传展示，引发系统内部干部员工热烈响应。同时，专家评审工作组以"云查验＋现场查验"的方式进行审核比对，明确建议名单。集团党组坚持慎之又慎的原则，综合考虑历史意义、精神内涵、文化底蕴、地区均衡、展示环境等因素，明确红色教育基地最终发布名单，确保红色教育基地立得住、叫得响、推得开，切实打造红色精品。

（三）实施"品牌工程"，铸就"红色名片"

中国石化按照"主题化设计、特色化打造、品牌化提升"的思路，对红色教育基地的主题定位进行再聚焦、对思想内涵进行再挖掘、对展现方式进行再包装，以小见大、以点带面，逐步形成了以"我为祖国献石油"为主题的胜利油田红色教育基地、以"民族化工从这里起步"为主题的南化公司红色教育基地、以"打造世界一流石化基地"为主题的镇海基地红色教育基地、以"为祖国建设壮气"为主题的西南石油局元坝气田红色教育基地、以"从脱贫攻

坚到乡村振兴"为主题的中国石化东乡红色教育基地、以"创新引领行业未来"为主题的上海石化红色教育基地等具有鲜明特色的红色教育基地品牌,突出展现在党的领导下,石油石化工业发展过程中涌现的先进典型和铸就的大国重器,成就中国石化亮丽的"红色名片"。

(四)实施"宣教工程",强化红色体验

组织红色教育基地发布,扩大宣传影响,通过报纸、电视、网络、微信、短视频等多元媒体平台,广泛传播红色教育基地蕴含的感人故事和红色精神,突出价值引领,增强文化宣教,"红色教育基地"系列直播 16 场次,共计 67.6 万余人次观看。强化学习体验,聚焦重要时间节点、围绕重大纪念活动,将红色教育基地作为开展党史学习教育、爱国主义教育、石油精神石化传统教育的重要阵地,广泛开展主题突出、形式多样的红色教育活动,突出精神洗礼,传承红色基因。

(五)实施"强基工程",构建红色阵地

出台《红色教育基地管理使用办法》,强化政治把关,将红色教育基地纳入意识形态阵地管理,按照主管主办和属地管理原则,加强对展陈内容和解说词审核把关,增强展陈说明和讲解的准确性、完整性、权威性。推进基地建设,按照"流程规范化、主题特色化、讲解故事化、基地品牌化"的原则,全方位健全红色教育基地的功能、内容、使用、保护等各方面体制机制,确保红色教育基地拥有固定的使用场所、鲜明的教育主题、特色的参观线路、优质的讲解队伍,使红色教育基地的管理使用真正实现常态化、长效化。

三、工作成效

（一）教育有载体，传承红色基因更有力度

作为深化红色教育的重要载体，红色教育基地引导党员干部坚定理想信念、锤炼意志品格，感悟红色信仰、砥砺初心使命。南化公司红色教育基地，2022 年入选教育部首批"大思政课"实践教学基地，"红领巾'寻访实业报国路'科普活动"被评为 2022 年全国科普日优秀活动之一。河南油田石油石化传统红色教育基地承揽油田 252 个党支部党员党性教育、企业文化教育和员工入职教育，增进了干部员工对"爱我中华、振兴石化""为美好生活加油"的思想认同与情感认同。

（二）宣传有内容，讲好红色故事更有温度

作为宣传示范典型的重要阵地，红色教育基地全方位陈设典型事件、典型人物的相关历史图片、文献资料、证件物品等，全面展示典型事迹、促进典型交流、拓展典型宣传。闵恩泽院士纪念室暨石科院院士馆、时代楷模陈俊武陈列室，获评全国科学家精神教育基地。白鹭自然保护地入选全球生物多样性保护案例，迎接近 1.3万人次来访参观，上线全球首个白鹭慢直播平台，在人民日报、中央广电总台等 20 个媒体平台直播，提升有品格有意蕴的红色品牌"知名度"，让红色资源在基地中"活"起来。

（三）体验有平台，唱响红色旋律更有深度

中国石化东乡红色教育基地持续挖掘地方特色，打造布楞沟村

振兴示范村，成功申报 3A 级旅游景区。巴陵—长岭优良作风红色教育基地开发 3 条"红色＋绿色"参观线路，入选湖南岳阳市"十大红色教育精品培训线路"。燕山石化红色教育基地被评为"2021工业企业文化建设旅游示范基地"。3 年来，3 批红色教育基地已累计接待公众 80 万人次，同时建立了一支近 200 人的解说员队伍，提高了红色旋律传播辨识度，让红色课堂"亮"起来。

四、工作启示

（一）必须坚持擦亮"红"的底色，强化思想引领力

要坚持不懈用习近平新时代中国特色社会主义思想凝心铸魂，全面加强党的领导，根据党组统一部署，深化"申报—遴选—发布—展陈—复核"的一体化运行机制，持续推进红色资源显性化，将红色基因融入血脉化作动力，用数十载的奋斗历程和伟大成就鼓舞斗志、指引方向，用石化人的光荣传统和优良作风坚定信念、凝聚力量，用创造性的历史经验和实践成果启迪智慧、砥砺品格，不断增强"四个意识"、坚定"四个自信"、做到"两个维护"，将为党分忧、为国尽责的红色基因熔铸于血脉之中。

（二）必须坚持深挖"红"的内涵，强化精神凝聚力

每一个历史事件、每一位革命英雄、每一种革命精神、每一件革命文物，都代表着我们党走过的光辉历程、取得的重大成就。中国石化红色教育基地是近现代石油石化历史发展过程中重大历史节点、历史事件和重要历史人物的集中体现，蕴含着丰富的历史资源、文化资源、教育资源，具有强大的思想塑造力和精神引领力。

要保护好、管理好、运用好红色教育基地，明确基地定位、深挖红色资源、突出特色主题、打造多样教育、丰富讲解形式，深刻领悟和挖掘"爱我中华、振兴石化"精神内核蕴含的深刻内涵，持续推进红色精神具象化，以立体化的呈现、形象化的展示、故事化的讲述，推动红色教育基地成为统一思想、凝聚共识、振奋精神、激励干劲的有效载体，汇聚起同心共筑中国梦的磅礴力量。

（三）必须坚持扩展"红"的外延，强化品牌影响力

着力打造高质量精品展陈，要坚持政治性、思想性、艺术性相统一，把好导向、聚焦主题，用史实说话，增强表现力、传播力、影响力，生动传播红色文化。中国石化红色教育基地为开展红色教育提供了实体化的平台与沉浸式的体验，运用多元化、智能化的手段，更好地实现时间与空间相结合、呈现与再现相结合、体验与体悟相结合，打造爱国主义教育、文化参观旅游、公众开放等精品路线，强化红色体验。通过现身说法、视频直播、座谈交流等方式，让典型讲好典型，传播红色故事。积极策划与红色教育基地相关联的文创产品，如编印红色教育基地画册、推出专题视频等，扩大宣传影响，持续推进红色教育品牌化，为全面推进高质量发展，加快建设世界一流企业、迈向世界领先凝聚强大精神力量。

讲好"三堂课":
推动建筑文化焕发时代活力

一、基本情况

中国建筑科技馆由中国建筑旗下中建三局自主投资建设运营，系国内首家以建筑科技为题材的展馆，是响应党中央建设科技强国、文化强国的号召，央企办馆的示范工程之一，旨在打造建筑展览、思政基地、社教科普、文博创新影响力最大的文化传播平台。

建筑科技馆填补了中国建筑科技博物馆的空白，按照国家一级博物馆、5A 级旅游景区标准建设，建筑面积 1.9 万平方米，常年举办古代建筑、现代建筑、荆楚建筑、未来建筑 4 个常设展览和"火神山·雷神山医院"建设纪实专题馆，每年举办丰富多彩的临时展览，是社会各界了解建筑科技和建筑文化的形象窗口，成为远近闻名的网红打卡地。

二、主要做法

（一）打造"文化讲堂"，让传统文化焕发时代生命力

1. 传承建筑文化。举办古代建筑、现代建筑、荆楚建筑、未来

建筑 4 个常设展览，呈现中国建筑发展各个时期的不同风貌，充分展示中国古今建筑科技与文化发展历程，填补了国内建筑科技博物馆的空白，成为传承建筑文化、促进建筑科技发展的重要载体。举办"中华营造：梁思成、林徽因""木构新景——从材料、建构到'双碳'背景下的新未来""中国民居——传统居住研究展"等 10 个临展，诠释了中国建筑的自信和中华营造的内涵，大力普及前沿、深度的建筑知识，弘扬匠心精神与家国情怀。

2. 树立强国自信。深刻诠释科技创造价值、智慧构筑世界的内涵，梳理了我国建筑高度、跨度、深度、速度、精度领域取得的光辉历程和不朽丰碑，以新材料、新结构、新技术和传统文化的新应用等为代表的新时代新建筑，空中造楼机、测量机器人、布料机器人、5G 远程塔吊控制系统等行业领先的建筑装备与工艺，以及建筑领域践行绿色低碳理念、落实"双碳"战略的典型工程，彰显了中国在建筑科技领域的领先地位和优势。参加中央宣传部组织的"时代精神耀香江"之大国建造主题展、深圳福田首届大国工匠创新交流大会、武汉设计日活动，促进建筑文化在境内外广泛传播，强化国家民族认同感、自豪感和自信心。

3. 致敬中国速度。建设"火神山·雷神山医院"纪实展览馆，以"平凡英雄创造中国速度"为主题，分为英雄之城、关键之举、逆行之师、磅礴之力、希望之光 5 个章节，全面展现武汉抗疫期间，4 万多名建设者听党召唤、不畏艰险，先后用 10 多天时间建成"火神山·雷神山医院"，创造"中国速度"的光荣历程，再现了武汉"英雄的城市、英雄的人民"同心战"疫"的恢宏场景。举办中央企业抗疫先进事迹报告会、湖北美术界抗击疫情美术作品展，直播平台累计吸引观众 300 万人次，人民日报、新华社等媒体传播量 1 亿余次，展现了伟大抗疫精神和社会主义制度优越性迸发的磅礴伟力。

（二）打造"思政课堂"，让信念教育勃发实践引领力

1.校企共建"深度融"。先后与国防科技大学、武汉大学、华中科技大学等 15 所院校共建教育实践基地，依托馆藏资源和文化阵地丰富政研资源，共建高校思政课实践教学基地，共同开展思政教育课题研究，把建筑文化资源转化为思政教育资源，形成了"资源共享、优势互补、相互赋能、共谋发展"的校馆合作格局。与国防科技大学联合开展军官理论读书班；与华中科技大学联合开展实践教学 10 余场次；与武汉传媒学院、文华学院等高校开展志愿服务培训及实践班，培训大学生志愿者 200 余名。推动院校将主题教育实践、教授传道课堂搬到了中国建筑科技馆现场，实现了文化场馆与学校教育的有效衔接。

2.品牌课程"全面融"。聚焦"中国传统节日""中国建筑与传统文化""建筑工艺与劳动""建筑与自然"四大主题，积极开展社会主义核心价值观宣传教育，将弘扬劳动精神、奋斗精神、奉献精神、工匠精神、创造精神的时代新风尚贯穿其中，形成党建思政、劳动教育、研学实践、亲子手工四大科普课程体系，突出手工 DIY 制作特色，并通过讲解观展、专题讲座等多种方式，研发了覆盖全年龄段人群的 40 余门特色科普课程。中国建筑科技馆依托品牌课程体系，践行社会责任、参与社会治理的经验做法，获评 2022 "荆楚杯"文化宣传创新案例。与中小学校建立研学旅行的渠道，累计接待 78 所学校的 3 万余名学生开展研学活动。开展亲子教育、成人团建活动，组织 1600 余场次亲子家庭活动。结合就地过年、暑期托管等社会焦点问题特别策划专项活动，受到央视《新闻 1+1》报道，成为学校教育的第二课堂。

3.交流互鉴"创新融"。获"学习强国"学习驿站授牌，搭建

集线下阅读、可视化学习、互动式答题于一体的开放型学习驿站，通过打造各功能分区提供多媒体、书籍等学习资源，让市民、游客"互动式"打卡强国学习空间，"体验式"了解强国建筑科技，获评"学习强国"湖北学习平台实践基地。作为展示中华建筑文化的重要窗口和载体，建筑科技馆先后接待了2023广河学生武汉研学活动暨第七届"台湾青年看武汉 魅力江城随手拍"、2023年"中国寻根之旅"夏令营等系列活动，让港澳台青年亲身感受中华建筑文化的博大精深和辉煌历史，感受两岸融合发展的大好前景，增进海外华裔青少年对中华文化和中华民族的认同。2022年10月，中国建筑科技馆参加由香港特区政府、香港中联办和中建集团主办的"时代精神耀香江"之大国建造主题展，一大批反映国家悠久建筑历史和当代建筑领域发展成就的馆藏展品，让香港市民亲身感受祖国建造的"绝、新、奇、智"，有效激发香港市民强烈的民族自豪感。

国内首家以建筑科技为主题的行业博物馆——中国建筑科技馆

（三）打造"公益学堂"，让多维研学萌发创新创造力

1."鲁班讲坛"引进来。以"鲁班讲坛"为载体，吸引民众和大中小学生走进科技馆，参加科普教育活动。为公众搭建与建筑思想对话的桥梁，注重把传承鲁班文化与人才培养进行结合。讲坛内容以"建筑"和"文化"为主题，围绕建筑展览、建筑历史、建筑科技、建筑艺术、行业前沿、热点问题开展深度论坛讲座，积极与中小学、高校进行线上联动授课，挖掘鲁班背后的工匠精神，将建筑文化渗透、融合于校园文化，激励公众尤其是青少年群体成为具有"精于工、匠于心、品于行"的现代"鲁班传人"，将传承鲁班文化与人才培养进行结合。开馆以来，先后邀请崔愷院士等名师专家开展 10 余场次全民科普的"鲁班讲坛"活动，成为社会教育的有效补充和延伸。

2."公益社教"走出去。聚焦建筑趣味、建筑意蕴、建筑技术、建筑艺术，建筑科技馆积极发挥公益服务职能，创新社教活动实践模式，研发了 12 门建筑主题社会教育课程，开展"匠心课堂"进社区、进商圈、进学校、进养老院、进助残机构等活动，普及建筑文化和建筑科技知识，服务受众超 3000 余人次。在武昌区水果湖残疾人群体阳光家园，建筑科技馆讲解员以中国古建筑"墙倒屋不塌"的现象，引出"神奇的榫卯"主题，通过课堂讲授、手工体验、交流互动等环节，让残疾朋友在欢快、温馨的氛围中亲身感受榫卯的神奇魅力。

3."志愿服务"火起来。以依托志愿服务载体，组建"传承匠心·文化志愿服务队"，志愿者注册人数已达到 320 人，累计服务 2 万余小时、受众 10 万余人次，先后获得全国科普讲解大赛三等奖、湖北省科普讲解大赛一等奖、湖北省第六届青年志愿公益大赛

铜奖等 20 余项荣誉，受到人民日报、新华社、中央广电总台等中央媒体聚焦报道 60 余次。推出"小小讲解员暑期培训班"等公益社教活动和"小小建筑师"志愿品牌，传递"奉献、友爱、互助、进步"的志愿者精神，每年吸引大批小学生参与其中，先后培养出 140 多名建筑文化"小达人"和建筑科普"小使者"。

三、工作成效

自 2020 年 8 月 19 日对外开放参观后，建筑科技馆累计接待观众近 76 万人次，包括接待港澳台同胞、海外华裔同胞、外国友人 700 余人次，日均接待观众 1200 人次，完成讲解接待 2500 余批次，实现社会公众"零投诉"，成为社会各界了解建筑科技和建筑文化的形象窗口。截至目前，荣获全国科普教育基地、中央企业爱国主义教育基地、全国青年文明号、湖北省青少年思政教育基地等 47 项授牌。

四、工作启示

（一）分众传播驱动"品牌效应"

建筑科技馆通过举办优质临展、架起公众交流虹桥、创新推进科普研学，形成了分众式的"品牌效应"，成为文化新传承的有效载体。对社会公众而言，它是领略中国源远流长的建筑文化和行业前沿的建筑科技的"时光隧道"。对青少年群体而言，它是萌发青春创造力的梦想孵化基地。对学界业界而言，它是高校"大思政课堂"的实践教学及研究基地。每一类受众群体都可以在科技馆的

"品牌链条"中找到心灵契合点和价值衔接点，通过细分受众群体，开拓多元场景，驱动品牌破圈，实现文化传播的全域提升。

（二）社教矩阵释放"长尾效应"

作为贴近社会公众的"窗口单位"，建筑科技馆打造"匠心课堂""鲁班讲坛"社教双品牌，开展大师讲座、手工体验、科普研学活动，让展览和藏品"活起来"甚至"火起来"。吸纳社会志愿者和"小小讲解员"，为他们提供实现自我价值、展现自我风采的舞台，多元社会教育活动融知识性、趣味性、科普性、互动性于一体，以个性化服务全方位满足社会公众的"需求曲线"，释放出文化传播的长尾效应。

（三）匠心宣传形成"正向效应"

建筑科技馆系列坚持"两微一抖"自媒体差异化创作，搭建自媒体运营矩阵，微信公众号粉丝 14.96 万，媒体曝光量 690 万次，受到人民日报、新华社、中央广电总台等国家级、省部级媒体聚焦报道 120 余次，其中开馆、科普过年、暑期托管分别被央视《新闻联播》《晚间新闻》《新闻 1+1》等栏目报道，创造出催人奋进、给人力量的社会效果，形成了集体与个体双向奔赴的良好效应。

2024年
基层思想政治工作
优秀案例

下　册

中国政研会秘书处　编

学习出版社

图书在版编目（CIP）数据

2024年基层思想政治工作优秀案例. 下册 / 中国政
研会秘书处编. -- 北京 ： 学习出版社，2024. 11.
ISBN 978-7-5147-1285-8

Ⅰ. D64

中国国家版本馆CIP数据核字第20241YW055号

2024年基层思想政治工作优秀案例（上、下册）
2024 NIAN JICENG SIXIANG ZHENGZHI GONGZUO YOUXIU ANLI
中国政研会秘书处　编

责任编辑：徐　阳　李紫薇　黄　悦
技术编辑：朱宝娟
装帧设计：映　谷

出版发行：学习出版社
　　　　　北京市崇外大街11号新成文化大厦B座11层（100062）
　　　　　010-66063020　010-66061634　010-66061646
网　　址：http://www.xuexiph.cn
经　　销：新华书店
印　　刷：北京新华印刷有限公司

开　　本：710毫米×1000毫米　1/16
印　　张：47
字　　数：567千字
版次印次：2024年11月第1版　2024年11月第1次印刷

书　　号：ISBN 978-7-5147-1285-8
定　　价：147.00元（上、下册）

如有印装错误请与本社联系调换，电话：010-66064915

目 录

（下册）

基于传承中华优秀传统文化的"尚德四礼"建设

一、基本情况

国网江苏省电力有限公司是国家电网有限公司系统规模最大的省级电网公司，现有 13 个市、59 个县（区）供电分公司和 17 个业务单位，服务客户 5077 万，客户满意率保持 99% 以上，是年户均停电时间最少的省份之一，蝉联"全国用户满意标杆"称号，获得全国先进基层党组织、全国文明单位、全国脱贫攻坚先进集体等多项荣誉。

为了使职工在日常工作中感受到中华优秀传统文化的浸润和力量，建立起基于中华优秀传统文化和现代管理理念的价值基准和行为规范，国网江苏电力积极发掘传统仪式礼仪蕴含的基因密码、构成要件，把握仪式礼仪"符号化、体验式、可复制"特点，在职工职业生涯关键节点，首创入职礼、拜师礼、成长礼、退休礼"尚德四礼"，把公司对职工工作、学习、成长的基本要求，通过庄重严肃的集体仪式，根植于心、外化于行，为企业高质量发展提供了坚强思想保证和强大精神力量。

二、主要做法

（一）"入职礼"启奋斗路，上好价值理念根植"第一课"

1. 仪式定位：引导新职工角色身份转变。入职礼为新职工入职培训结业暨就业宣誓仪式，全体新职工共同参与、所在公司领导及单位部门负责人现场见证。入职礼重在以集体体验、公开见证的方式，引导新职工完成入职转变，强化"我是国家电网人"的意识与形象，升华成为国家电网职工的自豪感、责任感与归属感，凸显职业形象和契约精神，提升员工忠诚度和归属感。

2. 仪式流程：签约、授装、着装、宣誓。入职礼仪式环节分为签约、授装、着装、宣誓 4 个步骤。签约，总经理与新职工代表签

"尚德四礼"之入职礼

约。授装，总经理向新职工代表发放工作服和安全帽。着装，通过"展衣领""着工装""系扣子""戴安全帽""互整风纪"5 项象征性动作，强调国家电网人的工作着装规范，表明安全生产的重要意义。宣誓，全体新职工整装列队，面向国家电网司旗集体宣誓，许下庄严的入职承诺。

3. 仪式赋能：传递主流价值理念。选择入职 1—5 年不同阶段的优秀员工作为模范对象，示范入职转变的具体方法，帮助新职工在职业生涯开端选择正确的方向，为整个职业生涯发展奠定基础。精心设计着装步骤，通过整齐划一的动作凸显高效执行力，借助互整衣领与安全帽的动作强调团结协作力，规范完成整套动作意味着遵守安全规范、承担安全责任，最终展现国家电网人的职业形象。

（二）"拜师礼"结师徒情，做好技能经验赓续"传帮带"

1. 仪式定位：建立师徒契约和情感纽带。拜师礼为入职满 1 年的青年职工签订师徒协议确立师徒关系的仪式。拜师礼以专业传承的方式，弘扬尊师重道的传统美德，引导青年职工懂得"尊师、为学"等做人做事的道理。拜师仪式在一纸合约的契约关系之外，增强了师徒之间的感情纽带与精神传承。

2. 仪式流程：投帖、敬茶、签约、师训。拜师礼仪式环节分为投帖、敬茶、签约、师训 4 个步骤。投帖，请师父上座，徒弟向师父递交拜师帖。敬茶，徒弟对师父"三敬茶"，一方面表明师父需要考验徒弟，另一方面提醒徒弟对师父的态度要恭敬，举止要合适，求学需要锲而不舍。签约，在仪式司仪见证下，师徒签订合约。师训，师父准备一件有寓意的物件，送给徒弟，并对徒弟进行训诫。背景采用编钟古乐，设计中式拜师帖、茶杯、座椅等仪式物件，营造浓厚庄重肃穆的仪式氛围。

3. 仪式赋能：融入专业管理工作。弘扬尊师重道的中华传统美德。通过公开收徒，强调师带徒要重责任、出成效，彰显为师的教学之义。借助投帖、敬茶等动作，强调徒弟对师父要礼敬、尊重，体现为徒的求学之道。仪式环节精选变电检修、输电运检、营销服务等不同专业的师徒参与，师父精心准备有寓意赠礼和训诫话语，直接展示各类专业的工作技艺、干法信条，促进专业技艺传承落细落实。

（三）"成长礼"立青云志，绘好职业生涯发展"导航图"

1. 仪式定位：铭记职业生涯高光时刻。成长礼为祝贺当年获评国家级荣誉，获聘国网公司专业领军、教授级高级工程师、高级技师，以及新晋升为中层领导等人员的集体见证仪式，各单位部门青年骨干人才观摩学习。成长礼重在认可职工的进步，鼓励取得更大的成就，同时向全体职工示范成长的方向和道路。

2. 仪式流程：宣誓、寄语、合影。成长礼仪式环节分为宣誓、寄语、合影 3 个步骤。宣誓，仪式主角以"走红毯"方式登场亮相，以"我相信""我承诺"的统一语式，逐个报出座右铭，作出公众承诺。寄语，公司领导为每一位仪式主角发放成长见证卡，通过亲笔见证，激发员工更大奋进力量，仪式主角站成方阵，齐声、高声回应。合影，成长主角与公司领导合影留念。

3. 仪式赋能：助力职工队伍建设。通过选择在职称、技能、管理等方面取得新进步的职工代表为仪式对象，为青年职工揭示各类发展通道的成长秘诀，帮助青年职工更快立足岗位、成长成才，高效激发青年职工争先领先率先的积极作为。

（四）"退休礼"忆夕阳红，谱好桑榆白首关爱"协奏曲"

1. 仪式定位：答谢退休职工辛勤付出。退休礼是为退休职工回顾工作历程、告别职业生涯的退休仪式，退休职工所在公司领导、部门单位负责人以及亲友同事现场祝福。退休礼重在感谢职工一辈子为电力事业的倾情付出，祝福他们"夕阳别样红"，激发全体职工更加感恩企业、扎根岗位、敬业奉献。

2. 仪式流程：铭记、祝福、合影。退休礼仪式环节分为铭记、祝福、合影3个步骤。铭记，现场重温退休员工奋斗故事。祝福，公司领导为退休职工逐一发放专属定制《我的电力职业生涯》纪念册，展示职工本人在职业生涯中的岗位变迁、精彩瞬间点滴，视频播放身边同事对退休职工的离别祝福。合影，全体公司领导与退休职工合影留念，通过《常回家看看》的音乐烘托出温馨感动的现场氛围。

3. 仪式赋能：引导行为习惯养成。领导、同事对退休职工公开答谢，满足退休职工的归属感需求、尊重需求和自我实现需求，起到强烈的凝聚人心作用。仪式主角以基层一线的普通退休职工为主，发现、认可并宣扬退休职工在日常工作和生活中的行为习惯、小微成就，对广大在职职工产生有效的正向激励，促进广大职工尚德向善的行为习惯养成。

三、工作成效

（一）"尚德四礼"成为弘扬传统文化的"金色名片"

"尚德四礼"搭建了中华优秀传统文化与现代企业管理制度的桥梁，挖掘提取传统礼仪仪式的基因元素，并融入员工学习、成长、发展各个环节，赋予了中华优秀传统文化新的时代内涵和现代表达形式，赋予了现代企业管理浓厚文化氛围和深厚人文底蕴。截至目前，"尚德四礼"累计举办 700 余场次，覆盖 2000 余个基层党支部，受众 5 万余人次，将传统的单向说服教育，转变为双向引导激励，将职工行为养成与岗位实践相结合、职工成长与公司发展相结合，探索出新时代国有企业传承中华优秀传统文化的新路径。

（二）"尚德四礼"成为塑造企业价值的"示范样板"

"尚德四礼"对仪式步骤、仪式体验、仪式符号等一系列文化元素进行逻辑组合，注重主流价值观的宣示与践行，构建了模块化、程序化的活动流程，形成了可复制、可推广的实践模式。"尚德四礼"在全省 13 家地市公司、59 家县（区）公司的部门、班组、供电所常态化开展，通过定期循环往复的实践优化，已成为企业生活中的惯例。截至目前，公司相继赴北京、上海、西藏、新疆等地举办"尚德四礼"公开课、报告会，迎接各行业、各系统 70 余批次、逾 2000 人次观摩学习，得到了广泛传播与宣传推广。

（三）"尚德四礼"成为凝聚道德力量的"精神家园"

"尚德四礼"深入诠释了礼仪仪式背后的文化内涵和精神要义，增强了职工对中国传统文化价值观与道德观的认同感和自豪感。"尚德四礼"以职工为主角，通过集体体验、公开见证等方式，不断强化职工对企业责任使命和价值理念的情感共鸣，充分涵养了职工争先领先率先的精神风貌，并通过"接地气"的传统文化仪式，让公司各级先进典型更加可亲可感，推动形成全员崇德向善、见贤思齐的浓厚氛围。截至目前，公司相继涌现出道德模范、"好人"、时代楷模等各类重大典型 200 余个，经验做法被人民日报、工人日报等多家媒体报道，被中国电信、南方电网等多家企业借鉴应用。

四、工作启示

（一）传承中华优秀传统文化，要切实融入生产生活

中华优秀传统文化源远流长、博大精深，是中华文明的智慧结晶，蕴含着丰富的道德理念和规范，积淀着多样、珍贵的精神财富。传承中华优秀传统文化，要切实融入生产生活，注重实践与养成、需求与供给、形式与内容相结合，用中华优秀传统文化的精髓涵养企业精神。

（二）社会主义核心价值观是企业价值理念的根基，是企业文化的内核

社会主义核心价值观是当代中国精神的集中体现，凝结着全体人民共同的价值追求。企业要采取多种形式解读好社会主义核心价值观蕴含的宗旨、使命、精神，探索构建具象化、人格化、行为化的传播方式，将社会主义核心价值观体现在职工行为上、融入企业发展中。

（三）加强职工思想道德建设是提高企业精神文明程度、形成企业文明风尚的重要途径

要用心用情做好职工思想道德建设，教育引导职工树立正确的价值取向、行为准则，在国家法律法规、企业规章制度之外，更加注重教育引导和非物质激励，在潜移默化中提升员工思想道德素养。

"筛文辩评培"五步法：
推动政工职称评定工作出新见效

一、基本情况

近年来，随着国内外形势发生深刻复杂的变化，面对政工队伍能力素质参差不齐、教育管理相对滞后等问题，山西省政工职评工作踏上了大刀阔斧的改革之路。山西省思想政治工作人员专业资格评定工作领导小组于1990年8月成立，办公室设在省政研会秘书处。在坚持以人为本、服务为先的理念基础上，山西省政研会紧跟时局形势变化、任务要求变化、思想观念变化，深刻把握"以考促学、以考促用、以考促能"的目标，突出思政专业特点，创新工作方式方法，通过资格审定、基础测试、论文评分、现场答辩、评委问答等环节，在全面画像、选优配强上大下功夫，推动全省政工队伍力量不断壮大、结构持续优化、能力全面提升，成为推动思想政治工作高质量发展的重要动力和坚实保障。

二、主要做法

（一）"筛"中理虚实：划出"硬杠杠"，鉴准"软实力"

一是突出精细化，修订参评规定。山西省政工职评办依据中共中央办公厅、国务院办公厅《关于深化职称制度改革的意见》精神，紧密结合宏观形势和现实情况，对《山西省思想政治工作人员专业职务任职资格评定规定》（以下简称《规定》）作出修订，进一步明确参评范围、细化参评要求、规范评定程序，将各项调整和改革细化到最小单元。《规定》的制定，切实为政工职评工作的开展提供了科学有效的操作指南，有力破解了标准单一、界定模糊等问题，推动职评工作更加适应新形势新任务和思政队伍建设新要求。

二是突出规范化，严控参评范围。山西省政工职评办坚持以"宁紧十分、不松一寸"为原则，严格划定参评范围，牢牢把握参评对象必须是直接从事思想政治工作的人员这一要求，以"三看"确保参评人员的专业性。一看职责，要求参评人员处于思想政治工作相关岗位，履行思想政治工作相关职责；二看实绩，要求参评人员日常以从事思想政治工作为主，能够提交写实性工作成果和业务总结报告；三看成果，要求参评人员提交思想政治工作相关的调查报告、研究成果、讲话稿件、论文著作等，掌握其对思想政治工作的思考研究。通过系列举措，提高政工职评工作的严肃性、规范性、权威性，让政工队伍建设步子更稳、基础更实、专业性更强。

三是突出个性化，不拘一格择人才。结合政工专业实际，本着有利于队伍建设，有利于思政工作学科专业和科学发展，有利于保持政工队伍稳定的原则，以"破四唯"和"立新标"为具体举措，吸引更多对思想政治工作有突出贡献的优秀人才进入政工队伍，通过对限制性条件予以适当优化，对特殊人才申报情况进行集体研究，采取"一事一议""一人一策"的方式，严肃、认真、审慎地评价人才，确保政工职评兼顾全面性和个性化，做到客观公正、科学全面。

（二）"文"中探深浅：浅处"看质量"，深处"看思想"

一是严把刊物关。要求各级评审委员会把好论文发表刊物质量关，刊物要与思想政治工作紧密相关，具有研究思想政治工作的属性。为进一步畅通论文发表渠道，牵头在主流报刊开辟"思政工作研究"等专栏，成立工作专班负责审核编发，既为参评人员论文提交提供参照标杆，也为探讨思政工作方法路径、促进政工人员学习交流提供平台。

二是严把质量关。为保证申报人员提交论文的原创性，规避潜在的不端行为，省政工职评办要求参评人员在提交论文的同时，提供相应查重报告，并与中国知网展开合作，对申报论文进行二次查重检测，对不符合查重标准的文章予以退回，保证参评人员论文质量。

三是严把思想关。组织评委对参评人员论文进行专项评分，不仅关注结构是否完整、层次是否分明，更着重评价论文的选题是否科学、论点是否正确，内容是否联系自身工作实际，对指导思想政治工作是否有一定的实用性和参考价值，透过论文研究参评人员深层思想，通过设置不同档次，形成量化结果。

（三）"辩"中知表里：紧跟"新形势"，选出"多面手"

一是强化基础测试。侧重对基本理论知识的考核，采取笔试的

2024 年山西省新时代加强和改进思想政治工作培训班

形式，设置 5—10 道题目，以客观题为主，由考生现场抽取，着重考查政工人员是否能够系统地掌握中国特色社会主义理论，对党的思想政治工作的理论、原则、方法、优良传统是否了解，达到"以考促学、以考促用"的目标。

二是转移答辩重点。答辩考试从往年主要考查论文内容转移到考查考生对思政工作的掌握情况，着重考查政工人员是否能够运用马克思主义的立场、观点、方法分析和处理思想政治工作中的重大问题，是否善于做群众工作，是否有较强的领导能力，是否能够结合本行业、本部门工作实际，组织指导完成思想政治工作任务等。

三是丰富评审形式。现场问答由评委结合考生岗位经历进行提问，评委组结合现场交流、答辩和问答情况打分，取 3 人的平均分作为最终得分。开放性问答的形式增加了评委与考生之间的互动，评审组对申报人员的专业水平了解把握得更加全面准确，确保评审结果的可靠性。

（四）"评"中看高低：对齐"颗粒度"，守好"公平秤"

一是充实组织建设。为满足评审工作的需要，省政工职评领导小组选择有经验的领导干部、高校教授和具备正高级职称的专业技术人员等思政专业领导与专家组成了评委库，评委库委员实行滚动式管理，每年评审工作开展前进行调整，规范了政工职评工作的组织建设，保证评审结果客观公正。

二是优化评委结构。评审工作开始前，在领导小组和纪检部门的监督指导下随机从评委库抽取评委会的组成人员，结合思政工作专业特点出题并建立题库。领导小组结合评委会成员特点及擅长领域确定分组，每组 3 人，包含 1 名经验丰富的评委、1 名思政专业领导和 1 名思政领域专家，集体召开评审工作会议，传达评分规则和答辩面试的相关要求，根据论文质量高低、答辩表现、业务素质、临场发挥设不同档次，统一评判标准。

（五）"培"中提质效：建强"生力军"，凝聚"新力量"

一是加强学习交流。组织各种理论培训班和学习活动，通过与其他同行的交流和讨论，不断拓宽学员的思维深度和广度。推荐他们参加各种专业培训班、研讨会和座谈会，与其他省份的政工师交流心得、分享经验，学习借鉴他人的成功做法。

二是开展调查研究。深入企业、社区、学校等地交流观摩。通过实地走访，与群众和干部聊天交流，了解他们的需求、困难和意见，掌握一线情况。

三是强化实践锻炼。引导树立正确的思想政治观，坚定信仰、坚决拥护党的领导，遵守党的纪律，理解和贯彻党的路线方针政策，积极参与重大项目、活动和工作，如参与全国或全省思政案例、重点课题、优秀成果评选等工作，通过对实践的思考来提升工作技能水平和解决问题的能力。

三、工作成效

政工职评工作有力推动了全省各单位思想政治工作的科学开展，对于坚持和加强党的全面领导，保证党的基本路线和各项方针政策的顺利贯彻执行，提高政工干部队伍的整体素质，调动广大政工人员积极性，促进各地各单位科学发展起到了影响和推动作用。具体的成效有以下 3 点。

（一）政工人员数量更足

山西省自 1990 年 8 月成立山西省思想政治工作人员专业资格评定工作领导小组以来，已开展工作 30 余年，共为全省 1 万多家单位 10 万多名政工人员评定职称，政工人员数量居全国先列。

（二）政工队伍素质更高

目前山西省政工人员已达 10 万多人，其中高技能人才占比 5%；正高级占比 0.2%，副高级占比 12.3%，中级占比 41.9%，初级占比 45.6%；大学本科以上学历占比 98%，政工队伍呈高智化趋势。

（三）政工队伍结构更优

山西省政工师队伍中老（50 岁以上）、中（30—50 岁）、青（30 岁以下）各占比约 15%、75%、10%，队伍年轻化趋势明显，后劲十足。

四、工作启示

（一）坚持政治领航，打造忠诚可靠的政工队伍

要把党的全面领导落实到政工职评工作各领域各方面各环节，把坚持正确政治方向贯彻到建章立制、系统谋划、协同推进、联系服务的具体实践中去，坚持从政治上把握，从全局高度审视，确保职评工作始终沿着正确政治方向发展；要把严政治导向，把是否忠诚于党和人民，是否具有坚定理想信念，是否全面贯彻执行党的理论和路线方针政策，作为衡量干部的第一标准，突出政治素养，聚焦政治表现，考查政治能力，通过把好"政治关"锻造坚强组织、建设过硬队伍；要按照政治工作要求，严肃组织开展职评工作，坚持一把尺子量到底，不找理由、不讲条件、不打折扣落实好各项标准和要求，保证职评工作的公平公正，推动职称制度改革顺利实施。

（二）坚持实践导向，打造才能兼备的政工队伍

政工职评作为面向政工专业技术人才的职业准入类评审，主要目的就在于检验素质、促进学习、提升本领，进而培养领军队伍，推动事业发展。这就更加要求在门槛设置上突出实践导向，把思想政治工作实际需要作为评审工作的依据依托，面向行业、紧贴行业、服务行业，充分调研了解行业发展现状，找准思想政治工作在落到实践过程中的薄弱环节，突出重点，明确需求，根据思想政治工作实际所需的政治素质、专业知识、业务技能、职业道德等设计评审考查内容，更好体现职业准入的功能定位。

（三）坚持守正创新，打造生机勃勃的政工队伍

要深化改革创新，积极推进思想政治工作人员专业技术职务评聘制度改革，大胆借鉴各类职业资格考试的成功经验，充分吸收政工专业人员教育培训的有益做法，与时俱进调整完善职评形式、题目设置、评价体系等，使整个职评工作具有时代感、新鲜感。要勇于开拓新局，积极创新机制，适应新时代新形势发展需要，探索行业化征题、专业化命题、电子化认定等新方式新模式，努力构建群策群力、富有活力的工作格局，推动政工职评工作见新见效、再上新台阶。

新时代"民情日记":
助推国有企业思政工作走深走实

一、基本情况

1998年3月,浙江绍兴雅璜乡党委创新提出通过开展"民情日记"活动,发动乡干部带着日记本深入群众家里察民情、叙实情、办实事、解难题,由此"民情日记"应运而生。2004年12月,习近平同志在绍兴调研考察,对"民情日记"给予高度肯定,并凝练出"访民舍、记民情、想民心、议民事、解民难、帮民富"的"六民精神"。"民情日记"从诞生伊始,就是依靠思想政治工作,践行好党的群众路线,共建和谐的党群、干群关系,推动地方经济向稳向好发展。

国网绍兴供电公司党委坚持以人民为中心,大力弘扬"四下基层"优良作风,深入贯彻公司"三结合一贯穿"思想政治工作原则,在反复实践、不断验证过程中,逐步形成以"穿透式打通'民情'通道、交互式收集'民情'信息、数智式分析'民情'风险、温度式解决'民情'问题、开放式落实'民情'评议、全链式记录'民情'档案"为工作要领的新时代"民情日记"全过程思政工作法。新时代"民情日记"已成为拉近企业与职工距离的重要平台,实现了企业思想政治工作与生产经营工作深度融合,有效解决长期困扰基层一线职工问题，成为有创新、有影响、有深度，受到公司广大干部职工欢迎的思想政治工作品牌。

二、主要做法

（一）穿透式打通"民情"通道

一是建立民情联系点。构建领导人员"1+4"民情联系点制度，以"1 名领导人员 +4 名职能部门中层干部"的形式，定期同基层班组、供电所联系点开展交流座谈、宣讲答疑，掌握职工关注的热点难点问题。实施"书记谈心日"制度，以基层党支部为单元，发挥支部书记思想政治工作核心作用，通过"员工说、书记听"的形式，高效利用吃饭茶水时间，采用围炉闲聊、活动互动等形式进行沟通，了解职工群众实际工作生活情况。二是设置民情联络员。招募热心职工担任民情联络员，充实优化思想政治工作兼职队伍，有效发挥"民力"，以"一带多"形式建立最小"民情网格"，签订服务协议，明确服务目标，建立激励机制，调动联络员常态化收集职工急难愁盼问题、宣贯上级决策部署，确保下情上传、上情下达。在一线班组、供电所设置"民情直通码"，职工通过手机扫描二维码，反映职工服务、安全生产、班组建设、企业发展、党的建设、党风廉政等各方面意见建议，线上直通总经理（书记）信箱，由专人管理，各职能部室针对解答。

（二）交互式收集"民情"信息

一是自上而下，下沉一线。固定每月第二周周四为"民情日"，公司领导下沉一线，以"面对面"方式接待职工，对职工诉求进行现场受理和答复。设置"民情日记本",详细记录职工诉求内容、建议受理部门、明确答复时限、跟踪后续落实及回访职工意见等。每季度召开一次"民情"议事会,听取诉求事项办理情况汇报,研究协调需要多部门协同办理的诉求事项,明确挂帅领导、牵头部门,有序推进事项办理,同时总结工作经验。二是自下而上,畅通反馈。通过"线上+线下""定时+不定期"等多种形式,建立民情信箱、"民情直通车"微信公众号、职工诉求服务中心、"1890"诉求热线、总经理联络员等八大职工诉求通道,搭建公司与职工实时对话"连心桥",实现"背靠背"了解民意。每年召开职工代表大会接受职工代表提案,组织"建言献策"活动,吸纳职工"金点子",增强职工信任感与参与度,提升服务职工、治理企业质效。

(三)数智式分析"民情"风险

一是建立数智平台。创新运用数字化手段构建"民情大脑"思政大数据体系,对收集的基层班组、供电所职工的碎片化、表量化民情信息进行数据集合,重点关注有精神隐患、信访诉求、极端倾向、违反社会治安等人员,有效提供信息检索与数据分析服务,并利用可视化技术为各层思政管理者提供直观决策参考,形成民情渠道全整合、民情数据全归集、思想动态全掌握、风险防控全覆盖的数智化思想政治工作平台。二是勾勒职工画像。建立职工"思想动态画像"库,将职工综合业务技能、个人性格特点、组织关系、职业发展方向、家庭关系情况5个维度的客观情况,结合个人思想动态更新记录,以图表形式呈现每位职工电子思想画像,准确、及时把握职工的思想动态和精神需求,当发生特殊事件时,为职工思想政治工作干预提供可量化的依据和可操作的指导,有针对性地从源头上化解职工的思想问题。

（四）温度式解决"民情"问题

一是做好为"民"服务。出台《思想政治工作"七必谈六必访"》工作规定，针对职工"工作遇挫、岗位变动、受到表彰或处分、思想波动异常、不团结、违纪违规、作风问题"等情况要"必谈"，针对职工"生病、生育、丧事、家庭不和睦、生活困难、发生重大变故"等情况要"必访"。编制《经常性思想政治工作一百条》，细化41项履责清单，做到"思想有人引导、压力有人疏导、生活有人温暖、困难有人帮扶、发展有人谋划、需求有人回应、后勤有人保障、安全有人维护"。二是打造为"民"工程。聚焦职工反映强烈、普遍期盼的问题，形成《为"民"工程清单》，由公司分管领导直接牵头，各部门协同联动、系统梳理、压实责任。针对长时间得不到解决的问题，设立"民情督办单"，按"分级负责、归口办理"原则，进行集中攻坚，要求责任部门限时反馈，实现闭环管理。在持续推进为职工办实事中，建成省公司系统内首家婴幼儿托育中心，改造升级职工文体活动中心，打造变电站"五小家"，全面完成集体宿舍装修改造等。

（五）开放式落实"民情"评议

一是公开"晒单"，接受职工监督。将所有"民情工单"依托公司内网"民情"专栏进行全过程透明化展示，公开问题类型、责任部门、受理渠道、受理意见、处理进度，倒逼问题解决。针对重点"为'民'工程"，通过年度职工代表大会，公开报告实行情况，接受职工群众监督。二是逐单"评价"，听取职工意见。对所有已答复落实的"民情工单"在3个工作日内进行回访，以职工满不满意、答不答应作为评价标准，对每条工单从效率、态度、结果3个方面分五星进行质效评价，听取职工工作意见，实现"民情工单"闭环管理。

（六）全链式记录"民情"档案

公司党委试点建设"民情日记"档案室，将完成的职工"思想动态画像""民情工单"等进行统一归档整理，形成民情信息库，做到"一人一档、一事一档"。一方面，帮助公司加强民情信息的动态追踪，提升基层思想政治工作精度、广度和深度，积累相关思想政治工作经验；另一方面，帮助新任思想政治工作专员更快更好掌握职工思想动态情况，提升思想政治工作的接续性、连贯性。

三、工作成效

（一）汇聚"民智"，推动企业高质量发展

近年来，公司通过"民情日记"建言献策渠道，收到职工合理化建议140余条，推动多部门资源共享、协同发力，合力解决公司生产中的突出问题80余项。依托广大职工的智慧与力量，公司治理能力不断提高，在企业改革重点领域和关键环节不断取得突破。2023年，依靠职工队伍成功打赢亚运保电攻坚战，成功应对迎风度夏高负荷增长考验，打造了配网"规建运"一体化、电网一张图、理想调度、全量子变电站等一批典型示范。公司连续6届获评全国文明单位，先后获得全国五一劳动奖、全国工人先锋号、全国五四红旗团委、国网公司首批对标世界一流管理提升标杆企业、浙江省

企业文化建设示范单位等荣誉。

（二）聚焦"民生"，提升职工幸福感、获得感

2023 年以来，公司通过持续深入实施为"民"服务工程，落实"为职工办实事"41 项，慰问职工 800 余人次，收集办理基层呼声建议 77 条。在主题教育期间，深入基层一线走访调研 190 余次，收集"民情"相关问题 204 条，形成调研课题 73 项，明确整改责任部门（单位）32 家，制定并完成整改举措 210 项，让惠民生的事办得更实、暖民心的事办得更细、顺民意的事办得更好，持续提高职工队伍的获得感、幸福感、安全感、成就感和归属感。

国网绍兴供电公司开展为"民"服务，对职工食堂进行专项整治监督检查

（三）温暖"民心"，拉近公司与职工的距离

公司与基层职工的情感通道进一步完善，基层职工与公司的距离更加接近，各级干部群众和谐团结一心。对于职工的心声，公司党委真听、真信、真落实，第一时间有答复，件件问题有着落。通过民情通道和大数据手段，对各类问题进行集中分析，基层的热点难点问题找得更准确，管理者更加了解基层的痛点、堵点；基层职工更加理解公司的战略决策，增强攻坚克难的决心和信心，确保公司上下团结统一、行动一致、闻令而动。

四、工作启示

（一）为了群众、依靠群众是做好思想政治工作的核心要义

思想政治工作根本上是做人的工作，作为国有企业，做好思想政治工作更要走好群众路线，广泛倾听职工群众的声音，决不能闭门造车、坐而论道、流于空想，更不能脱离职工群众的实际感受和诉求意愿，要从职工群众的急难愁盼中找到工作的着力点和突破口，从职工群众的喜怒哀乐中检视自身的工作。

（二）发现问题、解决问题是做好思想政治工作的根本任务

帮助基层职工解决思想问题和实际问题是基层思想政治工作的重要任务，要把解决实际问题作为开展思想政治工作的突破口，在解决实际问题的过程中，提高职工的思想觉悟。要奔着问题去、迎

着矛盾上、向着难处攻，深入实际摸清真实情况，把事情的真相和全貌调查清楚，把问题的本质和规律把握准确，把解决问题的思路和对策研究透彻，使思想政治工作更符合客观实际、符合职工需求。

（三）持之以恒、久久为功是做好思想政治工作的必然要求

要把思想政治工作做在日常，持之以恒、常抓不懈，切实做到规律性问题时常抓、突出性问题重点抓。要定期研究思想政治领域出现的新情况、新问题，及时关注倾向性、苗头性问题，准确掌握职工的思想波动，增强思想政治工作的主动性。要坚持从大处着眼、小处着手，在落实落细上下功夫，使思想政治工作更具有现实针对性，避免大而无当、大而化之。

弹好思政工作"五线谱"
奏响国企发展"最强音"

一、基本情况

古井集团是中国老八大名酒企业、中国制造业 500 强企业，目前拥有正式员工 1.2 万多名，党员 1700 多名。集团积极推进思想政治工作守正创新发展，不断探索与改进新形势下加强思想政治工作的新方法、新途径，将思政工作全面融入企业发展，探索形成"随时在线""聚焦一线""畅通天线""管理视线""服务前线"的"五线谱"工作法，以务实高效的鲜明特征有效促进了思想政治工作与企业生产经营深度融合，引领企业高质量发展。

二、主要做法

（一）坚持"随时在线"的工作状态

集团把"随时在线"当作对思政工作者的基本要求。为方便员工随时建言献策，开通了线上董事长信箱、24 小时服务热线等，广开言路，充分发挥职工"智囊团"作用。例如，成品灌装二部三车间结合自身实际，建立"畅聊吧"线上沟通平台，员工通过扫码进入，自由表达自己的想法和建议，车间整理后给予答复和反馈，让矛盾在内部解决。一个个二维码就是一块块思政工作的"微阵地"，每一次及时有效的回复，都是与员工的一次心灵沟通。同时，构建起全媒体思政宣传矩阵，立足集团官网、微信公众号、抖音号、内部 OA、《古井报道》电视栏目等建设线上宣传学习平台；着眼集团党委理论学习中心组学习、理论宣讲团、《古井》报等，筑牢线下宣传学习阵地，并且定期召开思政工作、意识形态、舆情管理等专题培训会，通过线上线下同频共振的宣传方式，积极唱响主旋律，深化宣传思想工作实效。

（二）明确"聚焦一线"的工作内容

企业一线是发现问题、研究问题、解决问题的基点，是落实决策、干出实效的前沿。集团以灵活接地气的"小办法"凝聚人心，如集团采购中心通过各类主题座谈、走访调研等讲清"小道理"，及时化解潜在问题矛盾；通过开展团体赛、个人赛等"小活动"，激励员工建功立业；通过送货上门、电商化领料等，解决用户的"小问题"，增强员工的服务意识；通过送健康、送福利、送知识到一线，做好员工关注的"小事情"，提高员工幸福感；通过多渠道展现员工风采，表彰"小人物"，增强员工的成就感、荣誉感。同时，集团大力弘扬"做真人，酿美酒，善其身，济天下"企业价值观，坚持用身边榜样教育引导员工，广泛开展"感动古井人物""古井工匠""古井好人"等评选表彰活动，选树"亳州好人"张向东等先进典型，创建劳模和工匠人才创新工作室。2023 年 8 月，古井集团举办"身边榜样"宣讲活动，张向东和其他数十位榜样人物走上讲台讲述自己的故事，让全体职工学有榜样、追有方向、赶有目标。

（三）把握"畅通天线"的工作站位

为把党的理论和路线方针政策解读准、解读透、宣传好，古井集团打造一支专业素质过硬的理论宣讲队伍，由各单位优秀共产党员、先进个人等组建起来的古井集团新时代文明实践中心理论宣讲团拥有 70 名专（兼）职宣讲员，通过录制微课、表演小品等个性化宣讲，用员工爱听愿听的"好声音"，深入基层宣讲党的理论和路线方针政策，以理论聚人心，以宣讲促发展。2020 年，古井集团新时代文明实践中心暨古井贡献文化传播基地揭牌成立，集团各单位结合实际，打造具有自身特色的新时代文明实践站（所、点）。目前集团拥有新时代文明实践中心 1 基地 6 所 1 站。

（四）秉承"管理视线"的工作方法

集团员工视线所至，焦点、难点、关注点所在，即是思政工作者的工作对象与活动领域。集团制定了"一个主题八方协同"的思

2020 年，古井集团新时代文明实践中心暨古井贡献文化传播基地揭牌成立

政工作机制，即围绕思想政治工作，各级党组织负主体责任，各级党组织书记、管理人员负管理责任，文化管理中心及各级党组织宣传委员负牵头责任，工会、团委、女工委员会、文明办、新时代文明实践中心负协同责任，各单位思政领航员、宣传员、宣讲员、通讯员负引导责任，各级党代表、职代会代表、团代会代表负骨干责任，各级劳动模范、标兵、"好人"等先进人物负示范责任，集团纪委负监督责任。通过有形的网格化管理，压实了思想政治工作责任。同时，集团创新"五日活动"等思政工作载体：每月 1 日举行古井"升旗日"，进一步激发员工爱党爱国的热情；每月的"主题党日"推动党建、思政和业务进一步融合提升；每季度首月 7 日召开"古井觉省日"，让全体古井人对自己的思想行动进行反思、总结、提升，积蓄再次前行的力量；每月末固定一天作为"高管接待日"，集团高管接待员工来访，面对面倾听员工诉求，帮助解决问题；每月举行一次"基层工作日"，安排中高层管理人员深入生产一线，与职工同食同劳动，增强管理人员服务基层的意识，让企业管理更接地气。

（五）恪守"服务前线"的工作要求

"服务前线"就是要切实发挥思政工作静水流深、浸润人心的巨大作用，更大范围、更深程度地服务销售、服务消费者、回报社会，不断为企业高质量发展提供思想保证、舆论支持、精神动力。集团通过开展企业文化师培训，来自全国各地的古井贡酒经销商、供应商及核心消费者代表，经过培训成功认证为古井"企业文化师"。3 年来，4 期培训班先后认证 224 位古井"企业文化师"，他们在向全国消费者讲授"做真人，酿美酒，善其身，济天下"古井贡献文化的同时，也积极参与爱心活动。2023 年 7 月 18 日，在

2022 年度安徽省见义勇为弘扬正气奖捐赠仪式上，10 位古井爱心经销商代表被授予"见义勇为爱心企业"奖。集团青年志愿者服务队自 2010 年成立以来不断壮大，扩展出古井集团"14+N"志愿服务队伍，在疫情防控、重要赛会、环境保护、关爱弱势群体等各种重要的场景中，接续传递志愿服务的"接力棒"，服务总时长已超过 6 万小时，源源不断地向社会传递正能量。

三、工作成效

（一）实现了思政工作点滴渗透

"五线谱"工作法为集团思政工作提供了脱虚向实、落地见效的实践路径。管理人员坚持"定位精准、过程精细、状态精神、管理精益、结果精美"的"五精工作法"开展思政工作，不断提升思想政治工作精准化水平，真正实现了支部落地，车间见效。各车间根据工作实际，不断总结提炼各自的思政工作经验，如销售公司创建"1121 工作法"，酿造管理中心落实"四步走"激发员工生产积极性；成品灌装中心坚持"六个以"促进员工安全生产。思政工作要求层层传导、全面落地生根，塑造了自尊自信、理性平和、亲善友爱的员工心态，助推集团收获了全国模范劳动关系和谐企业、全国文明单位等荣誉。

（二）实现了思政工作落地见实效

集团坚持把解决员工思想问题与解决实际问题相结合，成效显著。据统计，2023 年"高管接待日"共开展 12 期，接待来访人员 57 人次，员工反馈事项共计 63 项，已全部落实并办结，职工的烦心事、麻烦事顺利解决；24 小时员工服务热线办理员工诉求共 455件，已全部办结，满意率 99.56%。古井党建企业文化馆的智能化、立体化的学习形式深受好评，每年都有机关、学校、企业和社会组织前来参观学习，入选"亳州市爱国主义教育示范基地""安徽省远程教育示范终端站点"。

（三）实现了思政工作助推发展

集团注重把思想政治工作抓在日常、做在经常、立在基层，坚持生产经营与思想政治工作两手抓，加强对工匠精神、劳模精神的教育引导，立足培养又红又专的"古井人"，涌现了大量先进单位和先进个人。2023 年，古井销售公司业务中心获得全国工人先锋号，采购中心荣获"全国五一巾帼标兵岗"，审计监察中心荣获"全国内部审计先进集体"，古井集团荣获"全国巾帼建功先进集体"，古井员工王玉良夺取首届中国白酒酒体设计大赛金奖，古井贡酒连续多年获评"全国白酒行业质量领先企业""全国质量诚信先进企业"。

四、工作启示

（一）思想政治工作要落精落细

做好思想政治工作要强化精准思维，以绣花功夫把工作做扎实、做到位。为完善思想政治工作体系，古井集团以习近平新时代中国特色社会主义思想为指导，落实《关于新时代加强和改进思想政治工作的意见》等，完善企业思政工作机制，谋划上牵头抓总、组织上配强力量、行动上统筹协调，构建起古井"大政工"体系，协同推进企业各项工作。

（二）思想政治工作要走心创新

思想政治工作既要有意义，又要有意思。集团通过将思政教育与具体业务、企业活动紧密结合，鼓励各单位"大显神通"开展别具特色的思政活动。如"老班长寄语"教育员工爱岗敬业、勤劳奉献的精神；"聂广荣杯青工技能大赛"引导青年学习劳模精神、工匠精神。在开展思想政治工作的过程中，集团始终注重保持教育内容的先进性、科学性和时代性，根据国内外形势变化、经济社会的发展趋势以及企业自身的发展要求，不断充实思政工作内容，创新思政工作方法。

（三）思政工作要求实求效

企业思想政治工作坚持把解决思想问题与解决实际问题相结合。一方面，做好思政走访，深入车间、支部，联合基层管理人员、支部委员、公司宣讲师等，从员工实际情况出发，依据文化背景基础、工作经历等方面不同，做到一人一策、分类引导、逐步提高，真正了解员工心声、解决实际困难；另一方面，聚焦基层思政工作问题，把情况摸透、把问题找准、把决策提实，努力做到立足实际、精准把脉，在解决思想问题的同时解决企业管理问题，努力查漏补缺，提升企业实际运营能力。

深植厚培"853精神"
提升企业文化软实力

一、基本情况

中国电子科技集团公司第二十九研究所是我国第一个也是我国最大的电子对抗研究所。自创建以来，一代代二十九所人传承弘扬军工优良传统，将理想信念追求与党和国家赋予的责任使命高度联系起来，形成了"团结、献身、求实、创新"的"853精神"。近60年来，"853精神"激励和指引着二十九所人突破了一大批关键核心技术，开创了30余项共和国第一，引领中国电子对抗事业完成了从望尘莫及、望其项背到同台竞技的跨越，为国防和军队现代化作出了卓越贡献。

二十九所作为中国电子对抗事业的开拓者、引领者，自诞生之日起就始终坚持党的领导，以党的旗帜为旗帜、以党的方向为方向、以党的意志为意志，牢记"国家利益高于一切"宗旨，把党和国家的政治要求融入电子对抗事业发展的战略要求，把引领电子对抗事业发展的初心使命作为传承弘扬"853精神"的出发点，通过形式多样的文化载体，将现代企业制度建设、思想政治工作与企业文化建设有机融合，确保事业始终沿着正确方向前进。

二、主要做法

（一）突出一个主心骨，充分发挥好"领头雁"作用

1. 准确判断内外需求，推动"853 精神"因时因势塑造成形。1985 年，二十九所经过 20 年艰苦创业，在国防现代化建设版图上开始崭露头角。领导班子审时度势，准确识别和把握时代机遇，基于事业长远发展战略目标，作出了总结发展经验、提炼自有精神、打造特色文化的决策，推动"853 精神"塑造成形。

2. 一以贯之倡导推动，确保"853 精神"历久长青。融入日常确保常态长效，党政主要领导每年都通过专题党课、新员工"入职第一课"、内部重要会议等形式，坚持倡导"853 精神"。危急关头展现担当作为，每当发展面临重大挑战和困难时，班子都会组织全员思想大讨论，引导全所干部职工对标"853 精神"查摆不足，从而转变作风，共克时艰。

（二）夯实两个基本面，建立深植厚培企业精神的基础

1. 打牢群众基础，发挥好企业员工的主体作用。在思想政治工作中培育，将宣贯"853 精神"列入年度思想政治工作计划，例行化开展系列教育活动，引导广大干部员工把"853 精神"落实到岗位实践中。在考核评比中强化，持续建立完善各类重大荣誉评选和激励机制，将"853 精神"作为重要评判标准，并由全员参与投票，深化全员认识。在重大任务中践行，将"853 精神"作为各类典型选树的重要标准，激励团队和个人在重大工程、重大项目、重大任务中攻坚克难。

2. 健全文化体系，发挥好体系规范的牵引作用。编制《视觉规范》和《员工手册》，将文化体系从理念（MI）向视觉（VI）和行为（BI）延伸固化。按照《中国电科企业文化对接规范》，结合自身战略规划和文化积淀，推进核心理念、经营文化、员工行为、视觉系统、品牌建设五大工程，体系化引领价值创造、推动改革发展。

（三）抓好四个着力点，立体式深植厚培"853精神"

1. 打造系列文化阵地，发挥空间聚合作用，建好落地宣贯的"根据地"。打造"奋斗的足迹"和"电磁利剑"两代展馆，全面展现二十九所人以身许国、献身国防的感人故事。打造"国家利益高于一切"主题文化墙，时刻鞭策走入所区的每一名干部职工。行政楼内员工休息区铭刻自建所以来所有员工姓名，激发归属感、认同感。

2023年6月10日，在853老所区召开的年度党务工作者培训中，向年青一代讲述"853精神"

853 老所区塑立"6·3"烈士塑像，打造感悟"献身"精神的必修课堂。挖掘历史遗存区域独特价值，打造沉浸式文化系统培训基地。发挥 853 老所区资源优势和独特作用，将其全域打造为历史文化教育基地，多层级多类别组织开展主题教育和培训学习，"把史料转化为教材，把现场转化为课堂"，推动教育从有形向有效转化。

2. 创作系列文化作品，发挥载体导向作用，打好传播推广的"连环招"。专题采访所内外老同志，将他们的叙述和感悟编辑成《回忆录》，展现老一辈事迹风貌；在建党九十周年之际编写《回顾与展望——二十九所电子对抗发展史》，编写《铸魂》文化巡礼大型画册，全面展现建所以来恢宏实践和卓越成果；设计《难忘2008》纪念册，展现"5·12"期间事迹和精神；制作专题片《风雨同舟》和《奋斗的足迹》，回顾筚路蓝缕发展历程。

3. 策划系列文化活动，发挥文化感召作用，吹响突击攻坚的"冲锋号"。建党 98 周年时组织"'感动二十九所'——建所以来十大最具影响力事件"评选和文艺展示。建党 100 周年时召开《铸魂》主题庆典并评选表彰"2011—2021 十大优秀共产党员"。在搬迁成都 20 周年时举办《纪念三线调迁二十周年》大型成就展。建所周年庆时邀请新老杰出代表和各界朋友举办发展论坛，叩问初心使命，激发责任担当。在某重点型号出现重大质量问题的危急关头，果断召开全所质量工作大会，以触及灵魂的鞭笞，为"求实"精神注入深刻内涵。打造全新主题文化活动"畅想"，牵引全员打破思想束缚展开"畅想"，让求创新、敢表达的员工站上舞台，将"创新"价值导向高高竖起。

4. 选树系列典型，发挥榜样示范作用，培养实践创新的"主力军"。聚焦关键点，打造形象代言。推动各条战线关键杰出人物做好"853 精神"代言。在评选时，将是否模范践行作为重要标尺，通过全员投票等方式，让重大荣誉评选成为"853精神"的生动教育。以形象海报、专题文章和文化讲堂等系列"组合拳"，大力宣传退休科研骨干，院士张锡祥、总师胡来招、副所长徐静松等亮相央视纪录片《军工记忆——三线风云》。"北斗"研发团队获"CCTV2015年度科技创新团队"，核心成员被央视纪录片《大山里的共和国建设者》报道。精心包装顶级技能人才，在主流新闻媒体大力宣传"军工绣娘"潘玉华等中华技能大奖得主。关注基层普通员工，发挥好"信号基站"作用。数年来先后策划"身边人和事""奋斗者日记""微光"等专题，着力宣传平凡人立足岗位作贡献的不平凡事迹。

三、工作成效

（一）全员政治站位进一步提高

近60年传承弘扬，"853精神"已深植二十九所人内心，有力塑造了思想、锻造了灵魂、提升了境界。党政班子始终牢记军工央企初心使命，坚持党的领导，加强党的建设，不断完善贯彻落实习近平总书记重要指示批示精神工作机制，持续增强政治判断力、政治领悟力、政治执行力，坚持在党和国家战略大局中谋划和推动电子对抗事业发展。干部职工牢记"国之大者"，担当作为、无私奉献，在预警机工程、"北斗"工程、载人航天工程等系列重大工程中作出突出贡献，在新域新质建设新征程上主动挑大梁、担重任。

（二）强军兴军成效进一步彰显

"853精神"孕育自二十九所人献身国防的奋斗实践，又持续为电子对抗事业凝聚强大文化支撑和澎湃精神动力。三线时期，二十九所自力更生、艰苦创业，突破技术封锁，填补装备空白，赢得科技进步奖一等奖，培养出电子对抗领域首名院士。都市发展时期，二十九所再接再厉、锐意进取、开拓创新，多次赢得科技进步奖特等奖、一等奖等重大奖项，先后两次被中共中央、国务院、中央军委授予军工央企最高荣誉。

（三）文化建设水平进一步增强

二十九所围绕"853 精神"构筑起完善的企业文化体系，有力凝聚共识、振奋精神、锻造作风，为推动事业发展营造良好思想氛围和文化环境，助推科研生产保障和改革发展任务不断取得新突破、收获新成绩，思想文化建设水平不断跃上新台阶，先后获得全国五一劳动奖、企业文化建设优秀单位、军工文化建设示范单位、全国文明单位、全国五四红旗团委，以及中央企业、中国电科、四川省国有企业先进基层党组织。

四、工作启示

（一）坚持政治引领

"853 精神"是在党的领导下，在"两弹一星"精神、"军工精神"、"三线精神"等系列先进精神滋养下形成的。实践证明，只有切实加强政治引领，引导军工企业员工树立共产主义远大理想，坚定中国特色社会主义共同理想，增强道路自信、理论自信、制度自信、文化自信，才能帮助他们在各种思潮交融交锋中把握主流，在纷繁复杂的现象中抓住本质，用敏锐的眼光观察社会，用清醒的头脑思考人生，用智慧的力量创造未来。

（二）坚持系统思维

坚持系统思维是以习近平同志为核心的党中央统筹推进党和国家各项事业长期坚持的具有基础性的思想要求和工作方法。全面把握运用系统观念，不断提高战略思维、历史思维、辩证思维、系统思维、创新思维、法治思维、底线思维能力，是我们加快建设世界一流企业的强大思想武器。在近 60 年的发展历程中，二十九所始终将弘扬"853 精神"作为重要战略措施，从全局角度出发，顶层设计和底层探索兼顾，长远规划和短期目标兼顾，有效推动了企业高质量发展。

（三）坚持守正创新

守正创新是我们党在新时代治国理政的重要思想方法。守正才能不迷失方向、不犯颠覆性错误，创新才能把握时代、引领时代。我们要以科学的态度对待科学、以真理的精神追求真理，坚持马克思主义基本理论不动摇，坚持党的全面领导不动摇，坚持中国特色社会主义不动摇，紧跟时代步伐，顺应实践发展，以满腔热情对待一切新生事物，不断拓展认识的广度和深度。"853 精神"历久弥新的关键，是始终坚持守正创新、与时俱进。将历史底色和时代内涵有机衔接，保持精神内核与企业发展需求紧密耦合，不断焕发新的时代生机。

"三四五六"工作法：
塑造城市出租客运新形象

一、基本情况

西安市出租汽车集团是一家有着 70 余年发展传承的老国企，积淀深厚但包袱弊病也多。随着时代的发展变迁，机制体制转化、经营模式调整、"互联网 +"新兴业态的冲击，企业各类矛盾问题日益凸显，给经营发展带来诸多挑战。近年来，西汽集团党委立足企业发展实际，以组织改革和创新企业思想政治工作为突破口，以创新管理深化改革，以规章制度管事管人，以爱心出租服务社会，创新实践"三四五六"思想政治工作法，将思想政治工作有效转化为助推企业高质量发展的内在动力，使干部职工精神风貌焕然一新，企业核心竞争力显著提升，有力推动了企业高质量发展。

二、主要做法

（一）巩固"三个阵地"，把准思想政治工作方向

1.巩固科学理论学习阵地。西汽集团党委坚持把学习贯彻习近平新时代中国特色社会主义思想作为首要政治任务，以党委中心组理

论学习为引领，以基层党组织"三会一课"为抓手，以车队驾驶员安全例会为契机，认真抓好理论武装。通过集体学、专题学、重点学、研讨学和举办培训班、辅导讲座、宣讲会等丰富多彩的方式，推进习近平新时代中国特色社会主义思想进车队、进班组、进车厢、进头脑，切实用党的创新理论指导工作实践，引领集团发展。

2. 巩固革命传统教育基地。组织开展以"弘扬革命传统，重温红色文化""重走先烈足迹，感受红色精神教育"为主题的革命传统教育，将泾阳安吴青训班确定为企业革命传统教育基地，组织干部职工到延安、西柏坡等革命圣地接受党性锻炼和红色精神洗礼，激励全体干部、职工坚定信念，提升干事创业的热情，把爱国情怀转化为爱岗敬业的无私奉献精神。

3. 巩固廉政警示教育基地。深化警示教育基地建设，将陕西渭南监狱确定为企业廉政警示暨法制教育基地，每年组织干部职工走进"高墙"，通过参观监舍、体会劳作、聆听现身说法等方式开展警示教育活动，邀请渭南监狱干警作预防职务犯罪宣讲报告，联合监狱方面慰问特困服刑人员家属，进一步筑牢干部拒腐防变的思想道德防线。

（二）建设"四个平台"，创新思想政治工作载体

1. 建设企业发展史馆暨文化长廊。以百年出租车发展、集团成长、营运车辆变迁为核心内容建立了西安出租车行业发展史馆，用鲜活的文字和生动的图片打造企业文化长廊，充分展示行业发展成就和企业文化理念，教育职工铭记企业创业史、发展史、奋斗史。

2. 建设"劳模创新工作室"。西汽集团着眼于技术技能传承，注重发挥示范引领作用，为3名市级驾驶员劳模设立了"劳模创新工作室"，通过师徒"传帮带"的形式，让精益求精和追求卓越的

"工匠精神"在出租行业传承下去、发扬开来。

3. 建设"雷锋车队共产党员班"活动室。组建由 14 名共产党员驾驶员组成的"雷锋车队共产党员班",在每一趟出车服务中,驾驶员将党徽时刻戴在胸前,牢记使命、做好榜样,使一个车厢成为一个先锋阵地,让每名党员成为引领服务风尚、传承雷锋精神的榜样,在全市出租车行业形成良好品牌效应。

4. 建设提升职工文明学校。以"道德讲堂"为依托,深化校企合作,"雷锋车队"进校园,"雷锋精神"进课堂,"道德讲堂"走进高校思政课堂,用"身边人讲身边事,身边事教身边人",弘扬中华民族传统美德,讲授创业奋斗故事,职工文明素养和工作热情显著提升。联合西安市属高校开展"新思想共学共研共践""新时代精神文明建设共建"活动,雷锋车队 4 名优秀驾驶员获聘思政辅导员。

（三）突出"五个主题",丰富思想政治工作内容

1. 举办"活力西汽"思想政治工作研讨会。开展"中国梦西汽情"演讲、家风家训格言、微故事征集、"企业魂我的梦"读书分享会、企业发展"金点子"等活动。定期举办思想政治工作研讨会,探讨新形势下企业思想政治工作的方法和途径,特别是《六大举措打造企业党建品牌》《实施精细管理推行 ABC 企业管理法》等研究成果已在企业思想政治工作中得到应用。

2. 举办"魅力西汽"文艺节目展演活动。对西汽集团的先进典型和感人事迹进行加工提炼,编成文艺节目,定期举办"魅力西汽"展演活动。职工自编自演《雷锋在这里》《王师傅的一天》《文明交通谱新篇》等作品,展示了企业职工服务中外宾客、服务西安市民的风采,起到了陶冶情操、温润心灵的作用。

3. 开展"温暖西汽"关爱活动。坚持普遍关爱与重点帮扶相

结合，举办"西汽社会开放日""驾驶员家属走进西汽恳谈会"等活动，打造具有西汽特色的"壹圆爱心互助金"帮扶品牌，帮助员工、驾驶员渡过难关。联手西安市总工会打造劳动者户外驿站，受到驾驶员、保洁员和外卖小哥的好评。

4. 举办"墨香西汽"职工书画摄影艺术展。把丰富职工文化生活作为鼓舞干部职工干事创业热情的重要载体，连续举办5届"清廉颂"廉政文化书画、摄影展，展示才艺，愉悦身心，陶冶职工情操。在"七一"、国庆等重要时间节点，组织节目展演、歌曲比赛、微视频征集、书画展览、"个人才艺秀"等，展示了西汽集团及职工良好的精神面貌，进一步增强企业凝聚力和向心力。

5. 举办"味香西汽"职工厨艺大赛暨美食周活动。每年"五一"国际劳动节前组织开展举办"味香西汽·劳动美丽"职工厨艺大赛暨"美食文化周"活动，倡导健康文明、科学简约的生活理念，引导职工树立积极健康文明的生活理念，提高了职工的幸福指数和归属感。

（四）讲好"六个故事"，拓宽思想政治工作途径

1. 以"核心价值"为重点，讲好中国故事。开展"中国梦·西汽情"演讲活动，引导职工结合岗位实际，阐述对中国梦的理解，坚定为企业奉献的信念。在办公区域设立"礼、仁、诚、德、信、智"6个主题区，把中国传统美德融入职工日常行为规范。开展家风家训格言、微故事征集活动，引导大家从自身做起、从家庭做起，将社会主义核心价值观融入日常生活中，形成向上向善的文明风尚，推动社会主义核心价值观落细落小落实。

2. 以"西汽好人"评选为抓手，讲好企业故事。以表现优异、事迹突出、广泛好评为评选标准，开展"西汽好人"评选活动，涌

现出"中国好人""陕西好人""西安好人""西汽好人"等先进典型。评选活动让职工在参与中受教育，在对比中找差距，营造比学赶帮超的良好氛围。

3. 以"公益活动"为亮点，讲好品牌故事。突出抓好党建品牌建设，打造雷锋车队、青年文明号车队两个品牌，开展"关爱空巢老人""大手拉小手""认领微心愿""温暖回家路"等主题公益活动，激发驾驶员弘扬向上向善的传统美德，践行新风尚。精心打造西汽"铜车马"志愿公益项目，组建西汽"铜车马"红十字志愿服务队，化身"城市流动急救站"。

4. 以"安全课堂"为载体，讲好安全故事。定期开展安全演讲比赛、安全知识竞赛"五分钟安全课堂"活动，进行安全行车常识、安全驾驶技能现场培训，使安全理念融入每一个服务细节、每一趟服务过程。在抗击新冠疫情中，为保护一线驾驶员、医护人员和乘客的安全，集团打造出防护功能突出的"安全舱"。

5. 以"为民服务"为纽带，讲好服务故事。牢记"国之大者"，勇担光荣使命，新冠疫情期间率先在行业实施承包费、服务费减免，累计达 1.7 亿元；第一时间组建"党员突击队""运力保障队"，先后投入 2000 余运力，主动认领中高风险区考研接送保障、核酸样本转运、市民就医应急等保障任务，在紧要时刻体现了用心用情、为民为城的国企担当。

6. 以"机制改革"为契机，讲好发展故事。以"改革、稳定、瘦身、转型"为主线，积极推进公司改制，实现了从传统"全民所有制企业"到现代国有独资"有限公司"的迈进。广大干部职工发扬铁军作风、连续奋战，圆满完成西安市交通运输行业的重点工程，做强做大了经营规模，提高了管理服务水平，为集团进一步高质量发展打下了良好基础。

三、工作成效

（一）助推企业稳步发展

通过实施"三四五六"思想政治工作法，公司职工精神风貌焕然一新，企业文化深入人心，实现经营、管理"六统一"，形成发展合力。营运车辆增容，三产项目增收，职工收入增加，企业管理车辆总数从 3000 余辆增至近 5000 辆，一跃成为西北第一、全国前十的行业龙头企业。连续 6 年荣获陕西省出租汽车行业服务质量信誉 5A 级企业。

（二）增强社会服务水平

"雷锋车队""共产党员班""青年文明号"等品牌车队发挥品牌集成效应，通过志愿公益和创先争优为企业赢得社会美誉。一大批"西汽好人"、"西安好人"、"中国好人"、道德模范、市级劳模、"巾帼标兵"、"最美驾驶员"引领着服务、传播着文明、宣传着企业，成为西汽集团良好形象的代言人。驾驶员刘卫携其倡导的"爱心服务车厢"走进人民大会堂，荣膺交通运输部"感动交通十大年度人物"。

（三）提升企业社会知名度

西汽集团发展史馆暨员工教育基地被西安市新时代文明实践指导中心设为"新时代文明实践基地"。"雷锋车队"获评全国工人先锋号，被评为"全国最佳志愿者服务组织"；西汽集团打造的"户外劳动者爱心驿站"获评全国总工会"最美工会户外劳动者服务站点"称号；两大服务品牌双获"陕西省梦桃式班组"荣誉。西汽集团先后被

"爱心服务车厢"走进人民大会堂

评为"陕西省交通运输系统工会先进集体"、陕西省第五届"三秦企业文化标兵单位"和"中国道路运输百强诚信企业"。

四、工作启示

（一）加强企业文化建设的正面引导

要牢牢把握正确舆论导向，唱响主旋律、壮大正能量，做大做强主流思想舆论。将思政教育融入文化建设、融入企业发展、融入日常生活，坚持用社会主义核心价值观铸魂育人、凝聚人心，汇聚发展力量。

（二）推动企业思政工作创新创优

企业思政工作要适应数字时代的特点，用好用活新媒体平台，着力破解数字化赋能思想政治工作难点，积极创新工作手段、开拓工作途径。要常态化开展各类主题实践活动，推动中华优秀传统文化创造性转化、创新性发展，激发企业的内生动力。

（三）着力发挥企业思政建设的品牌效应

要注重推进企业品牌形象传播能力建设，讲好企业故事，提高企业发展软实力和品牌影响力，打造具有核心知识产权的自主品牌，不断提升企业在经济社会发展中的核心竞争力。

"一人一事"工作法：
让基层思政工作见实效

一、基本情况

中国铁路哈尔滨局集团有限公司坚持以习近平新时代中国特色社会主义思想为指导，从推动理念创新、手段创新、基层工作创新入手，不断加强和改进思想政治工作的方式方法，通过建立完善思想政治素质重点人员管理办法、开发利用党建信息系统"重点人员管理"模块，采取"大数据"分析等手段，对重点人员实施"黄灯"预警、"红线"帮促，实现精准施策、防微杜渐。哈尔滨局集团公司立足实际探索实施干部职工思想政治素质重点人员分类管理，为推动集团公司高质量发展、勇当服务和支撑中国式现代化的"火车头"筑牢坚实思想基础。

二、主要做法

（一）"黄灯"预警，用心疏解思想情绪

重点关注人员，是指干部职工在工作和生活中有不良思想苗头，或遇到事件、困难、突发情况，在思想和行为上出现影响正常

工作的倾向，发展下去易触碰重点教育认定情形的人员。

1.明确情形，靶向排查。全面梳理70个基层单位党委思想动态分析结果，归纳梳理出典型思想问题倾向，包括思想较为偏激偏执，性格暴躁，言行过激，易与他人发生争执，或因批评、考核等管理行为导致情绪波动，未造成较大影响或后果的；言行负能量较大，言谈举止有违背党的政策、企业管理、职业道德、公序良俗等倾向，未造成较大影响的；个人生活出现变故，包括婚姻变化、与他人发生矛盾纠纷、因突发情况生活出现困难、个人或亲属出现较重伤病等导致情绪低落、抑郁、暴躁、注意力不集中等10个方面，并以此列出重点关注情形，实现靶向对照排查。

2.压实责任，精准疏导。围绕重点关注情形特点，明确各层级管理人员思想疏导责任，确保不良思想倾向第一时间得到重视、有效化解。一是发挥职工"身边人"作用。充分发挥班组党支部书记（班组长）距离职工最近、接触最多、了解最全面的独特优势，将重点关注人员的日常思想疏导责任压实到班组这一最小管理单元，明确班组党支部书记（班组长）是做好重点关注人员相关工作的主体。二是注重拓宽信息收集渠道。做好"一人一事"思想政治工作，通过信息直通车、微信公众号后台留言、微信群组信息、谈心谈话、家庭走访，以及观察职工日常言行表现等方式，全面真实掌握职工思想动态，及时准确找出符合重点关注情形职工，理顺情绪，化解问题。三是充分发挥联动作用。对经思想工作未化解不良情绪的重点关注人员，由班组党支部书记（班组长）及时向上一层级党组织报告，并安排胜任人员对其作业进行联防联控；遇有严重危及安全生产、工作秩序、人身安全的，同时指派人员替代上岗，并采取有效措施进行稳控。

3.运用结果，提前预警。建立重点关注人员"四级"分析预警机制，定期研判职工思想规律，找准思想疏导薄弱环节和切入点。一是班组日常写实分析。班组党支部层面将重点关注人员工作情况纳入党建信息系统工作写实，包括所涉及的情形，经帮促疏导是否化解等，并将重点关注人员情况的分析、帮促措施、化解效果纳入党支部月度工作内容。二是车间月度效果分析。车间党总支每月将重点关注人员工作情况纳入月度职工思想动态分析，建立重点关注人员信息台账，组织干部职工开展思想疏导效果检验，确保不良思想倾向有效化解。三是基层单位倾向分析。基层单位党委将月度职工思想动态分析，以及重点关注人员情况纳入党委书记专题会进行研究，及时、准确掌握重点关注人员情况，建立倾向性情形分析预警台账，动态采取形势任务宣讲、政策解读、座谈谈心、帮扶救助等措施，做好超前防范，消除潜在的思想疑虑和不良情绪。四是集团公司规律分析。坚持用数字化手段为思想政治工作赋能，开发重点关注情形分析预警系统，对一段时期相对多发的情形及时向基层单位下发提示书，通过采取开展专题性思想动态分析、专业部室政策宣讲、深入车间实地包保、解决实际困难等措施，暖心化解职工身边烦心事、闹心事，有效遏制群体性、潜在性思想波动倾向。

（二）"红线"帮促，不让薄弱职工掉队

重点教育人员，是指在干部职工思想政治方面出现较为严重问题、造成较大影响或后果，或碰触管理、纪律、法律等"红线"，需要予以重点教育的人员，避免发展下去给个人、企业、社会带来损害。

1. 明确认定情形依据。在重点关注情形的基础上，对一些未达到追究刑事责任或未达到解除劳动合同程度的，继续明确 13 种重点教育人员情形，包括妄议中央大政方针，丑化党和国家形象，

或者诋毁、诬蔑英雄模范人物，歪曲党的历史、中华人民共和国历史、人民军队历史，攻击中国特色社会主义制度的；利用互联网等渠道发布、传播危害国家安全、损害国家利益、破坏民族团结、破坏宗教政策等信息的；经公安机关认定存在盗窃、吸毒、嫖娼、赌博、酒驾、辱骂或殴打他人、寻衅滋事、故意损毁公私财物违法行为的；因直接责任受到企业纪律处分、党纪处分的等情形。

2. 建立工作组织流程。重点围绕人员上报、组织认定、包保教育和包保解除4个关键环节建立工作组织流程，实现全环节闭环管理。一是建立人员上报流程。具体有两种操作方式，一种是基层单位科室、车间党总支根据职工思想动态和日常掌握，对出现重点教育认定情形的人员，召开党总支委员会研究后，向党委提报建议；另一种是由基层单位宣传、组织、纪检、信访、安全、法务等部门，将所掌握的已经具有明确证据链的重点教育认定情形人员相关情况，及时向党委报告，并向人员所在党总支（党支部）通报。二是建立组织认定流程。基层单位党委接到情况报告后，及时组织召开人员认定专题会，对拟列为重点教育人员进行确定，同步确定包保人、包保转化周期。三是建立包保教育流程。按照宣传思想文化工作相关制度办法，组织制定重点教育人员包保教育方案，明确具体包保措施，按月对重点教育人员开展转化写实工作。四是建立包保解除流程。包保转化周期结束后，由包保人向职工所在车间党总支提出转化申请，车间党总支采取技术测试、谈话检验或集体表决等方式开展转化考察，符合转化条件的向党委提交解除申请。

3. 提升包保转化实效。将提升思想认识、扭转不良行为作为重点人员教育管理工作导向，通过开展有力有效的包保教育，让造成较大影响和后果的职工深刻吸取教训，培育积极向上正能量。一是注重包保人员的专业性。依据重点教育人员情形，按照问题性质类别差异性确定最有效的包保人，实现领导人员、行政干部、专业干部、政工干部齐上阵。在新职领导干部、车间主任、班组长培训班中开设思政课，讲解包保教育工作方法；分地区、分层级开展思政案例交流会，每季度通过《哈尔滨铁道报》推送"首发即做"机制、"5+N"工作法等基层思想政治工作典型做法，有效提升各级干部思政工作能力。二是突出包保措施的针对性。基层单位党委立足重点人员实际制定科学合理包保措施，突出针对性和可操作性，做到"一人一案"，杜绝千篇一律，确保包保转化真正见效。三是确保包保时限的科学性。重点教育人员包保教育转化周期通常为1—12 个月，具体时限由基层单位党委视问题危害程度和教育难易程度确定。在包保过程中，经认定符合教育转化条件的，可以提前结束包保期；包保期结束后不满足解除条件的，由所在党总支继续组织开展包保，直至有效转化。

三、工作成效

（一）引领效果逐步显现

自思想政治素质重点人员分类管理实施以来，哈尔滨局集团公司累计开展重点关注 2080 人次，由初期的月均 111 人增加到目前的 254 人；累计认定 344 名重点教育人员并开展包保转化，由初期的月均 59 人减少到目前的 33 人。重点关注人员逐步增加，重点教育人员持续减少，体现了职工思想问题在苗头时期得到超前化解，能够造成后果的问题得到有效控制，思想引领的效果逐步显现。

2023年4月，乌鲁木齐供电段乌西供电车间对乌鲁木齐至吐鲁番区段的接触网进行常规检查

（二）安全意识日益增强

通过将安全纳入重点人员认定情形的要素，有效促进广大职工提升"安全第一"思想认识，不断增强敬畏规章、敬畏安全的责任意识。2023年，全局责任行车事故、路外安全事故、设备故障同比分别下降33%、20%和10%，实现第11个安全年，哈尔滨局集团公司安全文化建设成果获全路企业文化优秀成果特等奖。

（三）服务国家战略干劲十足

在重大政治任务、急难险重考验面前，广大职工表现出强烈的奉献精神。全力维护国家能源安全、粮食安全，煤炭运量同比增长10.3%，粮食通过铁路运输占比近七成。服务共建"一带一路"实现新突破，满洲里口岸中欧班列和货物运送量首次跃居全国第一，三大口岸进出口量同比增长 35.6%，形成中欧班列运输最大铁路口岸集群。面对多轮强降雪，数万干部职工日夜鏖战，牡丹江工务段线路工马志海面对肆虐洪水和仅仅不到 150 米的回家路，毅然坚守岗位 5 天 5 夜，保障了铁路安全畅通。

四、工作启示

（一）化解职工思想问题，要盯住苗头时期

职工思想问题往往会经历一个由表面到内心、由轻度到重度、由个体到群体的演变过程，而问题还处在萌芽状态和初始状态时，解决起来最容易、付出的成本最低、造成的损失和影响最小。通过实施重点人员分类管理，在实践中建立了一个灵敏、快速的反应和处置机制，促使思想政治工作能够抓住最有利时机，在问题尚处在表象、轻度和个体的状态下就得以解决，避免思想疙瘩越系越紧、矛盾越积越深、涉及面越来越广。

（二）化解职工思想问题，要处理好刚性柔性关系

打造新时代高素质铁路职工队伍，要坚持管人、管事、管思想有机统一，将刚性管理和柔性关爱相结合，严格管理和关心爱护并举，使职工在"情"的激励之下爱岗敬业，在"法"的约束之下努力工作，培育爱岗敬业的职业品德。要注重思想问题和实际问题同步解决，通过常态化开展"我为群众办实事"，帮助职工解决实际困难，疏导疑虑困惑，让思想政治工作更有温度、更有力量。

（三）化解职工思想问题，要充分发挥"身边人"作用

职工思想问题多数是在工作和生产过程中产生的，一些思想疙瘩和矛盾也往往是职工的"身边人"最清楚原因、最了解情况，做思想工作会更直接有效。要充分发挥一线班组党支部书记（班组长）离职工最近、平时接触最多、职工的情况最了解的优势，引导其懂得"思想先行"的重要意义，学会"战前动员"的工作方法，思想通了，心情就顺、干劲就足，落实各项要求才会更加自觉，凝聚的思想合力才会更加坚实。

"365"工作法：构建思政工作新格局

一、基本情况

中国南方电网有限责任公司是中央管理的国有重要骨干企业，负责投资、建设和经营管理南方区域电网，参与投资、建设和经营相关的跨区域输变电和联网工程，为广东、广西、云南、贵州、海南五省区和港澳地区提供电力供应服务保障，供电面积 100 万平方公里，供电人口 2.72 亿人，供电客户 1.16 亿户。近年来，南方电网公司按照"365"工作法（坚持"三个贯穿"、抓好"六个教育"、用好"五个抓手"）抓好思想政治工作，切实用好用活思想政治工作"传家宝"，主旋律更加响亮，正能量更加强劲，干部员工心齐气顺、昂扬奋进，为公司更好履行国资央企新使命新定位、加快建设世界一流企业提供了强大精神动力和思想保障。

二、主要做法

（一）坚持"三个贯穿"，将思想政治工作有效融入治企兴企、改革发展全过程

1. 把思想政治工作贯穿党组（党委）班子建设始终。压实领

导责任，推动各单位党委每年至少研究谋划一次思想政治工作，同时将思想政治工作理论方针政策纳入中心组必学内容，将思想政治工作纳入公司党的建设工作要点，并作为年度党建责任制考核的重要内容，切实做到同谋划、同部署、同落实、同考核。建立员工思想动态定期调研反馈机制，每半年组织各单位报送思想政治工作情况，运用书记接待日、日常谈心谈话、各类调研、访谈座谈、员工满意率测评等多种形式，收集、研判员工苗头性思想问题，第一时间了解掌握员工队伍思想动态，有效回应员工期望与关切。制定落实年度思想政治工作重点任务，组织所属各单位党委结合实际制定年度落实举措。

2. 把思想政治工作贯穿党的建设始终。始终把党的政治建设放在首位，忠诚拥护"两个确立"，建立健全公司党组"两个维护"八项机制，建立《公司党组学习贯彻习近平总书记重要指示批示精神政治要件台账》，聚焦政治要件整体推进督查督办，把讲政治固化为长效机制。推动思想政治工作到岗到人。充分发挥"两个作用"，通过开展"六个一"强化党员思想教育，通过做好"六必谈"加强人文关怀。加固"不想腐"的思想堤坝。开展公司阶段性、行业性反腐败形势分析，在公司系统广泛推广"廉洁课堂"常态化教育机制，在公司内部开设问题曝光台，落实好廉洁文化建设重点举措。

3. 把思想政治工作贯穿公司治理始终。坚持"两个毫不动摇""两个一以贯之"，迭代升级公司治理主体权责清单、法人层级权责清单、不同治理结构公司治理范本等治理文件。制定实施责任追究管理规定和公司处分清单，打造依法治企"南网法典"。健全与企业架构相适应的四级职代会，公司系统各单位职代会建制率达100%。制定实施《公司四级职代会职权清单》，使基层职代会职权更加具体化、精准化。推广"职工代表在线"平台，创新以线上方式召开职代会。有效畅通职工意见表达渠道，通过工会主席信箱、走访调研、职工代表巡视检查等方式广泛收集和分析职工意见建议，开通"南网员工心声社区"，及时办理职工建议诉求，切实做到"件件有落实、事事有回音"，有效提升了思想政治工作的温度。

（二）抓好"六个教育"，筑牢公司改革发展、争创一流的思想根基

1. 持续强化党的创新理论武装。坚持把学习宣传贯彻党的二十大精神作为首要政治任务，组织各级理论学习中心组开展专题学习1000 余场次，各级党组织举办读书班 400 余期次、开展主题宣讲1100 余期次。坚持围绕学习贯彻习近平新时代中国特色社会主义思想这一根本任务，分两批深入开展主题教育，定期编印重点工作指引和工作简报，精心策划 3 批次上下联动、同题共学的中心组学习研讨，每月统一主题开展主题党日学习研讨，推动全网实现理论大学习、思想大武装、工作大提升。

2. 持续强化理想信念教育。加强党员干部教育管理。制定实施《公司党组关于进一步加强干部教育培训体系化建设的意见》，持续强化各级领导干部党的创新理论武装和履职能力培训。完成 2019—2023 年全国党员教育培训工作规划总结收官，开展"网聚正能量，奋进新征程"宣传教育活动，持续教育引导广大党员坚定理想信念。开展理想信念体验式培训。举办党员理想信念培训示范班，用好公司"五省六线"，提升现场教学教育效果。

3. 持续强化社会主义核心价值观教育。加强思想道德建设。大力弘扬以伟大建党精神为源头的中国共产党人精神谱系，弘扬和践行社会主义核心价值观，广泛举办"道德讲堂""文明讲堂"，深入推进社会公德、职业道德、家庭美德、个人品德"四德"建设。推进精神文明建设。以文明餐桌、文明交通、文明上网等为重点，普及文明礼仪规范，引导干部员工养成良好行为习惯。组织各单位积极争创全国、省级、市级文明单位，积极参加所在地文明城市创建工作，有效提升员工文明素质和公司文明程度。公司系统共有全国文明单位 67 家、省级文明单位 208 家、市级文明单位 154 家。

4. 持续强化"四史"和形势政策教育。落实《党史学习教育工作条例》，推动《公司党组推动党史学习教育常态化长效化的实施意见》有效落地，巩固和完善公司党史学习教育好经验好做法，坚持和运用好党史学习经常性机制、理论武装深化机制、"第一能力"提升机制、"我为群众办实事"实践机制、从党史中汲取智慧和力量工作机制等"十个机制"。常态开展形势政策教育。通过公司战略研讨会、年度和半年工作会、专题讲座、支部主题党日、书记讲

2022 年 7 月，南方电网公司组织党员开展"唱支山歌给党听"红歌快闪活动

党课等形式，常态化开展国内外经济形势、国家发展战略、国有企业改革发展史、公司发展历程等教育。

5.持续强化社会主义法治教育。持续深入学习宣传贯彻习近平法治思想和宪法、民法典等法律法规，全面落实中央企业加强合规管理要求，召开公司合规管理大会，并与"国家宪法日"宣传活动同步开展"合规教育周"，营造"人人讲合规、时时显合规、事事要合规"的浓厚氛围。坚持制度治党、依规治党，持续落实重要制度文件学习贯彻提醒督促机制，结合重要党内法规、公司党组重要文件的印发，常态化督促下级党组织及时学习、坚决落实。系统实施党建领域管理人员培训，通过举办二级单位专职副书记、总部党支部书记培训班，及时宣贯党建工作有关制度文件精神。

6.持续强化安全意识教育。广泛开展防范化解重大风险宣传教育，精准识别公司六大重大风险，按季度跟踪收集管控措施落实情况，监测分析国务院国资委重点关注的风险指标异动情况。深入学习贯彻总体国家安全观。组织开展全民国家安全教育日系列活动，通过推进国家安全宣教进支部进基层、开展隐患排查、举办培训班等形式，广泛深入做好国家安全宣传教育。深化与国家安全机关、国家安全研究机构和高校的联动协作机制建设，成功举办首届"平安南网杯"国家安全人民防线知识竞赛及宣教比武，推动总体国家安全观和反间防谍意识入心入脑、见行见效。

（三）用好"五个抓手"，有力凝聚广大干部员工团结奋斗的思想共识

1.抓好意识形态工作责任制落实。建立健全公司意识形态工作体系（综合治理体系、责任体系）、三项机制（日常管理机制、应

急处置机制、推进保障机制），制定实施公司加强和改进基层意识形态工作有关文件、进一步加强和改进意识形态阵地管理的有关意见。扎实开展"清朗"网络专项行动，建成覆盖全网的舆情监测系统，及时发现处置涉员工网络舆情，全面推广应用好意识形态新型阵地，推动广大党员干部在网上发挥正能量作用，持续巩固公司意识形态领域向上向好的态势。以三大央媒指标为牵引，网内、国内、国际宣传影响力显著提升，特别是在人民日报、中央广电总台等平台的高影响力宣传持续保持增长态势，世界媒体峰会发布"中国式现代化南网新实践"案例报告。

2. 抓好群众性主题实践。扎实开展宣讲活动，精心打造"点亮独龙江　一步跨千年"等宣讲主题，在能源化学地质工会主办的宣讲比赛中夺得个人第一名的好成绩。组织各单位举办线上线下宣讲比赛活动 100 余场次，超过 16 万人次参与直播互动，在广大职工中掀起学习热潮。做好统战团青群体的思想教育，创建党外代表人士建言献策工作室，面向统战成员开展"学习贯彻二十大　团结奋斗新征程"主题活动。扎实推进团员和青年主题教育，印发实施公司青年发展规划（2023—2025 年），深入推进青年精神素养提升工程和"青马工程"，公司获"中国青年五四奖章集体"。

3. 抓好"知行"文化建设。坚持文化与战略"双轮驱动"，制定实施文化强企重点举措和三年行动计划，出台新版企业文化理念，评选新一轮文化示范单位，公司知行文化案例获中国企业联合会"全国企业文化优秀成果特等奖"、中国文化管理协会"文化强企优秀案例特等奖"。组建公司系统文化宣讲员队伍，组织编制分众化宣贯课件，分层分级组织开展文化宣讲。紧扣公司战略落地，定期举办知行大讲堂、编发《南网知行》文化内刊。公司 3 个项目入选中央企业工业文化遗产（电力行业）名录，《跨越琼峡》荣获第四届中央企业社会主义核心价值观主题微视频优秀作品。

4. 抓好典型选树和荣誉管理。强化榜样引领。评选公司第二批领军型劳模、第四届"南网工匠"，组织推荐 19 个集体和个人获评全国五一劳动奖、巾帼先进等荣誉称号，在公司系统形成见贤思齐、崇德向善的良好氛围。加强荣誉项目管理，更新公司荣誉项目库，开展公司员工记功评选和通报嘉奖，制定实施先进典型培育三年计划实施方案，统筹做好各类先进典型选树及宣传。

5. 抓好为员工群众办实事。用心用情办实事。公司领导带头到基层党建工作联系点开展调研，深入了解、切实解决群众急难愁盼问题。每年印发实施公司总部"我为群众办实事"重点民生项目清单，制定并落实好民生项目清单，把保障改善民生的责任压实到各层级、第一线。制定《公司党组深化拓展整治形式主义为基层减负实施方案》，强化对减负"实招硬招"和保障机制的过程管控。明确各级党委委员、纪委委员谈心谈话任务，常态化开展基层党组织谈心谈话工作。依托各级工会职工之家（小家）广泛建立职工利益诉求排查调处化解中心、化解点。开展职工生活品质提升工作，推动员工生产生活条件持续改善。开设覆盖全网的心理咨询热线，依托外部专业机构为员工提供专业的心理咨询服务，有效关爱员工心理健康。

三、工作成效

（一）员工精神面貌更加昂扬向上

公司员工满意率逐年上升，员工整体心理健康状况优于电力行业大样本和职场大样本，良好的精神状态使干部员工能够更好地投入改革发展各项事业中。

（二）企业经营效益持续提升

公司经营规模实力不断壮大、质量效益创历史新高，"一利五率"实现"一增一稳四提升"，改革三年行动年度考核名列央企第一，企业的胸怀、格局和视野在"走出去"中更加宏阔，一流企业特征更加显著。

（三）央企良好形象更加彰显

南网品牌形象鲜明树立，国企改革、公司治理、数字化转型等成为央企乃至全国的典型示范，公司 154 个集体、147 名职工获评省部级以上称号，涌现出"国家卓越工程师团队"等一批先进典型。

四、工作启示

（一）要聚焦强信心，持续提升思想政治工作引导力

持续强化理论武装实效，将其转化为拥护"两个确立"、做到"两个维护"的实际行动。不断巩固壮大奋进新时代的主流思想舆论，为推进公司一流企业建设进一步提振信心。

（二）要聚焦聚民心，持续提升思想政治工作凝聚力

坚持用社会主义核心价值观铸魂育人，不断涵养推动公司高质量发展的精神底色，着力推动形成适应新时代要求的思想观念、精神面貌、文明风尚、行为规范。

（三）要聚焦暖人心，持续提升思想政治工作感染力

畅通员工意见表达渠道，坚持解决思想问题与解决实际问题相结合，切实为员工群众办实事、做好事、解难事。坚持深入员工、春风化雨，常态化做好思想引导，营造心齐气顺的良好干事创业氛围。

"红色航程"链接"蓝色港湾" 打造党群服务组织体系平台

一、基本情况

中远海运船员管理有限公司党委坚持以习近平新时代中国特色社会主义思想为指导，深入贯彻习近平总书记与"中远海运玫瑰"轮船员通话精神，大力弘扬"支部建在船上"优良传统，聚力党建领航，坚持党建带群建，夯实基层基础，持续探索并建立"公休船员党支部"与"海嫂联络站"共建模式和共建机制，建立起"红色航程"+"蓝色港湾"的"红蓝共建"组织体系平台，成为以习近平新时代中国特色社会主义思想教育船员党员的基层学校，成为汇聚践行海运强国航运强国使命奋进力量的重要阵地，成为关心关爱广大船员及海嫂、解决船员家庭急难愁盼问题、增进船员福祉的有效载体。

截至 2023 年年底，船员公司共建立公休船员党支部 212 个，建立直属单位领导班子公休船员党支部联系点 45 个，遍布我国大陆地区除西藏外所有省区市，实现了对 10554 名船员党员全覆盖；在建立 279 个海嫂联络站的基础上，又根据管理单位和区域划分建立片区海嫂总站 6 个，地区海嫂总站 49 个，服务覆盖超过 2 万户船员家庭。

船员公司党委坚持和加强党的全面领导，筑牢基层基础根基，坚持以人民为中心，构建"我为船员办实事"长效机制，用心用情用力服务船员群体，充分发挥公休船员党支部这一基层党支部的政治功能和组织功能，充分发挥海嫂联络站这一基层群众组织的桥梁纽带和服务职能，弘扬光荣传统，坚持守正创新，推进公休船员党支部和海嫂联络站一体化建设，打造"红蓝共建"组织体系平台。

"红"指红色航程，即公休船员党支部。船员公司党委坚决做到"哪里有群众哪里就有党的工作、哪里有党员哪里就有党组织、哪里有党组织哪里就有健全的组织生活和党组织作用的充分发挥"，针对远洋船员党员居住地分散、上下船频繁，船员党员公休期间动态难掌握、组织活动难开展、状态波动难凝聚的诸多管理难题，按照居住地域相近、隶属管理单位相同，以及便于所在地域的海嫂联络站联系等诸多因素，区分不同情况，分类施策组建，运用"互联网+"理念，建立了公休船员党支部的基层组织形式和工作载体，有效实现了船员公休期间党组织建设全覆盖、船员党员教育管理工作全覆盖。

"蓝"指蓝色港湾，即海嫂联络站。建设海嫂联络站是中远海运的优良传统，海嫂是掌舵远洋船员"家庭之舟"的重要角色，被船员兄弟亲切地称为"船舶第二政委"。多年来，船员公司在船员居住比较集中或方便聚集的地方建立海嫂联络站，按照所覆盖船员家庭数量范围，因地制宜建设不同规模的海嫂联络站，服务船员及其家庭，成为公司与船员及海嫂间联络沟通的桥梁和纽带。

二、主要做法

船员公司党委在组织开展"红蓝共建"过程中，从目标任务、方法路径、核心内容、工作机制、品牌建设等方面持续探索实践，形成了一套规范做法和有效经验，并以制度形式固化下来，以机制建设优化强化，实现了组织运行规范化、教育管理常态化、绩效考评标准化、基础管理信息化、典型经验示范化。

（一）聚焦"一个目标"，打造特色党建品牌

坚持守正创新，提出在"船员集聚之地，建设红色战斗堡垒，构筑蓝色温馨港湾"的构想，坚持"政治统领、创新驱动、多措并举、多方保障"的工作思路，在不断推进公休党支部组织管理工作全覆盖的同时，狠抓海嫂联络站建设，持续深入开展"红蓝共建"品牌创建活动，聚焦"打造团结船员的核心、教育党员的学校、服务广大船员的阵地"这一目标，把"红蓝共建"打造成具有中远海运鲜明特色的党建品牌。

（二）坚持"两个并重"，明确工作思路方法

一是坚持顶层设计统筹与基层实践并重。学习运用习近平新时代中国特色社会主义思想的世界观、方法论和蕴含其中的立场观点方法，把贯彻落实上级的要求与服务船员党员和海嫂的实际需求有效结合，既发挥"红蓝共建"的感召力、凝聚力和战斗力，又发挥休假船员和海嫂的积极性、主动性和创造性。二是坚持继承传统与探索创新并重。既把原中国远洋和中国海运两大集团的好传统、好做法传承下来，把基层党组织的基本特征与网络平台的技术特点有机结合，又要结合新的形势和任务，牢牢把握"建"这个根本，突出"带"这个关键，创新基层党的组织建设和"红蓝共建"的方法举措，充分体现公休船员党支部的特点和规律。

（三）围绕"三互路径"，提升共建工作质效

一是船舶和岸基互通。发扬"支部建在船上"优良传统，把公休船员党支部作为船舶党支部在陆岸的延伸，搭建起船舶与岸基互联互通的桥梁。通过陆岸党支部与公休船员党支部、海嫂联络站结对共建，一方面，以"红蓝共建"活动为载体，定期向船员家属分享在船船员的工作生活动态，宣贯公司改革发展成效举措，让船员家属更加了解船舶工作生活；另一方面，通过公司"一网两刊两号"等内部宣传平台，及时将关心关爱船员家属工作推送给在船船员，让在船船员安心在船工作，实现船舶与陆岸的无缝衔接。二是线上和线下互动。结合"铁打的船舶流水的兵"船员工作生活特点和休假船员"天南海北"相对分散的实际情况，注重把网络学习与集中学习结合起来、线上沟通与线下联谊结合起来、通过微信群

2022 年 8 月 12 日，船员公司在重庆召开"红蓝共建"暨海嫂联络站建设座谈会

和 QQ 群共享信息与固定场地活动结合起来，扩大参与面，增强影响力和带动力。三是船员和海嫂互助。发挥公休船员党支部和海嫂站的组织优势和"桥梁纽带"作用，以共建促共情，海嫂站知船员情、解船员难、暖船员心，用真心关心船员和家属，用真情服务船员和家属，逐步成为公休船员和家属的精神依靠；以共建促共管，海嫂联络站组织活动与加强船员管理实现渗透和融入，做到互为依托、多重结合、资源共享；以共管促共育，将公休船员的日常管理、学习教育和家庭亲情活动纳入经常性工作内容，船员和海嫂在活动中互帮互促、感受亲情。

（四）落实"四个同步"，发挥平台功能优势

组织设立同步谋划。公司积极推进"红蓝"一体建设，优化调整公休船员党支部设置，重新确定海嫂联络站组织建设及编组方案，规范组织设置。制定《关于加强公休船员党支部建设的管理规定》《海嫂联络站整合建设工作方案》《海嫂联络站整合管理规定》，从结对模式、共建方式、共建内容、活动形式等各方面对与公休船员党支部的共建做出明确规定。海嫂联络站积极配合船员公司的统筹安排，在加强船员安全提醒教育、排查慰问船员家庭、及时做好解疑释惑等方面，发挥了不可替代的作用。船员公司做好保障措施，每年向公休船员党支部回拨一定数额的经费，公休船员党支部开展"线下"组织生活或集体活动，按规定申请、报销相关费用。

（五）建立"五项机制"，常态长效深化落实

一是构建目标牵引机制。立足于促进企业改革发展，着眼于提升船队伍素质，致力于"休假船员党员教育管理工作做实了就是

生产力、做强了就是竞争力、做细了就是凝聚力",建立健全服务"红蓝共建"需要,打造世界一流船员队伍的目标牵引机制。二是构建组织动态衔接机制。分别从组织建设、休假党员管理、工作交接方面进行工作机制建设,确保"红蓝共建"工作的连续性和规范性。三是构建教育管理服务机制。常态化开展船员公休党支部"五个一"活动,深入学习习近平新时代中国特色社会主义思想和党的创新理论,让休假船员党员在学习上不断档,持续提升政治业务素质。四是构建典型示范激励机制。开展"十大杰出海嫂"的先进典型评比活动,选树培育"红蓝共建"方面的先进典型个人和组织,并作为"海上十杰""两优一先"等船员公司先进典型评比条件之一,提升海嫂争先创优意识和履职尽责动力。五是构建作用发挥长效机制。以落实船员公司"安全之家、温馨之家、幸福之家"建设为载体,形成公休船员党支部、公休船员工会小组、海嫂联络站"三位一体"聚焦效应,团结动员更多力量,解决船员家庭困难、解决船员后顾之忧,切实发挥海嫂联络站团结互助、构建和谐,以及公休船员党支部的教育管理监督服务作用。

三、工作成效

(一)政治功能与组织功能显著增强

通过"红蓝共建",中远海运把"支部建在船上"党建传统优势延伸到公休船员和船员家庭,实现了基层党组织的全覆盖,并通过党建带群建,实现党的群众工作有效落实,把党的全面领导落实到"神经末梢"。同时,充分发挥基层党组织的政治功能与组织功能,通过党建工作和群众工作的优势互补、互融互促,船员家属全力支持船员在船履职，公休船员自觉服务船员家庭、提升自身素质，进一步稳定了集团近5万名船员的"大后方"，有力推动了高素质船员队伍建设。

（二）服务保障与团结凝聚有效提升

"红蓝共建"活动中，船员公司科学规划、整体谋划，整合了原中远、中海两大集团相对零散、重叠建设的海嫂联络站资源，拓展海嫂联络站建设网点，海嫂联络站服务船员近2万户，公休船员党支部实现了所属10554名船员党员教育管理与海嫂联络站归属对接全覆盖。船员公司依托"红蓝共建"平台，当在船船员家中遇到困难时，公休船员党支部和海嫂联络站第一时间安排人员协调解决或者上报船员公司协调，解除在船船员的后顾之忧。2023年，先后在陕西、辽宁、天津、上海等地组织开展"红蓝共建"活动63场次，慰问船员1516人次。

（三）平台功能和品牌效应充分彰显

通过创建特色站点、开展特色活动，设立示范站、加强好经验好做法的交流与推广等，在树立品牌文化的同时，增强了影响力和带动力，船员公司党委依托"红蓝共建"平台，开展"海上十杰"先进典型的培育选树，其中"十大杰出海嫂"的评选表彰，凝聚了广大船员和家属，提升了船员公司的品牌形象。同时，充分利用"红蓝共建"平台驻地社会资源，通过积极开展与主管部门、街道社区、航海院校等单位的联建、联谊活动，有效助推了船员公司中心工作、传播了航海文化。

四、工作启示

（一）必须发挥党组织的政治功能，形成党建引领的先导力

开展党群联建共建，必须坚持党的全面领导，把党的领导融入党建、群建、共建的各个环节、各个主体、各项任务中。充分发挥基层党组织的战斗堡垒作用，统筹处理好基层党支部与群众组织、基层党员与职工群众、企业内部组织与社会外部单位之间的关系。充分发挥基层党组织的组织动员优势、资源统筹优势和密切联系群众优势，将抓党建、抓发展与抓服务统一起来，形成党建示范、群建助力，各负其责、合力推进的良好工作格局。

（二）必须多方协同、优势互补，形成共建共享的整合力

要上下同欲齐发力，加强顶层设计，职能部门和直属单位细化具体举措，基层党组织与群众组织创新思路、积极作为。相关业务单位左右协同肩并肩，充分发挥不同组织、不同单位的作用与优势，不断丰富内容、创新形式、优化手段。依托这一载体打造合作平台，激发党群组织的服务活力，最大限度地利用好各种有利资源，落实好基层联系点、共建结对等机制，变"单独用力"为"条块合力"，提升共建共享的整合力。

（三）必须聚焦中心、融合发展，形成服务大局的推动力

要坚持系统观念、统筹谋划、融合发展，聚焦企业改革发展中心任务优化组织设置、加强活动策划、推进作用发挥。通过"党群

连心""党群共建"，引领基层党组织和广大党员带领群众共同参与企业改革发展、生产经营等中心工作，将思想政治工作、群众工作与企业中心工作深度融合，把党的政治优势、组织优势转化为服务优势、治理优势，实现党建工作和基层治理同频共振、深度融合。

（四）必须落实责任、明确机制，形成创新发展的驱动力

开展思想政治工作必须适应新形势、新任务的需要，不断主动探索和创新基层工作新路子。要加强制度建设和机制保障，创新基层组织设置方式，强化基层组织服务功能，让所有党员行动起来，调动党员服务群众、服务发展的积极性和主动性。要贯彻好"以人民为中心"的发展理念，尊重基层党组织和职工群众首创精神，及时调整工作思路、改进工作方式，从生动鲜活的基层实践中汲取智慧。

"1+5+N"：赋能企业高质量发展

一、基本情况

湖北中烟广水卷烟厂位于湖北省广水市，是国家烟草专卖局湖北中烟工业有限责任公司下属单位，2020年被中国红十字会授予奉献奖章，2021年获评湖北省先进基层党组织，2023年通过安全生产标准化一级企业现场评审，党委连续多年被湖北中烟工业有限责任公司党组授予"五好"班子称号。广水卷烟厂强化党委主体责任，严格落实思想政治工作责任制，坚持问题导向和目标导向，把思想政治工作贯穿企业高质量发展各领域各方面各环节，以系统观念构建"1+5+N"思想政治工作体系，为企业高质量发展赋能，以期为国有企业思想政治工作体系建设提供有益参考。

二、主要做法

（一）探索构建"1+5+N"思想政治工作立体模式

聚焦"打造一流的特色工厂"目标，探索创新以高质量思想政治工作赋能国企高质量发展的思路模式和路径方法，创建了"1+5+N"立体模式："1"个工作目标，把思想政治工作优势转化为国企治理优势和治理效能；"5"个实践路径，提升政治引领力、发展凝聚力、文化感召力、企业向心力、工作保障力五大实践路径；"N"个特色品牌，思想政治工作融入中心、赋能高质量发展的创新实践的多个特色品牌。"1+5+N"思想政治工作立体模式为企业高质量发展提供了强大的思想保证、智力支持和精神动力。

（二）基于"五力"的高质量思想政治工作实践探索

1. 筑牢思想教育体系，提升政治引领力。把习近平新时代中国特色社会主义思想作为改造主观世界、解决"总开关"问题的"金钥匙"，作为增强工作本领、破解发展难题的"思想库"，不断完善思想政治教育体系，通过开设"五大课堂"，实现教育全覆盖。一是主体课堂专题学。党委理论学习中心组、各党支部利用主题党日、联学共建、"三会一课"等开展集中学习和交流研讨。二是流动课堂随时学。制作微视频、微党课，分批次多场次组织观看红色电影，开展主题演讲比赛、知识竞赛等活动。三是平台课堂线上学。设置线上学习专栏，开设中国烟草网络学院专题课程，实现线上学习全覆盖。四是报刊课堂深化学。充分运用多元信息传播平台，进一步完善学习载体。五是实践课堂领悟学。开展"红色基因传承行动"，组织各基层党组织走进黄继光连等地，采取沉浸式学习的方式，提升学习效果。为提升学习质效，广水卷烟厂结合实际探索实施"144"学习法：遵循"1"个宗旨，明确不断提高马克思主义大众化的质量和效果的目标导向；聚焦领导干部、普通党员、职工群众、青年团员"4"类具有不同特点的人群；探索运用反刍式、沉浸式、宣讲式、输出式"4"种学习方式，做到因材施教、对症下药、靶向发力。"144"学习法，让理论学习由"重数量"向"重质量"转变，由"被动学"向"主动学"转变，营造了浓厚学习氛围。

2. 创新融合宣传体系，提升发展凝聚力。深入开展重大主题宣传工作，结合实际，每季度整合发布宣传主题，围绕贯彻落实行业及公司重要会议精神、工匠劳模精神、乡村振兴等主题开展征稿，确实做到围绕中心、服务大局，紧跟时代脉搏。加强宣传队伍建设，使他们逐渐成长为广烟故事的挖掘者、讲述者、传播者，促进思想政治工作以更生动的形式有效落地。创新宣传载体，增强思想政治工作"吸引力"。按照党委对工厂"两基地两园区"的总体布局规划，结合企业文化，打造露天式"党建园""三更主题长廊""创新园"，形成集党性教育、文化传承和休闲健身于一体的开放式宣传阵地。制定《广水卷烟厂促进媒体融合开展整合传播实施方案》，运用互联网思维，集门户、内刊、智慧终端等多种媒介于一体，形成一体化多元信息传播平台。建立党务宣传、政务宣传、品牌宣传、网络宣传协同推进的工作机制，构建"统一指挥、分类策划、一次采集、多元传播"的全新业务模式，推动媒体融合发展。

3. 打造价值融合体系，提升文化感召力。通过对"创行"文化内涵深意进行拓展、延伸，形成了含企业精神、企业价值观、企业愿景、企业使命、行为准则 5 个方面的"创行"文化架构体系。编制文化手册，持续宣贯企业文化，进一步提升职工对企业文化的认同感。创新标准宣贯，开辟"宣贯专栏"，以图文形式对标准进行宣贯，推动"创行"文化融入制度标准体系、塑造全员标准化良好行为。组织开展党风廉政建设宣传教育月活动、质量月活动、安全月活动、降本增效月活动等，提升全员廉政意识、质量意识、安全意识。开展篮球"挑战赛"、羽毛球"擂台赛"、乒乓球"争霸赛"、足球"对抗赛"等系列活动，让广大职工乐学乐教，在丰富多彩的文化活动中调动工作积极性。持续开展"两优一先"、劳模工匠、十佳女能手、"广烟人物"等先进典型选树，挖掘先进故事，开展先进事迹宣讲会。创建员工荣誉体系，按照五级施评主体、五类项目内容、五个展示平台，编制年度《员工荣誉手册》，充分发挥先进典型的示范引领作用。组织制作先进典型主题宣传片，强化典型事迹宣传，在职工中掀起"学赶先进、争当先进"热潮。

4.构建立体服务体系，提升企业向心力。常态化开展"我为群众办实事"实践活动，建立项目清单制、定期通报制、帮扶长效制、群众评估制四项机制，"三纵三横"矩阵式工作组织，切实把好事实事办到群众心坎上。常态化开展生日、结婚、生育、困难职工、传统节日等多种类慰问活动。严格落实《烟草行业干部职工思想动态分析报告办法》，持续推进党员领导干部基层联系点、党员责任区等制度建设，重视倾听职工心声，畅通职工诉求反映及解决渠道。通过职工意见建议收集处理系统，在企业与职工间架起"连心桥"，了解职工所思所想，调动职工参与企业改善改进工作，增强职工参与感。每季度从企业发展、工作提升、环境改善、价值实现等方面汇总、跟踪解决意见建议，定期进行干部职工思想动态分析研判，查找问题、剖析原因，找出改进工作的具体措施，提升思想政治工作的针对性和实效性。积极主动公开企业"三重一大"事项，使职工参与项目监督。将办事公开民主管理与党内监督工作相结合，形成联通贯通，让民主监督真正"说得上话""发得上力"，在企业重大决策部署、与职工群众利益切身相关的事项方面，充分发挥民主监督效能。

5.优化队伍建设体系，提升工作保障力。制定《政工条线队伍建设规划》，优化条线人才队伍知识结构、年龄结构，在实践中锻造一支严格规范、富有效率、充满活力的思想政治工作者队伍。支委一班人发挥"领头羊"作用，善于分工协作，不断增强抓思想政治工作的能力，做到会解决群众困难疑惑、能团结凝聚人心、善调动活力激情。坚持党管人才原则，深入推进"1"个整体规划，明确培养目标；发挥"2"个责任人作用，强化组织保障；完善"3"种培养模式，拓宽培养渠道；落实"4"种激励保障，增强人才活力，着力构建"1234"全过程人才培养模式，打造人才成长高地，使广水卷烟厂成为人才荟萃、活力迸发、奋勇争先的创新热土，实现企业高质量发展与职工个人成长相融相促。

（三）"N"个思想政治工作融入中心创新实践特色品牌

广水卷烟厂注重把思想政治工作融入具体工作中，结合生产经营实际，着力打造支部特色品牌、"培训中心"创新实验平台、"三小组织"、"5+4"职工之家等多个内涵丰富、亮点突出的思想政治工作荣誉中心创新实践特色品牌，促进思想政治工作成果转化为强大生产力，确保完成年度工作目标。

1. 特色品牌，让基层党建"亮"起来。坚持以引领、服务、融入生产经营为核心，以品牌培育"5"步法，融合"创行"企业文化，持续推动支部特色创建。"管家型"支部特色，切实提升管理能力和服务水平，筑牢工厂风险防控"防火墙"。"创优我行"支部特色，为企业高质量发展创优赋能。"创精我行"支部特色，推动"黄鹤楼"高档卷烟原料提质增效。

2. 孵化平台，让技能人才"强"起来。坚持抓技能人才队伍建设，贯彻落实高技能人才培养实施意见，建设打造人才队伍教育培训基地，搭建"培新中心"创新实验平台。为满足职工成长需要，打造由电工实训室、机械实训室、工控实训室、多功能培训室组成的多元化培训基地，探索"数字化"技能队伍培养模式，有效提升技能人才水平。

3. "三小组织"，让先锋形象"树"起来。组建"小蜜蜂"文化宣讲队、"小红帽"志愿服务队和"小蚂蚁"创新突击队，持续在政策理论宣讲、为民服务一线、攻坚克难前沿挖掘潜力，增强组织力、凝聚力和战斗力。自成立以来，"小红帽"累计开展志愿服务 438 人次；"小蚂蚁"创新突击队共开展各类创新活动 378 场次，攻坚克难活动 83 场次；"小蜜蜂"文化宣讲队累计开展理论宣讲 167 场次，在为民服务、管理提升、技改搬迁等工作中发挥了有效作用。

4. 职工之家，让职工"动"起来。"5+4"职工之家是活跃职工业余生活、锻炼职工心智体魄、陶冶职工文化情操的活动场所。持续深化"乒乓球队""羽毛球队""文艺队"3 支队伍建设，鼓励年轻职工不做手机族，走向运动场。定期组织策划开展系列"创行杯"体育竞技比赛，让广大职工业余生活更加丰富多彩。

2023 年 2 月，"小蜜蜂"在基层一线宣讲党的二十大精神

三、工作成效

（一）职工思想状态健康平稳

通过"1+5+N"立体模式探索与实践，统一了职工思想，增强了职工的大局意识。全厂职工整体思想状态平实平稳，队伍和谐稳定，对企业"十四五"发展充满信心，对奋进"双一流"目标鼓足干劲，对"创行"企业文化充分认同。

（二）职工干事热情显著增强

做好企业思想政治工作有利于把职工团结在一起。2023 年，全体干部职工以扎实开展学习贯彻习近平新时代中国特色社会主义思想主题教育为契机，聚焦主责主业，顺利通过"安全一标"创建和成品检测实验室 CNAS 认证，各项经济指标持续提升。

（三）职工幸福指数不断提升

各级党组织坚持人民至上，不断提升职工群众"三感"。如政工党支部每年开展"我为群众办实事"满意度测评，满意度达90%以上；管理第一党支部每季度开展食堂服务满意度调查，满意度达 98.68%。

四、工作启示

（一）以"更有感知"的思想政治工作传播时代最强音

必须持续丰富思想政治工作方法。要注重与时俱进，顺应时代要求，采取群众接受、喜爱的思想政治工作方法，摒弃家长式、说教式的老方法，与职工群众真交心、交真心。要注重载体创新，不断增强思想政治工作的及时性和吸引力，让职工对上级决策部署、企业改革发展取得的成绩有思考、有行动、有感知。

（二）以"更有力量"的思想政治工作提振干事精气神

必须紧紧围绕重点推动思想政治工作。基层党组织必须要把统一思想、凝聚共识作为思想政治建设的中心环节。要紧紧围绕企业中心任务，把思想政治工作落到实处、见到实效，为企业高质量发展保驾护航。要教育引导职工与企业共荣辱、同发展，搭建成长平台，让干部职工积极主动、创造性地开展工作。

（三）以"更有温度"的思想政治工作温暖员工成长路

必须坚持以人为本做好思想政治工作。思想政治工作说到底是做人的工作，要做到既尊重人、理解人，又关心人、帮助人。坚持用真理引导职工思想、用真情温暖职工心灵、用真心维护职工利益，以职工群众利益为出发点，以职工群众满意为归宿点，使企业真正成为广大职工可以信赖和依靠的组织。

善用新时代"枫桥经验"
推进思政工作"网格化"

一、基本情况

河南中烟工业有限责任公司洛阳卷烟厂有党员 290 多人，党员占职工总数的比例约为 43%。近年来，洛阳卷烟厂党委借鉴新时代"枫桥经验"，树立"党建引领、全面覆盖，发动党员、紧贴职工，即时解决、源头纾解"的理念，推行"网格化"管理模式。该模式以管理区域为网格横线，依据工作职责划分"思想区间"；以组织设置为网格纵线，依据内部层级确立"管理跨度"；以制度机制为网格竖线，依据管控主体细化"治理范畴"。通过模式建立，将党委、党总支（支部）、党小组作为层层嵌套的网格单元，利用网格空间分布、信息贯通、精准治理等功能特性，广泛、深入宣传政策，细致、准确收集民意，及时、有效解决问题，做到"级级有责任、事事有章程、处处显关爱"，构建了环环相扣、层次分明的思想政治工作格局。

二、主要做法

洛阳卷烟厂党委立足实际，坚持横向铺开、纵向深入、全域推进的导向，扎实做好区域、组织、制度建设，着力解决"网格化"管理"靠谁干""怎么干""干什么"等实践问题。

（一）横向铺开，划"域"而治，扩大思想政治工作覆盖面

坚持"党建引领、全面覆盖"的理念，划分形成党总支（支部）、党小组两级"思想区间"，推动思想政治工作求同存异、和而不同。

1. 嵌入组织架构。弘扬"支部建在连上"光荣传统，开展党支部优化调整工作，把党总支（支部）建在部门上，成立19个党总支（支部），实行党总支（支部）书记和部门负责人"一肩挑"。推进"一支部一特色一品牌"创建活动，结合部门特点，明确创建目标，丰富品牌内涵，拓展工作实践，打牢共同思想政治基础。

2. 延伸工作触角。按照"便于党组织管理、便于业务开展"原则，对作业区域相近、岗位相接的党员群体，组建党小组，把党小组的设置和活动延伸到一线班组。开展班组与党小组融合的"双细胞"班组建设，明确党小组组长"小政委"职能和任务，确保党组织建到哪里，思想政治工作就落实到哪里。

3. 畅通民主渠道。不断完善党委会议事规则，健全党委议事目录清单，强化党委对"三重一大"事项集体决策、前置把关，保障职工切身利益。在企业内网开辟"办事公开"专栏，各党总支（支部）、党小组广泛参与到企业民主管理、民主监督中，参加涉及职工切身利益重大事项的研究讨论，保障决策正确，维护职工权益，促进和谐发展。

（二）纵向深入，分"级"管控，增强思想政治工作渗透力

坚持"发动党员、紧贴职工"的理念，构建形成"层层有责

2022 年 11 月，河南中烟洛阳卷烟厂卷包车间成立党员先锋队，保障新品顺利落地

任、层层有任务、层层有抓手"的三级网格结构，实现分"级"管控、齐抓共管。

1. 建立管理体系。一级网格设在企业党委，由党委书记担任总网格长。二级网格设在各党总支（支部），由党总支（支部）书记担任二级网格长。职工总数在 10 人以上的部门设置若干三级网格，每个网格为 2—10 名职工，每个网格设置三级网格长 1 名，由党总支（支部）委员、直属党支部书记、委员或党小组组长担任三级网格长。职工总数小于 10 人的党支部，不设立三级网格。

2. 明确功能定位。党委书记作为一级网格长是"网格化"管理的"总指挥"和"总调度"。党总支（支部）书记作为二级网格长，具有承上启下的作用，是"网格化"管理的"先行员"和"宣传员"。三级网格长身处基层一线，是"网格化"管理的"实施者"和"执行者"。不设立三级网格的党总支（支部），由党总支（支部）书记负责二级和三级网格长责任。

3.细化职责任务。一级网格长负责企业思想政治工作的组织领导、制度建设和统筹推进。二级网格长负责所属党总支（支部）思想政治工作，带头联系职工，加强思想引导，提醒纠正苗头性倾向性问题。三级网格长负责所属网格的信息收集、协调处置，上情下达、下情上传，对网格内存在的思想隐患、不良言行做到第一时间发现、第一时间处置、第一时间上报。

（三）全域推进，多"维"治理，提高思想政治工作实效性

坚持问题导向、目标导向、结果导向相统一，以制度建设为牵引，以责任落实为抓手，强化多"维"治理，推动急难愁盼问题"即时解决、源头纾解"。

1.建立谈心谈话制度。在方式载体上，一级网格长主要通过接待群众来访、深入基层党建联系点调查研究、民主生活会、组织生活会、企业领导接待日等途径进行谈心谈话。二、三级网格长主要通过调查研究、组织生活会、"三会一课"等途径进行谈心谈话。在内容上，主要做到"五必谈"，即思想情绪不稳时必谈、工作积极性不高时必谈、岗位交流时必谈、家庭变故时必谈、受到处分时必谈，进一步提高谈心谈话针对性和感染力。

2.建立隐患排查制度。将思想政治工作纳入党委会、支部书记月度例会重要议程，一级网格长及时召开会议，研究分析思想政治工作情况。二、三级网格长，通过班前会、走动式管理，在与职工打交道时察言观色，关注其言谈举止、工作态度、精神状态，及早发现问题、解决问题。细化"有无发布、传播不利于安定团结的不良言论、图片""有无突遭意外导致生活困难的人和事"等13项指标，常态化开展思想隐患排查，对照指标、描摹画像，准确摸排职

工思想动态，靶向发力、对症下药，化解不稳定风险。

3. 建立信息报告制度。如果发生影响思想稳定的突发性事件，网格长按照"自下而上"流程逐级上报，上级网格必须在 24 小时内有反馈，事事有落实、件件有回音。推行"表单式"管理，二级网格长每月至少听取 1 次三级网格长汇报，查询"工作意见与建议""部门合理化建议"等内网专栏，系统整合、分类梳理，填写《思想政治隐患问题排查表》，每月报一级网格长审阅，为企业领导决策提供参考。

4. 建立分析研判制度。一级网格每年进行 1 次职工思想动态调查，通过调查问卷、民主测评、实地走访、座谈交流等途径摸排思想动态，完成分析报告。二、三级网格每半年进行 1 次职工思想动态调查，网格长深入包保区域，采取"综合评价法"，从政治素养、工作业绩、作风表现、群众口碑等方面，细化标准内容，划分权重比例，通过岗位自评、职工互评、网格长测评，全方位、多角度、近距离分析职工思想状态。

5. 建立考核激励制度。将"网格化"管理纳入企业"目标绩效""五星党支部"体系，实行考核结果与工资薪酬、评先创优"双挂钩"，一月一激励，一年一评定。工作成效突出的网格（长）将作为年度"两优一先"、先进工作者、工作标兵推荐对象。建立督查机制，每半年开展 1 次专项督导，督促解决有关问题，对工作敷衍应付、失职渎职的网格长，进行绩效考核、通报批评、组织调整，保障思想政治工作有力有序开展。

三、工作成效

"网格化"管理的应用，促进工作方式由过去的被动、分散、传统向今天的主动、系统、现代转变，让思想政治工作更聚人心、更加严密、更为灵活，融洽了党群关系，和谐了"邻里"氛围，凝聚了工作合力，促进干部职工心往一处想、劲往一处使，锚定目标不放松，团结一致向前进。

（一）"网"罗民声，服务"送上门"

实行"网格化"管理，能够及时、精准了解网格中职工群众的所思、所想、所盼，并因时因地、迅速果断地采取相应措施，推动思想政治工作做到"家门口"、走进"心坎里"。二、三级网格平均每月收集职工工作诉求、合理化建议 15 条，90% 的内容能够在 24 小时内得到反馈和处理；基层跨网格上报率为"零"，达到"隐患在网格内消除、矛盾在网格内化解、合力在网格内形成"的良好效果。

（二）"网"出温情，好事"办扎实"

通过"网格化"管理，以制度形式固化调研、分析、考核、评估、反馈、绩效等环节，将发现问题、调查研究、解疑释惑、办结归档融于一体，使思想政治工作更加灵敏、高效、务实，让职工获得感、幸福感既充实又有保障。"网格化"管理开展以来，洛阳卷烟厂党委累计解决"洗澡难""办公难""通勤难"等职工群众关切的热点难点问题 176 项，实现"把好事办实、把实事办好"的目标。

（三）"网"住责任，成绩"亮起来"

围绕推进"网格化"管理，洛阳卷烟厂基层网格纷纷成立党员志愿队、党员突击队、党员先锋队，开展"红旗机组""创新创效工程"等专项活动，极大提升干部职工的凝聚力和向心力，为各项工作争先进位、提质升级注入强大正能量。近年来，洛阳卷烟厂党委被洛阳市委评为"河洛党建计划基层党建示范点"；卷包车间电气维修班组获评全国工人先锋号，先后有 12 人次获得全国、烟草行业、河南省技术能手荣誉称号。

四、工作启示

（一）政治统领是前提

思想政治工作是一项重大政治任务和经常性、基础性工作，必须把党的政治建设摆在首位。必须持续加强网格长的理论素养、政治能力、党性修养，教育引导其经常对标对表，及时校准偏差，始终把是否有利于拥护"两个确立"、做到"两个维护"作为想问题、作决策、办事情的首要政治标准。

（二）贯通协同是重点

基层网格星罗棋布，矛盾问题千差万别，开展思想政治工作不能"千人一面"，更不能"各自为战"。必须充分利用网格空间分布、信息贯通、精准治理的功能特性，注重做好各要素、各条块、各功能的整合，提高思想政治工作的系统性、整体性、协同性。

（三）责任落实是关键

"网格化"管理的支撑载体主要是制度治理，考验基层制度执行力和工作责任心。这就需要网格长坚持把制度融入日常、抓在经常、做在平常，保持"时时放心不下"的责任感，以强有力的责任担当抓好各项工作落实，确保"网格化"管理取得实效。

（四）职工满意是根本

"网格化"管理是一项民心工程、民生工程，必须把职工群众满意不满意作为检验工作成效的"试金石"。必须坚持问需于民、问计于民、问效于民的工作导向，常态化征集基层的"土办法""金点子"，动态调整优化制度机制，进而提高"网格化"管理的时代性和生命力。

"群星"工程：
充分发挥先进典型示范带头作用

一、基本情况

陕西钢铁集团有限公司成立于 2009 年 7 月，是陕西省唯一的国有大型钢铁企业，·目前总资产为 425.75 亿元，职工 1.8 万人。2018 年起，陕钢集团在所属二级单位龙钢公司试点推行"群星璀璨、照耀钢城"先进典型培树工程（以下简称"群星"工程），以"讲好先进典型故事，传播榜样精神力量"为主旋律，着力培养一批事迹先进、贡献突出，具有一定示范性、代表性和感召力、影响力的先进集体和个人，推动企业高质量发展。2020 年起，陕钢集团在全集团深入推行"群星"工程，构建了"1 个保障、3 条原则、3 个重点、4 项制度"的"1334"先进典型培树思路，引导干部职工立足岗位干事创业，全面提升干部职工知识技能和文明素养，促进陕钢集团精神文明建设上台阶，汇聚起实现陕钢腾飞的强大正能量。

二、主要做法

陕钢集团分层次、抓重点、建机制，以点带面实现全覆盖，把先进典型培树与红色教育、社会实践、主题教育等紧密结合起来，发挥好先进典型人物的道德示范引领作用。

（一）做好顶层设计保障，探索"群星"统一联动机制

制定《"群星璀璨、照耀钢城"先进典型培树工程实施办法》，建立党委统一领导，各部门、各单位共同参与的工作机制。成立了"群星"工程领导组，负责审定先进典型人选，开展培树宣传工作，认真管理并定期更新先进典型库，开展宣传学习等工作。集团各单位结合实际，成立本单位"群星"工程工作小组，负责本单位先进典型选树培育工作。对奖项类别进行全面梳理，分为劳竞类、党委类、行政类、工会类、团委类和巾帼类六大类别奖项，明确推荐培树部门和单位，通过专业联动、全员参与，搭建横向到边、纵向到底的培树网络，加大先进典型分级培育和过程管控力度，将"群星"工程纳入各方面工作之中，探索出先进典型培养联动机制，形成"群星"工程的"拳头效应"。

（二）注重三条原则，建立"群星"选树机制

1.遵循时代性原则。注重把握企业不同时期的中心任务和形势需要，确保先进典型与时俱进。近年来，在企业改革改制中，陕钢集团选树了全国劳模等一批苦干实干的劳动模范；在践行社会主义核心价值观中，树立了"中国好人""正气员工"等一批精神文明新风先进典型；在企业追赶超越中，选树了"三秦工匠"等一批新

时代精益求精的先进模范；在企业冲刺"国内一流 行业领先"目标中，选树了"感动龙钢"创新突破人物焦健等一批敢闯敢拼的青年典型；疫情防控期间，选树了柴根浪、徐江涛等一批逆行而上、保卫生产顺行的模范人物。

2. 确保先进性原则。始终把先进性作为首要因素，把职工的意愿、基层的呼声、社会的反响作为重要依据，坚持自上而下逐级挖掘和自下而上层层推荐的筛选机制，综合运用绩效考核、民主测评、党员评议等结果，结合领导推荐、职工推荐、单位推荐、部门考察等意见，公平公正选出模范和典型。关注技能大赛、技术比武、业务竞赛等竞技类比赛中脱颖而出的优秀职工，将其作为重点培养对象。注重听取纪委、工会、安全、维稳等部门的意见，确保典型在干部职工中信得过、立得住、叫得响、推得开。

3. 坚持多样性原则。注重多层次挖掘，大规模选树，多渠道培养，扩大典型选树的覆盖面。在"群星"库中，有扎根一线、默默奉献的"草根明星"；有刻苦钻研、不断创新的"科技尖兵"；有创新创效、精细管理的"管理能手"；还有模范践行社会主义核心价值观的"道德模范"，做到让每位一线职工都有出彩的机会。

（三）突出三个重点，形成"群星"宣传机制

1. "观、讲、谈、演"四轮驱动，讲好先进典型故事。各基层党组织通过先进典型亲自讲述、视频展播、先进事迹报告会、道德大讲堂、主题演讲、榜样面对面、新职工座谈、公益服务、微电影、小品、评书等形式，扎实开展"先进典型进班组"和"先进典型就在身边"等系列宣讲活动，深入挖掘先进典型的精神内涵，大力宣传典型的先进经验和先进事迹，让职工思想上有触动、行动上

有自觉、灵魂上受洗礼、精神上有力量。

2."明星道、群星墙、工作室"三管齐下，打造先进典型示范区。陕钢集团在龙钢公司打造了中心路和迎宾路两条"明星大道"，各厂矿建立"群星"事迹荣耀墙、创建先进典型工作室，以图片和文字宣传"中国好人"、劳动模范、"三秦工匠"、"最美员工"、党员标兵等各类先进典型的事迹，充分发挥先进引领、示范带动作用，营造向上向善氛围，形成"群星璀璨、照耀钢城"的正能量。

3."图、文、画"三种形态，编印先进典型书籍。将亢仰宗、贾俊堂、党民生、王秀英、同新民等钢铁人创业奋斗的感人故事编写成《足迹》《钢城故事》《鱼跃龙门》《走进陕钢好人》等教育书籍，指引年青一代的钢铁人沿着老一辈创业者的脚步不断前进。

（四）实施四项制度，强化"群星"日常管理机制

1.建立"群星"动态管理制度。全面梳理核实各类先进信息，建立梯次合理、素质优良、新老衔接，分层级、分专业的"群星"库，为学习宣传提供材料，为评先提供选择，为选人用人提供依据。同时，"群星"人员库实行动态管理，新选树的先进及时"入库"，对违反规章制度及出现不文明行为的人员予以"退库"，使先进典型管理工作规范化、制度化、长久化。

2.健全"群星"回访制度。抓住重大节庆纪念日，开展先进典型人物代表座谈会，及时了解"群星"的疾苦冷暖，在各类帮扶政策中优先考虑先进典型，为他们送技术、送政策、送温暖，最大限度解决其在工作以及生活中遇到的各种困难，让其感受到党组织和企业的温暖，心无旁骛地干事创业。

3. 建立"群星"跟踪培养制度。重点培养以促进先进典型成长成熟，通过管理岗位竞争上岗、优秀团青人才选拔培养等方式为其创造条件、搭建平台，帮助先进典型永葆先进风采，真正做到了"树先进更用先进"。陕钢集团还投入资金为王军、冯建斌等技术型先进典型建设了工匠、劳模、技能大师工作室，支持培养更多高技能人才，创造更多实践成果。

4. 完善"群星"激励制度。坚持物质激励和精神鼓励相结合，在评先奖优、员工测评、学习培训、选拔任用、技术技能职务评聘、晋级升职等各方面，优先考虑先进典型，并给予加分，使先进典型充分感受到先进先得、先进多得，树立学习、崇尚、争做先进典型的鲜明导向。

三、工作成效

陕钢集团大力推进先进典型培树工程，各类先进典型层出不穷，体现出数量多、领域全、范围广、形式"群"、时效长的特点，呈现出独特的"群星现象"。近年来，陕钢集团先后涌现出一大批具有广泛影响的重大先进典型，培育出全国劳模 1 名，全国优秀团员 1 名，"中国好人" 2 名，共青团十八大代表 1 名，陕西省五一劳动奖获得者 2 名，"陕煤最美员工" 6 名，共产党员标兵、"陕西好人"、技术能手、"最美女工"等 4218 名，"群星"工程在陕钢集团生产经营管理中彰显出巨大张力。

（一）"群星"工程是践行社会主义核心价值观的重要载体

陕钢集团充分发挥先进典型的示范效应和引领作用，使之成为践行社会主义核心价值观的重要载体，能够把各方面优秀人才吸引

2023 年 6 月 2 日，陕钢集团 2021—2022 年度劳动模范和第二届陕钢工匠表彰大会现场

凝聚起来，有利于形成人人渴望成才、人人努力成才、人人皆可成才、人人尽展其才的良好局面，推动企业高质量发展。

（二）"群星"工程是弘扬和传承先进文化的有效途径

陕钢集团将先进典型培树作为企业文化建设的重要抓手，提出打造"群星"工程，传承长征精神，弘扬改革文化，真正把干部职工向上向善的热情激发出来，把先进典型的示范带动作用彰显出来，形成"以点带面、全面提升"的态势，为企业高质量发展集聚起强大的文化力量。

（三）"群星"工程是助推企业高质量发展的重要举措

"十四五"期间，陕钢集团面临着结构调整、升级转型的重要任务，最需要的就是看得见、摸得着、学得到的先进典型，在全集

451

团营造"学有榜样、行有示范、干有方向、超有目标"的良好氛围，调动全体干部职工的积极性，使干部职工更加坚定信心、保持恒心、下定决心，向着高质量发展的目标奋进。

四、工作启示

（一）坚持把先进典型宣传作为促进中心工作的一个重要抓手

一是用典型宣传促进工作、推动发展，大力宣传先进典型，树立先进标杆。二是用先进典型的事迹和精神教育群众、引导群众，通过先进典型的辐射和带动作用，调动全体职工工作积极性和主动性。三是先进典型来源于职工、服务于职工，实现典型宣传和受众之间的价值认同，引起群众强烈共鸣。

（二）坚持贴近生活、贴近一线、贴近群众，夯实先进典型的群众基础

一是区分层次类型选树典型。先进典型培树工程突出广泛的群众性和普遍的示范性，注重先进性要求与广泛性要求的有机统一，全方位、多层次、立体化地展示职工的整体形象。二是立足职工视角表现典型。突出典型传播的贴近性和操作的科学性，使其更容易为职工所认同、所接受。注重从职工日常生活中寻找感人故事，以普通人的眼光和欣赏习惯来表现先进典型，使大家增强对先进典型的认同感。三是善用真情实事宣传典型。强调以人为本、以事感人、以情动人，用事实说话、用事例说理，讲述英模人物的普通故事，力避"高大全"式的典型和精神生活无欲、家庭生活无情、物

质生活无求的非人性化倾向。

（三）坚持树立先进与推广先进的有机统一，扩大先进典型的社会影响力

一是外媒与内媒相结合。多种报道方式和体裁组合，集中力量、集中时段、集中版面，对涌现出来的先进典型的感人事迹进行及时、突出、持续的宣传。二是传统媒体与新兴媒体相结合。高度重视互联网、手机、厂区宣传栏和电子显示屏的作用，不断拓展宣传渠道，形成传统媒体与新兴媒体互动并进的典型宣传新格局。三是新闻宣传与文艺宣传相结合。注重整合力量，充分运用诗歌朗诵、情景剧、小品、评书、演讲等职工群众喜闻乐见的文化艺术形式，进一步增强先进典型宣传的渗透力。

（四）坚持先进典型培树机制的制度化、规范化、长效化

一是发掘培育机制。采取组织推荐、群众举荐和基层发现相结合的办法，最大限度挖掘先进典型。二是学习常态机制。对先进典型的学习宣传做到制度化和常态化，形成"新老典型"互相学习、共同进步的良好局面。三是关心关爱机制。坚持精神鼓励与物质激励相结合，从工作、生活上关心先进典型及其亲属，通过走访、座谈慰问、外出休养等多种形式，增强先进典型的认同感和忠诚度。

激活"3+3"思政新引擎
跑出高质量发展加速度

一、基本情况

中核四○四有限公司隶属于中国核工业集团有限公司,是根据国家发展需要,于1958年经中央专委批准建设的我国规模最大、体系最完整、集生产科研于一体的国家新型核工业基地,是我国核工业从无到有、从小到大的缩影和代表。在推动服务国家战略、实现高质量发展新征程上,因时间紧、任务重、人员多,急需准确把握职工思想动态,加强思想政治建设,统一思想认识。公司坚持以习近平新时代中国特色社会主义思想为指导,关注职工"思想、成长、生活"三方面需求,形成了"思想引领+三大工程""能力提升+三大渠道""关心关爱+三项举措"的"3+3"思想政治工作新模式,激活了思想、育才、服务引擎,有效带领广大职工提升"愿为"的思想觉悟,增强"善为"的实际本领,激发"有为"的内生动力,涌现出一批先进典型和技术、技能人才,为更好团结带领广大职工完成强核强国光荣使命提供了有力思想保障,公司核心竞争力全面提升,改革发展成果丰硕,步入高质量发展"快车道"。

二、主要做法

（一）实施"三大工程"，凝神聚气激活思想新引擎

牢牢把握正确政治方向，坚持理论武装、精神引领和宣传引导，持续锤炼思想、凝聚共识，以全面加强职工思想素质激活担当祖国需要的强大引擎。

1. 聚焦理论武装，实施联学工程。一是党委引领学，深学深悟。坚持"第一议题"抓学习，贯通党委、党支部、党小组各级党组织，通过集中学习、理论辅导、专题读书班等多种形式拓展学习深度。坚持"第一遵循"抓贯彻，建立"台账化管理、项目化推进、清单化销账"的贯彻落实闭环机制。坚持"第一任务"抓落实，把落实习近平总书记关于核工业和中核集团的重要指示批示精神作为重中之重，以推动高质量发展新成效检验理论学习实效。二是团委跟进学，常学常新。注重专题学习，邀请公司领导讲授"入职第一课"，扎实开展团员和青年主题教育专题学习；注重分类学习，面向不同青年群体开展践学悟学活动。三是工会引导学，同频共振。深入推进思想政治教育，树立"劳模工匠巾帼说"宣讲品牌，让新思想进企业、进车间、进班组、进头脑。

2. 聚焦精神引领，实施铸魂工程。一是保持核工业人红色底蕴。淬炼出"忠诚献祖国、责任铸重器、创新攀高峰、实干成伟业"的中国核城优良传统，凝练出"海棠""34—32""功勋线""同星""上游"五大文化理念，构建起"源于优秀传统、反映时代要求、体现行业特色、融入企业特点"的企业精神文化体系。二是挖掘核工业精神富矿。精心打造"三馆一塔五基地"文化宣传

2023 年 7 月，中核四〇四有限公司第十四届技能运动会现场

阵地，建立 3D 体验区、情境模拟场相融合的实景体验课堂，大力推崇邓稼先、姜圣阶等老一辈知名专家的感人事迹，塑造"祖国需要我"文化品牌。三是增强文化认同和自信。设立企业文化墙、先进人物宣传栏等醒目载体，"同星路"道路标识、"海棠林"园林设计等隐性氛围，让中国核城优良传统通过理念传播、行为促进、视觉识别等方式引导职工认同企业文化。

3. 聚焦宣传引导，实施榜样工程。一是坚持正确舆论导向。牢牢把握正面宣传为主原则，构建"报、台、网、微"全媒体传播体系，以建厂 65 周年为契机，开设"寻找激情岁月的四〇四人""驻扎奔跑""平凡不凡"等宣传专栏，将镜头对准生产一线和普通职工，生动宣传和记录企业动态、生产经营、职工生活。二是选树典型讲好榜样故事。持续开展劳模、工匠、"核城优秀青年"等选树、宣传、表彰工作，实地跟踪报道，讲述先进典型立足本职、勇于担当的工作纪实。三是常态化推进精神文明建设。将培育和弘扬社会主义核心价值观与扎实推进全国文明单位创建相融合，开展"四德"教育，组织核科普志愿服务、学雷锋活动等特色志愿活动。

（二）畅通"三大渠道"，磨炼真功激活育才新引擎

紧扣服务高质量发展大局，聚焦企业发展使命目标，畅通"技能提升""科技创新""人才培养"三大渠道，以全面推进职工能力提升展现建功立业新风采。

1.畅通技能提升比拼渠道，培育能学能干精兵强将。一是常态化开展劳动竞赛，围绕职工技能提升、创新优化等方面，持久开展主题劳动竞赛，为生产科研、改革发展和项目攻坚蓄势赋能。二是创新搭建技能比武平台，聚焦主责主业，打造"公司、分公司、车间"三级竞赛体制，采取"赛展演"模式，推动职工队伍职业技能素质和技术创新能力"双提升"。三是激发创新工作室活力，围绕劳模、工匠、技术能手形成以国家级、省部级创新工作室引领基层创新工作室发展的工作格局，完善目标责任考核体系。四是建立师徒结对育人机制，广泛开展"名师"带"高徒"活动，通过师徒带教培育想干事、能干事、干成事的技术"带头人"，形成新老职工在学习工作中互帮互助、共促提升的良好氛围。

2.畅通科技创新引领渠道，发挥高层次人才"头雁"作用。一是突出顶层设计。建立工作专班，出台科技"鲲鹏"计划，成立科学技术研究院，构建"一中心两平台"科研能力体系。二是突出梯队建设。精心实行选苗计划，大量引进高层次科技领军人才，承接首批工程硕博士培养，优化完善首席专家（技师）、科技带头人、青年人才培养体系，推进胡杨工程人才特区建设。三是突出综合保障。强化物质精神激励，落实"扶摇保障"十大举措，薪酬向高层次人才倾斜，优化荣誉体系，实施科技成果转化分红。

落实建设生活保障区、完善配套生产区公寓、引进教育医疗资源等，解决后顾之忧。

3. 畅通思政人才联动培养渠道，建设专业化骨干队伍。一是加强党对思政工作的领导，强化意识形态工作机构和队伍建设，严格落实公司两级党委意识形态工作主体责任，健全舆情处置联动体系，建立 24 小时网络舆情监测机制，成立网络评论员队伍，守好意识形态主阵地。二是支持工会、共青团创造性开展思政工作，深化青年大学习、"朋辈教育"、"青马工程"建设，有效发挥群团组织优势。三是完善培训体制，开展课题研究、思政课教学等专题业务培训交流会，不断抓强业务队伍，提高工作水平。

（三）落实"三项举措"，为民解忧激活服务新引擎

着眼发挥思政工作滋润人心的作用，精心做好权益保障、人文关怀和心理帮扶，守好思政工作"生命线"，以全力保障职工生活质量彰显幸福核城精气神。

1. 拓宽"我为群众办实事"途径。一是建立思想关爱工作机制，以"五必谈""六必访""七必清"为主要手段，通过公司领导深入一线调查研究、设置"领导开放接待日"、搭建"核青恳谈"平台等摸清职工急难愁盼问题。二是组织开展专项落实，年度落实"我为群众办实事"36 项，解决 71 名项目骨干人员子女入学问题，制定工程一线职工的 EAP 专项服务方案，举办 EAP 心理辅导，让广大职工更有获得感。

2. 构建权益保障工作体系。一是健全四级工会组织，设置"主席信箱"，畅通沟通渠道，及时反馈解决职工困难、诉求及建议，维护民主权益；二是全面维护职工健康安全，深入一线开展"安康杯"竞赛活动，以征集安全行为规范视频、开展"六个一"活动等

创新形式，推动安全生产，维护健康权益；三是提高女职工维权服务水平，设置具有女职工特点的竞赛项目，开设法律专题讲座，以"母亲节"等节日为契机，开展插花、礼仪培训、烘焙等特色活动，做职工的贴心"娘家人"。

3.打造服务职工系列品牌。一是打造长效救助品牌，开展困难救助、送温暖、金秋助学等品牌活动，持续推进困难职工帮扶与社会救助体系相衔接，逐步形成层次清晰、各有侧重、有机衔接的梯度帮扶工作格局。二是打造生活暖心品牌，推出爱心子女托管服务、退休离岗职工"四个一"、老年人日间照料中心等暖心品牌，解决职工后顾之忧。

三、工作成效

（一）提升了职工"愿为"的思想觉悟

"三大工程"进一步凝聚思想共识，激发建功热情。劳模精神、工匠精神成为广大职工的共同价值追求，履职尽责担当实干成为广泛共识，职工的凝聚力、向心力得到极大提升。

（二）增强了职工"善为"的实际本领

"三大渠道"成为公司技艺传承的"接力棒"、职工技能提升的"快车道"、技能人才成长的"孵化器"，有效推动职工与企业共成长、共发展。拥有3个国家级技能大师工作室，共培养出入选国家百千万人才工程1人，享受国务院政府特殊津贴专家12人，国家级人才计划1人，中华技能大奖3人、全国技能能手11人，王多明大师工作室被命名为"新时代工匠研学基地"。

（三）激发了职工"有为"的内生动力

"三大举措"进一步提升思想政治工作质量和水平，增强了职工对公司的认同感、归属感、幸福感，职工精神面貌持续向好，创新活力持续迸发，促进核心竞争力全面提升，工程建设关键子项、关键领域进度滞后局面全面扭转。

四、工作启示

（一）要坚持党的领导

思想政治工作是党的优良传统、鲜明特色和突出政治优势。加强思想政治工作必须坚持和加强党的全面领导，强化党建引领，把思想政治工作贯穿党的建设和公司治理各领域，与业务工作同部署、同推进，推动形成"党委统一领导、党政齐抓共管、有关部门具体负责、全员共同参与"的思想政治工作格局，切实把思想政治工作优势转化为企业管理优势。

（二）要服务中心工作

思想政治工作要与中心工作相融，才能保持生机活力。加强思想政治工作要始终把解决企业改革发展、生产经营、转型升级中的重大问题作为工作重点，主动设置议题，创新工作载体，探索工作路径，及时响应公司发展需要，让职工解决问题的方案多起来、工作实起来，切实把思想政治工作优势转化为企业发展优势。

（三）要遵循以人为本

思想政治工作从根本上说是做人的工作。加强思想政治工作要坚持以人为本，多渠道掌握职工所期所盼，以促进职工个人发展为出发点，对职工的思想状态留心，对职工的成长成才上心，对职工现实诉求操心，才能不断激发职工干事创业的积极性、主动性和创造性，切实把思想政治工作优势转化为企业发展优势。

"两全"工作法：
提高航天企业思政工作实效

一、基本情况

中国航天科技集团有限公司五院西安分院是我国航天发展排头兵、卫星有效载荷创新领跑者，为我国"两弹一星"、载人航天、探月探火、卫星导航等重大工程任务作出突出贡献。为有效引领凝聚、组织动员 2800 余名干部员工踔厉奋发、勇毅前行，创新采用了"两全"工作法开展思想政治工作，即打造"全媒体传播体系"、坚持"全过程凝心铸魂"，统一思想、凝聚共识、鼓舞斗志、团结奋斗，切实推动思想政治工作取得实效，圆满完成了以空间站建设为代表的科研生产任务，有效提升了企业核心竞争力。

二、主要做法

（一）打造全媒体传播体系，做强思想政治工作"供给侧"

1. 构筑形成立体传播阵地。坚持以阵地建设为支撑，长期着力于打造可视、可听、可沉浸体验的各类传播阵地，分级分步建成了集内网、内刊、微信公众号、电子屏、宣传栏、广播系统、文化丛书、移动平台、实体展馆、数字展厅、主题雕塑、教育基地于一体的线上线下阵地，实现了国家级、省部级、企业级、部门级阵地的分层分类管理，使西安分院成为有底蕴、有广度、有深度、有高度的思想"加油站"。

2. 不断拓展创新传播平台。西安分院党委以创新管理为保障，注重开展沉浸式教育和综合利用互联网平台，不断拓展创新传播平台。依托三线旧址秦岭北麓 112 大院建设了航天精神教育基地，使其成为举办员工入职教育、思政课堂、党支部主题党日活动的重要平台，同时每月定期组织开放日活动，每年实地接待各类参观学习 3000 多人次。注重用好互联网和新媒体技术手段，建设了网络版和手机版的党史学习教育数字展厅，采用 VR 技术全面展现中国共产党波澜壮阔的发展历程。2023 年建成学习党的二十大精神数字展厅，持续拓展"学习强国"学习平台、央视频、B 站等宣传平台。

3. 持续供给优秀传播内容。西安分院党委坚持以内容供给为根本，深度挖掘西安分院发展史和一线生动实践中的党性教育、航天精神教育、宣传思想文化工作的传播资源，在各级各类传播阵地、平台广泛应用。策划打造了以纪录片《开拓天疆》、文化丛书《薪火相传》、老照片图册《归来仍是长安少年》、微电影《荣誉之战》、广播剧《陈芳允》为代表的精品项目。思想政治工作专兼职队伍在各类教育、主题实践、传播活动中大量运用丰富的内容资源，依托各种形态的阵地资源开展宣传思想文化工作，极大提高了思想政治工作的生动性、有效性。多个精品项目先后荣获中国正能量"五个一百"网络精品、中央企业党的二十大精神基层理论宣讲微视频优秀奖、中央企业优秀故事创作展示活动优秀奖、中央企业社会主义核心价值观主题微电影（微视频）优秀作品奖等奖项。供给侧改革的精品内容成为高度匹配全媒体阵地的嵌套资源、传播内容，持续引领干部员工弘扬科学家精神、航天精神，矢志不移推动卫星有效载荷实现高水平科技自立自强。

（二）坚持全过程凝心铸魂，激发思想政治工作新活力

1. 突出全级次贯通有效执行。西安分院党委坚持以高度的政治自觉、思想自觉和行动自觉，把思想政治工作作为治党治企的重要方式，充分发挥思想政治工作"生命线"作用，制定了新时代加强和改进西安分院思想政治工作的具体举措，并着力推动全级次贯通执行。在开展党史学习教育、学习贯彻习近平新时代中国特色社会主义思想主题教育，以及贯彻党中央和上级党组织有关思想政治工作等重要决策部署时，均在第一时间组织开展全级次的工作部署。建设全级次的思想政治工作阵地，形成国家级科学家精神教育基地、省部级红色资源展馆、青少年教育基地、航天精神教育基地，基层研究所"雷达铁军""天线毅勇军"活动室等部门级阵地。建立思政课程体系，配备专兼职思政老师60多名，定制开发标准化思政课件、配发优质思政教育素材。持续开展"形势任务大讲堂"，院长、书记带头讲形势、宣讲航天精神。卫星型号负责人、道德楷模、部门领导、优秀党员轮番上台分享心得，班组利用晨会、周例会对思政工作提要求、作总结。政治工作部门落实党委部署，按照工作进度逐月下发"标准作业指导书"，建立主题教育、意识形态、新闻宣传、舆情管理、思维动态分析等专项工作的"联络员"制度，全方位督导检查基层思想政治工作开展的规范性、完成度，持续加强思想政治工作的科学化、标准化、有效性。

2. 把握全职业周期精准开展。西安分院党委牢牢把握员工全职业周期不同阶段的差异化需求，组织开展问卷调查和分析研究，精准识别员工在职业周期不同阶段的状态及需求特点，采取差异化思政工作措施。除着重开展理想信念教育等工作外，针对入职1—15年的员工期望自身快速融入单位的特点，常态化组织青年员工参加航天精神宣讲、"旧址行、航天情"、老中青座谈会、"青春之光"迎新等活动，开展国家安全、保密、质量意识等培训教育，引导青年员工快速熟悉单位历史和文化，规避踏入职业风险"雷坑"；针对入职5—15年的员工重点开展"青创空间站"系列活动，因势利导，激发他们创新创效、成长成才的热情；针对入职15年以上的员工，重点关注解决员工的职业倦怠问题，通过设立"大师工作室"、选树宣传各类典型、开展名师带徒、评选优秀督导师、组织观看卫星发射、组织上讲台、参加"员工心灵休息站"等活动，激发他们勇担责任、争做榜样。

2020年12月，西安分院组建航天精神宣讲团并首次开展航天精神宣讲

3. 紧扣全链条环节主动融入。西安分院党委紧密围绕科研生产任务的市场竞争，产品开发、研制、生产、试验、发射等全链条环节开展思想政治工作，围绕承担不同环节中心任务的队伍所思、所想、所盼开展工作，推动思想政治工作直达现场、直抵人心。将镜头聚焦一线，持续制作推出《先锋志》《一寸星光》等 50 余期反映先进个人及团队事迹的品牌节目，聚焦员工身上最闪光的干事作风和创业精神，采用"解说＋微访谈"的形式进行拍摄制作，采用矩阵化宣推模式，内部依托微信公众号、楼宇发布系统、内网专栏广泛宣传，外部加强与人民网、新华网、"学习强国"学习平台、央视频、西部网、陕西卫视等媒体合作，实现全网推送。邀请全国三八红旗手标兵、中国青年女科学家团队代表、陕西道德模范以及北斗三号副总师、探月工程突出贡献者等楷模登上西安分院"行走的道德讲堂"，对型号研制队伍进行动员鼓劲。试验队到发射场后，常态化开展思想动态分析，参加发射场"塔架下的道德讲堂"。型号任务成功后，依托"星星点灯"文化墙开展"点亮一颗星"主题实践活动，将思想政治工作有机融入科研生产的方方面面，让思政工作直抵人心。

三、工作成效

西安分院坚持思想政治工作"两全"工作法，接续奋斗、守正创新，一方面打造全媒体传播体系，在"建"上下功夫、在"管"上做文章、在"用"上见实效，思想政治工作穿透力显著增强；另一方面坚持全过程凝心铸魂，突出全级次贯通有效执行，把握全职业周期精准开展，紧扣全链条环节主动融入，让思想政治工作焕发出新的活力。

广大干部员工积极参与、支持思想政治工作，主动申请成为"星光推荐官"，在圆满完成科研生产任务的生动实践中，及时发现、推荐身边的"最美奋斗者"，为全媒体传播体系源源不断提供生动素材，成为全过程凝心铸魂的积极参与者、有力推动者。思想政治工作有效激发干部员工心怀"国之大者"、铸造大国重器，在中国式现代化建设中挺膺担当。西安分院近年来圆满完成北斗三号全球卫星导航系统建成开通、首次火星探测任务、嫦娥五号月球采样返回、空间站建设等重大工程任务，获得全国先进基层党组织、全国文明单位、全国五一劳动奖、全国五四红旗团委、全国企业文化建设先进单位等荣誉。

四、工作启示

一是深入学习贯彻习近平文化思想，坚决贯彻党中央关于宣传思想文化工作的决策部署、新时代加强和改进思想政治工作的实施意见和上级党组织有关思想政治工作的重要要求，是提高航天企业思想政治工作穿透力、实现全过程凝心铸魂的根本前提。

二是紧密围绕党和国家、集团公司、五院及西安分院关于加快航天强国建设的战略安排开展工作，明确西安分院思想政治工作的历史方位，服务大局、主动作为，是航天企业思想政治工作守正创新发展、取得实际成效的必经之路。

三是坚持"重基础、利长远"，锚定目标统筹布局，夯实基础创新发展，一体推进、大力协同，一步一个脚印、一棒接着一棒，适应形势不断拓展阵地资源、打造内容精品，创新思想政治工作管理模式，是进一步完善全媒体传播体系、实现全过程凝心铸魂的重要保障。

四是始终以丰富的全媒体传播阵地、优质的全媒体传播内容为"全过程凝心铸魂"提供保障，以思想政治工作全级次贯通有效执行、全职业周期精准开展、全链条环节主动融入检验"全媒体传播体系"效能，是新形势下提高航天企业思想政治工作实效性的题中应有之义。

加注思政"高能燃料" 让航天固体动力绽放绚丽色彩

一、基本情况

中国航天科技集团有限公司第四研究院西安航天化学动力有限公司，深入学习贯彻习近平新时代中国特色社会主义思想和党的二十大精神，认真贯彻落实中共中央、国务院《关于新时代加强和改进思想政治工作的意见》，把思想政治工作作为一项经常性、基础性工作来抓，通过在思想政治工作中加注"高能燃料"，把党的建设、思想政治教育、航天精神传承、典型宣传贯穿企业发展的各领域各方面各环节，切实做到在思想上解惑、精神上解忧、文化上解渴、心理上解压，胸怀"国之大者"，凝聚共识、鼓舞斗志，有力支撑国防、军队现代化建设和经济社会发展，为加快推进航天事业高质量发展贡献了航天力量。

二、主要做法

（一）加注"高能思想"，在理论学习中凸显"思政红"

坚持推动党的创新理论"飞入寻常百姓家"，结合行业实际、岗位特点，增强理论学习的针对性和实效性。突出凝心铸魂，坚持把"学思想"摆在首位并贯穿始终，将党的二十大精神、习近平总书记历次来陕重要讲话精神、习近平强军思想、习近平总书记关于科技自立自强和航天强国等重要论述作为理论学习的重要内容，通过讲专题党课、交流研讨、宣讲阐释、线上培训等方式，引导广大党员干部深刻感悟习近平新时代中国特色社会主义思想的真理力量和实践伟力。

落实"第一议题"制度，及时跟进学习习近平总书记最新重要讲话精神和重要指示批示精神。推行理论学习中心组领学、党委督学、党支部跟学、党员干部自学、团员青年促学"五学联动"。在一线班组和工厂上好车间班组微党课，推行产业链党组织同链共学，分别与陕西省委军民融合办、西安交通大学、西安市委军民融合办以及行业单位开展党建结对共建共学活动。

（二）增添"高能基因"，在弘扬航天精神中释放"航天蓝"

坚持和加强党的全面领导，把弘扬航天精神贯穿公司改革发展全过程，用航天精神引领员工凝聚强大能量，厚植家国情怀。坚持正确舆论引导，聚焦弘扬航天精神，创新方法手段，让航天精神宣传学习接地气、有生气、聚人气。制作广播剧《在炸药上雕刻人生》，这是国内第一部公开出版并系统反映中国航天固体动力事业发展的纪实性作品，以徐立平事迹为基础，生动展示了一代代航天人推动公司从无到有、从小到大、从弱到强，筑牢国家安全基石的奋斗历程。

以航天精神为根本，结合型号任务特点，总结提炼了国家至上、精益求精、不惧艰险、荣辱与共的特色高能精神。通过查阅材料、走访调研，编撰完成 13 万字高能精神回忆录《高能精神的忠实践行者》，包含大量实践案例、历史成就和感人故事，让高能精神成为引领员工不断实现突破跨越的基因密码。深入挖掘高能生产线建设和产品生产过程中的奋斗故事，制作完成高能精神纪录片《惊天动力》，再现高能原材料以及高能推进剂研制过程的艰辛、突破、成就以及员工的奉献精神。自编反映高能精神的小品《初心》，让航天精神在宣传贯彻中可读、可观、可感、可悟。通过编印《我的航天路》《我的航天路Ⅱ》《群英谱》《群英普Ⅱ》，从不同层面、不同角度，全面解读、深化、拓展、挖掘航天精神的丰富内涵和外延。积极推动航天精神"走出去"，连续 7 年举办"在航天日播撒航天文化"，面向全社会大力宣传航天事业发展成就，弘扬航天精神。

（三）释放"高能分子"，在重大工程任务中彰显"党徽金"

立足公司经营管理能力和科研生产能力提升，眼睛向内、凝心聚力、苦练内功，向管理要效益，扎实推进党支部创新实践特色工作，与时俱进探索"围绕经营抓党建，融入管理求拓展"新的有效载体，在基层党建工作中加注"高能推进剂"，让"党徽金"在科研生产一线熠熠生辉。

以党建资源、党建优势立项操作及攻坚化解企业经营发展中的主要问题，党支部精心策划并坚持开展活动，把检验活动成效落实到有力保障科研生产任务完成上。坚持支部建设和生产经营工作两个目标一起定、共同抓。十几年来，基层各党支部共申报创新主题实践活动 338 项，实施开展 317 项。坚持抓基层打基础，推动党对一切工作的领导贯彻落实到"神经末梢"。围绕重点型号、重大攻关、重点项目、重要工程等任务，组织攻关团队、决胜先锋，充分发挥党组织战斗堡垒和党员先锋模范作用，团结带领广大干部职工，全力以赴确保全年任务取得圆满成功。不断深化"一区、一岗、一队"创建活动，平均每年设立党员责任区、党员示范岗各 10 个，成立党员突击队 20 余个，党员岗位带头攻关奉献。

（四）增添"高能文化"，在追求价值创造中绽放"太空银"

坚持融入战略、文化引领，坚持弘扬传统、开拓创新，坚持以人为本、全员共建，坚持系统推进、突出特色，建设"1+4+N"的企业文化工作体系。"1"是指公司党委统一领导，统筹推进研究企业文化；"4"是指党委、行政、工会、共青团四大系统分工负责、协同配合；"N"是指公司各单位、各公司、各支部结合各自工作特点开展文化建设工作。

总装事业部组织党员突击队

坚持顶层策划、教育引导、实践验证、制度保障，让航天固体动力特色文化成为员工价值追求、日常行为习惯和基本文化素养。基于航天重点工程、重大任务和产业发展建设的特点，在原有的"安全、卓越、创新、奉献"文化支柱的基础上，形成了诸如一车间的高能文化、二车间的卓越文化、三车间的铸剑文化、五车间的精益文化等车间子文化。结合固体火箭发动机装药生产特点，倡导建设充满活力的基层班组文化，如硝化组的狼性文化、称量组的衡文化、吊装组的铁军文化、分析组的头雁文化等，形成了一批特色鲜明、立足一线的基层文化示范区（点），发挥辐射示范作用，将顶层文化层层贯通落实，让员工广泛参与其中，充分感受文化的力量。

针对固体火箭发动机能量越来越高，在日常"抓具体、抓深入"和"反复抓、抓反复"工作方式基础上，提炼出"双核理念，双常机制"安全文化，提出"违章就是事故，缺陷就是事故"和"把风险全面辨识管控挺在隐患前面，把隐患深入排查治理挺在事故前面"的两个核心安全理念，构建"融入日常、抓在经常"的工作机制。针对航天型号质量工作，确立"质量就是生命、质量就是胜算"的理念，坚持"质量至上、持续改进、顾客满意"的质量方针，以装备质量"零缺陷"为目标，落实"一次做对""预防为主"的全面质量管理要求，构建具有特色的质量文化体系。大力培育和谐共赢"家"文化，团结、教育、培养、激励、塑造、推动、成就职工，推动"用文管企""以文兴企"的企业文化理念深入人心。

（五）打造"高能亮点"，在航天科普中展示亮丽"志愿橙"

2020 年，中国科协与中央文明办发布《关于组织实施科技志愿服务"智惠行动"的通知》，提出在全国范围内广泛开展科技志愿服务"智惠行动"。公司认真贯彻落实该通知要求，组建"心动力"航天科普宣讲团，由团委对取得正式资格的航天科普讲解员统一组织培训学习。

依托航天技术专业优势，整合大国工匠、工程师、先进典型 3 个层次的人员，打造"互联网 + 支教模式"等方式，积极组织开展科普志愿服务。"心动力"航天科普宣讲团 10 年来走遍陕西省西安市多所中小学，为万余名师生带去航天科普知识；走进陕西省汉中市洋县、宁强县，累计为 6 万余名留守儿童打开通向航天世界的大门；开展"航天图书角建设"工作，针对洋县偏远地区部分中小学图书资料匮乏的现状，在团员青年内部组织"捐旧购新"活动，累计捐赠 1000 余册航天科普图书；新冠疫情期间，航天科普宣讲团精心制作航天"云课堂"，邀请时代楷模徐立平、"西安好青年"王昊等分享航天故事，在航天科普中生动展示了亮丽"志愿橙"。

三、工作成效及启示

坚持以习近平新时代中国特色社会主义思想为指导，不断深化思想政治教育，坚持业务工作开展到哪里，思想政治工作就覆盖到哪里，健全了主体明确、责任清晰、落实有力的一级抓一级、层层抓落实的思想政治工作责任制。积极开展形势任务教育、主题宣教、党员先锋岗、责任区岗位承诺、奋战攻关、文化建设等主题活动，广大干部职工的思想性、自觉性、行动性更加坚定，不断增强"四个意识"、坚定"四个自信"、做到"两个维护"，锻造了一支信念坚定、技术精湛、作风过硬的一流队伍，为推动事业发展壮大提供了不竭动力。着力建设优秀企业文化，产生了巨大的吸引力、向心力、凝聚力、影响力和推动力，使长征火箭腾飞冲天参与国家经济建设、多型导弹生产并举构筑国家安全根基、神舟飞船太空遨游实现中华民族千年飞天梦想，较好地将员工个人价值与企业价值融为一体，形成了团结、凝聚、协调的整体。

思想政治工作始终是推进航天事业高质量发展的"传家宝"，是推动我国航天固体动力事业科技实现更高水平的自立自强的"助推剂"。培育具有鲜明时代特征和航天特色的优秀文化是推动思想政治工作在航天事业发展中的"生命线"。注重航天精神的引领和传承是加强航天人才队伍培养的"加速器"。

"五心工程"赋能邮轮大项目
"五解五力"加速逐梦新征程

一、基本情况

中国船舶集团上海外高桥造船有限公司负责建造的国产首制大型邮轮"爱达·魔都号"于 2023 年 11 月 4 日成功交付，2024 年 1 月 1 日成功商业首航，标志着我国成功摘取了世界造船业"皇冠上的最后一颗明珠"，填补中国造船业最后一块空白。深学笃行习近平文化思想和习近平总书记对邮轮产业的重要指示批示精神，把国产大型邮轮作为检验思想政治工作质量的"试金石"和"磨刀石"，把邮轮建造现场作为践行习近平文化思想的主阵地，聚焦思想上解惑、精神上解忧、文化上解渴、心理上解压、难题上解决，系统构建"五心工程"思政工作赋能邮轮大项目治理模式，立体诠释思政工作的引领力、感召力、凝聚力、驱动力和穿透力，打造了思想政治工作赋能重大项目高效率建造、高质量交付的中国船舶新样本。

二、主要做法

（一）打造铸心工程帮助思想上解惑，提升思政引领力，擎起项目奋进帆

1. 初心讲堂，打造担当"加油站"。打造十场思政党课到项目支部、百场思政党课到项目班组、项目党员微型党课话初心、每季一次主题论坛、每年一个红色基地现场教学的"邮轮大讲堂"机制。开展专题党课 300 余场次，组织项目骨干赴红旗渠、遵义等地开展初心使命教育 10 余场次，组织项目建造人员 7 次重温习近平总书记对邮轮产业的重要指示批示精神。

2. 榜样站点，树正职业"价值观"。以邮轮项目建造过程中获得全国和省部级先进集体和个人的工作岗位为站点，精心设计 5—6 个榜样站点行走党课路线，每季一期分批组织项目青年骨干、参建劳务工代表等打卡榜样站点，通过聆听榜样故事、观摩榜样行为、对话榜样心声、践行榜样精神"四部曲"，让初心、信心、匠心连起来。

3. 动力现场，学做结合"出硬招"。把破解大型邮轮项目瓶颈难点问题作为理论学习的出发点和落脚点，将思政课堂搬到邮轮建造现场，突出微学习、微研讨、微行动，开展"党课＋承诺践诺"动力现场行走党课。通过党员带头学（聚焦问题导向学习微主题，亮诺）、带头想（聚焦目标导向进行微研讨，承诺）、带头干（聚焦效果导向实施微行动，践诺）"三带头"机制。

4. 政治生日，牢记誓言"砺初心"。坚持把过好政治生日作为凝聚组织力量、推动邮轮建造的重要抓手。2023 年 9 月 9 日，海试

临时党总支举行"逐梦深蓝砺初心·团结奋进摘明珠"集体政治生日，为 216 名党员赠送政治生日贺卡。党员们通过奏唱国歌、重温入党誓词、诵读党章、分享初心故事、寄语岗位建功等，进一步坚定打赢邮轮完工试航攻坚战的信心和决心。

（二）打造安心工程帮助精神上解忧，提升思政感召力，夯实项目定力锚

1. 精细导航解决项目青年成长之忧。将思政教育融入项目青年干部、青年骨干培训，向参加项目建造的新员工、青年英才、后备干部讲授党性教育情境沙盘党课，强化政治引领。常态化进行项目青年思想动态调研，党政工团协同联动精准职业导航，开展职业发展"双通道"宣讲、职业发展专题辅导讲座、职业测评等，强化对项目青年员工的职业规划。

2. 精心服务解决项目人员生活之忧。成立项目职工关爱工作组，立体构建关爱服务工作体系。实时关心项目人员及其家庭情况，通过"8·8"劳务工服务日、走访慰问等常态化暖心服务机制，解决项目工程人员生活之忧。

3. 精准关爱解决劳务工家庭之忧。通过设立夫妻房、建立便民洗衣站、畅通子女就地入学等机制，帮助数千名劳务工解决后顾之忧，变后拉力为侧推力。

（三）打造同心工程帮助文化上解渴，提升思政凝聚力，筑牢项目聚力缆

1. 匠心文化，筑强建功磁力场。坚持把邮轮建造现场作为践行习近平文化思想的主阵地，厚植"匠心文化"。通过建立邮轮季度工匠、年度工匠常态化选树机制，以及每年一次劳模工匠

2023年8月，试航期间开展"深学笃行新思想，砥砺奋进摘明珠"主题教育实践活动

道德讲堂、劳模大师说匠心等机制，大力弘扬新时代劳模工匠精神。

2.品牌赋能，打造文化"金名片"。全面践行"员工与项目共同成长"的价值理念，立体打造"家"文化。每季度举办"心心我船·馨馨我家"邮轮家庭文化日，开展红色故事会等活动，根植爱企爱家情怀，持续提升文化感召力。

3.邮轮精神，激发前行永动力。通过"讲好邮轮故事，弘扬企业文化"演讲比赛、"铸重器、谋复兴，制造强国担使命"主题实践等，引领项目人员岗位建功践行"国之大者"，孕育了"勇于创新、敢于担当、开放合作、拼搏奉献"的邮轮精神。

（四）打造舒心工程帮助心理上解压，提升思政驱动力，荡起项目动力桨

1.心灵氧吧，打造建功"心动力"。坚持从"心"出发，在项目所属党支部建立心灵氧吧和党群服务社区，实施党员干部谈心谈

话积分管理体系，各级党组织书记、委员每月至少与 3 名参与项目建造的职工深度谈心，让谈心的过程成为思想引领、凝聚发展共识的过程，成为答疑解惑、服务联系群众的过程，持续构筑有温度、有力度的心灵港湾。

2. 思政专班，搭建项目"连心桥"。深化政工职称、工程师职称"双证"上岗制，开展"'1+N'手拉手，争做邮轮先锋"结对活动，通过 1 名专班人员带动多名党员群众，将指标和措施分解到各道工序、关键岗位，把思政工作同解开思想疙瘩、破解发展难题结合起来。

（五）打造强心工程帮助难题上解决，提升思政穿透力，打造项目加速度

1. 建强组织体系，种好攻坚"责任田"。成立邮轮大项目思政工作领导小组、工作组，发布《邮轮大项目思政工作方案》，明确思政工作着力点和切入点。弘扬"支部建在连上"的光荣传统，把"临时党总支建在邮轮项目上、党支部建在协同功能组织上、党小组建在关键作业单元上"，党组织委员与项目指挥管理团队"一肩挑"；成立大型邮轮海试临时团组织，成立保航临时党支部，派出 3 批次 200 余人次，圆满完成商业航行任务。

2. 突出以学促干，提升攻坚"战斗力"。通过保交船誓师大会、"打赢决胜战，誓师保交付"青年突击队授旗等，引领党员干部和全体项目参建人员勇闯项目"深水区"。两次试航期间共成立 40 余个邮轮工程党员突击队、50 余个青年突击队、300 余个党员先锋岗，带领 2 批共 2500 余名海试人员成功完成 100 余项测试项目，切实把新思想伟力转化为首制大型邮轮建造加速度。

三、工作成效

（一）锻造了船舶产品建造钢铁军

通过高质量思想政治工作培育了"勇于创新、敢于担当、开放合作、拼搏奉献"的优秀品质，锤炼出全国工人先锋号、中国青年五四奖章、突出贡献创新团队等技术创新团队 30 余支，涌现出以全国劳动模范洪刚、全国技术能手李勇、上海市巾帼建功标兵马玲等为代表的省部级及以上先进典型 100 余人。项目工程人员责任使命更加强烈、奋斗姿态更加高昂、担当精神更加强劲、信念信心更加坚定。

（二）创造了思政赋能大项目新样本

"五心工程"思政工作赋能邮轮大项目治理模式的立体实践和探索，打造了思想政治工作赋能重大项目治理的中国船舶新样本。创新实践成果获评中国文化管理协会企业党建与企业文化工作委员会优秀案例一等奖、上海市形势政策教育研究会思政案例一等奖，2023 年受邀在上海市首届思政大讲堂上交流宣传。

四、工作启示

（一）提高政治站位，铸牢产业报国之心，是思政赋能重大项目的前提基础

坚持从思想建设上发力，树牢"思政工作就是生产力"的理

念，聚焦赋能高质量发展这一目标主线，把"融入项目、价值创造"作为思政工作的导航仪。牢固树立建设好重大项目就是践行"两个维护"、就是打造"国家名片"的理念，铸牢干事创业之"心"、产业报国之"心"，把忠诚镌刻在建设世界一流企业、以新质生产力推动中国式现代化建设的新征程上。

（二）突出系统思维，构建立体实践模式，是思政赋能重大项目的核心关键

坚持从体制机制上发力，注重顶层谋划，找准思政工作和项目推进的最佳结合点和共同价值点，同重大项目任务同研究、同部署、同推动、同落实，系统构建思政工作赋能重大项目的工作体系，搭架构、建制度、明责任、强组织，形成一套高效运转的运行模式和机制，做到思想领航把方向、政治领航管大局、作风领航保落实，为重大项目设计建造提供强大思想武器和精神动力。

（三）注重载体创新，拓宽深度提升效度，是思政赋能重大项目的有效途径

坚持从方法载体上发力，坚持在项目最需要的地方找阵地、在攻坚最急迫的时刻当堡垒，针对思想问题的堵点、重大项目推进的难点、跨组织协同的重点，持续创新思想政治工作理念和思路、融合载体和手段。坚持结合重大项目进程与时俱进升级思政工作实践载体，将"务虚"和"务实"相结合，以"有为"换"有位"，把思想政治工作"软实力"转化为项目"硬支撑"，让思政工作"生命线"焕发勃勃生机。

构建"1+3+N"工作体系
筑牢国有企业思政工作"生命线"

一、基本情况

西北工业集团有限公司是中国兵器工业集团有限公司所属大型弹箭骨干子集团，公司党委深入贯彻落实习近平总书记关于党的建设的重要思想、关于国有企业改革发展和党的建设的重要论述，通过WBS"1+3+N"思想政治工作体系，推进思想政治工作理念、方式方法、体制机制等全方位创新，有力推动企业高质量发展。获得全国文明单位、全国五一劳动奖、全国模范职工之家、全国模范劳动关系和谐企业等荣誉称号，10余项课题成果荣获中国政研会、中央企业政研会和兵器工业集团、地方党委优秀研究成果一、二、三等奖。

二、主要做法

现代管理工具WBS（Work Breakdown Structure）是工作分解结构的简称，又称"树状流程图""金字塔图"，就是把一个项目，按一定的原则分解，每下降一层代表对工作的更详细定义，直到分解不下去为止，即"项目—任务—工作—活动"。公司创新提出WBS"1+3+N"思想政治工作体系，并运用到企业实践中。

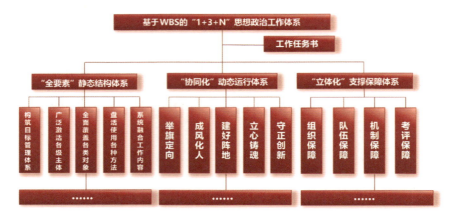

WBS "1+3+N" 思想政治工作体系树状流程图

"1" 即一份 "工作任务书"。在第一个层级 "W（work）" 中，将工作目标定义为 "建立新时代科学高效的现代企业思想政治工作体系"，形成体系明确、路径科学的 "工作任务书"。

"3" 即 3 个子体系。在第二个层级 "B（breakdown）" 中，将 "W（work）" 定义的目标分解为 "静态结构体系、动态运行体系、支撑保障体系" 3 个子体系。

"N" 即 "N" 个具体实践。在第三个层级 "S（structure）" 中，将 "B（breakdown）" 分解的 3 个子体系进一步细化为思想政治工作目标、主体、对象、方法、内容 "五项关键要素"，举旗定向、成风化人、建好阵地、立心铸魂、守正创新 "五项使命任务" 和组织保障、队伍保障、机制保障、考评保障 "四项保障措施" 以及日常活动、工作任务等一系列可操作、可实现的 "N" 个具体实践。

（一）强化顶层设计，制定一份思想政治工作 "任务书"

紧扣思想政治工作 "生命线" 地位，制定《公司思想政治工作体系建设实施方案》，从 "静态结构体系、动态运行体系、支撑保障体系"3个子体系中细化14项重点工作任务和"N"个工作项，为思想政治工作落实落地制定"任务书"，敲定"路线图"。

（二）聚焦"五项关键要素"，构建思想政治工作"全要素"静态结构体系

1. 构筑目标管理体系。坚持正确政治方向，时时将"讲政治"作为核心要义，将思想政治工作落到企业使命任务中。坚持正确舆论导向，将履行好强军首责作为为党分忧、为党尽责最根本的表现，将强军兴装、岗位建功作为思想政治工作主线内容。坚持正确价值取向，以"讲人本"作为价值追求，使改革发展成果惠及职工群众。

2. 广泛激活各级主体。织紧扣牢思想政治工作责任制，明晰"公司党委、基层党组织、党员"和"公司党委书记、公司党委委员、基层党组织书记、基层党组织宣传委员"的"三级四岗""链条式"责任定位，构建"党委集中统一领导、党政齐抓共管、党委部门组织协调、各业务部门各单位协同配合、全体党员共同参与"的"网络化"推进机制和思政工作大格局。

3. 全面覆盖各类对象。树立"人人都是思想政治工作的对象"理念，将"关键少数"作为主要对象，将"绝大多数"纳入教育范围，以党内集中教育引领全公司宣传教育。

4. 盘活使用各种方法。一是言之有物。紧贴职工关心的热点问题，通过摆数据、谈措施、看成效等，使职工产生共鸣、受到启发。二是言之有情。从职工群众最感到疑惑、最迫切需要解决的问题入手，将抽象的理论转化为"百姓话"。三是言之有味。用小故事阐述大道理，用身边人讲述身边事，采用漫画、标语、微视频等，使理论宣讲更接地气、更受欢迎。

5. 系统融合工作内容。融入企业实际，将思想政治工作同打造国内一流高科技弹药产业集团、支撑兵器工业集团建设世界一流集团公司目标结合起来。融入经营管理，把抓思想政治引领作为一项基础性工作，做到"生产工作延伸到哪里、思想政治工作就跟进到哪里"。融入职工群众，把尊重职工主体地位作为基本理念，做到"职工在哪里，思想政治工作就做到哪里"。

（三）扛起"五项使命任务"，构建思想政治工作"协同化"动态运行体系

1. "举旗定向"拧紧理想信念"总开关"。一是"五化工作法"持续强化政治建设。建立"专班机制化、任务清单化、工作图表化、措施责任化、监督日常化""五化工作法"，公司党委会"第一议题"、党委理论学习中心组"第一时间"及时跟进学习习近平总书记重要讲话和重要指示批示精神。二是"五学联动"持续强化理论武装。建立并动态完善"党委带学、党支部共学、党小组促学、党员领学、全员跟学""五学联动"机制。三是"三个聚焦"持续强化学用结合。聚焦履行强军首责，开展"忠诚、责任、荣誉"和"强军兴装·履职尽责"等主题教育活动。聚焦班子集体智慧，推动学习成果转化为解决实际问题的本领和能力。聚焦政研会作用发挥，推动党的创新理论转化为加快建设国内一流高科技弹药产业集团的具体实践。

2. "成风化人"打好宣传引导"主动仗"。一是讲好"伟大建党精神"和"把一切献给党"的人民兵工故事，确保思想同步。通过开展主题展览、劳模报告等活动，大力宣传伟大建党精神和"把一切献给党"的人民兵工精神。二是讲好"强军首责"故事，确保行动同步。领导带头宣讲，开辟"强军首责""责任与担当"等专

栏，多层面、多角度诠释公司上下履行强军首责的使命与担当。三是讲好大国工匠故事，实现目标同向。注重深挖大国工匠背后的"工匠精神"，积极宣传追求卓越奉献、践行忠诚专注、锻造装备技能的工匠故事。

3."建好阵地"唱响西北工业"主旋律"。一是下活正面宣传"一盘棋"。变"被动应对"为"正面宣传"，开设"建功新时代""劳模风采录""职工情怀"等专题专栏。二是打好内宣外宣"一面旗"。变"各自为战"为"协同作战"，建立"大宣传"格局，突出专题宣传、系列宣传、成就宣传。三是抓好阵地建设"一个调"。变"各唱各调"为"集体发声"，全面加强"报、刊、微、台、网"五大阵地建设，形成合力。四是拧紧主题宣传"一根绳"。变"散点宣传"为"主题宣传"，形成"有宣传方案、有新闻通稿、有丰富素材、有新闻发布、有总结报告"的重大主题宣传模式和"事前预热、集中报道、事后延伸"的宣传节奏及"主消息＋评论＋案例＋图解"的立体化宣传格局。五是织密舆情管控"一张网"。

西北工业集团有限公司开展纪念九一八事变活动

变"末端应对"为"前端防范",建立完善舆情监测、预警、报告分级分类处置等工作机制。

4. "立心铸魂"激活文明创建"主引擎"。制定《公司落实文明实践行动的实施方案》,组织签订文明实践行动承诺书。依托先进单位、工人先锋号、巾帼文明岗、青年文明号和"道德讲堂"等推动道德建设融入基层、深入一线。强化志愿服务品牌联创共建,落实在职党员"双报到"工作,与驻地社区共建"咸东小哥"志愿服务品牌。

5. "守正创新"激发企业文化建设"新活力"。一是塑造优秀企业文化,把培育"诚信、务实、阳光、开放"的企业文化作为全体职工价值目标。二是深化专项文化,注重安全文化、质量文化、诚信文化、廉洁文化等建设,形成"01345"质量安全文化以及"我的安全我负责,班组安全我有责""四不一要"等班组文化。

(四)强化"四项保障措施",构建思想政治工作"立体化"支撑保障体系

1. 组织保障。各级党组织书记切实履行"第一责任人"职责,其他班子成员强化"一岗双责",积极践行"一线工作法",找准工作"着力点",逐项"拉条挂账",从"党员创新工作室、党员领先行动示范点、党员责任区、党员示范岗"4 个维度打造责任矩阵。

2. 队伍保障。将思政队伍纳入企业人才队伍建设总体规划,组建由 9 人组成的专职宣传思想工作队伍、32 人构成的骨干队伍和 126 人组成的宣传员队伍。打造专兼职结合,党支部、工会、共青团组织、班组长和党小组组长结合的"大政工"队伍。

3. 机制保障。建立《进一步加强和改进思想政治工作的实施方

案》《党建思想政治工作责任制考核办法》等 10 余项制度,建立职工思想动态分析"1345"长效机制。

4.考评机制。构建"述评考用"有效贯通的考核机制,采取"党员民主评 + 党支部自评 + 专业组专项评 + 公司党委综合评"的体系化考核方法,构建"一报告两纳入"考评模式,将思想政治工作以 5% 比例纳入党建责任制考评、领导班子和领导干部综合考评。

三、工作成效及启示

(一)推动企业思想政治工作体系更加科学高效

通过 WBS "1+3+N" 思想政治工作体系的实践,实现了思想政治工作要素合理配置、功能充分发挥、合力广泛形成。建立全要素完备型思想政治工作结构体系,实现了覆盖充分、要素完备、结构合理、功能互补。建立全过程融贯式思想政治工作运行体系,形成了点、线、面不断延伸拓展,运转有序、彼此衔接、相互贯通、纵横结合的思想政治工作运行机制。建立全方位立体化思想政治工作支撑体系,为建设高素质思想政治工作队伍、现代化的思想政治工作信息技术、系统化的思想政治工作制度体系,提供了全面立体支撑。

(二)推动企业思想政治工作"生命线"地位更加稳固

通过 WBS "1+3+N" 思想政治工作体系的实践,公司各级党组织更加自觉履行举旗帜、聚民心、育新人、兴文化、展形象的使命任务,更加聚焦强军首责、聚焦主责主业、聚焦主题主线,更好把全体干部职工集结到党旗下,凝聚起攻坚克难、团结奋斗的磅礴力量。

"四聚四心"：赋能企业高质量转型发展

一、基本情况

辽河油田公司是中国石油骨干企业，全国最大的稠油、高凝油生产基地，地跨辽宁省、内蒙古自治区的 12 个市（盟）、32 个县（旗）。油田勘探开发范围包括辽河盆地陆上、滩海和外围，连续 38 年千万吨规模稳产。公司党委坚持以习近平新时代中国特色社会主义思想为指导，将促进公司发展作为首要使命，把凝聚人心作为根本要务，以员工满意作为最终目标，针对部分员工信仰缺失、理想淡化及思想领域热点难点问题，聚焦思想引领、价值创造、以文化人、人文关怀 4 个维度，积极探索实践"育人心、暖人心、聚人心、稳人心"的有效路径，将思想政治工作深深根植于群众中间，做实以文化人、以文育人、以文砺人，达到了"春风化雨""润物无声"的效果，强化了思想认同、价值认同、情感认同，为公司打造"三大战略基地"、推进"五个方式转型"、"争当标杆旗帜、建设百年油田"提供了强大的思想凝聚力、价值引领力、精神推动力。

二、主要做法

（一）聚焦思想引领，在"育人心"中砥砺兴企之志

1. 高站位诠释"责任使命"。学习贯彻习近平新时代中国特色社会主义思想主题教育启动以来，公司党委围绕"学思想、强党性、重实践、建新功"总要求，建立"五·五"工作机制，贯通推进理论学习、调查研究、推动发展、检视整改等重点任务，通过 27 次集中学习、53 次集体研讨、103 场专题党课、172 次主题党日，教育党员深刻体悟中国共产党人的初心使命，坚定理想信念，赓续红色血脉。

2. 宽视野打造"智库精品"。紧扣公司"12356"高质量转型发展总体思路，坚持问题导向，拓宽政研维度，确立六大研究方向，突出 11 个研究主题，开展 3 项国家级、26 项省部级、103 项公司级课题研究。持续推动理论研究转化应用工作，《思想政治工作融入企业治理体系现代化建设的探索与实践》等 5 项研究成果荣获省部级一等奖。

3. 大格局积蓄"奋进力量"。围绕油田发展面临的"五个任重道远、七个依然突出"矛盾问题，培育树立"从严管理出效益，精细管理出大效益，精益管理出更大效益"理念。举办政研干部业务培训班，为思想政治工作者开展专题辅导。

（二）聚焦价值创造，在"暖人心"中凝聚爱企之心

1. 打造基层理论宣讲"十百千"工程。以"讲好十堂党的理论课、走进百个党校学习班、培育千名党建带头人"为目标，精心准

备《前进的方向》等 10 节党的创新理论课，以"蹲点式宣讲""网络云宣讲"方式，开展"沉浸式学习、菜单式宣讲、开放式讨论、清单式感悟"授课，累计走进党校学习班 109 次，为 1569 名学员讲授课程，推动党的创新理论深化、内化、转化。

2. 推动思政工作与企业治理融合发展。与油田党校共同建立理论研究创客平台，围绕"思政工作与企业治理融合发展"主题，组织 3 次专题研讨，集思广益探讨深度融合发展的路径载体。在《党建政工研究》刊发 31 篇"思政工作融入企业治理"经验，在"政研工作"专栏交流 25 个"思政工作守正创新"案例，在《党建思想政治工作成果集》推广 43 个"五个深度融合"研究成果。

3. 凝聚油气产量再上巅峰思想共识。开展"转观念、勇担当、新征程、创一流"主题教育，组织学习研讨 1462 场次、专题宣讲 1028 场次、群众讨论 823 场次；交流主题教育活动成果，发布简报 29 期，推广经验 126 条，制作关键词手册 7.5 万份。辽河工程技术分公司开展"主题教育随手拍"活动，形成了比学赶超的联动效应。金海采油厂成立"轻骑兵宣讲团"，为一线员工宣讲形势目标任务，实现各级党组织全覆盖。

（三）聚焦以文化人，在"聚人心"中激发为企之责

1. 锚定"忠诚担当"讲红色故事。组织干部员工参观抗美援朝纪念馆、"九·一八"历史博物馆、盘锦市第一个党支部等红色教育基地，开展"永葆初心歌颂党"歌咏会、"学党史、讲党史、懂党史、用党史"征文比赛等系列活动，编写《辽河油田创业故事连环画》《中国石油企业文化辞典·辽河油田卷》等书籍。锦州采油厂隆重举办"庆祝建党 102 周年音乐党史课"，唱响了新时代与党

同行、与油同芯、与时俱进的奋斗交响乐。兴隆台采油厂打造寻根辽一井、遇见英雄井、重温双千吨教育路线，让兴油报国更有生命力和感召力。

2. 锚定"初心本色"讲榜样故事。举办"讲榜样故事，传精神力量"演说，组织"与榜样同行、为油气而战"学习，持续开展"辽河榜样""道德模范""油田好人"选树等活动，用榜样的力量塑造人、教育人、鼓舞人。采油工艺研究院深入贯彻落实"加快实现高水平科技自立自强"重要要求，高质量完成多项重点钻采工程方案编制，推动稠油井下大功率电加热装置项目取得新突破。

3. 锚定"发展愿景"讲文化故事。通过企业文化手册、演讲比赛、内部媒体宣传等多种形式，系统宣贯企业发展愿景，提振全员奋进高质量转型发展战略的精气神。规范命名油田公司级功勋井10个、石油精神教育基地12个、企业文化建设示范点23个。特种油开发公司形成"热"文化体系，加快打造国内超稠油开发技术高地。

（四）聚焦人文关怀，在"稳人心"中培育强企之能

1. 急难愁盼"问到家"。探索推进"首席职工代表"制度，有效建立职工代表发挥参与和监督作用的"闭环"。发挥党建联系点作用，定期深入基层班组察实情，搭建民情民意"连心桥"。开放运用"两微一网"，让员工心声坐上"直通车"。开展"走百座井站、访千名员工""当一天岗位工人"，让员工的情融在一处、劲聚在一起。荣兴油田开发公司 EAP 项目组开展"心理健康一线行"活动，全力做好"身心"健康服务工作。

2. 解惑释疑"暖到心"。面对"改革怎么走、能否成功、对个

人是否有利"等员工的思想困惑，刊发"不做改革旁观者"等系列评论。针对"三供一业"、医疗保险、职工薪酬、子女就业等问题开展政策解读。冷家油田开发公司开设"支书答疑"工作室，答思想顾虑让员工感受温暖、答业务难题为员工排忧解难、答形势政策增强员工信心。辽宁中油建桥公司党总支依托"女员工服务中心"，为女员工提供法律服务、心理疏导、能力培训等服务。

3. 酸甜苦辣"管到底"。从未上市、单一闯市场到油田上下共同闯市场，从单一劳务输出到采油业务总承包，从破除体制机制障碍，深入推进"五定"工作，到深化工效挂钩政策，搞活内部分配，思想工作植入深化改革、强化管理的全过程、各要素。欢喜岭采油厂为解决通勤公交与一线班车乘降点距离远、员工候车时间较长、遇到恶劣天气无处躲避等现实问题，建成新媒体全覆盖的员工候车服务中心。茨榆坨采油厂党委调研慰问团远行千里，为坚守在黄土高坡上的茨采员工送去组织关怀。

2023 年 4 月，辽河油田公司党建思想政治工作（企业文化）研究会举办政研干部业务培训班

三、工作成效

（一）勇当能源保供"顶梁柱"

思政工作"四聚四心"，凝聚了"国之大者"，勇当能源保供"顶梁柱"的力量。广大干部员工锚定一流目标，聚力"三篇文章"，推进"六项战略工程"，圆满完成全年各项任务目标，用实际行动诠释对党忠诚，书写新时代"能源报国"新篇章。公司实现连续 38 年千万吨规模稳产，生产油气当量 1023.5 万吨，天然气产量创近 17 年新高。2024 年 1 月，公司被中国石油天然气集团有限公司评为"创新型企业"。

（二）争当科技创新"先行军"

思政工作"四聚四心"深挖科技潜能、提振创新动力，干部员工紧紧围绕"提高核心竞争力、增强核心功能"主题，致力推进精细注水注汽降递减、曙一区效益稳产、宜庆增储上产等"十大创新驱动工程"，荣获省部级科研成果 14 项，移动式井下大功率电加热工艺技术作为中石油唯一代表入围"世界石油奖"决赛。勘探开发研究院技术骨干攻克一项项技术难题，使油田注水区块取得近 12 年来注水见效最好、产量最高成绩。

（三）冲在加油增气"最前沿"

2000 余个基层党组织冲锋在生产经营第一线，3.2 万余名党员战斗在加油增气最前沿，团结奋战加油增气，诠释了主动顾大局、担大任的辽河担当，书写了携手破瓶颈、解难题的辽河气象。一批员工在国家、集团技能大赛展示风采，荣获 8 个集体奖项、45 枚个人奖牌；5 个基层党组织进入全省示范行列，一批先进典型获得全国五一劳动奖等荣誉。

（四）抢占绿色发展"制高点"

锚定绿色低碳发展，突出油气与新能源并重，广大干部员工着眼于坚定打好绿色转型发展进攻仗，持续优化推进"613"工程，重点推进储气、储碳、储能"三大储库"建设。CCUS 工程纳入省"揭榜挂帅"科技立项；双台子储气库一期工程和马 19 储气库先导试验工程顺利投产，储气库群第十轮注气 34.47 亿立方米、阶段采气 17.3 亿立方米，日采气冲锋能力突破 4100 万立方米，达到全国最大。

四、工作启示

（一）要把加强思想理论武装作为主要任务

坚持以科学理论引领、用科学理论武装，是马克思主义政党的本质特征。公司党委依托理论武装、智库建设、调查研究，为企业高质量转型发展提供了坚强的思想保证。思想政治工作必须紧跟党的理论创新步伐，筑牢信仰之基，补足精神之钙，把稳思想之舵，确保企业在正确的发展轨道上行稳致远。

（二）要把推动高质量转型发展作为基本职责

企业创造效益的根本属性决定了思想政治工作的基本职责。公司党委创新开展"为加油增气而战"主题实践活动，为企业高质量转型发展凝聚了磅礴力量。思政工作助力高质量发展，必须走在企业发展的最前沿、任务的最重端，坚决做到在大局下思考、在大局下行动，为中心工作助力、为全局工作添彩。

（三）要把坚持以人为本作为本质要求

党的根基在人民群众、血脉在人民群众、力量在人民群众。公司党委用心做好关键事、眼前事、身边事的关爱帮扶工作，员工的归属感、幸福感、安全感不断增强。只有更加重视人的价值，教育人、引导人、鼓舞人，又尊重人、理解人、关心人，才能将思想政治工作深深植根于群众，凝聚起企业持续发展的不竭动力。

"理响胜利"：
让党的创新理论响彻胜利油区

一、基本情况

中国石化胜利油田是我国重要石油工业基地，主要从事石油天然气勘探开发、石油工程技术服务、地面工程建设、油气深加工、矿区服务与协调等业务。截至 2023 年年底，胜利石油管理局有限公司和胜利油田分公司合计用工近 9 万人，下设二级党委 58 个，三级党委（总支）174 个，党支部 1703 个，现有党员 4.77 万名。聚焦用党的创新理论武装全党、教育人民这个首要政治任务，油田坚持以习近平新时代中国特色社会主义思想为指导，全力打造"理响胜利"宣讲团，围绕学习贯彻党的二十大精神和习近平总书记视察胜利油田、九江石化重要指示批示精神等开展宣讲千余场次，覆盖党员干部、员工群众 50 万余人次。10 余名宣讲团成员被聘为"中共山东省委讲师团百姓宣讲员"，"理响胜利"宣讲团被山东省评为"基层理论宣讲表现突出的集体"。

二、主要做法

"理响胜利"宣讲团的"理"就是"理论武装、理想教育、理念引领"，"响"就是"让党的声音在油区响彻、全员响应、声誉响亮"。主要有 4 个方面做法。

（一）优选宣讲人员、构建多元队伍，找好"谁来讲"

1. 做精领导干部队伍"带头讲"。以油田各级领导干部为主组建宣讲队伍带头人，努力做到"让有影响力的人宣讲更权威"。特别是在基层单位开设"书记经理大讲堂"，基层书记、经理带头登台，讲清发展方向、讲透困难不足、讲明优势潜力。

2. 做强专家教授队伍"专题讲"。以油田党校教授、党群专家等为主组建主讲队伍，每年根据形势任务、员工需求等，精心打磨、合理设置 10 余项专题宣讲课程。2021 年 10 月 21 日，习近平总书记亲临胜利油田视察后，宣讲团组织油田党校专家教授常态化开展"牢记殷切嘱托、勇担责任使命"专题巡回宣讲百余场次。

3. 做大基层宣讲队伍"经常讲"。从基层大力优选政治立场坚定、热爱宣讲工作、素质能力较强的基层宣讲骨干纳入宣讲团，选拔"80 后""90 后"基层员工纳入宣讲团，推荐"五老"宣讲员纳入宣讲团，培育了一批常驻员工身边、员工喜闻乐见的"轻骑兵"，做到用身边人讲身边事、讲身边理。

4. 做优先进典型队伍"现身讲"。优选"感动石化人物"、道德模范、"山东好人"等充实到宣讲队伍，先后推出"感动石化人物"王延光、"中国石化劳模"张虎贲、"中国青年五四奖章"获得者秦宁、"全国劳动模范"王涛等典型现身宣讲。

（二）坚持内容为王、丰富宣讲内容，优化"讲什么"

1. 讲好党的创新理论"热"在基层。聚焦用党的创新理论武装全党、教育人民这个首要政治任务，特别是坚持习近平新时代中国特色社会主义思想在宣讲中的指导地位，开发《习近平新时代中国特色社会主义思想的世界观与方法论》《习近平经济思想》等 20 余门理论宣讲课程，成为油田干部员工最受欢迎的系列课程。

2. 讲好中国共产党百年奋斗史"悟"在基层。坚持把党史学习教育作为宣讲重要内容，推动全体党员干部不断从党的历史中汲取智慧和力量。聚焦讲好"党史中的胜利故事"，深入挖掘讲好油田发展历程中的代表性历史事件，讲好党领导下的石油工业发展史，讲好亲身经历的油田艰苦创业史。

3. 讲好石油精神石化传统"传"在基层。常态化开展新时期胜利价值观巡回宣讲百余场次，着力讲清以"三老四严""苦干实干"为核心的石油精神，讲清以"家国情怀、精细严谨、求真务实"为主要内容的石化传统，讲清"爱我中华、振兴石化"企业精神，讲清"为美好生活加油"企业使命。

4. 讲好政策形势任务"落"在基层。坚持"党委出题目，部门做解答"，围绕党的建设、安全生产、绿色低碳、经营管理等重点内容，每年组织专题宣讲近 10 场次，创作动漫、短视频等员工喜闻乐见的作品 200 余部。

（三）紧紧聚焦受众、创新宣讲方式，打造"怎么讲"

1. 开展"点单式"宣讲。每年组织宣讲团成员开发宣讲课程，年初把宣讲团成员宣讲内容、宣讲方向等面向全油田发布，设置联络员，常态化响应各单位"点单"邀请，宣讲团进行"接单""派单"，形成宣讲闭环管理机制。

2. 创新"身边式"送讲。根据员工需求、结合基层实际，用聊天、唠家常等方式，向基层员工开展面对面宣讲。为"送宣讲"开辟网络群组，开展"群教宣讲"，组织油田自上而下建立了微信、钉

基层宣讲员在井站旁开展"微宣讲"

钉、石化通等学习交流群，有效扩大宣讲覆盖面和提升员工参与度。

3. 开展"趣味性"传讲。注重用好国家工业遗产以及胜利油田科技展览中心等优良传统教育阵地，组织石油老物件收藏者讲述藏品背后的故事，推出一批形式新、内容实、接地气的宣讲，受到员工欢迎。

4. 打造"互动式"讲堂。采取小规模、小间隙、小场地的方式，在井场边、注采站、作业区、树荫下，既用大喇叭，也用小马扎，广泛开展小范围、短时间、近距离、面对面的"微宣讲"活动。与文化活动、实地研学、原物再现等结合，打造生动的"沉浸式"课堂，不断增强吸引力。

5. 用好"互联网"随讲。积极打造"互联网＋宣讲"模式，把宣讲搬进网络、搬到直播间，构建大屏小屏联动、线上线下互动的宣讲格局。用好油田"报、刊、台、网、端、微、屏"媒体矩阵，开展线上直播，将专家宣讲搬到网上实时直播，着力打造一批云宣讲、微课堂，把互联网打造成为干部员工学理论、悟思想、见行动的便捷通道。

（四）强化统筹策划、建立健全机制，做到"常态讲"

1.加强组织领导构建"大格局"。油田党委将宣讲工作纳入年初油田党建思想文化工作总体安排。油田各单位部门根据油田党委部署和要求，主要负责同志靠前指挥、亲自部署，集中资源优势，上下有效贯通。

2.完善制度机制实现"有保障"。坚持把精准掌握基层员工需求作为宣讲工作的第一步，常态化开展员工宣讲需求分析，做到既同上级保持高度一致，完成好"规定动作"，又坚持一切从员工群众实际需求出发，做好"自选动作"。对宣讲团队伍信息库实行"能进能出、动态管理"，对成员在评先树优、职称评定、薪酬待遇等方面给予倾斜，加大物质和精神激励力度，全力做好后勤保障。

3.注重培训实战持续"强队伍"。坚持把培训作为宣讲团重点工作，持续加大对宣讲团成员的指导和培训力度，定期组织交流研讨、开展业务培训，及时提供有关学习资料和宣讲素材。加强培训师资建设，积极选派优秀成员参加山东省百姓宣讲比赛，以赛促练、以赛促学，不断提升成员宣讲能力和水平。坚持在实战中锻炼，不断提升宣讲团成员理论水平、知识储备和宣讲能力。

三、工作成效

（一）进一步坚定了干部员工理想信念

坚持建强用好"理响胜利"宣讲团，紧跟党的创新理论常态化开展宣讲活动，引导干部员工着力学懂弄通做实习近平新时代中国特色社会主义思想，着力学深悟透党的二十大精神和习近平总书记视察胜利油田、九江石化重要指示批示精神，扎实推动党的创新理论深化、内化、转化，再立新功、再创佳绩的信心更加坚定，"在经济领域为党工作"的理念更加坚定，听党话、跟党走的信念更加坚定。

（二）进一步创新了新形势下理论宣讲方式方法

坚持以融入中心为根本，以建强队伍为基础，以健全机制为关键，以协同联动为保障，强化顶层设计，积极探索新方法新路径。通过"点单送讲""巡回宣讲""网络随讲""树荫讲堂""互动课堂"等多种形式，用"小故事"阐释"大道理"、用"小话题"撬动"大主题"、用"互动交流"代替"传统灌输"、用"情感共鸣"代替"照本宣科"，使宣讲内容更丰富、载体更便捷、形式更多样、方式更新颖，宣讲的吸引力、趣味性更强，宣讲成效显著提升。

（三）进一步引领推动中心工作高质量完成

坚持以习近平新时代中国特色社会主义思想为引领，深入践行党的二十大精神和习近平总书记视察胜利油田、九江石化重要指示批示精神，油田整体发展质量不断提升，稳中向好、进中提质的态势得到有效稳固，在页岩油、深层、西部勘探上实现重大突破，取得东营原油库迁建、国内首个百万吨级 CCUS 示范工程建设、胜利济阳页岩油国家级示范区建设、国内首条百万吨百公里二氧化碳输送管道投产、国内首个油气领域"源网荷储"一体化智慧系统建成等一批重大标志性成果。

四、工作启示

（一）坚持守正与创新相结合

要保持战略定力，弘扬传承好经验、好做法，做到坚守正道、守正为本，更要积极顺应受众接受方式新变化、数字信息发展新趋势，与时俱进地抓好宣讲工作理念创新、载体创新、机制创新、实践创新。

（二）坚持服务群众与引导群众相统一

要坚持人民至上的基本原则，真正站在员工群众立场上思考问题、宣讲政策、解疑释惑，讲好党的创新理论，讲透路线方针政策，讲活基层火热实践，切实做到员工群众在哪里、宣讲就跟进到哪里。特别要在毫无差别地提供均等化服务基础上，牢牢把握员工群众的选择性、差异化、多样性等特点，区分群体、区分层级、区分板块，量身定制针对性强的宣讲内容，精准滴灌、靶向宣讲，不断提升宣讲的穿透力精准度。

（三）坚持久久为功与重大宣讲相贯通

要坚持久久为功、持之以恒，积极探索融入日常、抓在经常、贯穿平常的长效机制，组织开展巡回宣讲和常态化宣讲，扎实推进宣讲工作常态化、制度化。强化顶层设计，精准对接宣讲人员，精心选定宣讲形式，精确把牢导向要求，明确受众参与范围，制定任务表时间图，确保重大宣讲工作高质高效运行。

向 4000 万吨进军：
在海洋石油增储上产进程中推进培根铸魂

一、基本情况

中国海油渤海油田始建于 1965 年，是我国海洋石油工业的发源地，也是中国海油精心培育的产量最高、规模最大、效益最好的主力油田。中海石油（中国）有限公司天津分公司以习近平新时代中国特色社会主义思想为指导，贯彻落实习近平总书记关于能源行业、石油工业的系列重要指示批示精神，围绕"上产 4000 万吨、建成黄渤海万亿方大气区"的战略目标，发挥思想政治工作"传家宝"和"生命线"作用，鼓舞和激励广大干部员工投身保障国家能源安全具体实践，推动油气勘探开发进入快车道。

二、主要做法

（一）把理论武装融入具体实践，让常学常新的理论听得进、学得会、用得上

1. 旗帜领航强信念，以理论清醒保持行动坚定。坚持把学懂弄通做实习近平新时代中国特色社会主义思想作为首要政治任务，严

格落实"第一议题"学习制度，充分发挥党委理论学习中心组学习示范带动作用；坚决落实"第一行动"，开展习近平总书记重要指示批示精神再学习再落实再提升主题活动，实施《关于深入贯彻落实习近平总书记重要指示批示的督查办法》。

2. 头雁领向强本领，聚焦实际以学促干提质效。做细做实"领导干部上讲台"制度，完善各层级干部上讲台的常态工作机制。发挥领导干部优势，解读相关政策，传授实践经验，开展理想信念教育，带头讲党建、讲理论、讲实践，实现以讲促学、以学促干的传导式效果。

3. 导师领学强根基，打通理论传播"最后一公里"。组建领导干部、教职员工、领域专家、先锋模范示范宣讲团，举办渤海地区"蒲公英杯"好课程大赛，有针对性地开展内训师"培优"工作坊，推动分众化、对象化、互动化宣讲。以海上生产一线青年员工为重点，探索人才培养"三导师"制度，实施思想、廉政、技能"三位一体"学习机制，推行"一带一"贴近管理模式。

4. 党校领先强示范，推动"红蓝"培训一体化。增强两级党校"一体化"运作合力，实现教学计划统一制订、教学标准统一要求，构建"全口径、大人才"教育培训新格局。充分调动海油党校、渤海油田分校优质教学资源，认真落实"红蓝融合"理念，打造具有海油特色的培训、课程、案例，教育引导学员增强爱党爱国情怀、提升治企兴企能力。

（二）把战略部署融入具体实践，让可见可追的目标感染人、鼓舞人、带动人

1. 突出目标引领，描绘高质量发展新蓝图。实施《落实集团公司建设中国特色世界一流能源公司　推动渤海油田高质量发展行动

计划》，统筹推进增储上产、安全生产、科技创新、绿色低碳等七大路径，做深做实 33 项重大工程。召开高质量发展推进大会，组织评选年度优秀案例，广泛宣传展示推动高质量发展的生动实践。

2. 做实深度融合，党建与生产经营双向赋能。深入实施"融合深化工程"，制定《党建工作与"三大工程、一个行动"和"四个中心"深度融合指导意见》，从"5 个抓手"找准"融"的出发点，从"4 个支撑"找准"融"的着力点，从"3 个协同"找准"融"的落脚点。将思想政治建设融入增储上产和科技创新工作，依托"书记项目""立功立项""揭榜挂帅"等载体，打造智慧众筹平台和摘牌攻关机制。

3. 开展"四课联学"，推动形势任务教育走深走实。以"四课联学"为载体和抓手，推动公司党委书记和各级领导干部分层分类讲授党中央精神、形势任务、安全生产和理论教育 4 堂专题课，围绕重大专题讲信仰信念、围绕形势任务讲国情企情、围绕安全生产讲红线底线、围绕理论学习讲原理道理，共同指向高质量发展的宏伟目标。

4. 注重夯基固本，党建群团聚活力增动力。坚持可衡量、可量化的标准，把思想政治工作纳入党建责任制考评、书记述职评议、领导干部业绩评价。细化落实党员网格员制度，以党员"点"带动网格"面"，形成同频共振。配齐配强党建和群团力量，在所属单位增设专职团委书记，优选能力强、素质高、有思政工作经验的年轻干部担当重任。

（三）把海油精神融入具体实践，让入脑入心的传统再认识、再理解、再运用

1. 赓续石油精神、海油精神，传承红色基因。大力弘扬石油精

神、海油精神，不断积聚特色精神文化元素，以海油精神为核心，形成并传承"爱国奉献、艰苦创业、求真务实、合作双赢"的埕北精神、"敢于突破、科学求实、追求卓越"的优快精神、"敢把一切困难击得粉碎"的抗冰精神。

2. 加强先进典型示范选树，使榜样力量深入人心。注重把深刻的思想、抽象的理论，转化为鲜活的故事、生动的例子。组织开展"海油楷模""最美海油人"评选，打造以辽东作业公司、"新优化"项目组、渤南勘探室等为代表的先进集体典型；推选20年扎根一线的崔国杰同志为中国海油"最美海油人"；挖掘康景才先进事迹，助推其荣登"中国好人榜"。

3. 构建"1+6+2+N"体系，有力有序抓实基层管理。坚持把"保障国家能源安全"作为埋头苦干、艰苦创业的原动力，发扬"三老四严""四个一样"的优良传统，积极构建"1+6+2+N"体

立足海上生产作业实际，开展"送展到一线"

系，确保海上生产一线落实到平台，各所属单位落实到项目，各职能部门落实到岗位，形成"人人参与、人人负责"的良好局面。

（四）把阵地建设融入具体实践，让渤海油田的形象更丰满、更立体、更鲜活

1.守正创新，打造有形阵地。建好用好中国海洋石油工业陈列馆，打造党建文化厅、发展历程厅、科技科普厅，设置"习近平总书记关心海洋石油工业"主题展，把海油文化传播与文创设计、科技融入有机结合起来，加强数字展馆建设，开展"送展到一线"活动，围绕海油精神铸灵魂，围绕海油文化创特色。

2.聚焦主流，构建宣传矩阵。2023 年以来推送外宣选题 500 余项，"渤海油田年度天然气产量创历史新高"等选题登上人民日报和央视《新闻联播》。积极探索网络传播途径，拓展新媒体矩阵，抢占网络宣传阵地。

（五）把群众路线融入具体实践，用全心全意的工作强信心、筑同心、暖人心

1.精准聚焦急难愁盼，深化"我为群众办实事"。把解决广大员工群众急难愁盼问题与解决思想问题相结合，连续 3 年扎实开展"我为群众办实事"实践活动，通过问计基层、精准施策、深化服务等方式，解决群众关心关注的问题 340 余项，把办实事的成效转化为发展绩效，不断提升员工群众获得感、幸福感。

2.压实减负"一岗双责"，走好新时代的群众路线。公司党委书记率先垂范，将为基层减负作为"书记项目"，亲自部署推动，定期调度工作。2023 年，针对 93 项具体问题，层层压实整改责任。党委委员积极履行"一岗双责"，各部门党支部书记履行第一责任

人责任，建立整改工作台账，定期跟踪、销号管理。

3. 工作作风"严实快新"，鼓士气扬斗志启航新征程。创新打造 6 项"廉洁套餐"，构建全方位、立体化廉洁文化宣传教育阵地。坚持"七不准"工作要求和作风建设"十坚持十反对"行为规范，深化培育"马上就办、办就办好"执行文化，从聚焦具体环节到着眼长远发展，从对典型问题重点纠治到对日常现象改进提升，为渤海油田高质量发展保驾护航。

三、工作成效

（一）增强了思想引领力，以责任驱动助推增储上产

坚持不懈用习近平新时代中国特色社会主义思想凝心铸魂，持续在深化内化转化上下功夫，公司呈现自上而下传导高质量发展动力、自下而上展现高质量发展成效的良好局面。

（二）培育了精神感召力，以价值导向引领创新创效

坚持把新时代科学家精神、工匠精神与思想政治工作深度融合、与体制机制创新深度融合，积极推动科技自立自强。"渤海油田高含水期原油上产 3000 万吨关键技术创新与应用"荣获中国海油科技进步奖特等奖、"渤海海域浅层油气勘探新理论技术与 15 亿吨优质储量发现"项目荣获天津市科技进步奖特等奖。

（三）提升了队伍凝聚力，以减负增能激发澎湃干劲

坚持以人民为中心的发展思想，以优良的作风振奋精神、激发斗志，推动减负成果惠及基层。开辟技能等级认定新通道，将"考

场"搬到岗位"现场"；优化采办业务流程，减少审批事项 333 批次，提升采办效率约 66%。

四、工作启示

（一）立足后继有人，推动教育常态长效

要强化全局观念，始终关注人、培育人、发展人、成就人，注重提炼经验与转化成果并重，推动思想政治教育制度化、体系化；结合实际推动思想政治教育"接地气"与"本土化"，增添"油"味儿、"海"味儿，避免"水土不服"；注重精准施策、深推实做，改变"上热下冷、冷热不均"的现状；发挥考核"指挥棒"作用，适时将教育内化程度、行为表现、成长成才、示范引领等纳入指标体系。

（二）搭建有形载体，用足用好红色资源

要深入贯彻习近平总书记"搞历史博物展览，为的是见证历史、以史鉴今、启迪后人"的重要讲话精神，持续搭建综合呈现国有企业精神力量的有形阵地，发挥思想政治教育、党性教育、企业文化及石油精神教育、石油科普教育等作用。

（三）探索有效方式，筑牢文化活力矩阵

要紧密结合上产 4000 万吨的攻坚任务，坚持以社会主义核心价值观为引领，打造更具感染力和影响力的企业文化品牌，以文化人、以文育人，把谋划重大战略、部署重大任务、推进重大工作贯彻到员工群众喜闻乐见的企业文化建设之中。

（四）强化有为阵地，推动媒体迭代升级

要大力推动海上平台信息基础设施建设，加强传播载体、传播方式的建设和迭代，做优做强媒体矩阵，综合运用新媒体、传统媒体开展全方位、立体化宣传。坚持示范引领，加快形成典型辈出、群星璀璨的生动局面，推动典型故事与海油精神、海油文化相结合，全力营造勇于担当、干事创业的良好氛围。

"321"工作模式：
打造企情民意"直通车"

一、基本情况

中国建筑第二工程局有限公司（以下简称"中建二局"）作为中国建筑股份有限公司全资子公司，多年稳居中国建筑业竞争力百强企业前三。中建二局坚持以习近平新时代中国特色社会主义思想为指导，深入学习践行推广"四下基层"优良传统，形成"321"闭环管理经验。"3"即"微课堂凝共识、微聊室聚合力、意见箱办实事"3个载体，推动各级党组织主动作为，把"企情民意"转化为企业高质量发展"生产力"，以上层有为推动基层有治；"2"即"我为企业献良策、先进典型在身边"两条渠道，丰富和畅通职工群众参与企业治理的路径和形式，集众智、聚群力；"1"即对反映事项办理情况满意度评价机制，以职工幸福感、获得感为衡量标准，打造企业和职工同频共振、双向奔赴格局，形成以"小切口"推动企业良性发展"大循环"的生动实践。

二、主要做法

（一）"三个载体"让上层有为推动基层有治

1. "微课堂""三讲"凝共识。设置习近平新时代中国特色社会主义思想学习"微课堂"，各级党组织书记带头讲方向、讲文化、讲形势，提升组织力、执行力，推动党中央重大决策部署一贯到底、落地生根。一是讲方向凝聚思想共识。通过"第一议题"先行学、党委中心组深入学、"三会一课"全员学，引导职工自觉践行新思想、担当新使命、展现新作为。二是讲文化凝聚认知共识。宣讲企业践行习近平文化思想的鲜活实践，弘扬在卸甲从工、南征北战光辉历史中凝练的"攻坚精神""超越文化"，通过 CI 推动文化上墙，"一片、一册、一馆"立体输出文化理念，"故事集、代言人、宣讲会"多维保障文化落地。三是讲形势凝聚行动共识。制作形势任务读本、常学常用口袋书，形成企业"1236"党建思路、"1533"科创体系，构建与国家战略导向同频共振的"1+3+8+5"市场布局。

2. "微聊室""三心"聚合力。设置项目"微聊室"，把"拉家常、唠一唠"作为各级党组织和职工谈心主要方式。一是贴近青年职工用真心。围绕"青·安居""青·乐业"等 6 个板块，发布《青年服务手册》，建成青年人才公寓，"一站式"打造企业与青年"双促双赢"新模式。二是服务条件艰苦项目职工用细心。高原项目党支部以"四个百分百"让职工安心，即 100% 安装供氧设备、100% 配备健康监护室和医务室、100% 落实季度体检机制、100% 建立高原超市和高原快递收发点，并将反映职工工作生活的书信照片寄回家。三是解决海外职工困难用尽心。开展海外"职工成长、心理健康、安全保障、条件改善"4项行动，明确"薪酬激励、交流任职、回国支持"三大保障，设置海外员工及家属联络员，通过定期沟通、主动服务、节日慰问等，用极致保障和细致疏导，让员工安心、家属放心。

3."意见箱""三集"办实事。将"急难愁盼事项反馈意见箱"定位为"职工需求反映墙、企情民意回音壁"，以"线上邮箱＋线下信箱"形式多渠道、全覆盖铺开，深入了解需求、推动解决问题。一是归集了解需求途径。实现"意见箱"在项目全覆盖，归集职工群众急难愁盼问题和意见建议，执行每日收集、定期反馈机制，使"有事找组织"成为职工群众共识。二是归集内外沟通途径。"意见箱"成为连接项目和属地群众的坚实桥梁纽带。通州云景里老旧小区改造项目构建"施工楼栋管家"服务体系，以高效率、高品质的改造服务与小区居民"双向奔赴"。三是归集解决问题途径。以"意见箱"统合信访、举报等渠道，力争实现"回应一个诉求，解决一类问题"。

（二）"两条渠道"让基层实践助推全局治理

1.开展"我为企业献良策"活动。把基层职工献良策作为党组织了解企情民意的必设环节，推动立足岗位建言献策。一是聚焦党建引领献良策。围绕党建如何更好引领服务保障企业高质量发展等建言献策，形成以锻造"最具价值创造力的基层党组织"为目标，以"党建引领季度攻坚、落实年度工作部署专题党委会、战略区域党建联建共建"为路径的"1+3"党建生产互融互促模式。二是聚焦提质增效献良策。围绕企业2023"提质增效年"主题建言献策，形成了EOD实施模式及创新路径研究、EPC控概模式下的设计创效、软土地基 F1 赛道关键施工技术研究等系列成果。三是聚焦安全生产献良策。围绕压实全员安全责任、夯实安全生产基础、安全风险重点管控、安全检查闭环管理等方面建言献策，推动企业实现"零"安全事故。四是聚焦人才队伍献良策。推动形成领导人员管理"1+12"成套制度机制，推动人才质量不断优化。

2. 开展"先进典型在身边"活动。把典型选树作为各级党组织推广基层治理经验、承担社会责任的重要抓手，强化引领示范效应。一是明确选树机制。注重在吃劲条线、基层一线发掘赢得职工赞誉、示范引领作用大的先进典型。二是形成培养范式。构建覆盖不同级次、不同专业的典型储备库，形成老典型不倒、新典型辈出的合理梯次。三是加强经验推广。构建立体宣传格局，达到树立一个、带动一批、影响一片的作用。

（三）"一项机制"让主动靠前服务蔚然成风

坚持把职工群众满不满意作为评价各项工作成效足不足的重要衡量标准，围绕职工群众通过意见箱、献良策及相关途径反映事项及意见建议，形成"三看"闭环考评机制。

1. 看"办"得快不快。对事项的办理，看是否以天为单位进行收集整理分发交办，以周为单位进行进度跟踪，以月为单位对重大事项进行督导推进，是否按照本级可直接办理、需报送上级部门协调办理、需提请上级党委会或总经理办公会集体研究讨论三类相应时限准时办理完成，确保"办"的效率。

2. 看"办"得实不实。对"办"的过程，看工作环节、工作流程、工作进度是否集约高效、权责明确；对"办"的结果，看是否符合政策法规要求、回应当事人诉求和符合企业高质量发展追求，

北京市通州区云景里老旧小区改造项目工作人员深入群众家中沟通需求

确保需求由职工提出、过程由职工监督、结果向职工反馈，以"件件有回音、事事有结果"，确保"办"的效能。

3.看"办"得好不好。建立事项办理长效评价机制，看是否通过"办理一个事项"形成了"解决一批问题"的经验；建立事项办理满意度评价回访机制，以"答复率、办结率、满意率"等评价指标进行综合评价，并把事项办理情况作为该党组织年度党建责任制重要考核内容，确保"办"的质量。

三、工作成效

（一）有力推动了党中央重大决策部署落地落实

"有事找组织"工作模式，充分发挥了各级党组织在落实党中央决策部署中的基础性作用、关键性作用，中建二局党委广泛集聚局属党组织合力，围绕党中央关于"建设现代化产业体系""加快实施创新驱动发展战略""推动战略性新兴产业融合集群发展"等方面重大决策部署，构建"5+3"新兴业务布局，形成了把党中央重大决策部署落地落实的良好局面。

（二）巩固拓展了主题教育成果成效

"有事找组织"工作模式，高度集聚了企业在党的十八大以来6 次党内集中学习教育的经验成果，提炼形成了学习教育"下真功、出真招、见真章、用真情、出真效"的"五真"工作法，健全了以学铸魂、以学增智、以学正风、以学促干的长效机制，为推动全局广大党员干部始终做习近平新时代中国特色社会主义思想的坚定信仰者和忠实实践者提供了重要指引。

（三）深入践行了"四下基层"优良传统

"有事找组织"工作模式，探索建立的"三个载体、两条渠道、一项机制"，在传统管理手段基础上，健全了各层级党组织和职工群众点对点、面对面的交流沟通形式，固化了获取基层心声、服务基层需求、解决基层难题、提升基层治理水平的全流程经验，为同行业、同类型企业打通上情下达、下情上传渠道，践行"四下基层"优良传统提供了有益借鉴和经验参考。

（四）切实推动了思想政治工作走深走实

"有事找组织"工作模式，既有"书记"亲自下场讲形势、听心声、办实事，又有各条线、各体系直接推进解难题、破困局、促发展，高效汇集了抓基层员工思想的合力，上下同欲、同频共振、力出一孔，实现了把企情民意作为最大"生产力"，寻求和职工共融共治"最优解"的目的。

四、工作启示

（一）做好思想政治工作，必须坚持用习近平新时代中国特色社会主义思想凝心铸魂强基

只有充分学习、践行习近平新时代中国特色社会主义思想，以党的方向为方向、以党的意志为意志，做好对党的创新理论的深化内化转化，把学习成果转化为高质量发展的具体行动和实际成效，全局的思想才能更凝聚、认识才能更统一、行动步伐才能更一致、改革发展的动力才能更强劲。

（二）做好思想政治工作，必须坚持用自我革命的斗争精神提质增效赋能

在斗争中求团结则团结存，越在企业改革发展紧要关头、吃劲阶段，越要以自我革命精神开展思想政治工作，凝聚人心、凝聚士气，把对主要矛盾、矛盾主要方面的了解把握，做在日常、做在经常，不怕揭丑亮短，有问题及时发现、及时协调、及时解决，进而推动健全治理体系、提升治理能力。

（三）做好思想政治工作，必须坚持用宗旨意识和人民立场扛牢责任担当

职工是企业生产经营的主体，是推进改革发展的关键，职工有活力，企业发展才能有动力，必须坚持全心全意依靠广大职工办

企业，切实做到急职工群众所急、忧职工群众所忧、解职工群众所难、行职工群众所盼，集聚职工群众智慧，才能够推动企业行稳致远、永续常青。

"3345"工作体系：
为公司高质量发展提供坚实思想政治基础

一、基本情况

国网冀北电力有限公司自 2012 年 2 月 9 日正式独立运作以来，始终把开展职工思想动态调研分析作为加强党的建设和思想政治工作的重要内容，不断优化职工思想动态调研机制，切实做到职工有所需、企业必有应，让思想政治工作更优更细更实更暖。坚持守正创新，强化系统思维，深刻认识新时代做好职工思想动态调研工作的重要意义，围绕"谁来做、做什么、如何做、做出什么成效"的思路，突出流程化管控和精细化实施，构建"三主体"联动、"三精准"导航、"四方法"结合、"五机制"发力的"3345"职工思想动态调研工作体系，提升思想动态调研工作质效，为公司高质量发展提供了坚实思想政治基础。

二、主要做法

（一）"三主体"联动，明晰全链条调研责任

1.党委抓统筹，牢牢把握"总方向"。健全完善省市县各级党委

思想动态调研机制，统筹推进常态调研与专项调研。坚持把思想政治工作贯穿党的建设始终，聚焦党的创新理论学习、年度重点工作推进、企业文化宣贯等，常态化统一开展职工思想动态调研；同时在突发事件、特定时期，不定期开展有针对性地专项调研。各级党委领导班子成员认真落实基层党建工作联系点、基层党支部工作联系点制度，深入开展调查研究、谈心谈话，及时了解职工所需所盼，畅通"面对面"工作渠道，切实把思想政治工作做到职工心坎上。

2.支部细落实，筑牢夯实"主阵地"。坚持显性教育和隐性教育相结合、解决思想问题和实际问题相结合，充分发挥党组织政治功能和组织功能，精心组织落实职工思想动态调研统一安排，常态化开展经常性、基础性的思想引导工作。用好"四下基层"制度，发扬新时代"枫桥经验"，发挥党支部书记"身边人"优势，建立"书记谈心日""三知四谈"等工作机制。加强对基层一线职工、老党员老同志、困难职工等群体关怀帮扶，切实让职工感受到党组织的温暖，增强其获得感、幸福感、归属感。

3.群团齐参与，合力做到"全覆盖"。坚持广泛覆盖和分类指导相结合，充分发挥群团组织桥梁纽带作用，面对面、心贴心、实打实地服务职工。构建"我为职工办实事"长效机制，每年印发办实事清单。扎实推进青年精神素养提升工程，及时了解掌握青年所思所想所忧所盼。加强党外人士思想动态研判和政治引领，推进党外代表人士建言献策工作室建设，推动实现思想上的共同进步。

（二）"三精准"导航，找准系统化调研重点

1.精准把握普适性内容，以弘扬电力精神和职工工作满意度调研为例。常态化开展职工思想动态调研，重点了解干部职工对党和国家重大方针政策的理解和认识，对公司工作思路、工作措施的理

解和执行情况，对自身工作、学习等方面的需求建议，普遍关心的热点、难点和亟待解决的思想问题，对稳定职工队伍、调动广大职工积极性主动性的意见建议。

2. 精准聚焦专题性内容，以基层党组织组织力内涵、作用与提升路径调研为例。在落实国家电网公司统一组织的专题调研和推进公司重大保电、重点工程、改革发展、党的建设等关键工作中，重点关注职工多元化心理诉求，深入分析研究内外部环境形势对职工思想、行为模式的影响，及时捕捉职工思想动态和心理需求。

3. 精准跟踪时效性内容，以新冠疫情防控与复工复产调研为例。通过网上问卷调查形式开展新冠疫情防控与复工复产专题思想动态调研，精准摸排疫情防控期间广大干部职工思想状态，了解各级党组织抗击疫情及复工复产工作开展成效，更好凝聚广大党员、职工夺取双线作战胜利的精神力量。

（三）"四方法"结合，形成交互性调研矩阵

1. 统计分析法，畅通诉求通道。充分发挥广大职工的主动性和积极性，主动征集日常需求及意见建议，做到"职工有所呼、企业有所应，职工有所求、企业有所助"，主要包括职代会提案征集、合理化建议、董事长联络员调研、职工诉求服务 4 个渠道。

2. 问卷调查法，适用日常调研。通过开放式问题与封闭式问题的综合使用，注重做好 5 个方面：样本采集量充足，问卷长度适宜，问卷内容全面，问题设计科学，问卷形式先进。采用在线答题、匿名答题等形式，确保调查工作的安全性和私密性。

3. 个别访谈法，深度摸排信息。把握与职工思想动态相关的数据和信息，与访谈对象进行面对面交流，个别访谈主要从开场陈述、陈述背景目的、明确对象范围、提出开放性问题、追问探索性

问题和补充提问 6 个环节进行。

4. 小组座谈法，倾听群体心声。通过头脑风暴、轮流发言讨论等小组座谈的形式进行思想动态调研，主要有 4 个环节：第一，主持人介绍座谈会的主要目的、议程、发言讨论要求等；第二，座谈对象发言与讨论；第三，鼓励座谈对象积极参与、过程信息确认；第四，记录与小结。

（四）"五机制"发力，确保闭环式调研管理

1. 分析预警机制，构筑职工"关注网"。建立心理健康程度"四色"预警机制，实施心理危机分层级预警：对数据呈绿色（无或轻度）的职工实施"常规关注"，普及心理知识；对数据呈黄色（预警）的职工实施"常态关注"，开展放松训练团辅；对数据呈红色（中度）的职工实施"重点关注"，开展一对一心理咨询精准干预或采取其他有效措施；对数据呈紫色（重度）的职工实施"特别

2021 年 4 月 19 日，国网张家口供电公司开展冬奥会场馆供电筹备保障团队心理建设辅导

关注"，进行心理转介服务。

2. 跟踪督导机制，服务职工落到位。针对职代会提案征集、董事长联络员调研等多种渠道，系统梳理职工普遍性诉求，公司积极关注、形成措施建议，提交党委决策，并由办公室进行专项督查督办。各单位对本级出现的问题尽最大努力在本级处置妥当，防止群体和突发事件的发生；处置不了的应及时上报，避免事态扩大或激化。

3. 心理辅导机制，调整职工自适力。用好用活心理测评软件、心理辅导课程、心理学教具等丰富载体，组织广大职工开展经常性现场体验活动。搭建"红色引擎职场能量充电站"平台，与地方心理健康专业机构合作，开设"心理健康"专栏，以载体的创新辐射带动职工建立心理健康防线。

4. 慰问帮扶机制，送到职工心坎上。变传统的"思想教育"为"人文关爱"，在重大政治保电、重要生产建设、迎峰度夏（冬）、突发应急事件期间，常态化开展"三必贺、三必访""送文化到基层"等慰问活动，点对点做好困难职工帮扶，让职工思想政治工作更有温度。

5. 回访反馈机制，提升职工满意度。坚持把职工的利益放在第一位，以职工满意度作为评价标准，真正畅通"职工有呼声、组织有回应、处置有效果"的回访反馈机制，做到问题不解决不松劲、解决不彻底不放手。

三、工作成效

（一）实现职工思想动态调研从精准到精细的延伸

坚持思想政治工作"三结合、一贯穿"思路原则，强化"调研分析—反映问题—措施研究—督办反馈—落实跟踪"闭环管理，构建"3345"职工思想动态调研体系，使职工思想动态调研工作更健全、分工更明确、标准更细化、流程更清晰、管理更闭环。职工思想动态调研体系的构建，科学梳理职工思想信息摸排、心理疏导和关心关怀的管理工作，实现了全过程式职工思想动态追踪、管理和评价，全面推动管理质效不断提升和职工测评满意度不断提高。

（二）实现职工思想动态调研实践从抽象到具体的转化

常态化开展职工思想动态调研，加强舆情信息的收集和分析研究，注重疏通职工诉求"第一通道"，及时掌握职工思想情绪变化和趋势"第一手资料"。精准把控职工思想脉搏，在疫情防控期间开展职工思想动态专项调研，为公司准确评估职工思想状态、开展疫情防控和有序复工复产提供重要数据支撑。

（三）实现职工思想动态调研从治标到治本的转变

强化源头治理，不断拓展职工思想动态调研工作内涵，注重职工人文关怀和心理疏导，搭建职工心理服务平台和工作网络，开展心理沙龙，团队、个体心理辅导，培育专业的 EAP 队伍，从源头教育入手、从软硬件建设着眼、从职业引导发力、从专业疏导介入，实现思想政治工作从宣传教育向化解问题根本性转变。

（四）实现职工思想政治工作从积极对标到主动融入中心工作

持续推动职工思想政治工作与实施新型电力系统全域综合示范行动、建设一流省级电网企业等中心工作深度融合，大力弘扬电力精神和电网铁军精神，推动职工与企业结合得更加紧密，职工队伍的稳定性得到显著提升，进一步推进国家电网公司价值理念在基层一线全面落地深植。

四、工作启示

"3345"职工思想动态调研工作体系通过对职工思想政治情况的分析，反映企业职工的精神面貌和思想追求，及时掌握职工思想动态，为企业健康、稳定、持续发展提供牢固的思想保证，切实推动公司高质量发展。

坚持靶向定题，找准调研方向，紧密围绕清晰的主题主线，常态化开展思想动态调研，有针对性地开展专项调研。

坚持分层分类，选定调研范围，既要注重全员参与，又要关注重要群体，确保调研样本的代表性和可信度。

坚持目标导向，明确调研方法，以问卷调查为主，以座谈访谈为辅，及时了解掌握职工所急所盼。

坚持求真务实，分析调研结果，在客观分析数据的基础上，立足工作实际，深入剖析问题根源，真正把准职工队伍思想动态的真实面貌和发展趋势。

坚持精准施策，确保调研闭环，充分发挥党委统筹作用，坚持以职工为中心，扎实推动职工思想动态调研工作落实落细落到位。

"四心四解"工作法：
增强企业员工向心力凝聚力

一、基本情况

中铁建工集团有限公司（以下简称"中铁建工"）是中国中铁股份有限公司的全资子公司，年经营规模近 3000 亿元，生产规模超 1000 亿元，拥有员工 1.8 万余人，常年在施项目 500 余个。工程项目涉及员工众多，是建筑企业管理的重心、生存发展的基石。如何通过解决工程项目员工急难愁盼问题做好思想政治工作，成为中铁建工思想政治工作的主要任务和研究重点。2023 年，中铁建工深入学习贯彻习近平总书记关于坚持和发展新时代"枫桥经验"的重要指示批示精神，印发以正心了解自我、热心了解诉求、细心分解需求、诚心化解问题为主要内容的"四心四解"工作法揭榜挂帅工作方案，选择 2 家二级单位、11 个工程项目作为试点单位，并在全集团推广应用。自"四心四解"工作法实施以来，一大批员工急难愁盼问题得到解决，成为企业政工干部做好工程项目员工思政工作的有效抓手，对于增强企业员工向心力、凝聚力发挥着重要作用。2023 年，中铁建工员工士气高涨，企业凝聚力进一步提升，连续 3 年保持"双千亿"发展规模，展现出高质量发展强劲韧性和十足后劲。

二、主要做法

（一）正心了解自我，锤炼做好员工思想政治工作的本领

1. 对思想政治工作做到心中有数。聚焦员工常见心理问题、职业特征等，组织开展党支部书记培训班、EAP 健康委员培训班等业务培训，积极探索加强专业技能教导、职业倦怠疏导、人际沟通引导、家庭婚恋关系指导等典型经验，形成《EAP 员工关爱手册》，帮助基层政工干部正确认识思想政治工作。举办工程项目思想政治工作现场会，组织政工干部作思想政治工作经验分享和交流，深入挖掘各单位优秀做法，形成解决工程项目员工以及劳务队伍难题的《"四心四解"工作法案例集》，为基层政工干部做好员工思想政治工作提供"技能包"和"工具箱"。

2. 对企业发展现状做到心中有数。常态化开展"走项目、做实事、强作风、促提升"党建行主题实践活动，组织政工干部赴 20 余个二级单位为 1000 余名政工干部开展政策宣讲，推动党的创新理论、上级党组织最新要求、企业重大管理创新举措、典型案例警示教育等进项目、到一线，确保基层政工干部对企业最新要求、最新变化做到心中有数，始终与企业发展同频共振。

3. 对员工做到心中有数。积极研究不同阶段、不同工种员工诉求变化，做到员工新入职必谈、岗位发生变化必谈、受到奖惩必谈、利益受到侵害必谈、有廉洁风险问题苗头必谈、被举报投诉必谈、与他人发生矛盾纠纷必谈、行为反常情绪低落必谈、考核评价较差必谈、出现工作失误必谈"十必谈"，掌握工程项目员工诉求变化规律。常态化更新调整员工年龄、学历、专业特长、工作经历

等基本信息，组织性格色彩测试，建立"一人一档"，形成员工基本画像。

（二）热心了解诉求，夯实做好员工思想政治工作的基础

1. 通过谈心谈话了解诉求。定期开展"书记接待日"、"书记进班组"、项目党支部书记月月谈、班子成员常态化座谈等谈心交流活动，开展"您有需求和我说"思想调研活动，通过面对面交流、一对一互动的方式，搭建员工向政工干部反映问题、表达诉求的直通车，形成《员工诉求登记表》。

2. 通过问卷调查了解诉求。在项目部办公区醒目位置，设置书记信箱、匿名提问箱，定期开箱梳理问题清单，持续倾听员工心声，及时查找员工队伍中存在的隐性问题。制定《员工思想状况调查问卷》，围绕员工基本情况、工作情况等 7 个方面设计问题，发动全体员工积极填写，全面掌握工程项目员工对思想政治工作的看法、思想状态、关心的热点问题。

3. 通过"我为群众办实事"实践活动了解诉求。开展"把群众放在心上"主题座谈会、主题教育调研座谈会等活动，广泛征集工程项目员工诉求，建立民生项目清单，积极推动问题解决。

（三）细心分解需求，找准做好员工思想政治工作的关键

1. 坚持清单化管理。按照员工诉求、解决举措、完成时间、主要责任人"四落实"原则，明确工作目标，细化解决举措、时限、责任部门和责任人，形成可量化、可检验、可追溯的《员工诉求清单》。

2. 坚持分类整理。对于收集到的诉求和问题，建立台账，并根据内容划分为工作、学习、职业规划、生活、薪酬福利、心理健

2023年10月，中铁建工"四心四解"工作法调研座谈会

康、对企业改革发展的认知等不同类型。对于共性问题，要集体研究，制定解决举措、拿出解决办法；对于个性问题，坚持"滴灌式"精准把控，做好一对一服务，提升员工满意度；对一时解决不了的问题，及时做好解释说明。

3.坚持首问负责制。员工诉求第一发现人，坚持做好一对一服务，持续跟进追踪员工需求解决进度，并及时向员工反馈，了解员工需求变化，提升员工满意度。

（四）诚心化解问题，紧盯做好员工思想政治工作的目的

1.坚持优化服务"做加法"。以"五同"管理为抓手，为员工创建集工作、生活、学习、放松、交友于一体的文化空间。精心雕琢"花园式"营地营造舒适烂漫的"工作生活文化"、开展新业务知识培训营造积极向上的"学习文化"、组织迷你马拉松比赛及篮球赛营造全民健身的"运动文化"、举办联谊活动营造温馨活泼的

"交友文化"，打造特色鲜明的文化"新高地"，助力工程建设"加速度"。

2. 坚持纾困解难"做减法"。贯彻"让关怀服务有温度"的方针，构建一条龙、全方位、精准化服务关怀体系，积极为员工和工友群体办实事、解难事。通过开展"小候鸟"爱心暑托班解决员工子女长期分居问题，精心打造"暖蜂驿站"，改变施工单位"条件苦"的思维定式，提升作业人员的幸福值；在生活区搭建"幸福小家"，解决员工家属探亲"无居所"的痛点问题，真正当好"娘家人"，增强员工、工友的归属感。

3. 坚持共融促学"做乘法"。围绕上级要求、企业需求、员工追求、农民工诉求 4 个关键环节，搭建人才队伍，打通素质提升的"任督二脉"。依托《项目员工成长协会管理办法》，围绕学习提升、创新创效、文体拓展三大类素养提升特色阵地，进一步丰富活动内涵外延；用活、用好农民夜校这所"家门口学校"，邀请项目人才、公司领导、行业专家进行授课，有效激活内生动力；组织"质量管理提升考核"，对项目建设者日常学习成果进行检验，通过"擂台比武"以考促学、以赛促干、以精创优；联合业主共同邀请第三方安全指导专业讲师，赴项目针对安全管理痛点问题进行授课、检查及分析，为施工生产安全保驾护航。

4. 针对难点堵点"做除法"。针对管理堵点，在党业融合上下功夫，开展形式多样、凝心聚力的团队建设活动，解决建设者"聚集不聚合"的难题；开展"岗位之星""优秀部门"等促活力的评比活动，消除"躺平""摆烂"等消极思想；明确"党员责任区"、用好"党员先锋岗"，细化分工、挂牌包保，防安全隐患，促质量提升，赋能工程建设"大活力"。

三、工作成效

（一）形成了一批业绩成果

"四心四解"工作法实施以来，《中铁建工实施"四心四解"工作法推动基层思想政治工作走深走实》在"思想政治工作研究"微信公众号进行推广；"四心四解"工作法荣获南方日报社"以人民为中心"党建引领基层治理高质量发展优秀案例；《EAP 员工关爱手册》已成功申请专利。

（二）推动了员工关注的急难愁盼问题有效解决

2023 年，共梳理排查解决员工急难愁盼问题 123 个，制定落实措施 183 项，均已完成。组织"点亮微心愿"活动，共满足青年员工"想要一套正装"等 30 个微心愿；关注员工就餐问题，开展食堂满意度调查，针对员工满意度低于 60% 的项目，组织限时整改；关注员工子女假期教育问题，组织"砼心相伴"夏令营、进行反探亲补助，为员工子女提供成长陪伴，一件件微小事铸就项目大幸福。

（三）企业凝聚力得到了有效提升

针对员工不了解国家方针、行业形势、企业战略和制度规范的问题，党委书记和党支部书记带头利用工作会、作风建设推进会，开展形势任务教育和规章制度宣贯，把企业面临的机遇挑战、工作的重点难点告诉员工，通过答疑解惑、正向引导，凝聚共识。

四、工作启示

（一）做好思想政治工作，必须坚持以人民为中心

思想政治工作是做人的工作，必须坚持为民宗旨，"四心四解"工作法坚持以员工为中心，以满足员工诉求为导向，以解决员工急难愁盼问题、提升员工满意度为着力点，有利于增强员工的获得感、幸福感、安全感，是推动以人民为中心到一线的生动实践。

（二）做好思想政治工作，必须运用正确方法

要坚持遵循思想政治工作规律，把显性教育与隐性教育、解决思想问题与解决实际问题、广泛覆盖与分类指导相结合，推进理念创新、手段创新、基层工作创新，推动思想政治工作从"做了"向"做好"转变，从"有形"向"有效"转变，使思想政治工作和业务工作同向聚合、相得益彰。

（三）做好思想政治工作，必须增强政工干部能力素质

政工干部只有不断加强思想政治学习，锤炼在学习教育中筑牢员工信仰、在令行禁止中规范员工行为、在工作生活中了解员工特征、在日常交往中感受员工状态、在推心置腹中打开员工心扉、在换位思考中解决员工困难、在破解难题中激励员工士气、在和而不同中凝聚员工力量的能力和本领，才能提升员工对思想政治工作的信服感、认同感。

思政工作"六边形矩阵"：
赋能企业高质量发展

一、基本情况

2014 年 5 月 10 日，习近平总书记在河南考察中铁工程装备集团有限公司时，作出了"推动中国制造向中国创造转变、中国速度向中国质量转变、中国产品向中国品牌转变"的重要指示，为中国装备制造业高质量发展指明了方向。作为"三个转变"重要指示首倡地，中铁工业党委牢记嘱托，把落实党的重大战略部署、赓续企业红色血脉、教育党员职工群众作为国有企业思想政治工作的重要内容，将思想政治工作贯穿于企业发展全过程，构建了中铁工业思想政治工作"六边形矩阵"，推动企业思想政治工作落实。中铁工业先后获得全国爱国主义教育示范基地、全国文明单位、国家科学技术进步奖、中国工业大奖、首都文明单位等荣誉。

二、主要做法

中铁工业以汇聚企业思想政治工作各方合力为中心，构建了思想政治工作"六边形矩阵"，以"三峰"理念汇聚企业共识，以"四地"文化明确价值取向，以"五型"教育服务改革发展，以

"六廉"正风涵养自觉自律，以"七有"支部加强载体建设，以"八度"群建凝聚职工群众，有效发挥思想政治工作统一思想、凝聚共识、鼓舞斗志、团结奋斗的重要作用。

（一）构建"三峰"理念汇聚企业共识

中铁工业党委围绕落实"三个转变"重要指示精神，回溯企业百年历史，从一代代中铁工业人在服务国家重点基础设施建设中形成的"百年源流、开路先锋，千锤百炼、挺立主峰，万众一心、勇攀高峰"的精神内核中，提炼出当先锋、立主峰、攀高峰的理念，并围绕"三峰"理念建立了"内涵、目标、功能、载体、平台"五位一体工作体系。以体系推动、责任落实的方式，引导广大干部职工把思想统一到党中央、公司党委的战略部署以及企业发展的初心使命上来，把行动落实到服务重组整合大局和完成年度经营管理目标上来。

（二）构建"四地"文化明确价值取向

中铁工业党委坚持服务党和国家工作大局，以价值观培育为焦点加强企业文化建设，提炼总结出央企党组织诞生地、"三个转变"首倡地、中国品牌日发源地、大国重器策源地"四地"文化。将心怀"国之大者"、站稳政治立场、把准政治方向的工作要求具体化。通过深入挖掘企业内部红色文化资源，修葺企业历史文化展馆、征集历史文物、设计文创，邀请革命先烈亲属走进企业，整理出版《三个转变——从先锋到高峰》《回声》《红桥——王尽美在山桥》《企廉》等书籍，将百年党史内化于企业价值观。目前，习近平总书记考察过的中铁装备郑州盾构总装车间，已建设成为全国爱国主义教育示范基地，中共一大代表、党的创始人之一王尽美工作过的中铁山桥原钢梁厂房等入选国家工业遗产。

（三）构建"五型"教育服务改革发展

"五型"即学习创新型、理念先进型、创效节约型、协同高效型、执行有力型。中铁工业党委以"五型"教育为抓手，发挥"头雁效应"，聚焦党员干部教育培训，提高党员干部队伍能力素质。一是实施"辅学、领学、促学、践学、深学"五位一体专项行动，认真贯彻落实习近平总书记重要讲话、重要指示批示精神和党中央部署要求，把学习贯彻习近平新时代中国特色社会主义思想作为首要政治任务，推进思政工作与企业发展深度融合。二是将落实习近平总书记到企业考察重要讲话精神作为第一议题、首要任务，结合企业生产经营实际，对标找差，将企业思想政治工作的中心任务放在解决职工思想认识问题上，以是否落实"三个转变"重要指示检验决策判断、工作过程、成效结果、理论研究。三是将思想政治工作与治企理业结合起来，开展大讨论、大反思、大整改、大检验，通过"学、用、查、摆"持续纠正干部职工在落实上的思想偏差，推动公司整体管理水平和运行质量持续提升。

（四）构建"六廉"正风涵养自觉自律

中铁工业坚持"两个结合"，创建了"六廉"廉洁文化理念。"六廉"即廉善、廉能、廉敬、廉正、廉法、廉辨。"六廉"出自《周礼》。"六廉"思想是我国廉政思想中的精华，要求党员干部具备"善、能、敬、正、法、辨"6种品质。将"六廉"思维引入企业，打造"六廉"文化正风体系，以"平台铸廉、睹物思廉、阳光照廉、文化兴廉"四大工程建设为载体，在车间、项目打造"六廉"挂图、举报箱、宣传栏、学习书籍资料等文化区，促进"六廉"知识深入人心，并通过廉洁谈话、上廉洁党课、观看警示教育

2022年10月，中铁工业工人在车间收听收看习近平总书记作党的二十大报告

片、开展廉洁宣誓签名等多种方式，进一步加强广大职工拒腐防变的意识。通过开展"廉洁家书"活动，让广大职工家属了解、认同"六廉"文化，真正将廉洁理念渗透到企业各环节和关键岗位。

（五）构建"七有"支部加强载体建设

中铁工业党委始终把凝聚人心作为思想政治工作的出发点和落脚点，以建设教育党员有效、管理党员有方、监督党员有力、组织群众有序、宣传群众有势、凝聚群众有招、服务群众有情的"七有"支部为载体，以培育基层党组织书记队伍为关键，以畅通人心工作沟通渠道为保障，以文化与道德的示范引领为抓手，打通企业思想政治工作"最后一公里"。每年通过公司党委示范培训、基层党委普遍培训，不断提高党支部书记的政治能力、战略眼光、责任意识和专业水平。充分发挥先进精神和先进典型示范引领作用，利用企业爱国主义教育基地等红色资源开展多种形式的现场教学，持续加强党员思想教育。在援建火神山、雷神山方舱医院，以及地震救灾援建等重大任务中，党员充分发挥先锋模范作用，得到社会各界高度评价。

（六）构建"八度"群建凝聚职工群众

"八度"即站位提高度、联系拓广度、策划选角度、执行把进度、融入强效度、宣传显亮度、修身严尺度、服务有温度。中铁工业党委以"八度"群建为抓手，围绕职工群众关注的热点问题开展形势任务教育、主题宣讲、道德讲堂，通过劳动竞赛、"五小"活动评比、幸福工业建设等形式，让思想政治工作产出结果、体现成效；制定思想政治工作责任清单，通过谈心谈话、扶危济困、征集意见等形式，使职工群众感受到企业的关注、关心、关爱，提升"一家人"认识，增强对企业的认同感、归属感、自豪感；完善思想政治工作测评体系，把开展思想政治工作好的单位、人员、经验等显现出来，通过民主管理、厂务公开、小组会等方式，接受群众评议，密切干群关系，让群众参与管理，愿意建言献策，把思想政治工作做深做细、落地落实。

三、工作成效

中铁工业党委通过构建思想政治工作"六边形矩阵"，发挥出了思想政治工作优势，为企业中心工作提供了有力的政治和思想保障，有效激活了高质量发展新动能。

（一）企业经营质量不断提升，发展势头强劲

企业利润贡献连年攀升，4项主营产品全部通过工信部"制造业单项冠军"认定，盾构创新研发团队被中共中央、国务院授予首

届"国家卓越工程师团队"称号，多次荣获中国工业大奖、中国质量奖等国家重量级奖项，主项产品关键核心技术达到国际领先水平，品牌国际化初见成效。自 2017 年以来，主要工作经营指标大幅提升，较重组之初相当于再造了一个中铁工业。

（二）队伍凝聚力不断增强，内生动力充沛

通过赓续红色血脉，厚植红色基因，"三峰"党建品牌思想政治工作赋能体系有效增强了中铁工业"一盘棋""一家人""一条心"的情感认同，推动了深化改革、科技研发等工作，涌现了全国优秀共产党员王中美等先进人物，高效完成了火神山、雷神山方舱医院，河北抗洪抢险，以及甘肃地震救灾援建等重大任务，研制的"彩云号"TBM、"共工号"桩梁一体机入选"央企十大国之重器"，2023 年，央视《新闻联播》12 次关注企业。

（三）治企理业能力不断提高，企业运行高效

通过修订党建工作责任制考核制度，加强访谈、满意度测评分值比重，把思想政治工作效能作为考核的关键指标，实现将思想政治工作由"软指标"变为"硬约束"，确保工作落实。公司职工队伍保持稳定，公司改革发展呈现出良好态势，基层困难企业扭困、本部机构优化、薪酬制度改革、科研机构调整等工作顺利开展。

四、工作启示

国有企业开展思想政治工作，要准确把握新时代国有企业的功能定位，明方向、找基点、定举措，确保牢牢掌握工作的领导权和主动权。

（一）思想政治工作要有系统观念

要把思想政治工作纳入企业治理总体布局，建立健全思想政治工作责任制，聚焦凝心铸魂、价值观念、服务发展、自觉自律、组织体系、以人为本等方面，互相支撑、互相补充，一体化建设。明确各级党委的主体责任，充分发挥各部门、各单位的积极性和主动性，形成党委统一领导、党政齐抓共管、有关部门各负其责、全公司共同参与的大思政工作格局。

（二）思想政治工作要有精准抓手

做好思想政治工作，要把坚持高质量发展作为新时代的硬道理，深化新时代做好经济工作的规律性认识，围绕党关于建设世界一流企业的战略部署，聚焦高质量发展目标，激发职工抓发展、拼经济的豪情和斗志，不断用高质量发展的成果，凝聚职工智慧和力量，增强企业的凝聚力竞争力。

（三）思想政治工作要有有效平台

思想政治工作要结合实际，明确重点、途径，制定工作措施，建立有效化的平台，提供给不同群体发声、交流。要建立可管控的线下线上媒体阵地，做好权威发布、答疑解惑，注意将好做法、好经验制度化，借鉴适应时代发展的新知识、新思路、新观点，构建和谐劳动关系，凝聚创新创造中的"工人力量"。

"1+4"工作模式：
助推企业形成多维叠加合力

一、基本情况

中国华电集团有限公司福建分公司是福建省装机规模最大、电源种类最丰富的发电企业，先后获得全国文明单位、全国五一劳动奖、全国五四红旗团委、集团公司先进基层党组织、集团公司先进企业等荣誉。福建公司党委把加强和改进思想政治工作确定为推动破解企业高质量发展难题的主要手段，创建了"1+4"思想政治工作模式，即以党的创新理论武装为"中心"，打造信息传导处理、多向耦合执行、多维立体激励、责任落实保障"四大体系"，为企业高质量发展提供了不竭动力和坚强保障。

二、主要做法

（一）深学细悟，凝心铸魂，以党的创新理论武装为中心

1. 强化政治学习，筑牢理想信念根基。认真学习贯彻习近平同志在福建工作期间多次到华电企业视察调研指示精神，创建重走调研路线、重现当年场景、重温重要指示批示精神的"三重"学习贯

彻模式，汇聚推动高质量发展的强大动力。通过学习研讨、宣讲培训、送学上门等活动，多形式、分层次、全覆盖推进学习贯彻活动直达全体党员、退休党员和党外代表人士。

2. 创新教育形式，促进理想信念内化于心。发挥华电红色基因优势和福建"党史事件多、红色资源多、革命先辈多"的独特优势，打造华电福建党建教育实践基地，挖掘各类红色资源，因地制宜抓好党员干部职工学习教育培训。开展"我与时代同奋进"思想政治教育"六个一"活动，创新通过"一组新闻快讯、一图读懂、一分钟快闪"的组合报道形式开展形势任务教育。

3. 抓好贯彻落实，推动理想信念外践于行。持续深入开展"三重模式学思想、感恩奋进建新功"主题活动，全面实施党组织"四下基层"、党组织立项攻坚、党组织提质增效、党组织为民办实事"四项"行动，形成感恩奋进的强大合力。持续巩固拓展党史学习教育和主题教育成果，举办华电福"见"大讲堂活动，围绕"福·家""福·人""福·安""福·康"4个维度，扎实推进"我为职工办实事"十大任务，以实际行动做好党员和群众的思想政治工作。建立"123"党建带团建工作联系机制，开展"青年大学习""青春讲堂"等多种形式的学习交流，不断增强青年职工认同感。

（二）下情上传，掌握主动，打造信息传导处理体系

1. 按需开展职工思想动态帮扶分析。开展企业"暖心服务"行动，经常性开展"四必谈、五必访"活动，每年定期走访慰问困难党员、困难职工、以身殉职职工家属、"英烈后代"等群体，充分发挥"牵手基金"的作用，加大对重病党员、老同志等关怀帮扶力度。充分借助企业所在地健康体检中心、心理咨询EAP服

务热线、24 小时心理援助平台等，完善职工心理咨询和危机干预机制。

2. 按季开展意识形态动态研判分析。对意识形态工作特别是网络意识形态工作开展专项督查，加强对微信公众号、微信群、QQ 群、网站等企业自有媒体以及个人自媒体的管理引导。健全重大舆情和突发事件舆论引导机制，落实重大时间节点舆情专门沟通机制，切实维护意识形态安全。

3. 按年开展法治风险应对分析。深入学习宣传习近平法治思想，加大党章党规党纪宣传力度，让遵规守纪和践行社会主义核心价值观成为全员行为自觉；结合"12·4"国家宪法日，开展"宪法宣传周""国家安全教育月"活动，深入学习宪法知识和总体国家安全观。

（三）同题共答，同向发力，打造多向耦合执行体系

1. 与党建联建共建耦合。建立"536"横向党建联建机制和"1+X"纵向党建共建机制，广泛开展"岗区队"创建，创优党员先锋队书记领衔项目，设立书记领衔项目 51 个、党支部书记领衔项目 88 个，党员先锋岗 331 个、党员责任区 142 个、党员突击队 128 支、党员服务队 80 支，把思想政治工作落实到党的各项建设之中。

2. 与精神文明建设耦合。规范开展升国旗、入党宣誓仪式，推进培育文明风尚行动、志愿服务和新时代爱国卫生运动，加强企地文明共建。大力弘扬劳模精神、劳动精神、工匠精神，建立健全重大典型、重要典型、身边典型等选树机制，在工作实践中选树思想政治工作先进典型。

3. 与企业文化建设耦合。开展"创新奋进、奋勇争先"为主题

的"八个一"企业文化建设实践活动，推进独具企业特色的"福"文化落实落地，公司企业文化成果获得中国企业联合会"2022—2023年度全国企业文化建设优秀成果"一等奖，并在会上作经验交流。深入开展"中国品牌日""公众开放日""社会责任月"活动，围绕"在能源保供'主战场'彰显责任担当"等主题，积极向外界展示华电良好品牌形象。

（四）业绩为先，正向引导，打造多维立体激励体系

1. 创新"晋升"机制。从培养"华电事业接班人"的重要战略考量出发，坚持选拔"水火风光气核储"多轮驱动发展必备的优秀年轻干部，创新实施"将才计划"，制定具体选拔方案，分别选拔23名见习领导人员和70名见习中层干部作为"将才计划"培养对象，积极构建目标层级的人才标准模型。持续以"赛马"竞争、重奖重罚机制推进发展工作，"升级"发展专项奖励额度、加大考核力度，进一步保护、调动广大干部职工对发展工作的积极性。

2023年7月26日至27日，华电福建公司与南平能源公司开展"联建共促学思想 奋勇争先建新功"活动

2.创新"竞赛"机制。高扬"创新奋进、奋勇争先"的主旋律，举全公司之力补齐绿色发展短板，向基层单位下达年度劳动竞赛目标、主题、机制、方向、内容等，通过顶层设计推动、基层岗位练兵，结合推进工人先锋号、"五型"班组创建，统筹原有各基层单位自行开展的"小打小闹"项目，切实调动起公司系统全员积极性、主动性、创造性。

3.创新"育才"机制。大力实施"五心工程"，通过引领铸心、育才强心、搭台凝心、机制聚心、保障暖心，创新产业工人培养开发机制，搭建职工技能提升平台。持续深化团组织"推优入党"，扎实推进"福'荐'青马工程""青年精神素养提升工程"，锻造又红又专的华电事业"接班人"。

（五）完善机制，一贯到底，打造责任落实保障体系

1.建立健全党建思想政治工作责任制。每年组织开展思想政治教育实践活动，明确工作重点、落实措施和推进步骤。建立健全信息定期报送机制、片区联建机制、定期沟通机制、定期督导机制等，形成上下贯通、左右联动、内外并举的创建合力。建立健全党建、思想政治工作、新闻宣传、企业文化"人才库"，健全党务干部交流轮岗、在职培训和业务交流机制。

2.建立健全思想政治工作考评机制。加强日常谈话提醒，发挥思想政治工作在增进干部对组织信赖、激发干部内生动力等方面的作用。将加强和改进思想政治工作纳入巡察、党建工作责任制考核、基层党组织书记述职评议、领导班子和领导干部综合考核评价内容，针对发现问题和薄弱环节，逐一列出清单、逐项整改落实。

3.建立健全"互联网+"工作机制。推动思想政治工作传统优

势与信息技术深度融合，充分利用"学习强国"学习平台、"微光学堂"App，以及云课堂、微党课、抖音短视频、微信公众号等网络平台，加强对职工特别是青年职工"网言网语"的分析研判，对热点焦点问题主动发声，汇聚网上传播正能量。

三、工作成效

（一）思想教育取得新进展

通过深入开展理想信念教育、形势任务教育、主题宣传教育等活动，使广大干部职工明晰了国家发展大势、企业生产经营发展形势，引导带动广大职工进一步坚定理想信念，听党话、跟党走，立足本职岗位建功立业。

（二）理论创新取得新突破

福建公司党委理论文章在政工核心期刊《思想政治工作研究》发表，"三重"学习新思想模式成为华电集团系统典型案例，《党支部委员会功能作用的实践和研究》等两个课题分获集团公司政研课题一、二等奖，福建公司获得全国政研会工作先进单位、全国优秀企业文化一等奖等荣誉。

（三）绿色发展取得新业绩

公司新能源建设规模创下历史最好成绩，高质量发展呈现"水、火、风、光"全线推进、全面突破的强劲态势，扭转了多年来"只见星星、不见月亮"的发展局面，形成"大块头"项目顶天立地、"小而美"项目铺天盖地的发展格局，为实现"十四五""5133"发展目标奠定了坚实基础，获得华电集团先进基层党组织、先进企业、绿色发展突出贡献单位等荣誉称号。

（四）文明建设取得新成效

继续保持全国文明单位，公司系统新增福建省五一劳动奖 1 家、省级工人先锋号 1 个、集团公司第二批模范职工之家 3 家、省级劳动模范 5 名、省级五一劳动奖 1 名、集团公司"2022 年十大奋进者"1 名、全国青年安全生产示范岗 1 个、中央企业五四红旗团支部 1 个。

四、工作启示

（一）不断强根基，筑牢理想信念教育基石

站在时代的风口浪尖，要想屹立不倒、勇立潮头，就必须做到以史为鉴、居安思危，并温故而知新。必须始终运用好福建的革命历史传统和丰富的红色文化资源开展新时代央企思想政治工作，进一步巩固共同团结奋斗的思想基础，推动高质量发展。

（二）继续建机制，构建思政工作坚强堡垒

认真以"五个基本"标准为重点强化基层党组织的政治功能和组织功能，深化党支部标准化规范化建设和"岗区队"建设，建立健全党建工作考评办法及思想政治工作激励机制，确保基本组织健全、基本制度落实、基本队伍坚强、基本活动丰富、基本保障有力。

（三）多维强合力，打造联建共建创新成果

通过党建引领，深化区域合作，实现思想政治工作"软实力"

与绿色发展、提质增效、科技创新、能源保供、工程建设"硬实力"的相互交融，有效形成叠加合力，高标准打造绿色发展的"华电思政样板"。

"统战侨立方"：
汇聚基层思想政治工作强大合力

一、基本情况

国网浙江省电力有限公司丽水供电公司，主要从事丽水境内电网建设、运行及管理工作，承担着为丽水经济发展和人民生活提供可靠优质电力保障的重要责任，现有少数民族职工 131 人、侨眷人员 43 人，5 名统战人士担任市、县人大代表、政协委员。公司以统战工作为抓手，通过细分群体做好基层思想政治工作，推动企业高质量发展。先后获得全国文明单位、全国精神文明建设工作先进单位、全国模范职工之家、浙江省五一劳动奖、国家电网公司先进集体等荣誉。

二、主要做法

公司党委以"融合、聚合、和合"为工作主线，以侨为媒、向侨借力，聚焦"思想登高、组织强健、发展破圈"目标，通过打造三维六面十二点的"统战侨立方"基层思想政治工作体系，为企业发展凝聚了强大发展合力。

（一）聚力"思想登高"，建好"两支队伍"

1.固化"一机制一活动"，培育统战工作队伍。一是固化"五学"理论学习机制。充分发挥公司"领导带学、辅导帮学、干部比学、员工自学、实践检学"机制作用，建设公司全员全专业理论学习网络，营造"人人都是统战工作理论家""人人都是统战工作责任人"的工作氛围，推动党的创新理论在统一战线落地生根、开花结果。二是常态化开展"大走访、大调研、大解题"活动。每年聚焦统战工作的新形势、新任务，开展统战工作领域思想政治调研，做好党外人士的思想动态研判和政治引领工作，推进党外代表人士建言献策工作室建设，组织党员经常性走进统战对象工作圈、生活圈、社交圈。

2.深耕"一团队一模式"，建好青年宣讲队伍。一是"选、育、管、用""90后侨电宣讲团"。发挥公司"红船·光明讲师"的宣讲优势，深入革命老区、留守侨眷聚集地、居民小区、乡镇农村等地开展党的二十大精神、安全用电宣讲近百场。加强"小乔带你看青田"等个人网络IP培育，通过短视频、直播等网络群众喜闻乐见的形式，把党的好声音和电力好服务传播到企业、社区、村庄、家庭。二是深耕"文化走亲·电力连心"模式。在方山乡龙现村打造"文化礼堂＋电力驿站＋各类文化资源"的文化走亲综合阵地示范点，与当地乡、村两级党组织建立共建关系，实现"组织、阵地、队伍"三融合和"服务、资源、内容"三联动，既讲述电力文化故事也听取电力服务需求，推动电力惠民政策、优质服务落到实处。

（二）聚力"组织强健"，建强"两个阵地"

1.用活"一图一手册"，建强"统战之家"等管理阵地。一是画好"五水共治图"。聚焦公司华侨侨眷，以"侨"架"桥"，梳理"员工—亲属—同事—政企—社会"关系网，绘制"五水共治图"，处理各类问题时，按图索骥做好"人的工作"。发挥统战人士的人脉优势、声望优势，进一步加强沟通交流，在对外工程项目政策处理、对内和谐稳定氛围营造中用心用情用力，充分发挥中央企业归侨侨眷代表大会代表履职作用。二是用好"五水工作手册"。根据梳理的"五水共治关系网"，编制《涉侨电力政策处理一本通》《组织工作要点》等手册，指导涉侨统战工作更好开展，推动"侨牌"打成"王牌"，动员以"侨眷"为主的各类群体把智慧和力量凝聚到推动企业高质量发展上来，在"能源互联网建设""双提双降""优化营商环境"等方面积极建言献策，并依托世界丽水人大会、侨博会等平台，积极促进"电网企业"与"华侨经济"发展共赢。

2. 依托"一队一行动"，建强"光明驿站"等服务阵地。一是深化红船共产党员服务队建设。依托"爱心超市""爱心妈妈""暖心敲门灯"等服务载体，为"侨留守群众"提供"便民、利民、亲民"的"三民"服务，打通"最后一公里"，夯实红船共产党员服务队"五项服务"基础，架起党联系群众的"连心桥"。二是常态化开展"三地三联共建"行动。围绕"支部联建、电网联络、服务联动"主线，搭建区域党建、统战交流协同平台，以"红船光明驿站""乡村便民服务点"为主阵地，组织联建党支部结对共建、互联互帮，重点在电网联络、服务联动、资源共享、技术交流等方面加强共建，实现党建和统战工作"双提升"。

（三）聚力"发展破圈"，建优"两个平台"

1. 设立"一庭一中心"，建优综合治理平台。一是与地方人民

国网浙江电力红船共产党员服务队在丽水华侨城开展用电走访巡视

法院联合建立丽水首个数字化电力"共享法庭"。通过"一屏、一线、一终端"，强化电法协同、法企联动，建设具有网上立案、调解指导、在线诉讼、普法宣传、基层治理等功能的综合性、一体化法治平台。定期向海外同乡会征集普法需求，通过视频方式开展专项讲座，构建涉侨纠纷多元化解格局。二是与地方公安、应急管理等部门联合设立电力矛盾调解中心。集应急联动、指挥协调、信访接待、矛盾调解和履行社会责任于一体，引导公民遵纪守法，预防涉电纠纷的发生，聚焦调解涉电纠纷，防止涉电纠纷激化，持续向地方党委政府和有关部门反映涉电纠纷和调解工作情况，提出防范意见和建议。

2. 扩展"一厅一联盟"，建优"侨帮主"平台。一是建立"侨帮主"海外营业厅。组建"侨帮主"华侨联络员队伍，将离职出国人员或在属地国有一定威望的华侨聘为"侨界联络员"，负责公司与海外华侨的沟通联络，了解相关信息。与国外成熟运营的节能公司（售电公司）展开常态化合作，实现信息互通、服务共享，确保第一时间掌握当地华侨的涉电信息，为提供精准服务做好准备。二是建立"侨帮主"助侨微联盟。构建"AWA"（Abroad-Wechat-At home）国内外联动、多方协同参与的服务模式，将服务延展至华侨回国创业的"一揽子服务"，"以电带面"助推公共服务进一步优化，提升侨商回国创业办事效率与服务体验，既为海外华侨电力用户解决供电需求，也一并帮助他们解决政策解读、归国投资、公共服务等其他社会民生问题，实现海内外供电服务到回国创业"一揽子服务"的全面升级。

三、工作成效

公司通过深耕"统战侨立方"工作模式，构建了和谐的内外部关系，"向上、向善、向实、向新"的高质量发展生态进一步得到涵养。

（一）兴起了"侨文化"，凝聚起强大的思想合力

"统战侨立方"工作体系日趋完善，真正把党的领导贯穿基层治理全过程各方面，通过"侨文化"的带动初步形成了"文化礼堂＋电力文化站所＋附近各类文化资源"的统战工作阵地示范带，多次举办"爱企业、献良策、做贡献""我为公司发展添动力"等活动，统战人士围绕公司中心工作提出建议近百条，思想合力不断凝聚，有力推动了基层治理体系由"单兵作战"向"协同善治"转变，基层治理格局由"自上而下"向"上下互动"转变，基层治理环境由"传统粗放"向"智慧精细"转变。

（二）团结了"侨群体"，凝聚起强大的组织合力

随着"侨帮主"平台、流动便侨服务站、"暖心敲门灯"项目等一系列治理经验转化为具体成果，公司的对外竞争力、创新力、亲和力同步提升。仅 2023 年，华侨回归涉及业扩报装容量、带来新增电量双双较 2022 年提升超 50%，陈欠电费的涉侨占比减少78%，涉侨业扩工单平均办理时长继续压降 30%，对华侨用户的随机回访中，满意率达 100%。随着主动融入基层治理的服务举措一项项落地，企业品牌和社会责任形象得到进一步提升，相继获得中国侨联领导和地方政府的肯定、海外同乡会的感谢，真正编织一张往来全球、连通世界的服务之网、友谊之网、发展之网。

（三）汇集了"侨资源"，凝聚起强大的发展合力

随着"基层治理共同体"理念更加深入人心，以优质供电服务为基点，在提供公共服务、解决民生问题、确保社会稳定等方面加强配合支持，协同提升政府和公共事业单位的办事效率，基层群众的获得感、幸福感、安全感大大提升，为吸引和鼓励海外华侨的资金回流、企业回迁、人才回乡营造优质发展环境，累计吸引 300 余名华侨回乡投资创业，引进侨商资金 4.55 亿余元，持续激发出党建引领基层治理的"顶端优势"，凝聚成丽水地区强劲发展的"共富优势"。

四、工作启示

不断探索基层供电企业思想政治工作建设在统战领域的新路径，深耕"统战侨立方"工作模式 3 年来，公司思想政治工作取得

了积极成效，主要有以下 3 点经验启示。

（一）必须加强党对思想政治工作的领导

要不断提升思想政治工作的政治性，通过培养一支思想统一能干事、政治坚定能成事的工作队伍，打造一个思想理论有深度、凝聚人心有温度、方式方法有新度的工作模式，才能有效增进广大统一战线成员的政治、思想、理论和情感认同，这是"统战侨立方"工作模式不断强基固本、赢得持续发展的根本前提。

（二）必须始终坚持领导干部带头干

深入细致做好党外人士思想政治工作，要求领导干部既要在重大原则问题上保持头脑清醒、旗帜鲜明、立场坚定，又要坚持以理服人、以事实服人，不断巩固共同团结奋斗的思想政治基础。这是"统战侨立方"工作模式不断战胜挑战、逐渐赢得认同的核心要素。

（三）必须坚定不移走好"群众路线"

要通过正确处理一致性和多样性关系，进一步促进政党关系、民族关系、宗教关系、阶层关系、海内外同胞关系和谐，巩固和发展大团结大联合局面，始终保持与广大群众的血肉联系，把党和人民的事业不断推向前进。这是"统战侨立方"工作模式不断收获信任的重要保证。

传承弘扬坦赞铁路精神
创新央企海外员工思政工作

一、基本情况

20 世纪 70 年代，中国在非洲援建了坦赞铁路，这条铁路不仅是非洲人民实现民族独立和解放的"自由之路"，更是中非人民携手共进、团结奋斗、世代友好的历史见证。历经 40 多年发展变革，中土东非有限公司（以下简称"东非公司"）成为东非区域国际工程承包领域内业务规模最大、行业知名度最高的中资企业之一，肩负着传承和弘扬坦赞铁路精神的光荣使命，并将其融入企业灵魂和血脉之中。"同发展、共命运、爱无疆、勇担当"的坦赞铁路精神，作为中非友谊的象征，代表着团结协作、勇于创新和艰苦奋斗的价值观，一直是东非公司思想政治工作的核心内容和创新实践的重要基础。坚持以习近平新时代中国特色社会主义思想为指导，紧紧围绕企业中心工作，持续探索思想政治工作的新思路新途径，创新性地将坦赞铁路精神融入企业文化建设、员工培训教育、重大项目实施、社会责任实践等各个方面，有效地激发了员工的工作热情和创造力，也为公司在复杂多变的国际环境中稳健发展提供了坚实思想保障和不竭精神动力。

二、主要做法

（一）赓续血脉守初心，强化政治引领力，推动思想政治工作"有高度"

1. 大力开展政治理论学习。东非公司党委认真落实"第一议题"和中心组学习制度，制订了完整的理论学习计划，并重点将坦赞铁路精神的学习纳入计划之中。定期组织专题学习研讨会，通过专家讲解、观看纪录片、研讨交流等多种形式，使员工深刻理解坦赞铁路精神的丰富内涵。将理论学习与实际工作紧密结合，鼓励员工将学习成果应用于项目管理、市场开拓、技术创新等实际工作中，以理论指导实践。

2. 着力加强爱国主义教育。注重用好用活坦赞铁路精神这一红色资源，依托坦赞铁路基地大院、达累斯萨拉姆火车站、援坦中国专家公墓等海外爱国主义教育基地，积极组织开展各类爱国主义教育活动。开展坦赞铁路实物陈列馆线上"云直播"、"重走坦赞铁路"、主题演讲比赛、主题征文和中坦文化交流等活动。将爱国主义教育纳入企业文化建设和员工培训体系，确保爱国主义教育常态化、制度化，给企业发展带来新的"精、气、神"。

3. 持续强化组织领导责任。班子成员发扬求真务实的优良作风，坚持问题导向，及时研究思想政治工作和广大员工的思想动态。班子成员分赴中央线标轨铁路五标、六标，中央线米轨修复改造，马古富力大桥等项目一线开展调研，深入调查研究，推动"我为群众办实事"实践活动常态化开展，切实解决一线员工面临的困难。

（二）完善机制持恒心，强化核心驱动力，推动思想政治工作"有力度"

1. 建立健全党建工作机制。创新党建工作形式，围绕坦赞铁路精神因地制宜开展党建活动。强化考核评价工作，激励各级党组织和党员领导干部在传承坦赞铁路精神方面发挥更大的作用。丰富党建工作载体，梳理总结创建了"聚力东非"党建品牌。加强党建与业务融合，将坦赞铁路精神融入项目管理、市场开拓、技术创新等业务领域之中，确保党建工作在推动企业发展中发挥实质性作用。

2. 不断创新工作方法思路。建立全流程管理机制，确保项目从策划到执行的每个环节都有章可循、有序进行。主动适应市场变化，采用灵活多样的经营策略，不断探索新的业务模式和合作机会，成功承揽了一系列标志性工程项目，充分展现了东非公司在新时代的创新能力和开拓精神。鼓励员工发扬坦赞铁路精神中的艰苦奋斗和勇于创新精神，为员工提供广阔的成长平台，激发其工作热情和创造力。

3. 深度融入企业改革发展。制定适应国际市场的长远发展蓝图，确保企业在复杂多变的环境中稳健前行。聚焦项目施工生产重点任务，大力弘扬坦赞铁路攻坚克难精神，在项目一线广泛组建"号手岗队"，奋力抢工期、拼节点、出精品。深入查找分析制约东非公司高质量发展的问题短板及其根源，围绕多个课题深入调研，认真分析存在的机遇和挑战，提出下一步的对策和措施，助力公司破解发展难题。

（三）讲好故事筑同心，强化思想凝聚力，推动思想政治工作"有温度"

1. 加强宣传思想文化工作。通过官方公众号、宣传栏、文化墙等多种渠道，广泛宣传坦赞铁路精神，使其成为员工共同的价值追求；将坦赞铁路精神融入经营理念和行为准则之中，引导全体员工在工作中展现团结协作、勇于创新、无私奉献的精神风貌；围绕重点项目和企业社会责任，不断加大在当地媒体的报道力度，有力提升了中国企业形象，传播了中国故事，促进了民心相通。

2. 发挥典型引领带动作用。持续加强对先进典型人物事迹的报道宣传，通过组织先进事迹报告会、制作宣传展板、发布专题文章等多种形式，对获得"中国对外援助特别奉献奖"、中国铁建"十佳道德模范"等荣誉的先进人物和感人事迹进行宣传，使他们成为企业文化建设和弘扬企业精神的鲜活教材，在传承和弘扬坦赞铁路精神的同时，进一步营造了争当先进的良好氛围，凝聚了团结奋进的力量。

3. 坚持履行企业社会责任。把所在国当地社会需求放在第一位，重点关注水利、市政等领域的民生工程，自东非公司成立以来，累计新建和更新铁路 4431 公里（含坦赞铁路 1860 公里），公路 2623 公里，累计为超过 330 万名当地居民解决饮水难题；坚持

马古富力大桥项目

属地化发展策略，累计为非洲国家提供超过 2 万个就业岗位；为当地修建学校、维修道路、开展义诊、爱心捐赠、救治动物等；在推动当地经济发展的同时，注重环境保护和可持续发展，努力减少项目实施对生态环境的影响。这些举措不仅提升了中国企业在当地的形象，也进一步深化了中非人民之间的友谊。

三、工作成效

（一）思想引领凝聚发展合力

东非公司积极传承与弘扬坦赞铁路精神，通过不断加强思想政治工作，成功地将坦赞铁路精神融入企业改革发展的方方面面，特别是把坦赞铁路精神作为海外人员队伍的精神品格和行动基石，引导广大员工在海外项目建设中攻坚克难、争当先锋；鼓励员工解放思想、敢于创新，不断探索适应国际市场的新思路、新方法，有效提升了公司的核心竞争力；对坦赞铁路精神的传承已经逐步转化为企业发展的强大动力，引领公司凝聚力、向心力和软实力不断增强。

（二）思想淬炼助力中心工作

东非公司以坦赞铁路精神为指引，将思想政治工作与企业中心工作紧密结合，将公司发展与国家战略同频共振，积极对接国家战略与所在国发展规划，全面参与坦桑尼亚中央线标准轨铁路等诸多项目，为当地打通一条条铁路交通"大动脉"，成为非洲铁路建立领域的主力军；公司克服内外部种种困难，巩固铁路主业龙头地位的同时，让水务、路桥等各业务领域齐头并进，形成"雁阵式"发展格局；公司坚持以振兴坦赞铁路为己任，积极服务于激活坦赞铁路，推动坦赞铁路可持续发展。坦赞铁路精神帮助公司在复杂多变的国际环境中始终保持正确的发展方向，不断突破困境并实现跨越式发展。

（三）思想革新塑造品牌形象

东非公司在深度融入当地市场、促进属地化发展进程中，不仅着眼于推动基础设施的"硬联通"，还积极推动分享先进的管理理念，带动规范标准"软联通"，同时积极履行社会责任，解决当地就业问题，促进民生改善，从而实现"心联通"；公司不断加强企业品牌形象在当地和基层项目的展示工作，并加强与国内外媒体的沟通互动，公司多个项目进展情况与多个履行社会责任的案例被国内外多家媒体深入报道；坦桑尼亚多届总统、相关部委的部长等多次视察公司在建项目，对公司在当地的贡献给予了高度评价，为充分展示中国企业品牌形象和其他中国企业"走出去"营造了良好的外部环境。

四、工作启示

新时代，东非公司作为国家"走出去"战略的重要实践者，肩负着推动企业海外业务发展和文化传承的双重使命。坦赞铁路精神作为中国土木海外发展的宝贵精神财富，对于公司思想政治工作具有深远的启示意义。

（一）要持续深化政治理论学习

扎实的政治理论学习是实现思想政治工作创新发展的基础，只有不断地加强政治理论学习，才能确保企业决策的正确性和前瞻性，才能使企业的发展与国家的宏观战略保持一致，才能在服务党和国家工作大局中找准自身定位、价值所在与动力之源。

（二）要紧密结合生产经营工作

思想政治工作创新要求我们不仅要在理论上有所突破，更要注重理论在实践中的应用，通过思想政治教育引导员工认识到项目对于公司乃至当地社会经济发展的重要意义，从而提高工作的积极性和主动性；要注重发挥党员的先锋模范作用，鼓励党员在生产经营中攻坚克难，通过示范效应带动全体员工形成积极向上的工作氛围，共同推动生产经营任务的顺利完成。

（三）要打造思想政治工作品牌

要充分结合企业的历史传承、核心价值观和发展战略，打造具有鲜明特色的思想政治工作品牌，通过深入挖掘坦赞铁路精神的历史价值和时代内涵，与企业文化和企业核心价值观相结合，形成一套富有特色的思想政治教育体系，并与生产经营、社会责任等实际工作相结合，在内部形成强大的凝聚力，在外部树立良好的企业形象，为企业的长远发展奠定坚实的思想和文化基础。

"六课"教育：增强企业高质量发展动力

一、基本情况

圆方集团始终秉承"服务创造美好生活"的企业理念，坚持"创新引领专业，责任成就敬业，奉献凝聚爱心，理想守护初心"的企业价值观，现已发展成为涵括"智慧后勤、数字人力、专业母婴、社区健康"四大业务集群的大型综合服务业集团，正朝着"成为世界领先的综合服务集团"的目标稳步迈进。针对职工思想上的各种矛盾困惑，积极开展思想政治工作，把思想政治工作优势转化为企业感召力凝聚力向心力。集团先后获得"全国三八红旗集体""全国助残先进集体""全国巾帼文明岗""全国模范劳动关系和谐企业""全国家庭服务业先进单位"以及河南省"五好基层党组织""非公有制企业党建示范点"等 600 多项荣誉。

二、主要做法

在思想政治工作实践中，集团探索出"六课教育法"，根据不同人员、不同时期思想状况适时进行感恩教育温暖人、自信教育鼓励人、劳模教育感动人、荣誉教育激励人、人生规划教育留住人、愿景教育振奋人的"六课"教育，获得良好效果。

（一）感恩教育温暖人

感恩教育分为三步走。第一步，形成一种认同感。通过教育，让职工愿意感恩，实现思想上的理解和认同。把党的好政策好措施编成顺口溜，如家里种地、种粮不用再缴纳任何税费；孩子上小学、中学，不用再缴任何学费；买家电、买农机政府给补贴；农村老人满60岁，政府给发养老金；生了病，农村医保报销75%……还做成小册子、编成小段子，组建党员宣讲团到各分公司、各项目部进行广泛宣传。第二步，用感恩端正心态。让职工觉得应该感恩，实现由认同到应该的转变。用感恩的心对待工作，就会对自己所从事的工作忠心耿耿、认真负责，就会每天充满激情、积极向上。第三步，让感恩升华为一种崇高的思想境界。使职工发自内心地觉得必须感恩，实现由应该到必须的转变，感谢集团为个人提供

2023年6月，圆方集团机关党支部开展爱心包粽活动

实现自我价值的舞台，让职工以感恩之心对待工作，激发其无限潜能。

（二）自信教育鼓励人

作为物业公司，有的职工自认为是社会弱势群体，为解决这个问题，集团从两个方面入手。一是从外部入手。让职工"承认与尊重的需要"能够得到满足，通过与甲方广泛开展联创共建先进单位活动，让甲方承认物业服务人员的重要性。教育引导广大职工把自己的工作做好，让甲方认识到他们的发展离不开我们的贡献。自信教育为职工强化了精神动力，矫正了自我认知。二是从内部入手。总结广大职工在抗击非典、新冠疫情等急难险重任务中作出的贡献，出版反映集团英雄壮举的《党旗映红圆方人》《平凡英雄》等书籍。通过教育，让广大职工有了正确的认识和观念，通过奋斗打造了自己的知名品牌，值得全体职工骄傲和自豪。

（三）劳模教育感动人

劳模教育在内容上分为 5 类：一是用国字牌的先进模范教育感动职工，要立大志、扬正气，修炼精神境界；二是用勤奋工作在一线的先进典型教育感动职工，要发扬勤奋敬业、追求卓越的企业精神；三是用大学生把物业当事业、把小活干成大事业的创业典范，教育感动职工，要励志创业，成就梦想，更好地实现人生价值；四是用部队转业来圆方集团的军旅硬汉教育感动职工，要不畏艰难困苦，拼搏进取，敢打硬仗，能打胜仗；五是用在创建学习型组织中刻苦学习、学业有成的先进典型教育感动职工，要加强学习，积累知识，不断强大自己。在方式上同样分为 5 类：一是现身说法，通过劳模本人演讲、报告、经验介绍等形式，让大家感受劳模的先进性；二是现场说法，在开会、竞赛、演出、表彰、活动等场合，把先进劳模请上台，由领导把他的最感人之处介绍给大家；三是现实说法，对新近表彰树立的先进典型进行多渠道、多方式、多层次的宣传，充分体现先进典型的现实性和鲜活性；四是现行说法，用先进模范现实的行动，教育感动执行不力的人；五是现事说法，根据我们要干的事、落实的工作需要，强化这方面先进模范闪光点亮点的宣讲，激发大家的工作热情。

（四）荣誉教育激励人

一方面利用各级党委、政府授予的荣誉进行教育激励。圆方人30年的艰苦创业，奋发进取，用辛勤的付出、辉煌的业绩赢得了党和政府对集团工作的肯定和表彰，获得了600多项全国、省、市、区先进荣誉。集团利用这些荣誉激励一批又一批圆方人奋发进取，用自己的努力去赢得更多更高的荣誉。另一方面注重在日常工作中进行荣誉激励。广泛开展各类评优评先活动、给予职工非业绩性竞争荣誉、颁发内部证书或聘书、建立荣誉墙、以个人名字命名某项事物、开展业务竞赛、实施积分管理等。

（五）人生规划教育留住人

做好5种人、明确4个问题、提供3个保障。做好5种人指的是：做方向明确的人，教育职工要做一个有人生追求、有明确进取方向、有奋斗目标的人；做积极向上的人，教育职工要有积极的心态、争先的意识、创新的理念、成就大业的胸怀；做坚持坚强的人，教育职工要坚持、坚韧、坚强，一切皆有可能，只要有信心、决心、恒心，即使有挫败，也会愈挫愈勇；做富有爱心的人，教育职工深刻理解集团"奉献爱心，扮靓世界"的企业使命，自觉做一个富有爱心的人；做诚实守信的人，教育职工诚信是做人之根本，有了诚信，人生的航船才能安全行驶，到达理想的彼岸。明确 4 个问题指的是：明确自己的素质和优势，正确、全面认识自己的特点和长处，包括对自己的政治态度、道德水平、智力水平、能力、性格、兴趣、爱好、特长等方面的明确认识；明确自己想干什么、该干什么，从尊重职工的职业生涯选择，激发职工积极性的愿望出发，达到各尽所能、人适其位，以及企业发展与职工发展的统一融合、共同进步的目的；明确要达到的目标，管理人员一般以中长期目标激励，一般职工以中短期目标设定；明确达成目标的实施策略，采用目视管理看板，有年目标、月计划、周安排。提供 3 个保障指的是：家庭生活保障，解除家庭灾困之忧，一方面集团有救助基金，另一方面广大职工有帮扶救助的爱心；资源共享保障，让职工感受到集团集体的力量，尽可能地为职工个人成长提供资源帮助；成长发展保障，搭建平台，强化培训，帮助职工成长成才。

（六）愿景教育振奋人

通过愿景教育，不断振奋广大职工的进取精神，激发其工作热情，增强企业的感召力凝聚力向心力。一是文化引导，明确方向，振奋精神。集团以一个文化体系支撑企业愿景，包括："服务创造美好生活"的企业使命，"成为全球领先的综合服务集团"的企业愿景，"创新引领专业、责任成就敬业、奉献凝聚爱心、理想守护初心"的企业价值观。把影响和促使愿景实现的诸多因素纳入集团的文化体系建设之中，使职工振奋精神，竭尽全力向着美好的愿景阔步前进。二是梦想推进，传递能量，激发潜力。集团党委书记薛荣创作的展现圆方人"愿景"的一首诗，从不同的侧面展现了圆方人的梦想。例如，一首有关党建工作的诗是这样描述的，"我梦想有一天，在中华大地盛开圆方之花的地方都有党旗飘扬；开拓创新奋勇前行，描绘更加绚丽多彩的篇章，科学发展创先争优，让圆方的党建工作在全国叫得更响"。集团的愿景与每个职工的愿景紧密相连。三是野心触动，迸发激情，增添动力。教育启发职工做一个有"野心"的人：要有荣誉感，有荣誉就争，逢第一就拿；要有上进心，敢于争上游，抢先机，面对艰难困苦无畏无惧，一往无前；要有当第一的意识，要做就做最好，要比就当第一。

三、工作成效

通过开展"六课"教育，充分激发了广大职工的进取心，一大批有志之士在集团成长为高级经理人和管理骨干，100 多名职工在集团成长为国家级、省级、市级劳动模范或先进工作者。集团人员规模从 1994 年的 16 人到 2024 年的近 9 万人；集团经营收入从 1994 年的 70 万元到 2023 年的超 40 亿元；集团党员人数从 2002 年的 18 名到 2024 年的 679 名；集团获得区级以上荣誉 600 多项。

四、工作启示

集团经过 30 年的建设发展，把保洁"小活计"干成了"大事业"，得益于强有力的思想政治工作。

（一）坚持党建引领，确保企业发展正确方向

始终坚持党建工作与企业发展深度融合、生产经营有机结合，将党的组织融入集团治理，党的活动融入企业生产，使党建工作与企业发展互促共进，架起党和企业的"连心桥"，有效发挥了引领

方向、凝心聚力、提供保障等重要作用。

（二）坚持以人为本，营造和谐融洽内部关系

秉承以人为本、和谐共建的核心理念，着力构建和谐劳动关系。坚持把解决思想问题与解决实际问题相结合，通过实施"132"学历提升工程，引导广大职工立足岗位建功成才。建立困难职工档案，进行常态帮扶，解决困难职工后顾之忧。

（三）坚持与时俱进，不断提升思政工作实效

始终坚持"痛点就是创新点"，迎难而上，通过创新求变解决痛点问题。针对不同时期不同人员的思想实际，突出针对性实效性，创新思想工作方法，着力解决职工思想问题，创新形成了独具特色的圆方模式，不断开创企业发展新局面。

（四）坚持共同富裕，积极履行企业社会责任

始终不忘创业初心，致力于打造有爱心、有社会责任感的企业。积极为政府分忧，为群众解愁，在帮扶助残、扶危济困、脱贫攻坚、乡村振兴等方面贡献圆方力量，不断提升了企业美誉度，赢得政府肯定和群众认可，从而增强了广大职工的光荣感、自豪感、归属感。

"板凳课堂"：
打造"泥土味"的农村思政阵地

一、基本情况

农村是思想政治工作的重要阵地，为切实加强农村思想政治工作，天津市津南区双桥河镇西官房村坚持以习近平新时代中国特色社会主义思想为指导，深入把握新时代农村思想政治工作的特点和要求，始终把思想政治工作摆在重要位置，坚持以人民为中心的发展思想和工作导向，注重强信心、聚民心、暖人心、筑同心，切实组织群众、宣传群众、教育群众、引导群众，精心打造"板凳课堂"思想政治工作阵地，探索"1661"思想政治工作法，将思想政治教育课堂设立在离人民群众最近的地方，用一方方"小板凳"去"摇动一棵树、推动一朵云、唤醒一个灵魂"，让党的创新理论在田间地头"生根发芽"，为全面推进乡村振兴汇聚强大精神力量。举办"院子里的党课""老中青共话党史""二十大精神润心田　文明实践谱新篇""助力乡村振兴　共话绿色发展"等特色思想政治教育活动，以"泥土化、带露珠、有生气"的教育演讲方式，教育引导广大农村党员干部群众发扬光荣传统、赓续红色血脉、弘扬伟大精神，让思想政治潜移默化、润物无声地滋润群众心田，进一步统一思想、凝聚共识、鼓舞斗志、团结力量。

二、主要做法

（一）建强一个阵地，解决思想政治"在哪讲"的问题

扎实开展思想政治工作，要立足基层实际，抓好基层组织建设，组织群众、宣传群众、凝聚群众、服务群众，充分调动广大群众的积极性、主动性、创造性。西官房村积极探索更"接地气"的思想政治工作形式，打造"板凳课堂"阵地，贴近实际、贴近生活、贴近群众，不断增强思想政治工作的感召力和渗透力。"板凳课堂"是抢占群众闲时在街头巷尾聊天的阵地，在村庄街道旁、村民家门口设立的思想政治小课堂，不设主席台、不在会议室，变以往的将党员群众"喊过来"为将大家"聚一起"，群众拿起小板凳、小马扎，随时随地坐在一起学理论、话心得。

（二）丰富六种形式，解决思想政治"怎么讲"的问题

新时代思想政治工作的形式更为多样，为适应时代发展，满足农村群众需求，西官房村"板凳课堂"阵地，通过融合"讲、教、演、观、谈、做"6 种形式，进一步拓宽思想政治工作的载体和渠道，放大思想政治工作感染力和传播力。讲，即讲故事。通过课堂宣讲、村内大喇叭广播等讲思想、讲党的创新理论、讲形势政策，拉近群众距离，统一思想认识。教，即教理论。邀请党员干部、专家学者等讲党课，讲授思想政治理论知识，赓续红色血脉，弘扬伟大精神，凝聚奋进力量。演，即演节目。通过组织村民开展诗词朗诵、歌咏比赛、文艺演出等各种文化活动增强思想政治工作的生动性和吸引力。观，即观电影。组织村民观看红色电影、纪录片、情

景剧、成就展等，扩大思想政治工作的传播力。谈，即谈体会。发动村内党员和群众谈感受、谈变化、谈自身，加强农村精神文明和思想道德建设，推进完善乡村社会自律规范，实现自治、法治、德治相结合，凝聚强大正能量。做，即做实事。督导党员干部发挥模范表率，将思想政治工作转化为"为群众办实事"的强大精神力量，通过"板凳课堂"了解群众需求，征集群众心愿，真正为群众办实事、解难题。

（三）建强六支队伍，解决思想政治"谁来讲"的问题

西官房村"板凳课堂"阵地吸纳6支志愿小队，时刻准备出发，带着感情、带着责任走到村民身边，带回期盼、带回问题反馈民生诉求。"新乡贤"服务队，组织村里老党员、退休干部、"道德模范"、"身边好人"等开堂授课，开展的党史红色革命故事、理论热点学习等宣讲活动，因其浓浓乡土气得到村民一致好评；"小先生"服务队，引导中小学生"小手拉大手"，把学校思政课内容带到街头巷尾，"老中青共话党史"活动中，少年儿童带来的文艺演出、绘画作品，为思想政治课堂带来了勃勃生机；"名家"坐堂服务队，引导村内创业有成者、手工艺者等讲授新论点、新思想，教授书法绘画、种植养殖技术、手工技艺，带领群众在思想上脱贫致富；"外教"支招服务队，利用文明实践点单，邀请市、区、学校专家学者到村内开展思想教育专题讲座……另有"婆婆嘴"服务队、"帮个忙"服务队，及时调解化解矛盾纠纷、扶贫助困、反馈问题隐患。

（四）深化一个点单，解决思想政治"讲什么"的问题

西官房村"板凳课堂"依托新时代文明实践所（站），加强思想政治工作阵地的制度管理。新时代文明实践站负责征集群众需

求，按"需"拟订活动计划，并向文明实践所申报，经批准后由新时代文明实践站向"板凳课堂"阵地"派单"，思想政治工作相关活动指定专人筹备、专业人士接单，并收集村内相关实际事例进行通俗化改进，重要活动由镇级新时代文明实践所把关，报区级文明实践中心审核，文明实践所全程督导筹备，确保活动方向正确、主题鲜明、导向积极、效果良好。

三、工作成效

（一）普惠群众，提高政治觉悟

西官房村自"板凳课堂"开展以来，惠及群众 3000 余人次，红色基因在村街里巷传承，红色精神在金色麦田流淌，党员干部的思想政治觉悟得到了极大提高，群众的拼搏热情持续高涨，获得了强信心、聚民心、暖人心、筑同心的实际成效。

（二）扎根乡土，打牢思想根基

西官房村"板凳课堂"特别注重选择契合群众关切的话题，结合本土特色化思想政治工作元素，一经推出便深受广大村民欢迎。越来越多人从室内走出来，或自己搬着板凳，或坐着增设的石凳、长凳参加活动，在润物无声中接受思想政治教育，进一步打牢了实施乡村振兴的思想根基。

（三）主题鲜明，凝聚精神力量

西官房村"板凳课堂"围绕党史、党的二十大精神等主题，举办"唱响共产党好""听党话 感党恩 跟党走""百姓故事

2022 年 10 月，西官房村开展"百姓故事汇"主题活动

汇""强国复兴有我"等深受欢迎的主题活动 200 余场次，凝聚起踔厉奋发、勇毅前行的精神力量。

（四）问题导向，开拓创新

西官房村"板凳课堂"不仅注重思想政治教育，更紧密结合农村发展实际，从基层最关注、群众最关心的现实问题入手，不断丰富工作内容、拓展工作阵地、改进创新方式方法，取得了良好效果。

四、工作启示

（一）板凳课堂"沉下去"，思政课堂"活起来"

思想政治课堂真正在人民群众和基层党员干部中"受欢迎"，

充分发挥滋润心田、凝聚人心的作用，就要以更灵活的时间、更就近的地点、群众更乐于接受的方式方法，把党的创新理论送到人民群众和基层党员干部的身边。要把"板凳课堂"打造成群众家门口的"思政课堂"，以"小课堂"解析"大道理"，采取"理论＋文艺""宣讲＋交流"等相结合的方式，及时有效地将党的思想"传"到群众的眼前、耳内，"送"到群众的心里、脑里，使思想政治课堂在"大受欢迎"中充分发挥"聚人气""鼓士气"的作用。

（二）党的声音"传下去"，理想信念"树起来"

思想政治教育"入耳入目"易、"入脑入心"难。西官房村"板凳课堂"强调"入乡随俗"，到什么山头就唱什么歌，勇于突破传统、固定的课堂形式，将朗诵歌咏、文艺演唱、红色观影等多种特色方式融入其中，既深入宣讲党的理论和路线方针政策，又生动阐释当地人民群众和基层党员干部的火热实践，从而使思想政治工作更接地气、更受欢迎。

（三）专家学者"送下去"，工作队伍"强起来"

根深才能叶茂，树壮方能果稠。西官房村"板凳课堂"积极整合老党员干部、青年先锋、少年儿童、农村乡贤、志愿群众等力量，邀请党校教师、专家学者深入一线，在田间地头、农家院落开设思政课堂，通过讲"大白话""农家话"，让思想政治工作如春风化雨般滋润人心。从政策理论到学术技艺，从田间地头到街道家门，从理论宣讲到文艺演出，以更多接地气的表达方式，不断增进与群众的感情，引起群众的思想共鸣，使思想政治工作实起来、活起来、强起来，入脑入心、走深走实、见行见效。

（四）红色根基"扎下去"，广大民心"聚起来"

习近平总书记强调，要把解决思想问题同解决实际问题结合起来，既讲道理，又办实事，多做得人心、暖人心、稳人心的工作。思想政治工作的最终目的是提升人的思想认识水平和实践活动能力，从而提升人民群众的获得感、幸福感。群众在哪儿，"板凳课堂"就搬到哪儿，通过设立"点"、连成"线"从而带动"面"，一传十、十传百、百传千，文化广场、农家院子、田间地头，板凳一放就开讲，流动的阵地将单向灌输变为互动交流，以"小课堂"解析"大道理"，用"小板凳"凝聚"大能量"。只有充分发挥贴近群众的优势，用"实"的内容、"活"的方式、"鲜"的语言，面对面、心贴心、零距离，才能让党的惠民政策更加深入民心，让思想政治工作更有温度，进一步坚定人民群众真心实意听党话、感党恩、跟党走的信心和决心。

"三约四治五共"：夯实基层思政工作

一、基本情况

　　湖北省宜昌市夷陵区太平溪镇许家冲村地处西陵峡畔，是长江三峡黄金旅游带的关键地，被誉为"坝头库首第一村"。许家冲村人口 596 户 1452 人，其中 90% 以上为移民，村级债务高达 200 多万元，100 多名移民无法安置。许家冲村拓展深化"党员公约"内涵，创新提炼"三约三引"支部工作法，驱动乡村振兴提质增效，从一个空壳移民村跃升为乡村振兴示范村。2018 年 4 月，习近平总书记亲临许家冲村视察。许家冲村党支部坚决贯彻落实习近平总书记视察重要指示精神，以"党员公约"引领党员担当作为，以"村规民约"引导村民崇法向善，以"共富合约"引领各类组织兴业富民，推进协同治理、目标治理、全程治理、智慧治理，探索实践决策共谋、发展共建、建设共管、效果共评、成果共享，拓展形成"三约四治五共"思想政治工作品牌。先后获得"全国民主法治示范村""全国先进基层党组织""全国最美农家书屋""全国关心下一代党史国史教育基地""全国乡村治理示范村"等 10 项国家级荣誉。

二、主要做法

（一）"党员公约"促成共谋共建，引领全体党员化身"领头雁"

1. 精神支柱"立起来"。以三峡渔鼓调填词"党员公约"为载体，通过支部主题党日活动、党小组屋场会、党员大会、网络交流等途径，统一党员思想，凝聚党员力量。引导党员公开承诺、立约上墙，为许家冲村发展出谋划策、把脉献计，让党员带头干、走在前，群众跟着学、主动做。村党支部带头组织的"飞燕"理论宣讲志愿服务队累计开展宣讲活动 2700 余场次，省内外受众近 31.5 万人次，获评湖北省、宜昌市"基层理论宣讲工作先进集体"。

2. 党员群众"聚起来"。围绕集体经济发展、美丽乡村建设、基层社会治理等内容，村"两委"通过逐户走访、电话访问以及召开群众大会、屋场会等形式，充分摸清群众需求，鼓励大家出谋划策、把脉献计，帮助村民树立"主人翁"意识。建立村民微信群，发动村内外党员群众和乡贤积极建言献策，经常性听取意见建议，大力营造共同办好自家事、打造发展共同体的良好氛围。

3. 幸福家园"建起来"。村党支部领办旅游专业合作社，推出大国重器游、高峡平湖游、三峡茶谷游 3 条精品旅游线路，分档定级、统一定价、统一管理，鼓励村民吃上"旅游饭"，实现移民在家门口就业增收。引导村民房前屋后"扫干净、码整齐、收通豁、种花草"，着力打造绿水青山的秀美村庄，成为市民郊游"打卡点"。

（二）"村规民约"推动共管共评，抓好村民崇法向善"必修课"

1. 凝心聚力议民事。村党支部以"1+4+N"为载体，即以村党支部为主导，组建红白理事会、道德理事会、卫生理事会、村民监督小组等群众共商机制，组建"N"个专项工作组或者小分队。建立每月"集中议事日"制度，采取党员履约陈述、群众提议评议、集体讨论决议的方式，把"群众怎么想"和"村里怎么做"有机结合起来。通过充分调动村民参与村务管理的积极性，许家冲村逐渐形成了"事事有人谋、事事有人干、事事有人管"的农村治理新局面。

2. 团结协作汇民力。坚持纵向到底、横向到边治理模式，构建"村党支部＋党小组＋党员中心户"的三级组织体系，常态化开展人居环境整治、美丽村湾等行动，让美好环境与幸福生活共同缔造深入民心。采用"1+8"模式，村党支部牵头，由村干部、党员、学生志愿者等带头组建理论政策宣讲、文化文艺、助学支教、医疗健康、科学普及、法律服务、卫生环保、扶贫帮困 8 支志愿服务队，营造"村民的事就是集体的事"的良好工作氛围。加强群众对村级权力的有效监督，使村民由"旁观者"变为"参与者""决策者"。

3. 公开评比集民智。实行"四议两公开"，以议事恳谈形式达成共识，重要工作、重大项目、重大事项均在村党支部主导下，由集体商讨决定，让群众"决定自家的事"。建立健全人居环境整治活动评比机制，以户为单位开展"最美家庭""十星级文明示范户"等评比活动，采用投票、评议等方式倡导群众参与共评，真正选出一批身边榜样，让争先创优成为村内时尚。创新平台网上评，完善"一站式"村民办事服务平台，引入"四务通""夷陵一家亲"等新型农村网格化信息管理平台，更新信息4000余条，村民覆盖率达100%。村民可利用数字平台"一键查看"村务公开事项并进行评议。

（三）"共富合约"带动共享共赢，找准美丽乡村共同富裕"金钥匙"

1."支部领办"多点开花。村党支部加大领办旅游专业合作社力度，建设茶博园和游客购物服务中心，实行"党支部＋合作社＋社员"模式，支持双狮岭茶叶专业合作社、沁邑民俗文化有限公司、楚旺公司等本地企业做大做强，成功带动移民家门口就业200多人，人均年收入增收近万元。实施"数字乡村"项目，通过科技手段赋能，打造智慧化、数字化的高质量美丽乡村。鼓励村民发展采摘农旅经济、民俗特色旅游经济，全村共发展民宿餐饮38家，200人吃上"旅游饭"，村民增收400万元/年。

2."文化领航"激发动能。先后建成群众活动中心、培训中心、移民馆、村史馆、初心馆、"双创"示范街、民宿一条街等"两心三馆两街四园"项目，发展"三峡绣娘""三峡·艾"等特色村文化旅游产品。年轻党员返乡创业，带领合作社600多户农民家庭创新发展方式和经营业态，开通视频号"三峡茶姑娘"，积极宣传三峡茶文化，借助网络直播销售农特产品，日均成交量上千单。引进国有投资平台，打造三峡许家冲干部培训中心，建成宜昌首个省直机关党员干部教育基地，全年承接66个培训班接待3712人次，接待省内外党建和研学团队90余批次6000余人次，以学促进、以行践学机制成效显著。

3."创业领跑"释放活力。主动为村内企业谋思路、送政策，4家本土企业不断发展壮大。引进三峡卷烟厂雪茄手工包装项目，带动周边移民就业112人，人均实现月收入3000元左右。支持能

2023 年 12 月 28 日，太平溪镇许家冲村"三峡·艾"手绣基地里，"三峡绣娘""三峡·艾"等特色村文化旅游产品正抓紧"赶工"

人大户做大做强，培育民宿、手工、茶叶等产业带头人 15 名，提供就业岗位 412 个。积极联系电商平台，9 家农户实现线上销售，将许家冲村的特色农产品销往全国各地。

三、工作成效

许家冲村不断深化"三约四治五共"思想政治工作品牌，着力打造人人参与、人人享有的社会治理共同体，创新实践新时代农村思想政治工作。

（一）头雁为先，"辦辦有心"变"辦辦同心"

"党员公约"曲调朗朗上口、内容易懂易记，全村 62 个党员户门口插上党旗、晒出公约，切实引导党员将百姓小事当作自身大事。"初心 424"党建品牌引领成效显著，全村党员带头义务参与矛盾纠纷化解、项目建设协调、人居环境整治等志愿服务 500 余人次，力所能及为群众办好事实事 100 余件，党员示范引领作用进一步彰显，村民共同缔造美丽乡村的意愿越发强烈，群众的获得感、幸福感和自豪感显著提升，村内基础设施、公共服务和生态环境得到全面改善和提升。

（二）治理为要，"心有归宿"变"心有归属"

探索出"一领五专·双向共治"基层治理模式，把村级后备干部配备成小组长，下沉式畅通民意民情反馈渠道，更好地解决群众急难愁盼问题，用心用情服务好广大村民。借助《垃圾分类方案》《文明爱心超市兑换积分管理方案》，充分发挥文明爱心积分超市功能，将群众参与厕所革命、垃圾分类、污水治理等工作纳入积分制管理，逐步改善群众生活习惯。如今的许家冲村，村民房前屋后"扫干净、码整齐、收通豁、种花草"，美丽家园建设"户户有责，人人动手"。

（三）民生为本，"民之所想"变"民之所享"

抢抓"两坝一峡"文旅核心区、"三峡茶谷"农旅中心区建设契机，全面完善水电路等基础设施，基本实现户户通水泥路。村内开设农家书屋、四点半课堂、七点半活动室，村委会广场设立舞蹈场所，以群众需求为中心，全方位提升村民精神生活品质，文体活动成为村民每日"必修课"。改造升级和事亭，完善"一村一警一法律顾问"队伍建设，提档升级雪亮工程、智慧消防工程。

四、工作启示

许家冲村通过"三约四治五共",调动了党员干部、普通群众、社会组织参与乡村振兴的积极性,为加强基层思想政治工作提供了有益启示。

(一)党建引领,夯实基层思想政治工作根基

许家冲村党支部始终把思想政治工作放在重要位置,全面加强基层组织建设,发挥党支部战斗堡垒作用,以"头雁"角色带领广大村民群众大力弘扬"敢为、敢闯、敢干、敢首创"精神,形成全面推进乡村发展的内生动力。

(二)以文化人,提升基层思想政治工作实效

许家冲村深挖三峡文化、移民文化、红色文化,运用渔鼓调、小品、歌伴舞等形式讲好许家冲故事,做到以文化人、以文兴旅、以文强村,提升居民群众的精气神。

(三)丰富形式,提高基层思想政治工作温度

通过开展理论宣讲、文艺培训、阅读活动等,有助于基层群众思想上解惑、精神上解忧、文化上解渴、心理上解压,为建设和谐稳定的家园奠定坚实基础。

"背篼图书馆":
赋能乡村振兴　助力乡风文明

一、基本情况

云南省昭通市大关县位于乌蒙山腹地，辖9镇1乡105个村（社区）37.95万人，有苗、彝、回等25个少数民族，属于典型的山地地区。2016年，大关县文化馆在挂包村开展"背篼图书馆"活动，一批又一批基层工作者、志愿者背起装着书籍的背篼，穿越崇山峻岭风霜雨雪，为大山深处的群众特别是留守儿童送去宝贵的"精神食粮"，取得了较好的社会反响。为拓展"背篼图书馆"活动成果，针对部分地处偏僻、交通不便、信息闭塞、经济文化落后的村寨，大关县积极推广乡村阅读，持续打造"背篼图书馆"这一乡村阅读品牌，以此为平台常态长效开展扶志扶智工作，持续推动农村思想政治工作走深走实。大关县成立由县政府分管领导任组长，农业农村、文旅等22家单位联合组成的"背篼图书馆"工作领导小组，统筹推进"背篼图书馆"各项工作。先后出台《大关县巩固提升背篼图书馆成果、推进扶贫扶志（智）实施方案》《大关县"背篼图书馆"暨留守儿童流动图书室组建方案》《大关县"背篼图书馆"服务队人员安全保障方案》等方案，明确责任主体、推进方式以及保障措施，不断丰富形式内容，扎实开展贴近生活、贴

585

近群众、贴近实际的基层思想政治工作，为全县顺利脱贫摘帽凝聚奋进力量。

2016 年至今，大关县投入财政资金 30 余万元在高海拔地区为群众建起了 16 个"背篼图书馆"，配备图书 9000 册、期刊 1520 册、收音机 151 个、电视接收机 151 个以及大量生活日用品、学习用品等；为乡镇文化站配备公共文化信息共享工程电脑 99 台，单反照相机 9 台。自 2020 年以来，"背篼图书馆"着眼于巩固脱贫攻坚成果，帮助下山进城入镇的村民住得下、稳得住，以"背篼图书馆 + 农家书屋 + 志愿服务"的形式，常态长效开展乡村扶志扶智工作，赋能乡村振兴助力乡风文明建设，让广大群众享有更加充实、更为丰富、更高质量的精神文化生活。"背篼图书馆"成为巩固拓展脱贫攻坚成果的务实之举，也是统筹兼顾要素整合和资源盘活的关键之策，更是助力农村群众脱贫致富的破局之措。2023 年，"背篼图书馆"入选第四批全国农村公共服务典型案例和中宣部 2022—2023 年全民阅读优秀项目。

二、主要做法

（一）触角延伸，构建文化服务的"末梢神经"

"背篼图书馆"的建立，将文化服务的触角延伸至交通不便的村民小组，打通了服务群众的"最后一公里"，成为文化服务的"末梢神经"。2016 年，大关县玉碗镇唯一不通公路的村民小组何家坡成为"背篼图书馆"的第一站，该村民小组以苗族为主，50 户村民中会说汉语的成年人寥寥无几。"背篼图书馆"工作队员背着精心准备的图书、学习用具、便携音箱来到何家坡，带领苗族儿童阅读图书，教群众说汉语、唱红歌，得到当地苗族群众的高度认可和支持。在借鉴试点经验的基础上，大关县稳步推进"背篼图书馆"建设，先后在悦乐镇新寨村海坝、大坪村太阳坝等 14 个自然村，建立起 16 个流动"背篼图书馆"。

（二）以人为本，响应不同对象的精准需求

针对不同年龄层次、不同文化程度、不同群体的多元化需求，"背篼图书馆"提供精准的文化服务。为满足留守儿童感情需求，服务队员与孩子们开展亲子阅读，送去毛巾、香皂等生活用品，培养孩子文明卫生生活方式。为满足青年创业就业需求，服务队员一方面提供相关书籍和信息资源，另一方面以知识讲座、技能培训等形式开展种植养殖等技术交流和培训，做好政策解读，增强青年创业就业能力水平。为满足群众精神文化需求，服务队员开展健康讲座、医疗义诊和广场舞培训、唱红歌教学等活动。服务队员还开展防震避震等常识宣传，赠送收音机、便携式音箱、U 盘、无线话筒等器材，方便群众开展文化活动。自"背篼图书馆"运行以来，通过送知识、送技能、送文化、送培训、送政策、送服务，惠及群众逾 4000 人次。

（三）务求实效，丰富宣教工作的形式内容

不断拓展"背篼图书馆"的活动形式，举办"大关县首届筇竹文化节""黄连河之声"等文化文艺活动，通过"农家小舞台"文艺宣传，排演《英雄引清泉》《老县长》等舞台情景剧，展示本土红色资源和勇于奋斗的精神，累计开展文化文艺惠民活动 410 余场次。平安法治志愿服务队用"圆桌调解"形式开展服务 108 场次，服务对象 2180 余人次，参与调解和指导调解各类矛盾纠纷 1000 余

件。教育关爱志愿服务队开展好书共读、集体诵读、"心灵之窗"等阅读活动，关心关爱 600 余名农村留守儿童，让书香陪伴孩子健康成长。卫生健康志愿服务队开展"健康义诊"活动 150 余场次。技能培训志愿服务队开展职业技能培训 1762 人次，通过形式多样的宣传和丰富的服务内容，发挥好"背篼图书馆"宣传群众、发动群众、服务群众的作用。

三、工作成效

（一）"微平台"夯实了农村思政工作基础

大关县整合现有 88 个农家书屋、10 个图书总分馆、9 个乡村少年宫、301 个村民小组活动场所、406 个文化体育活动场所，以及爱国主义教育基地和农民书画室等基层文化活动阵地，赋予"背篼图书馆"式服务方式，有需求、有计划、有步骤地开展送政策、

2019 年 12 月 18 日，"背篼图书馆"走进吉利镇鱼田村茶园小组

送文化、送教育、送科技、送法治、送医疗等服务，成功打造了以翠华镇初心书屋和木杆镇向阳书屋等农家书屋示范点为代表的数个"微平台"，改善了村民阅读条件，激发了村民的阅读热情，丰富了村民的精神文化生活，夯实了农村思政工作基础。

（二）"小课堂"提升了农村思政工作效能

板凳党课、院坝党课、双语普法课等"小课堂"，以普法强基、乡村振兴、移风易俗等内容为重点，组织党的二十大代表、致富榜样、农村老党员等开展贴近生活、贴近实际的宣讲，通过身边人、身边事教育引导群众，扎实有效配合党委、政府做好深度贫困村寨群众易地搬迁思想工作，不断增强农村群众勤劳致富、脱贫攻坚的内生动力，为易地搬迁、产业发展等工作提供有力支持，使"自强、诚信、感恩"深入人心，"小课堂"成为农村意识形态工作的重要抓手，提升了农村思政工作效能。

（三）"新渠道"拓展了农村思政工作载体

坚持显性教育与隐性教育相统一，依托"背篼图书馆"活动模式，组织开展"非遗传承培训""书香大关·阅读超市""阅读经典　品味书香""翰墨飘香公益课""戏曲进乡村"等服务活动，通过"背篼图书馆"搭台唱戏的显性教育，发挥文艺文化润物无声的隐性教育作用，提升了农村思政工作的吸引力、凝聚力和引领力，"背篼图书馆"成为基层宣传"新渠道"，拓展了农村思政工作载体。

（四）"生力军"充实了农村思政工作队伍

本着"群众有什么需求，就组建什么服务队"的理念，统筹各乡镇各部门专业技术力量，组建了"背篼图书、关河新语宣讲、文化文艺、技能培训、平安法治、卫生健康、教育关爱"7 支服务队伍，共有队员 300 余人。多渠道、多形式、多方位对服务队员进行培训，不断提升其服务能力水平，有效发挥服务队"生力军"作用，充实了农村思政工作队伍。

四、工作启示

（一）强统筹重协作是农村思政工作的基础

大关县"背篼图书馆"坚持县委和县政府主导、社会参与，整合资源、拓展延伸，加强系统部门之间的协同配合，突出各育人系统之间的共同作用，充分发挥各育人系统协同攻关、联动协作、合力育人的作用，宣传、文旅、农业农村局等 22 家单位通力配合，根据职能职责梳理服务事项、丰富服务内容、完善服务功能，推动育人质量整体提升，夯实了农村思想政治工作的基础。

（二）建机制抓落实是农村思政工作的保障

建立健全"背篼图书馆"领导机制、运作机制、评估机制和保障机制，搭建工作专班，制定责任清单，细化工作任务，建立起以点促面、全面推进"背篼图书馆"赋能乡村文化振兴的工作机制。依靠制度的规范性、稳定性和制约性，不断提高管理的可操作性，有力推动工作计划逐项落实，为做好农村思想政治工作提供可靠保障。

（三）干实事暖民心是农村思政工作的关键

坚持为民服务宗旨，通过群众点单、服务队接单的方式，开展点对点、面对面的服务，强化供需对接、服务高效的"背篓图书馆"服务，做到人民群众在哪里、文化服务就送到哪里，群众需要什么、服务队就提供相应服务，坚持把解决思想问题和解决实际问题相结合，既要讲清讲透大道理，更要把它同解决群众实际问题结合起来，才能赢得信任暖民心，进一步将思想政治工作抓实抓细。

"初心之路"：走出乡村振兴的康庄大道

一、基本情况

同安区莲花镇军营村位于福建省厦门市西北部海拔 1108 米的"状元尖"脚下，平均海拔达 900 多米，盘山道蜿蜒曲折，自山脚而上有 220 多个急弯，属经济特区中的"边远山区"。1986 年 4 月 7 日，时任厦门市委常委、副市长的习近平同志轻车简从、坐车加步行近 3 小时来到军营村访贫问苦。1997 年 7 月 14 日，时任福建省委副书记的习近平同志再次前来，因地制宜地提出"山上戴帽，山下开发"发展思路。经过多年的探索与实践，军营村走出了一条思想政治建设助推乡村振兴的"初心之路"，打造高山党校思想宣传和教育培训基地，完善自治、法治、德治相融合的基层治理体系，全面推进社会主义新农村建设，让党的创新理论在高山上高歌远扬、熠熠生辉，在"初心之路"上走出乡村振兴的康庄大道，实现了从"偏僻穷山村"到"富美新农村"的蝶变，先后获得全国文明村、中国美丽休闲乡村、全国乡村治理示范村、第二批全国乡村旅游重点村、全国民主法治示范村、全国村级议事协商试点单位、全国依法治理创建活动先进单位等 20 项市级以上荣誉。

二、主要做法

（一）政治建设"扶"起脱贫志气，高山阵地传播新思想

军营村持续展现和宣扬习近平总书记当年在高山留下的宝贵思想财富、精神财富和实践成果，因地制宜筑牢思政主阵地。

1. 深挖理论富矿，打造特色教学品牌。军营村深入挖掘习近平总书记深入基层一线调研指导农村工作的思想精髓，推出《习近平同志两上高山的初心之路》《青年习近平在厦门的奋斗历程》等特色课程。围绕习近平总书记两上高山提出的"山上戴帽，山下开发"生态文明理念和"三问、三认（认路、认邻、认特点）、揭三盖（锅盖、桌盖、铺盖）、三到（心到、人到、措施到）"等精准扶贫思想，推出一条包括杨文王旧居、高泉国旧居等 15 个现场教学点在内的现场研学动线，将其命名为"初心之路"，创造性开展"把党校办到高山上，将教授请到家门口，学员深入田间地头，百姓获得双丰收"，多场景多形式多角度呈现习近平新时代中国特色社会主义思想的实践伟力。

2. 注重兼容并蓄，加强多方协作联动。秉持"专兼结合、资源共享"原则，高位链接全省乃至全国资源，与福建省委党校、福建省社会主义学院、厦门大学马克思主义学院、福州大学厦门工艺美术学院、厦门城市党建学院等上级党校、党建学院及高校达成合作，全面加强人才、项目、学科的交流互动和资源共享。将各部门领导干部、专家学者、"乡土能人"等纳入基地师资库，形成"基地＋高校"的长期合作办学模式，确保教育培训工作既有理论高度，又有实践深度。

3.延伸红色触角，扩大示范带动效应。以高山党校阵地为基点，拓展建设芦山堂廉政教育基地和中共闽西南工委旧址等特色教育阵地，开辟同安新城、同翔高新城、乡村振兴示范点等现场教学点，涵盖了红色教育、新兴产业、乡村振兴、城中村治理等领域，采取讲授式和互动式教学方法，着力提升领导干部推动高质量发展本领、服务群众本领、防范化解风险本领，形成"一校多基地"的教学模式，有力带动人才培育和乡村振兴。

（二）党群共治"扬"起文明乡风，乡村治理开创新局面

军营村着力打造"一核多元、共治共享"乡村治理模式，让更多群众参与到乡村发展中来，成为思政工作和乡村发展的"宣传员"和"护航员"。

1."大党委"密切党群聚合力。建立健全村党组织领导、村委会负责、各类协商主体共同参与的工作机制，打造"大党委"平台，广泛吸纳村中"四老"、返乡人才，设立老人协会、乡贤理事会、教育发展促进会、返乡青年创业联盟、民宿自管小组等基层自治组织。每周一召开村"两委"联席会议，商议村庄发展事宜；每月召开1次党员大会，共建共治共享发展成果；每季度召开1次村民代表大会，商定村内重大事项决策、重要干部任免、重要项目安排、大额资金使用等事项。

2."邻长制"紧连邻里促同心。传承弘扬"远亲不如近邻"优良传统，发扬邻里之间互帮互助、互促共赢精神，推行"邻长制"。将全村划分为12个邻区，从情况熟、威望高、责任心强的党员和村民代表等群体中遴选出12名"邻长"负责管理邻区。"邻长"以常态化、广泛化活动促进邻里间互相聊心事、唠家常，创新"我爱我邻"服务模式，为村民发放303张"邻长"联系卡。"邻长"发

挥带头人优势，调动发挥村民所长，助推村集体业兴致富，谋划构建"红色教育、乡村旅游、生态民宿、农产销售"四业并进的良好格局。

3."议理堂"申解事理筑和谐。设立集纠纷化解、普法宣传、道德评议于一体的基层矛盾调处中心"高山议理堂"，并建立同名远程在线解纷平台，实现法院、司法所和村居同步在线调解。自设立以来，开展普法宣讲 11 场次、线上庭审观摩 3 次，培训人民调解员 100 余人次，辐射周边 9 个建制村调解各类纠纷 129 起，充分突出了自治、德治、法治的"三治融合"，把基层社会治理创新与主动创稳紧密结合起来，实现"小事不出村、大事不出镇、矛盾不上交"的良好局面。

（三）生态文明"托"起绿色发展，乡村振兴实现新突破

军营村坚持践行"山上戴帽，山下开发"和"绿水青山就是金山银山"理念近 30 年不动摇，以思想引领助推乡村振兴。

1.植树造林护水绿山。军营村树牢绿色发展理念，依托特有宣传思想阵地强化群众性教育，推动习近平生态文明思想深入人心、蔚然成风，设立"党员护溪岗""志愿护溪岗"，党员示范带动村民开展绿化种植、溪流整治和污水治理等工作。近年来，植树造林近 4000 亩，九龙溪治理新容焕发。建立自治管理长效机制，将生态保护的观念纳入村规民约，制定生态林管护办法、环境卫生管理制度、垃圾分类制度、房前屋后绿化管理办法等管理制度，倡议全体村民共同遵守。

2.村庄建设提档提效。高站位科学谋划村庄建设，以乡村振兴试点项目为抓手，开展裸房整治、厕所革命、流域治理等村容村貌提升项目，大力改造村庄景观，把田间变公园、步道变绿道，以白

军营村打造百姓安居乐业的绿意乡村

石板替代了黄土地、田埂道铺上了鹅卵石。累计清理堆杂超7000立方米，投入人工超5000人次，推动裸房外立面整治138栋，建设30余户美丽庭院，大力消除公共空间私搭乱建、乱堆乱放的现象。

3. 创新载体强村富民。军营村把脱贫致富重担扛在肩上，群策群力，以强带弱，实现集体经济和村民收入"双增收"。锚定"以红色旅游为主、生态民宿为基、农产销售为辅"的发展路线，由村干部首先带头发展民宿、农家乐，动员大家"咬定目标不放松，一心一意加油干"。创新"合作社＋人才＋农户"模式，省级重点企业百利种苗、全国连锁超市元初食品以订单农业、土地股份合作等方式，村集体以土地股份合作形式入股，每年收取土地租金及部分产品利润，助力村集体致富增收。

三、工作成效

（一）思政品牌持续打响

高山党校深入挖掘党的创新理论在军营村的探索与实践，打造"初心之路"现场实践教学线路，主要课程《百年征程精神永恒——传承弘扬伟大建党精神》获 2022 年福建省委党校系统精品课教学比赛一等奖、厦门市党校系统精品课教学比赛一等奖，《习近平同志两上高山的初心之路》获 2023 年福建省委党校系统现场教学精品课大赛一等奖。2021 年 9 月高山党校初心使命馆获评福建省"习近平新时代中国特色社会主义思想实践示范基地"。

（二）治理效能固本拓新

有效建立从"戏台议事厅"到"高山议理堂"，自治、法治、德治"三治融合"的乡村治理体系持续完善，逐步构建起内容丰富、覆盖全面的党群服务体系，党员群众参政议事积极性不断提升，为全区提供村级议事协商创新实践新样本，被列为全国首批村级议事协商创新实验试点村。

（三）文旅流量助农增收

通过广泛链接国企、金融机构、设计团队等资源，构筑"一核多元"发展模式，农家乐、民宿等自营产业迅速发展壮大，乡村旅游品牌知名度不断提升，农民实现增收致富。军营村集体经营性收入突破 131 万元，真正实现学员富了"脑袋"、百姓富了"口袋"。

四、工作启示

（一）不断增强发展信心，集聚奋进一流动能

要深入挖掘与弘扬习近平同志于 1986 年、1998 年两次亲临军营村调研，察民情、解民忧的亲民情怀，持续贯彻"山上戴帽，山下开发"和"绿水青山就是金山银山"发展理念，进一步统一思想、凝聚合力，达成乡村发展共识。

（二）推动思想政治工作与中心工作深度融合，激发改革创新活力

要以习近平生态文明思想为指引，走全面协调可持续发展之路，在原有基础上推进多元化发展。利用村内的生态资源、红色资源、旅游资源，持续拓展爱国主义教育的项目和资源，将红色旅游、民宿经营、农产品制造等村内产业按照"统一经营运作"模式，从粗放式经营过渡到精细化管理，推动管理规范化，增强内生动力。

（三）聚焦民众急难愁盼，提升人民幸福指数

既要围绕"大形势"，也要聚焦"微动向"，密切关注人民急难愁盼问题，开展"我为群众办实事"基层调研，倾听农民的意见，让农民真正成为村庄建设的主体。在依法保护集体土地所有权和农户承包权的前提下，推动"资源变资产、资金变股金、农民变股东"的改革创新，推动村民收入的倍增，真正实现"村民富了、环境美了、生活好了"。

"三微"工作法：
锻造忠诚干净担当的铁军队伍

一、基本情况

国家税务总局宁波市北仑区（宁波经济技术开发区）税务局位于东海之滨宁波北仑，这里是制造强区、外贸强区、港口强区，是"中共第一部党章守护地"，习近平总书记在浙江和中央工作期间曾先后 15 次亲临考察。北仑区（开发区）税务局始终牢记习近平总书记嘱托，牢牢把握"思想政治工作是党的优良传统、鲜明特色和突出政治优势，是一切工作的生命线"这一宗旨原则，坚持将税务部门使命和责任进行到底，聚焦税收现代化服务中国式现代化，以更高站位、更大格局、更宽视野谋划推进税收工作，全力助推地方"双一流双示范"建设，先后获评全国巾帼文明岗、全国青年文明号、省级文明单位、浙江省服务窗口先进单位、浙江省模范职工小家等荣誉称号。

二、主要做法

北仑区（开发区）税务局立足"铸魂立心、强基立根、担当立行"，打造理论微课堂、汇聚队伍微合力、赋能基层微治理，着力打造北仑税务思想政治工作高地。

（一）深学细照、坚定信仰，打造"理论微课堂"

坚持不懈用习近平新时代中国特色社会主义思想凝心铸魂，以高度的政治自觉推进理论学习，营造起浓厚的理论学习氛围。

1. 打造理论学习微课堂。积极构建"班子领学、支部广学、青年研学、分享互学"学习模式，领导班子充分发挥"头雁效应"，以"关键少数"带动"绝大多数"，通过严格落实"第一议题"、党委理论学习中心组学习制度，在工作实践中做到对党的创新理论入心见行、善思善用。

2. 打造青税宣讲微课堂。聚焦青年干部思想动态和成长需求，组建"蓝港红帆·青税宣讲团"，通过"一名青年、一方讲台、一次课堂"，将党和国家最新理论、方针、政策送到群众身边、送进基层一线，实现形式创新、内容更新。按照"出亮点、创精品、树品牌"的思路，充分发挥青年"智学团"作用，积极搭建一线宣讲、青年论坛等平台，利用"一把手面对面""一线领哨"等机制，开展"政治引领铸忠诚　挺膺担当建新功"等活动，举办"以青廉之声　为税月领航"廉情主讲师大赛，扎实推进理论宣讲精准化、多样化、高效化。

3. 打造精品实践微课堂。依托宁波市首个税收红色教育基地"张人亚党章学堂"，集合富有北仑区域特色的工业社区阵地资源，建立"亲清共治微厅""清廉社区工作站"，创新"青年干部思政课""情景沉浸式课堂"等活力课堂空间，开展一系列红色理论学习实践活动。充分运用微型课堂形式，自编自演《下一站，兴税强国》微视频，制作《蝶变而出的不变坚守》微党课，开展"守党章、护初心"青年微宣讲。

（二）以人为本、凝心铸魂，汇聚"队伍微合力"

坚持以人为本，全面提升干部队伍整体素质和活力，进一步厚植向上向善的团队氛围。

1.育用联动汇聚干部实干之力。坚持"长谋常选、能上能下、出力出彩、有为有位"的用人导向，选优配强各税务所、科室（中心）领导班子，持续放大示范引领效应。加大数字人事和绩效考核结果运用，试点推行"四轮驱动　链式融合"个人绩效考评工作法，探索职级晋升"积分制"管理办法，有效激发干部队伍活力。设置"连心桥"局长信箱，实行局领导接待日制度，广泛听取干部职工意见建议，凝聚强大发展合力。

2.择善择优汇聚青年成长之力。深入实施"税苗学院"人才培育项目，通过"育苗—墩苗—壮苗—护苗"，全方位打通青年培养链条，

2023年8月，宁波市北仑区（开发区）税务局开展"蓝港清风铸税魂　同心共进启新程"政风家风共促会活动

坚持在大战大考中磨炼干部，鼓励青年干部参与挂职锻炼、集中办公、工作专班等一线攻坚任务，帮助优秀青年干部尽快成长成才。开展青年干部"多岗轮训＋上挂下派"，实现机关与基层税务所双向交流。

3. 同心共进汇聚文化兴税之力。以"潮涌仑税·心归港湾"为愿景，以"忠诚、崇法、勇毅、担当"的价值观为引领，聚焦"精神、法治、服务、管理、队伍、人才、廉洁、人文"八大专题，推出"家文化"系列工程，发挥文化育人兴税的积极作用。开设读书、摄影、太极等"一人一艺"兴趣小组，举办家文化节、趣味运动会、气排球等一系列文体活动，召开"蓝港清风铸税魂　同心共进启新程"政风家风共促会，努力让干部职工的获得感成色更足、幸福感更可持续、向心力凝聚力更强。

（三）深入一线、奋发有为，赋能"基层微治理"

坚持把学习贯彻习近平新时代中国特色社会主义思想和习近平总书记对宁波、北仑重要指示精神贯通起来，持续优化税收营商环境，全力服务地方经济高质量发展。

1. 税收职能作用充分发挥。立足北仑民营经济发达、制造业基础雄厚的区域特点，面向工业园区推出"园小二"智税管家团队，精准高效抓好各类税费优惠政策落实，主动融入基层治理，支持民营经济做大做强。持续发挥浙江自贸区核心片区落在北仑的优势，进一步提升出口退税便利化程度，落实落细启运港退税政策，实施备案单证数字化管理，为推动自贸区建设贡献税务力量。

2. 人民至上理念充分彰显。坚持服务提质，持续提升纳税人缴费人满意度和获得感。建立"1+N+e"全域智慧税费服务体系，建强"e 税通"业务集中处理中心，后台平均受理时间压缩至 1.5 分钟，不断推动服务前移，7 项业务实现"12366"纳税缴费服务热线问办协同。加大税费服务"e站"建设，结合"最多跑一次"和"15分钟办税服务圈"，延伸银行、邮政、电信等自助税费服务"e站"17个。深化税收大数据运用，实现"政策找人、直达快享"，定期为辖区企业开展"智能体检"，防范涉税风险。

3. 矛盾争议化解充分有效。用好调查研究"传家宝"，面向辖区两代表一委员、科创企业、上市企业、小微企业等群体深入开展调研走访，坚持问题导向，实时破题解难。以新时代"枫桥式"税务所建设为契机，进一步完善税费服务诉求解决机制，推动"接诉即办"向"未诉先办"延伸，小港税务所成功创建宁波市税务系统2023年新时代"枫桥式"税务所，"无忧税站""青梅E税"等项目建设有声有色。聚焦纳税人缴费人诉求提升服务效能，搭建诉求"快反"渠道，推进"零距离"公职律师坐席和"枫调理顺"税费争议咨询调解中心建设，实现简单争议快调快消，复杂矛盾团队化解。

三、工作成效

"三微"工作法是北仑区（开发区）税务局深度推动思想政治工作与税收中心工作有机融合的生动实践，推行以来，强化了干部思想引领激励支撑，塑造了齐心协力抓思政的生动局面，营造了凝心聚力促发展的浓厚氛围，为税收事业高质量发展提供坚强保证。

（一）高擎"党旗红"，在全面加强党的建设中有力有效锤炼政治本色

做细做实思想政治工作，有效推动各项工作落实。一是党建引领更加突出。连续多年在区直机关党建工作考核中保持第一序列，2023年2个基层党组织获评"五星级党组织"，党组织战斗堡垒作

用更加突出。二是凝心铸魂更加到位。建立了立体化、常态化、规范化的宣传学习矩阵，"三微"工作法获宁波市基层思想政治工作优秀案例一等奖。三是党建品牌更加响亮。聚焦跨境缴税便利化、"税岁平安"社保参保等推出 13 个"红领实事"项目，"蓝港红帆"党建品牌获评北仑区优秀机关党建品牌。

（二）激发源活力，在严管厚爱倾情带队中用心用情锻造铁军队伍

思想政治工作坚持融汇"活"的理念、增强"获"的感受、共铸"火"的事业，推动形成干在实处、走在前列的精气神。一是队伍建设更显活力。35 周岁以下副科级领导干部占比达 30%，150 余人次参与上级挂职锻炼、集中办公、工作专班等一线攻坚任务。二是党员干部更有担当。党员干部积极投身优化营商环境、推动乡村振兴、助力共同富裕等条线任务。三是奋进精神更加昂扬。7 个集体和 53 人次受到各级各类表彰表扬，有力集聚奋进力量推动北仑税收事业高质量发展。

（三）引领"税务蓝"，在积极服务"国之大者"中善作善成展现税务担当

将思想政治工作与服务经济发展相结合，在高质量服务区域发展中推动税收工作提质增效。一是减税降费落地落细。2023 年度新增减税降费 222.68 亿元，办理出口退税 160.81 亿元，规模位居全市第二，为提振市场主体信心、稳定宏观经济大盘提供强力支撑。二是以税资政有力有效。2023 年累计向地方党委政府报送专报、经济分析报告 18 篇，获各级领导批示肯定 12 次，服务地方工作获中央级媒体报道 92 次。三是营商环境更好更优。在办好为民实事中

持续优化税收营商环境，荣获全区营商环境贴心服务奖，税务证明事项告知承诺服务案例入选司法部"减证便民"十大典型案例并被人民日报、法治日报报道。

四、工作启示

思想政治工作从根本上说是做人的工作，因时、因地、因人、因事制宜，以春风化雨的思想政治工作贯穿中心工作全过程尤为关键。

（一）突出引领性

要始终坚持用习近平新时代中国特色社会主义思想统一思想、统一意志、统一行动，坚持党性是思想政治工作的核心和灵魂，坚定不移加强党的全面领导，坚持党的原则第一、党的事业第一，确保思想政治工作方面不迷航、不偏向。

（二）突出人民性

要始终把"以人民为中心"的导向贯穿始终，大力弘扬"四下基层"优良传统，开展"贴近式"管理、"贴心式"服务，潜下心、俯下身去真正了解基层干部职工所思所想所期所盼，思想政治工作才能找准发力点和落脚点，才能释放最大效能。

（三）突出实践性

要始终坚持问题导向、目标导向，充分发挥税收职能作用，在工作实践中通过不断发现问题、解决问题，实现自我提升、自我完善，推动思想与实践的有机统一和相互促进，以实践效能检验思想政治工作成效。

"五心五立"：打造青年思政课堂

一、基本情况

国家税务总局哈尔滨市税务局共有 40 岁以下青年党员干部 1943 人，占比 41.09%。为进一步激发青年党员干部干事创业的内在活力和动力，推进落实税务总局干部素质提升"2271"工程，持续提升中青年干部综合素养和专业能力，着力解决青年干部在成长过程中可能存在的理想信念不够坚定、能力素质不够过硬、创新本领不够突出、抗压能力不够坚强等问题，哈尔滨市税务局党委探索深化"党性锤炼＋五心五立"青年干部培养机制，突破传统思维定式，深化"五个课堂"建设，在工作理念、思路、机制、内容、方法、载体等方面创新发展，打造了具有鲜明导向和特色的思政品牌，青年党员干部队伍建设持续向好向善，在组织税收收入、推动征管改革、落实减税降费等重点工作中发挥了积极的作用。通过选才育才用才，积极搭建"强国有我、兴税有我"平台，持续优化干部队伍结构，营造了积极向上的政治生态，为推进中国式现代化贡献了冰城税务的青春力量。

二、主要做法

（一）匠心构建理论课堂

坚持把理论武装作为税务青年的头等大事，教育青年干部从政治上观察、分析和处理问题，时刻做到对"国之大者"心中有数。

1. 一以贯之夯实思想之基。创新理论武装方式方法，全市税务系统成立169个青年理论学习小组，每名党委委员至少担任2个学习小组的辅导导师。青年干部列席党委理论学习中心组学习交流学习心得，点亮税务青年勇做"想为、敢为、勤为、善为"干部的"熊熊之火"。

2. 一心一意铸牢政治之魂。在创建"四基六好"政治机关工作中，青年干部划片区开展基层政治机关建设争先赛，通过"悟、唱、讲、演、比"的互动式研学方式，汇聚起争优建功的磅礴力量。在"薪火相传 共守初心"青年干部学习活动中，青年干部与支部书记和业务骨干一一结对，师带徒共同学习。

3. 一脉相承凝聚信仰之力。用好"六学"机制，与市博物馆结对建立"红色根脉强基铸魂"红色党建联盟，组织青年干部担任志愿讲解员，赓续红色血脉，坚定信仰信念。

（二）尽心构建模范课堂

坚持发挥榜样示范引领带动作用，从先进典型身上汲取力量，锤炼忠诚干净担当的税务青年铁军。

1. 行有所依。制定《青年干部培养指引》，从素质培养、知事识人、选拔任用、从严管理、正向激励5个维度研提标准、细化措施，鼓励青年干部学有方向、行有示范。举办青年干部素质能力提升系列培训，以"三类课堂""三项活动"为载体，为青年干部争先争优蓄力赋能。举行挂职干部交流座谈会，把"青年干部党建共同体"打造成青年人才接续传承的坚实阵地。

2. 行有所向。聘请北京冬奥会冠军任子威担当哈尔滨市税收宣传形象大使，鼓励全市税务系统广大青年干部与"更快、更高、更强——更团结"的奥林匹克格言和中国体育精神同向而行。开展"追光者"系列活动，推出"创新之光""平凡之光""荣誉之光""奋进之光""领航之光"5 个系列典型，充分展现了冰城税务干部队伍的新担当、新作为、新气象。

3. 行有所获。举办"劳动美青春梦——学思想、强党性、重实践、建新功"主题展演，抒发了冰城税务青年担当奋斗、建功立业的时代情怀。举办"凝心铸魂强党性　实干担当建新功"主题展示活动，以青年的视角、青春的语言，讲述青春故事。青年干部主动投身"立足岗位作贡献"活动，青年党员干部带头进社区、进企业、进乡村开展税费宣传，为纳税人解决税费难题。

（三）正心构建为民课堂

坚持把为民服务作为青年思政工作重点，鼓励青年干部养成"高效办成一件事"的工作态度和"今天再晚也是早、明天再早也是晚"的奋斗精神。

1. 在倾心倾力中擦亮服务品牌。连续 10 年开展"便民办税春风行动"，充分发挥青年干部作用，创新推出"8+33"项容缺办理机制。开展"政策找人"服务，利用税收大数据，对纳税人分行业、分业务、分性质的立体"画像"，精准"圈定"符合政策享受范围的纳税人，通过线上线下多种形式，精准推送税收优惠政策。

2023 年 5 月，哈尔滨市税务局机关"薪火相传 共守初心"主题教育学习会

在办税服务厅设立青年志愿服务队，构建"税路通"助力服务对俄贸易，开设"国际税收"窗口试点，高效服务"走出去"和"一带一路"纳税人。

2. 在向上向善中劲吹文明新风。开设新时代文明实践站，不断延伸服务触角，打造"10 分钟办税服务圈"，满足边远地区纳税人缴费人的涉税需求，努力让"税"字号文明实践站"活起来""亮起来"。以"税融初心赋能冰城"大讲堂为平台，组织系统内青年业务骨干结合一线征管工作实际，讲授大数据、统计学在税收中的应用。

3. 在实行实为中彰显青年担当。以争创"枫桥式税务所"为契机，探索青年实践新路径，对标对表，做好"五微融合"文章，即以微课堂筑牢税魂之基、以微调研摸清税事之需、以微服务彰显税暖之举、以微宣传传递税惠之声、以微调解化解税情之急。

（四）精心构建实践课堂

坚持以党业融合赋能税收服务创新发展为目标，将青年志愿服务触角延伸至便民办税"最后一公里"。

1. 注重以提升岗位之能筑成长之基。分条线开展业务练兵和岗位比武活动，通过对"提笔能写"能力的直观测试，联动考察青年干部"开口能说""遇事能办"的综合能力，实现"练习实训活动"让青年干部思维"动起来"。推出"我搭台子你来讲"活动，推动人人上讲台，增强思想碰撞，激励比学赶超，提升服务税收改革发展的能力本领。

2. 注重以解决问题之力蓄成长之势。开展"进单位、进机关、进校园、进社区、进企业、进乡村"的"六进"专项行动，组织政策宣讲在线直播，开展"社会保险费宣传服务进校园"活动，建设"星光税收服务工作室"等志愿服务品牌，创新"'一站式'受理、'一体式'帮办、'一表式'推进"全链条税费服务模式，竭力为纳税人缴费人解决疑难问题。

3. 注重以聚合集体之智建成长之功。紧盯税收中心工作，市区（县）两级青年同上主题党课、同办主题党日、同攻重点难题、同办惠民实事，实现青年工作与税收中心工作同题共答、同频共振，让"党旗红"引领"税务蓝"。组织青年干部以税收宣传、社区公益等方式，积极拓展社会"实践课堂"，"税务思政课堂"正从机关向校园、企业、社区延伸。

（五）决心构建清廉课堂

坚持文化兴税，建立崇尚实干、带动担当、加油鼓劲的正向激励体系，进一步增强青年干部荣誉感、归属感、使命感。

1.坚持以文润心。落成哈尔滨市税务局党员活动中心、百年税收对比展、党史文化长廊等税务文化阵地，让思政工作从枯燥抽象的"说教式"被动接受变成"一步一景"的主动体验。绘制黑龙江省委党校习近平新时代中国特色社会主义思想主题教室、东北烈士纪念馆、党史纪念馆等本地思政教育资源地图，打造"行走的税务思政课"。

2.坚持以文化人。通过清明祭扫，以及参观廉政教育基地、博物馆、党史纪念馆等，传承红色基因，赓续红色血脉，持续树立思政教育"风向标"，画好"同心圆"。以深化能力作风建设为抓手集中开展青年干部理想信念教育、形势任务教育、典型示范教育、警示教育，让青年思想政治融入干部教育管理的"一点一滴"。采取政治理论必考、政治素质必测、政治表现必谈、纪实档案必看、"八小时之外"必察的"五必"工作法，推进青年干部成长过程考核。

3.坚持以文育人。每季度至少开展1次警示教育活动，综合运用青年故事汇、廉洁文化作品展、讲述红色家风、创作纪律教育漫画和宣教示范片等多种活动形式，持续打造"税风清正　廉润冰城"廉政文化品牌，营造"见廉思廉尚廉"浓厚氛围。

三、工作成效

（一）互促互进，党建与税收融合融通持续深化

哈尔滨市税务局党委牢固树立"大抓基层"的鲜明导向，细化6方面69项工作事项清单，立体化、全覆盖打造政治机关。市局机关获评全省第八批基层思想政治工作示范点、首批市直创建"模范机关"先进单位。各级党团组织获得中央和国家机关颁发荣誉6项、

省级表彰 15 项、市级表彰 16 项。

（二）用心用情，税费服务与助力振兴相辅相成持续增强

哈尔滨市税务局党委始终胸怀"国之大者"和"市之要事"，以融入大局之姿，在推动服务地方发展中深耕细作。依托"三大中心"，用心用情解决急难愁盼问题。开通社保缴费"税银通"服务，惠及 500 余万缴费人。持续推进"税务＋商会协会"税警联合等机制，推动哈尔滨市营商环境更好更优。

（三）善作善成，工作作风与能力素质同向同兴持续提升

哈尔滨市税务局党委注重在实干实践中提升青年干部队伍能打硬仗、敢打胜仗的能力素质。青年干部担当改革攻坚的本领显著增强，获全国青年文明号、全国青年岗位能手、全国五四红旗团支部、"全国最美家庭"、全省志愿服务"五个 100"先进典型、全省优秀志愿服务贡献个人等多项荣誉称号。

四、工作启示

（一）突出政治建设，把牢"总方向"

要坚持学思想强党性，不断树牢税务机关首先是政治机关意识，持续深化对党忠诚教育，引导党员干部在学深悟透笃行党的创新理论上下功夫，用实际行动践行"第一身份""第一属性""第一要求"。

（二）筑强战斗堡垒，激发"原动力"

要坚持重实践建新功，严肃党内政治生活，推动"四强"党支

部建设，充分发挥基层党组织引领凝聚党员、服务带动群众的基本职责，打造政治过硬、业务精通、敢于担当、善于作为的冰城税务"第一方阵"。

（三）强化党建引领，找准"落脚点"

要不断优措施提效能，紧盯税收中心工作和支部主责主业，创新党支部工作方式方法，通过同上主题党课、同办主题党日、同攻重点难题、同办惠民实事，实现党建与税收同题共答、同频共振，让"党旗红""税务蓝"交相辉映。

"学建干创四步法"：
让思政工作润心泽行

一、基本情况

甘肃省张掖公路事业发展中心成立于 1961 年，现有职工 600 余人，主要负责张掖境内国省干线公路的养护工作。随着公路行业改革深入，职工思想日趋多元、多变，各种观念交相杂陈，不同价值取向碰撞交织，职工队伍中出现了情绪不稳定、心态不平衡、状态不在线，以及面对差距无动于衷、推进工作不紧不慢等问题。面对复杂多变的形势，思想政治工作未能与时俱进，方式方法老旧简、结合中心工作不紧密、解决实际问题缺硬招、思想教育引导不精准等问题的存在，使得思想政治工作临渴掘井多、未雨绸缪少，无的放矢多、对症施治少，短期见效多、长效坚持少，思想政治工作作用不明、效果不显。甘肃省张掖公路事业发展中心坚持问题导向，用"心"投石问路，以学、建、干、创"四步法"破解难点堵点，守初心、铸同心、暖人心、增信心，以思想政治工作润心泽行，把思想政治工作做到职工心坎里，融入日常工作里，展现到发展成效里，职工队伍呈现思想稳定、积极向上、创新进取、勇于担当的良好态势，汇聚起推动公路事业高质量发展的磅礴力量。

二、主要做法

（一）"学"字起笔，思想铸魂守初心

1. "六大课堂"强思想。办好"理论课堂"，邀请专家辅导学、季度交流研讨学等形式，夯实了思想理论根基。办好"初心课堂"，依托境内红色资源沉浸式感悟"初心"；举办微党课大赛，展播微视频《党的声音我来传》，演绎情景剧《半条被子见初心》等。办好"头雁课堂"，班子成员、青年讲师团带头为党员、群众讲专题党课。办好"流动课堂"，由业务骨干组成"流动"宣讲小分队，在养护工区、施工驻地等适时宣讲民生政策、法规制度。办好"实践课堂"，把养护一线、保畅前沿作为实践锻炼的主阵地，开展了劳动竞赛、技能大赛等活动。办好"榜样课堂"，依托"道德讲堂"、事迹宣讲会等，邀请先进模范讲事迹、谈体会、话未来。

2. "五色"教育固初心。开展"红色"革命传统教育，组织党员学红色党史、讲红色故事、观红色基地，汲取精神力量。深化"金色"堡垒旗帜教育，设立"党员安全监督岗"，创建"党员示范路（桥、涵）"，举行"党员突击队"授旗仪式，开展"党员身边无隐患""五带"等活动，增强宗旨意识。积极开展"绿色"公益实践教育，通过关爱残障儿童、空巢老人，参与结对帮扶、"爱心妈妈"关爱等公益活动，为特殊人群送温暖。开展"橘色"岗位履职教育，机关党员投身养护一线、保畅前沿，争当安全员、施工员，提升岗位服务意识。做实"黑色"廉政警示教育，通过以案促廉、庭审警廉、典型示廉、文化倡廉、视频悟廉、党课讲廉、常态谈廉、岗位查廉的"八廉"机制，实现警钟长鸣、警示常在。

3.舆论引导聚合力。借势新媒体平台，专心讲好公路人故事、传播公路人声音、展示公路人形象。将焦点更多对准养护一线，报道养路护路的鲜活经验，推介担当奉献的先进典型，发布引导出行的路情路况，于潜移默化中增强队伍向心力和凝聚力。

（二）"建"字行笔，强基固本筑同心

1.前移服务阵地。围绕模范机关创建要求，更高标准推进讲政治、守纪律、有温度、高效率、负责任的"能量"型模范机关建设。将服务阵地前移，开放单位停车场、卫生间，设置了便民服务台、机关管理"红黑榜"，办事效率和服务质量持续提升。

2.拓展活动阵地。精准对接党员、群众需求，及时更新职工创新工作室、廉政（安全）文化室、社会主义核心价值观展厅、阅览室、文体活动室等。利用院落围墙、办公走廊、宣传栏等打造党建、廉政、先进典型、传统文化等主题文化阵地。

3.延伸先锋阵地。扎实开展"我是党员，我承诺我践诺"活动，完成村道铺筑、排水管更换、为村老人拍全家福、防范电信诈骗宣传等实事。发展壮大"张掖公路事业发展中心志愿者服务队"，

2023 年 4 月，张掖公路事业发展中心举办"艺动青春·与路同行"首届"张路路"杯青年职工才艺大赛

全年开展关爱特殊、无偿献血、植树绿化、环境卫生整治、文明交通劝导等志愿服务活动。

4. 做实品牌阵地。扎实开展"一单位一品牌、一支部一特色、一党小组一亮点"基层党建工作示范创建活动。结合地域特征、行业特色、单位特点，创建了"五统五融""红石榴""融安全""五心服务"等党建品牌，挖掘打造了"张路路"、大满养护站"满"文化（包括"大满""戒满"）等工作品牌，品牌创建有措施、有成效。

（三）"干"字用笔，攻坚克难暖人心

1. 聚焦工作需求，把情况摸清。察访民情民意，通过实地调研、问卷调查、谈心谈话、意见建议征集等多种形式，深入了解职工思想状况，摸清队伍底数、找准实际问题，形成问题清单、调研报告、政研论文，为精准施策提供了基础支撑。

2. 聚焦心理需求，把人心稳住。搭建了"丁香树下"、葫芦长廊、红色议事亭、路魂永驻文化墙等多处谈心、议事场地，开展了以健康座谈、家庭教育、心理疏导、职业病防治等为主要内容的关爱活动，将思想政治工作的触角延伸到了最基层、每个人。

3. 聚焦解困需求，把难题破解。抓实制度保障，制定并落实了困难救助、谈心谈话、教育培训、带薪休假等惠及职工切实利益的好制度；抓实常态关怀，开展了"五必访""六必谈""六送关爱"及慰问帮扶等活动；抓实解难解忧，金秋助学、大病救助、医疗补助、健康体检等实事解了职工的忧；抓实减压赋能，供暖改造、养护站"双化"建设、养护车机设备配置、驾驶员公派培训等实事稳住了职工的心。

4. 聚焦价值需求，把技能提升。集中"育"，开展"短平快"

线上培训和线下专题培训，完成养护机械设备驾驶、操作人员增驾培训，提升了岗位履职能力；结对"带"，落实政治、业务"双导师带徒制"；岗位"训"，机关业务骨干在生产一线开展业务实践、技术观摩，基层干部在机关接受业务实训、顶岗锻炼，练实了干事创业的硬本领。

（四）"创"字落笔，文化浸润增信心

1. 培育有"形"的公路文化。加大对文化符号和形象 IP 的运用，打造了养路先锋"张路路"文化品牌，推出了"张路路说养护""张路路讲安全"等科普宣传活动，举办了"张路路"文化创意设计大赛，创作了以"张路路"为元素的折扇、文化衫、办公用品、雨伞等文创产品。

2. 开展有"质"的群众活动。推广大众化阅读，创办"张掖公路读书汇"，开展"读书年""玫瑰书香"主题阅读，组织"我正在读的一本书"主题征文，举办演讲比赛、经典诵读、好书荐读等。深化群众性活动，在重要传统节日、重大节庆日开展职工喜闻乐见的文化活动。注重原创性探索，创作了 MV 作品《新时代的养路先锋》，生动展现了公路人扎根戈壁、艰苦奋斗、无私奉献、甘当路石的"八棵树精神"。

3. 亮出有"效"的创新成果。鼓励创新、创效、创造，引导职工积极参与"五小"活动，主动担当技术创新重任，挑起设备改造大梁。喷雾型吹风清扫车、波形护栏清洗装置等"小改小革"获张掖市总工会职工"五小"优秀成果奖，开槽灌缝机、路面清扫机等多项创新成果在养护生产中广泛应用，既降低了职工的劳动强度，又激发了创新创效的潜力活力。

三、工作成效

（一）从"大水漫灌"到"精准滴灌"，思想政治教育的针对性更高

坚持以学铸魂，分层分类开展"六大课堂""五色"教育，提升了党员的党性修养和职工的理论素养。坚持以训提能，精准对接职工的不同需求，通过普惠性培训、点单式培训、岗位实训、导师带徒等多种途径，帮助职工增长了专业知识，提升了专业能力。

（二）从被动应付到主动应对，解决具体问题的实效性更强

改变以往"老旧简""等上门"的方式方法，灵活运用"五需工作法"，主动跟进职工思想动态，主动了解职工困难诉求，主动研究解决对策，帮助职工把思想问题消灭在萌芽状态，把生活困难纾解在求助之前，把工作矛盾化解在激化之初，解了职工的忧、暖了职工的心。

（三）从推着干到比着干，队伍干事创业的内驱力更足

用心建好"四个"阵地，党员干部带头干、带领干、带动干，通过示范引领、绩效激励、积分管理、典型选树、选拔任用等措施协同发力，职工自觉加入岗位建功、争当先锋的行列中来，促进了效率提升、养护提质。

四、工作启示

（一）坚持正确的指导思想，才能不偏向

加强和改进新时代思想政治工作，要坚持以习近平新时代中国特色社会主义思想为指导，抓实全员思想政治教育，引导党员、职工群众从思想上正本清源、固本培元，凝聚谋发展、促发展的思想共识。

（二）思想问题与实际问题同步解决，才能标本兼治

思想问题是一切问题的根源。做实思想政治工作，不能仅停留在表面，要标本兼治，把解决思想问题与实际问题结合起来，既攻心又暖心，既摸清思想根源、解开思想"疙瘩"，又聚焦实际困难、办好纾困送暖的实事好事，从而使问题得到彻底解决，真正达到"1+1>2"的效果。

（三）增强融合性、针对性、时效性，才能聚人气接地气

增强融合性，坚持围绕中心、服务大局，把思想政治工作贯穿始终，融入各项工作，做到工作推进到哪，思想政治工作就跟进到哪。增强针对性，充分考虑党员、群众的差异性，摸准情况、靶向施治，同步解决思想问题与实际困难。增强时效性，紧盯重要活动开展、重点工作推进、岗位调整、家庭变故等关键时间点，积极开展思想疏导、压力排减和矛盾化解工作。

"四聚力、四赋能"：
推动金融思政工作提质增效

一、基本情况

国家金融监督管理总局山东监管局系国家金融监督管理总局的派出机构，在中国银行保险监督管理委员会山东监管局基础上组建，下辖 15 家监管分局。金融监管工作进入新阶段、开启新局面，对于加强和改进思想政治工作、进一步提升队伍凝聚力和战斗力提出了新任务、新要求。国家金融监督管理总局山东监管局以理论学习"聚力"、以体制机制"聚力"、以走细走心"聚力"、以文化品牌"聚力"，赋能思想政治工作，引导全体党员干部以饱满的政治热情、崭新的精神风貌、顽强的奋斗姿态投入加强和完善现代金融监管的实践，为推动中国式现代化山东金融实践提供了坚强思想保障。

二、主要做法

（一）以理论学习"聚力"，为筑牢思想根基"赋能"

1. 以上率下"领学"。落实"第一议题"制度，将习近平总书记重要讲话、重要指示批示精神第一时间纳入学习内容。党委中心组在规范开展集体学习研讨的基础上，综合运用党委书记讲党课、专家辅导、现场教学、专题读书班等形式开展学习。部分监管分局还积极探索以青年讲学、联学联建等形式提升党委中心组学习质效。

2. 全员覆盖"促学"。以党委中心组学习安排为参照，定期向党支部下发党建工作提示单，明确学习时间、学习主题、学习内容、学习要求，定期调度学习进展，确保各项规定动作扎实到位。继承发扬"把支部建在连上"的优良传统，在现场检查、风险处置、党委巡察等工作中充分发挥临时党支部作用，学理论、聚思想、严作风、强担当，推动工作质效持续提升。

3. 引领青年"研学"。深入实施青年干部理论学习提升工程，将青年理论学习小组学习与党支部"三会一课"深度融合。定期组织集中学习，开展"学习经典·青年说"专题活动。开展"学思践悟新思想青年基层行"活动，组织青年党员到"专精特新"等企业实地观摩，进一步增强贯彻新发展理念的思想自觉、行动自觉。

（二）以体制机制"聚力"，为紧密服务大局"赋能"

1. 强机制增合力，统筹推动促进"融合＋保障"。坚持思想引领、宣传先行，将思想政治工作纳入党委全面从严治党主体责任清单、党建工作要点、党建高质量发展意见，纳入巡视整改、民主生活会整改等重要工作台账，纳入党委书记和党支部书记抓党建工作述职评议考核。注重与监管中心工作、警示教育、金融安全、安全生产、信访等各项工作统筹安排、结合开展，有效发挥思想政治工作的激励保障作用。

2. 强堡垒增动力，基层党建引领"发展＋服务"。推进党支部品牌创建，指导各党支部将党建品牌建设与落实党中央决策部署、监管主责主业、部门工作职责相结合，推动形成"为民监管　消保铁军""普惠先锋号""'检'直棒"等富有部门特色的支部品牌25个，为促进基层党建与业务工作深度融合、同频共振注入新动力。

3.强培养增能力，队伍建设推动"担当＋作为"。将队伍建设作为思想政治工作的重要抓手，一体推进干部选育用管。持续巩固"实干实绩、有为有位"鲜明导向，发挥好"晋升一个、激励一片"的效果。提升干部综合素质，建立新员工多岗位轮岗锻炼机制，用好集成式作战、专班攻坚、以干代训、专题培训等机制。完善考核评价体系，激励干部担当作为，着力打造政治过硬、作风过硬、能力过硬的监管队伍。

（三）以走细走心"聚力"，为凝聚奋进力量"赋能"

1.细心"知"，深入细致开展分析研判。在全系统开展思想状况问卷调查，纵向比对各年度问卷数据，分析掌握思想动态发展趋势。印发为职工办实事实施办法，每年征集办实事需求，对大家想什么、盼什么心中有数。聚焦机构改革这一当前重要政治任务，第一时间通过党委会、下发专门通知等方式，组织系统党员干部深刻领会党中央、上级党委安排部署。党委班子成员充分利用参加支部学习、赴联系点调研、召开专题座谈会等机会，了解掌握干部员工思想动态，及时做好教育引导。积极与即将转隶的人民银行县域支行加强沟通联络，面向人民银行县域支行干部开展问卷调查，加大统筹力度，坚持稳的基调、做好人的工作。

2.尽心"守"，守牢意识形态安全底线。全面落实意识形态工作责任制，认真开展检查考核和专项督查，定期分析研判系统意识形态领域情况，通报共性问题。面向新入职员工开展意识形态和思想政治工作专题培训，上好"入职第一课"。梳理印发意识形态工作责任相关要求，进一步夯实各级各部门责任，确保意识形态责任落实无死角、不漏项。积极探索意识形态工作会议、意识形态责任清单等工作方式，时刻紧绷意识形态这根弦，确保辖区意识形态安全。

3. 用心"帮"，关心关注"一老一少"。系统各单位通过大胆任用年轻干部、制定培养方案、推动轮岗交流、选派参加现场检查、组建跨部门青年研究团队等方式，加强年轻干部培养锻炼；通过及时认可鼓励、亮出工作成绩、与青年员工面对面交流等方式，发挥对年轻人的鼓舞激励作用。建立退休干部服务管理"四项机制"，常态化开展退休谈话与政策提示，组织退休党员过线上组织生活、开展主题党日活动，经常性座谈沟通、走访慰问，建立退休干部健康台账，每年举办"光荣在党 50 年"纪念章颁发仪式，做到"人退情常在，离岗不离心"。

（四）以文化品牌"聚力"，为塑造崭新风貌"赋能"

1. 实施凝心聚力的文化工程。大力落实金融监管总局"新机构新作风新建树新形象"建设工程，在山东监管局系统实施"红心领航、匠心立业、清心育人、齐心共进""四心工程"，组织开展"我为监管献良策"活动，着眼于金融监管新职责新使命，在全系统群策群力，加强理念文化、体制机制、方法工具研究，取得阶段性成果。

2. 打造富有特色的文化品牌。探索开展"大力弘扬中华优秀传统文化 积极践行金融领域'第二个结合'"教育培训，同时辅以自主学习、研究阐释及体验式学习实践等方式，打造山东金融文化名片。各分局立足工作实际和地域特色积极探索，如济宁分局

2023 年 9 月，国家金融监督管理总局山东监管局开展"学思践悟新思想青年基层行"活动

打造"儒韵监管·为民先锋"党建品牌，泰安分局提炼出"泰山精神""挑山工精神""大汶口精神"等"三种精神"，潍坊分局打造"致广大、尽精微"核心文化，临沂分局开展沂蒙监管家园文化建设，不断丰富监管文化内涵，为中心工作注入精神动力。

3. 开展喜闻乐见的文化活动。机构改革挂牌后，第一时间举办风采展示会，充分展示系统各级党组织和广大党员干部主题教育成果，宣传展示各条线先进典型，切实踏实迈稳开局"第一步"。回应干部员工希望以文体活动纾解压力的需求，组织开展多种多样的演讲比赛、读书分享、传统手作、瑜伽、健步走等健康有益的文体活动，提升思想政治工作参与性、渗透性，解压充电、释放活力。

4. 持续巩固精神文明创建成果。系统各单位普遍把文明创建作为展示形象、提升效能、凝聚力量的有效手段，成立精神文明建设领导小组，常态化制定文明创建工作要点，做细做实日常管理，定期参加文明单位复查工作，工作成效得到精神文明建设主管部门充分认可。

三、工作成效

（一）政治机关建设"有力有序"

思想政治工作的扎实有效开展，确保了党中央决策部署、上级要求在全系统的迅速全面学习宣传和传达贯彻，金融工作政治性、人民性持续提升。国家金融监督管理总局山东监管局各条线工作在金融监管总局系统内名列前茅，获评全国文明单位，并先后获得"新时代全国金融系统党建百优案例"、"全国金融先锋号"、山东省委"攻坚克难奖"、"全国'七五'普法工作先进单位"、全国工人先锋号等荣誉称号。

（二）加强金融监管"有行有效"

在思想政治工作的有力保障下，金融监管主责主业有效履行。辖区金融服务实体经济质效不断提升，信贷资源更多地向实体经济配置，支持薄弱环节和重点领域。行业风险扎实稳妥化解，辖区银行业总资产、各项贷款、保险业资产、提供风险保障实现同比增长，更加有效地服务经济社会发展和人民日益增长的金融需求。

（三）干部队伍建设"有为有守"

干部员工干事创业热情较高，对金融监管事业的认同感较强，能够心无旁骛地担当作为、攻坚克难，积极投身于监管工作之中。

近年来，先后有多名干部获得金融监管总局"智能检查实验室表现突出工匠典型"、"山东省改革尖兵"、"全国平安医院建设表现突出个人"等荣誉称号，1名同志获评全国"人民满意的公务员"。

四、工作启示

坚持党的全面领导、坚持正确政治方向是做好思想政治工作的根本要求；相关部门各司其职、形成合力是做好思想政治工作的基本保证；用党的创新理论凝心铸魂、服务保障中心工作是思想政治工作的职责使命；不断与时俱进、贴近干部员工是思想政治工作的生命力所在。要把握好、运用好这些原则和方法，不断加强和改进思想政治工作，适应新形势、展现新作为，为推动中心工作提供坚强思想保证、强大精神力量。

"展展有约"：约出文明新风尚

一、基本情况

展览路街道地处北京市西城区西北部，展览馆、动物园、金科新区、北京北站等聚集于此，拥有丰富的金融科技、文化历史、教育科研等资源，是西城区地域面积第一、居住人口第二的街区。为推动新时代文明实践提质扩面、提档升级，展览路街道通过应百姓需求、融阵地资源、聚品牌项目、扩志愿队伍，推出"展展有约"文明实践活动品牌，利用区域内不同主体的独特优势，成立"展小宣""展小领""展小明""展小艺""展小力"5支专业文明服务队伍，不断拓展展览路文明实践"朋友圈"，汇聚思想政治正能量。

"展展"取自街道吉祥物"小展展"，它浓缩了展览路街道的独特文化和人文精神，展现着展览路与众不同的特色和魅力，也代表了街道"愈展愈胜"的向上精神和每一个展览路人拼搏奉献、热情大方、亲切好客的品质。"小展展"在展览路具有极高的认同性、感染力和亲和力。"有约"是面向区域单位、各类社会组织、阵地资源、志愿力量、居民朋友的诚挚邀约，希望大众能参与文明共建、家园共治、资源共享。

二、主要做法

（一）"约"来资源，让文明实践点位"组团出道"

在充分走访调研的基础上，将区域内的资源盘活整合"组团出道"，形成了点点相连、线线成面的"1+23+N"的阵地网络。街道将点位绘制成"文明地图"，串联起1个实践所、23个实践站、"N"个点位——2所高校、4所小学、2家医院、2个公共广场、4条主要大街、4处旅游景区、1处商业圈、1处交通场站、2处公共图书馆等，让文明浪花飘进展览路地区"N"个角落。居民清晰掌握区域内文明实践的活动点位，让参与文明实践活动更为精准有效，实现活动办在家门口、创建成果享在家门口。

（二）"约"到力量，会聚人才传播"理论之光"

为切实发挥基层宣传阵地作用，街道面向属地高校发起合作邀约，4所首都高校加入共建。组织50名理论功底、宣讲能力扎实的"青春讲师"，结合"马院进社区"活动，组编成"展小宣"理论宣讲队伍。同时发动23名社区书记成立导师团，担任"小讲师们"的成长顾问，帮助学生了解基层、了解社区、了解百姓。一走进小区院落，这些"新面孔"就吸引了居民的关注，他们以"新讲法"传播"新理论"，发挥"隔代亲"的宣讲优势，让党的创新理论更为入脑入心。

（三）"约"出合力，掀起文明实践"总动员"

各社区结合自身特点，充分挖掘居民中模范榜样。鼓励楷模"反哺"社区服务，成立"榆树长青""红帽帮忙""童心暖夕阳"等 23 支特色服务队伍，开展丰富多彩的文明实践活动。比如，阜外西社区"七星共治"和"儿童议事桌"，开展家园建设主题的活动；新华东社区成立小修小补志愿服务队，上门服务百姓需求；百东社区组建"童心暖夕阳"志愿队，开展慰老敬老活动，营造"小手拉大手"孝亲爱老的浓烈氛围……这些由百姓"当主角"的文明实践活动，有效地提升了地区文明创建、文明实践、文明培育的群众知晓率和影响力。

（四）"约"定文明，激发以文化人"内生力"

展览路街道统筹各类资源，将理论、政策、教育、文化、法律、科普、健康送到群众身边，这样的服务让群众大呼"过瘾""接地气"。"国潮耀世·万物新生"专场民族音乐会在金科文化广场举办，50 多位民乐演奏者以声音的无形，构筑无限的意境，为大家展

2023 年 8 月，展览路街道大学生志愿者参与文明实践涵养行动

示了民族器乐的传奇神韵和动物园批发市场的华丽蜕变；连续开展"艺术家进社区"文化服务指导品牌项目，涉及朗诵、摄影、声乐、舞蹈、书画、戏曲等多种类文化项目，受益群众 1.5 万人次，在区域内形成"艺术家们齐互动、文化惠民添新彩"的良好局面；以"立德树人"为主线，紧扣未成年人思想道德建设，开展中轴探秘、非遗传承、红色故事宣讲等各类实践活动，增强了对社会主义核心价值观的精神认同、情感认同、价值认同。群众在艺术享受中触摸历史、感受情怀、提振精神，文化内涵、价值引领、道德滋养在文明实践中浸润"烟火气"的百姓生活，文明新风在润物无声中植入群众心田。

三、工作成效

（一）理论宣讲声音嘹亮

展览路街道规范社区新时代文明实践站建设布局，持续加强新时代文明实践阵地建设、队伍建设，统筹宣讲资源。探索建立高校理论宣讲志愿者队伍，广泛开展群众乐于参与、便于参与的宣讲活动，结合社区实际情况和居民需求，制定更加贴近生活的宣讲主题和内容。坚持以更接地气、更具活力、更有温度的活动，在服务群众中凝聚群众、引领群众。引导居民自觉遵守社会公德、家庭美德、职业道德等方面的规范，推动文明实践与社区治理、文化建设等方面的深度融合，让文明实践在展览路蔚然成风、遍地开花。

（二）志愿服务互助有爱

聚焦群众实际需求，统筹辖区资源，充实区域性志愿服务队伍，创新开展各类文明实践志愿服务活动，每个社区着力打造至少一个有一定影响力的志愿服务品牌。通过品牌的塑造和推广，吸引更多的群众参与到志愿服务中来，形成人人关心、支持、参与文明实践的良好氛围，推动文明实践在经济社会建设中实现更大发展，发挥更大效用。

（三）全员参与贡献力量

文明实践需要充分动员各方力量，形成全民参与、共建共享的良好氛围。通过积极开展"红墙文明先锋"行动，引导党员走在前、作表率，言行一致、以身作则，成为文明实践的中坚力量。同时，加强宣传教育，提高居民对文明实践的知晓率、参与率，激发参与热情。充分利用媒体平台，加强舆论引导，让文明实践深入人心，形成人人关心、人人参与的热闹氛围。鼓励商户积极参与到创城活动中来，推动商户之间的互动交流。鼓励和支持各类社会组织积极参与到文明实践行动中来，实现共建共享共赢的目标。

（四）引导培育文明新风

深入推进社会主义核心价值观的宣传教育，广泛引导群众参与文明实践，培育文明风尚。通过积极挖掘辖区内的榜样人物、道德模范等先进典型，树立鲜明的价值导向，激发群众见贤思齐、崇尚英雄、争做先锋的热情。组织开展各种志愿服务活动，不仅能让群众亲身参与，更能在实际行动中感受到文明行为、文明习惯的重要性，让文明行为、文明习惯融入群众的生活，成为日常行为的一部分。常态化推进文明商户、文明家庭、文明单位的创建工作，不仅是对商户、家庭、单位的一种荣誉认可，更是对他们文明行为的鼓励和激励。对于基层治理，要特别聚焦文明新风的培育和治理体系的健全，破除陈规陋习、培育文明新风，形成邻里互帮、守望相助的良好氛围，为社会的和谐稳定和发展进步作出积极的贡献。

（五）综合治理更加宜居

展览路地区整体的"颜值"提升，需要持之以恒地推进。在日常工作中，无论是街道的清扫，还是公园的绿化、墙壁的整洁、设施的亮化，都能够增添居民心目中"家园"的美丽和魅力。结合节日时点，开展一系列相关活动，以重点交通路口为主阵地，开展文明引导服务。聚焦礼让斑马线、车辆乱停乱放、占用消防通道、电动车未上牌、违规骑行和违规载人，以及行人乱穿马路、闯红灯等。将有效做法固化下来，持续开展常态化专项整治和劝导行动，共同营造一个安全、有序、文明的生活环境。

四、工作启示

（一）理论水平与文明素养同步提升

理论宣讲在提升群众文明素养和推动精神文明建设方面起到了关键作用。要充分利用各种宣讲资源，结合社区实际情况和居民需求，制定贴近生活的宣讲主题和内容。通过讲座、参观、研习、展览、体验、阅读会等形式，开展科普、文化、时政等方面的教育活动。走进博物馆、纪念馆等爱国主义教育基地，培养广大群众，尤其是正在学习科学文化知识的青少年的社会责任感和公民意识，培育和践行社会主义核心价值观。

（二）志愿服务与社区治理深度融合

志愿服务是文明实践的重要形式，也是社区治理的有效手段。

要根据群众需求，设计富有创意、形式多样的志愿服务活动，同时加强志愿服务品牌建设，吸引更多群众参与，形成人人关心、支持、参与文明实践的良好氛围，推动文明实践与社区治理、文化建设等方面的深度融合。紧扣"发挥什么作用"定功能、立体系，让"志愿红"成为基层最温暖、最亮眼的底色。

（三）全民参与共建共享开花结果

文明实践需要全民参与、共建共享。要充分发挥各方力量，包括文明单位、党建协调委员会成员单位、商户和社会组织等，共同参与文明实践。同时，加强宣传教育，提高居民对文明实践的知晓率、参与率，激发参与热情，形成全民参与、共建共享的良好氛围。深入推进社会主义核心价值观的宣传教育，广泛引导群众参与文明实践，培育文明风尚。同时，加强基层治理，聚焦文明新风的培育和治理体系的健全，破除陈规陋习、培育文明新风，形成邻里互帮、守望相助的良好氛围，为社会的和谐稳定和发展进步作出积极贡献。紧扣"达到什么效果"定目标、立样板。"约"既是一种真诚的邀请，更是一种美好的期待，期待"不同主体"充分发挥自身优势形成展览路"文明大合唱"，通过"约"来资源、"约"来力量，"约"出文明新风尚。

"德法相伴"：打造社区治理新格局

一、基本情况

重庆市巴南区龙洲湾街道成立于 2009 年，面积 39.5 平方公里，下辖 7 个行政村、10 个社区，常住人口 22 万余人。街道位于巴南区中心，是开发建设新区，商业体、小区楼宇体量大，事务繁多，社群、群企矛盾集中，仅从事后调解着手，不仅工作量大，而且效率低下，难以取得工作实效。近年来，街道率先打造"德法相伴"工作品牌，以"德法"破题，从"人—家—院—城"四大维度出发，讲好"德"的故事、树好"法"的红线、写好"治"的文章，大力营造崇德向善、尊法守法的良好社会氛围，推动实现从"被动调解"到"主动引导"、从"单兵作战"到"协同善治"的转变，推动基层治理和思想政治工作改进创新。

二、主要做法

（一）以"德法修身"为基础，做一个明德知法的人

1. "德法红黑榜"评身边人。街道在村（社区）设立"德法红黑榜"，红榜表彰好人好事，黑榜曝光群众身边不文明现象，实现

党群"评榜",专栏"立榜",大会"议榜",广泛"用榜"。"评榜"就是由居民推荐发现,居民议事会核实评议,村(居)委会复核,镇街党委(党工委)备案,提出"红榜""黑榜"拟公布的人员事迹。"立榜"就是在小区建立"德法红黑榜"宣传专栏,在宣传栏上张榜公示。"议榜"就是居委会召开小区会议,对好的人员事迹予以通报表彰,对不好的人员事迹让大家讨论怎么帮助改进。通过榜单的动态更新,引导群众"见贤思齐""见不贤自省",自我发现、自我纠正不符合道德规范的行为。

2."以案说法院坝会"议身边事。街道组织村(社区)党组织书记、区域党建联盟成员单位等,定期深入居民小区院坝,召开"以案说法院坝会"。引用发生在群众身边、与生活息息相关的真实案例,通过"情境再现——以案引法""模拟辩论——以案说法""延伸拓展——以案普法""现场咨询——以案用法"4个环节,深刻剖析案例背后的法律常识和道德伦理,结合实际开展普法宣传和道德教育,引导群众向善事、行善举、明善义。

3."德法有约大讲堂"学身边法。街道面向党员干部、普通群众、中小学生等群体,因地制宜、因人而异开展"德法有约大讲堂",让德法教育更具有针对性、精准度。其中,"德法有约"干部大讲堂以广大党员为对象,利用基层党建工作阵地,开展"以案四说"活动,将"处分决定书"变成"警示教育课";"德法有约"群众大讲堂以基层群众为对象,通过"百姓茶堂"、群众大会等多种方式开展道德和法律知识宣讲;"德法有约"学生大讲堂以中小学生为对象,以学校道德法治实践基地为阵地,编制法治儿歌,在辖区各学校广泛传唱。

(二)以"德法润家"为细胞,育一个遵德守法的家

1.抓"六有"推进家庭建设。统筹各村(社区)、企业等,广

泛发动居民家庭，积极参与"六有家庭"建设，即有家风家训匾、有幸福合影墙、有亲情留言牌、有家事分工表、有家庭议事册、有家庭读书角。街道累计打造"六有家庭"300余户，评选出优秀家风家训330余篇，并寻找到街道"最美家庭"350余户。

2. 抓"十循"推进家庭教育。街道把"讲忠诚、少猜疑、不嫌弃，多拥抱、少拌嘴、不打人""进进出出多招呼，鸡毛蒜皮少算账，红白喜事要帮忙"等群众广泛认可的行为准则，总结为长幼、夫妻、邻里、持家、洒扫、应对、称谓、餐桌、待客、祭祖等场景需要遵守的《家礼十循》，并制作成特色楹联、书画等作品，在街道广泛传播，引导群众树立良好的婚姻观、家庭观。

3. 抓"一会"推进家风传承。倡导各类家庭在元旦春节期间，开展"和美家年会"活动，讲家史、立家训、传家礼，说得失、谈梦想、送祝福。结合端午、中秋等传统佳节，街道积极开展"家风润万家 文明伴我行"活动，在浓浓的文化氛围中学习家风、弘扬家风。

（三）以"德法睦邻"为载体，建一个厚德循法的院

1. 活动聚人气，有好事"打得拢堆"。以举办"爱在社区邻里节"活动为契机，组织开展邻里百家宴、"德法民星秀"文艺展演等活动800余场次。结合辖区逢"2、5、8"赶场习俗，长期开展"258赶场天"活动，秉承"尽心竭力解难事、坚持不懈做好事"理念，提供理发、磨刀、缝纫、水电维修、生活加油站5类互助服务，践行"友好、互助、和谐、多元"的8字宗旨，深受群众好评。

2. 调解促和气，有琐事"帮得上忙"。街道主动串联起基层村（社区）、辖区商户、普通群众，推动商铺自治、群众自调与社区德

治深入链接。在商业区，每排门店推选一名"排长"，督促商户做好"门前三包"、诚信经营等自我监管，并牵头协助解决经商纠纷；遴选一批有品德、有公德、有道德的志愿者组成"和事佬"队伍，在小区调解邻里纠纷，及时将各类矛盾化早、化小；依托公共法律服务室开设"法律超市"，提供法律咨询、人民调解、特殊群体帮扶、外来务工人员维权等多种服务。

3. 公约树正气，有难事"说得起话"。街道发动居民、业主等群体，按照"共同参与、一致协商"的原则，集体讨论并制定完善《居民公约》《文明健身公约》等系列约定。针对居民小区普遍存在的居民物业矛盾，指导成立环物小组，制定履约细则，搭建居民参与物业管理平台，将物业服务口碑、承诺兑现情况纳入考核，实现"收集问题—物业整改—环物小组验收—公示整改情况"闭环管理。

（四）以"德法怡城"为目标，筑一座崇德尚法的城

1. 探索道德积分制度，筑牢"道德城市"。街道发放"道德积分卡"，将群众开展垃圾分类、文明劝导、反诈宣传等日常生活行为，梳理形成正负道德积分项。开设"道德积分银行"，动员银行、超市、理发店、电影院等 70 余家商户加入"道德积分银行"兑换点，提供兑换项目 150 余项。在道德积分银行设立"修身"天天存、"润家"周周赢、"睦邻"月月有、"怡城"年年续四大"产品"，持续完善"行为表现—道德评议—采集赋分—排行公示—兑现奖励—行为调整"工作闭环，引导群众自觉践行公民道德和法律规范。

2. 丰富特色志愿服务，筑牢"爱心城市"。一方面，立足"身边公益"，发动辖区有爱心、有热情的居民群众，组建特色志愿服务队伍 18 支，如由党员志愿者牵头组建"爱心"护学队，"家长点

2023 年 10 月 13 日，龙洲湾街道沿河村在彭家嘴开展"以案说法"院坝会

单、爱心接单"，护送辖区 7 所中小学、幼儿园学生放学，解决放学高峰时段车辆人员密集造成的学生出行不便问题。另一方面，针对青少年及中老年人开展"全生命周期"服务，通过开设假期学校、组织招聘会、就业培训、集体生日会、老年大学等，精准回应不同时间段群众生活需求。

3. 建立共商共议机制，筑牢"善治城市"。街道打造"邻里议事厅""居民议事角"等场所，由村（社区）党委牵头、小区党支部召集，有提议事项的居民、社区民警、物业、党员中心户及调解小组等主体参与，并邀请社区调委会、律师等加入，不定期召开社区居民议事会。提议内容现场可以解决的，由参会单位办理解决；当场无法解决的，由有关责任单位"领单"后在限期内办理解决。实现"小事不出小区，大事不出社区，难事不出街道"。

三、工作成效

"法安天下，德润人心"。自开展"德法相伴"品牌建设以来，龙洲湾街道坚持以德治和法治相结合为切入口，推动德法理念全面融入基层社会治理大局，街道群众道德修养、法律素养稳步提升，邻里交流更加密切，矛盾纠纷源头化解，基层治理持续向好。辖区道角村先后获评为全国文明村镇、全国民主法治示范村、全国农村幸福社区建设示范村，龙德社区获评为重庆市"最美志愿服务社区"，龙海社区党委获评为重庆市先进基层党组织。

四、工作启示

（一）必须坚持以人为本、共建共享

实践证明，思想政治工作必须尊重群众主体地位，发挥群众主观能动性，通过"融入日常而不自知"的道德教化推动群众实现自我教育、自我管理、自我监督、自我提升，形成"事事有人干、好坏有人判、问题有人管"的基层治理格局。

（二）必须坚持系统观念、相辅相成

实践证明，思想政治工作必须从整体出发、大局着眼，系统考虑、统筹协调，兼顾多方面因素，注重多目标平衡，才能更好让思想政治工作与基层治理工作相互融入、相互促进。

（三）必须坚持与时俱进、久久为功

实践证明，思想政治工作是一项长期性、根本性工作，要完整、准确、全面贯彻新发展理念，快速适应发展理念的变革、发展方式的转变，在探索中厘清思路、把握方向、找准着力点，一件事情接着一件事情办，一年接着一年干，确保落地落细、取得实效。

"三益"社区:
打造新时代城市社区幸福生活圈

一、基本情况

重庆市南岸区花园路街道南湖社区是一个位于城市中心区域典型的老旧散社区,辖区面积约 1 平方公里,有居民楼宇 81 栋,其中 75 栋为老旧小区散居楼栋,常住居民 6426 户共 22173 人,其中流动人口和老年居民比例高达 50% 以上。针对社区人员结构复杂、居民思想意识多元、归属感缺失等突出情况,南岸区花园路街道坚持党建统领,将思想政治工作与传统文化、基层治理相融合,大力探索益己益人益家园"三益"工作理念,不断厚植"思政根基",着力凝聚民心、形成共识,推动居民群众从"散"到"聚",社区治理从"乱"到"序",形成了居民悦身悦行悦生活的新时代城市社区幸福生活圈。

二、主要做法

(一)党建引领,将思政工作贯穿"三益"社区建设

南湖社区以"三益"理念积极拓展思想政治工作载体,不断推

动党组织向最基层延伸。

1.把支部建在小区里。探索"小区党建"，以"有3人以上业主党员、有胜任书记人选"为必要条件，社区按地域优化16个小区党支部，推动小区支部能建尽建、应建全建。坚持支部建在小区里、思政作用发挥在身边，解决群众看不见党组织以及社区思想政治工作缺乏抓手的问题。

2.让组织生活在家门口过。针对居民老党员需求不同、出行不易、人员难聚的问题，整合小区公共资源，打造"嵌入式"党群活动点及党建文化阵地12个，实现党员组织生活在家门口过，解决党员学习地点时间难协调，以及社区建设难以统一思想的问题。

3.激发党组织"主心骨"力量。集成"红色物业"、党员楼栋长、在职党员进社区等实践经验，突出抓好小区党组织的思想政治工作，通过党支部组织、书记带领、党员参与等发挥党组织的作用，聚焦居民关心的热点难点问题，解决党组织触角延伸到群众"最后一米"的问题，实现社区建设落小落实。

（二）益己悦身，打造有情怀的思政让居民群众从散到聚

思想政治工作关键在凝聚群众。南湖社区以"益己"引导居民强化个人德行修养，弘扬主流价值，涵养家国情怀。

1."家庭课堂"聚民心。将思想政治工作与"家文化"深度融合，打造"花园里·党群之家"。"家课堂"内容紧扣群众需求，划分受众类型，开展精准化、专业化服务活动。针对社区高龄老人、空巢老人，开展"暖巢行动"、关爱"夕阳红"等活动，涵盖医、养、教、学、乐等多方面，让老年人感受家温暖的同时，进一步强化居民群众情感认同、思想认同。

2."身边榜样"强信心。积极挖掘先进典型，从居民家长里短

的小人物小故事发现凡人善举，打造"榜样在身边、感动在心间"品牌党课。组建"三益宣讲队""百姓宣讲团"，把"感动人物"、道德模范、"身边好人"等作为中坚力量，在小区、楼栋开展宣传宣讲，将简单而不平凡的事迹在群众中传播。

3. "微型公益"促同心。以微公益汇聚思想政治工作的广泛力量。打造社会组织的孵化、活动、展示基地，社区无偿提供活动场地、办公设备、业务培训等，促进社会组织发展，先后培育"马上来""方寸俱乐部"等社会组织 46 个。针对社区公共资金匮乏问题，以"微益坊"模式助推资源整合，以申请公益基金带动社会力量参与社区建设，引导居民、社会单位等出资，筹措爱心捐款，增强社区"造血"功能。

（三）益人悦行，打造有活力的思政让文明实践从有到优

不断提升群众参与感，南湖社区以"益人"倡导友善和谐、家家

2022 年 4 月 7 日，南湖社区举办"黄桷树下　享读南湖"三益宣讲活动

志愿，通过文明实践活动为基层思政工作赋能，推动融入群众生活。

1. 以七点带一站，全域覆盖。坚持"群众在哪里、文明实践就在哪里，群众参与在哪里方便、文明实践活动就在哪里"的思路，文明实践布点落地到楼院，在全区率先培育7个新时代文明实践点，为居民提供更实际、更优质的志愿服务。院坝会融入政策宣讲、现场互动、答疑解惑、志愿服务等多重内容，把"小节目"讲出"大道理"；歌舞、朗诵以"小舞台"形成"大合力"。推动每次活动的过程，既是宣传教育的过程，也是社区凝心聚力的过程。

2. 以文化育文明，塑优品质。把文化嵌入社区文明建设，增强居民群众文化认同。将来自乾隆年间三益书院的教学理念转变为社区的"三益"文化理念，以文化共识推进社区认同。因地制宜打造三益广场、茶韵广场等群众生活空间。发掘文体队伍带头人，集聚文体特长爱好者，广泛开展各类群众文化活动。

3. 以品牌为样板，对接需求。培育有特色、有影响、能参与、可推广的志愿服务品牌，不断扩大思想政治工作辐射面。发动居民参与三益书院建设，广泛开展公益捐书、读书分享会、插花茶艺培训等志愿活动。设置"乐和楼栋"，安装舒适座椅、展出居民书画、摆放雨伞拐杖，打造楼栋会客厅。培育"黄桷树下　享读南湖"宣讲品牌，秉承与经典同行、以圣贤为伴的思路，在黄桷树下，让书记、专家、干部、模范、群众等讲党课、讲理论、讲经典、讲变化，让党的创新理论"飞入寻常百姓家"。

（四）益家园悦生活，打造接地气的思政让社区治理从乱到序

南湖社区将思想政治工作与群众实际需求相结合，引导居民共建共享，各尽其能、各得其所，共同缔造幸福家园。

1. 善用"微更新"释放大空间。借助老旧小区改造契机，推动有机更新，拓展零散地块、闲置房屋等"微空间"，激活片区活力。规范标准厂房，环境治理后开辟车位 236 个，缓解居民停车难题。变废为宝，将废弃楼栋、空地改造成三益书院、文化长廊，将杂草丛改建成三益亭、增设儿童乐园，将废旧厂房改建成科普之家、儿童之家，不断拓展"一老一小"生活空间。推进"醉花巷"等特色街区建设，吸引"超级楠火锅""原醪糟"等一众网红商业，赋予老社区新活力。

2. 推进"微自治"带动大治理。深化"三事分流"，融合"邻里之家"项目，开展"最美楼道""最美阳台""最美家庭"等主题评选活动，打破居民距离感，促进邻里沟通、互帮互助。培育南湖人家商铺联盟、楼栋自治小组、爱鸟护鸟协会等一批社会组织、基层治理骨干，成立南湖社区自己的"老马工作室"——谭嬢嬢工作室，为基层善治打下良好基础。

3. 办好"微实事"撬动大民生。将"我为群众办实事"落实到一件件"鸡毛蒜皮"的小事上。改善人居环境，引导居民返乡创业。深挖社会爱心资源，瞄准养老、托育、助残等痛点难点，引入社会资源为老年居民提供托管养老服务。将群众"问题清单"变成"服务清单"，实施公厕翻新、道路维修、老树修枝等 35 个"我为群众办实事"项目，吸引社会广泛参与美好家园建设，不断提升居民群众获得感、幸福感、安全感。

三、工作成效

南湖社区坚持党建统领，将思想政治工作融入"三益"社区，以"三益"理念引领各项工作开展，提升文化认同，创新社会治理，探索出一条独具特色的基层思政工作新路径。

（一）党建统领作用更突出

以"三益"理念融合开展有情怀、有活力、接地气的思想政治工作，社区党组织和党员能够充分发挥自身优势，积极带动周围群众参与到社区治理中来，充分发挥战斗堡垒和先锋模范作用，实现引领带动。社区书记发挥"头雁"作用，南湖社区被评为全国先进基层党组织。

（二）党群干群关系更和谐

通过拓展群众活动空间、举办各类文化文明实践活动、落小落细"为民办实事"，广泛凝聚了群众共识，极大改善了辖区党群干群关系，夯实了社区党的执政根基。党员组织生活参与度和"三益"理念知晓度不断提高，党员群众凝聚力、认同感进一步增强。南湖社区被评为全国第一批"美好环境与幸福生活共同缔造"示范社区。

（三）基层治理效能更明显

通过"三益"社区建设，广泛统一了群众的思想认同、价值认同，也在社区治理"微循环"中提升居民参与治理的广度、深度，解决了群众身边一系列急难愁盼的现实问题，大大激发了社区活力，社区组织群众、宣传群众、凝聚群众、服务群众的能力得到显著提升，在社会治理创新中实现了共建共治共享。社区探索"微益坊"工作获评全国社会治理创新十佳案例。

四、工作启示

群众是社区一切工作的出发点和落脚点。南湖社区通过"三益"社区建设广泛凝聚了群众共识，走出了社区治理的新路径，进一步凸显了思想政治工作在基层治理中的重要作用。

（一）强化政治性，始终坚持党建统领

进一步加强党在基层社区的全面领导，充分发挥社区党组织和党员模范带头作用，强化基层思想政治工作队伍，积极整合各类社会资源，不断提升宣传群众、教育群众、引领群众、服务群众的能力和水平。

（二）注重群众性，始终坚持与人民同心

思想政治工作要坚持群众性，以群众满意度为衡量标准。架起思政工作党群"连心桥"，与群众实际需求相结合，积极融入群众工作和群众生活中去，努力提高群众参与度和满意度。

（三）保持先进性，始终坚持与时代同行

传统工作方式已不能很好适应现代社会，面对新时代新征程新特征，思想政治工作载体、手段、方式要与时俱进、守正创新，不断增强工作的感染性和吸引力，推动基层思想政治工作高质量开展。

"五善五治"：
为社会治理插上"精神双翼"

一、基本情况

甘肃省嘉峪关市钢城街道下辖 14 个城市社区，92 个居民小区，服务管理人口 63922 户 146052 人。近年来，为有效破解城市社区治理中普遍存在的居民对社区归属感不强、治理参与度不高、"邻里相见不相识"等难题，致力于打造"熟人社区"，逐步构建城市社区治理共同体，钢城街道坚持以党的二十大精神为引领，以群众特色、群众需求为出发点和落脚点，高举思想旗帜，突出党建引领、多元共治、依法治理、民生服务和文化浸润，围绕优功能、育组织、立精品、倡新风，不断强化社区治理的文化、情感要素，逐步形成"五善五治"基层群众宣传教育新模式，着力打造社区特色文化品牌，凝聚社区公共文化精神，提升社区治理温度，为嘉峪关市加快建设"两区一城一地"、打造"六个典范"、推进基层社会治理提供强有力的思想保障、舆论支持和精神动力。

二、主要做法

（一）善聚民心，政治领航聚民心

1. 强引领，汇聚"正能量"。打造"1+14"幸福钢城党建品牌，坚持以文化沁润人心，加大正面宣传和引导，创设线下、指尖、实践"三大课堂"，组建"小马扎"宣讲队，开展对象化、分众化、互动化宣讲活动。组建党员学习交流群、流动党员管理群、党群直播间等网络学习阵地，开展"沉浸式"体验学习，让广大群众足不出户就能听到"好声音"。

2. 优组织，畅通"内循环"。按照"1+3+M+X"模式，配齐配强网格力量，吸纳辖区在职党员、"五老"、楼栋长、人民调解员、居民志愿者等，组成"楼栋红管家"服务队伍，坚持"每日巡、经常访、及时记、随手做、实时报"，广泛收集社情民意，及时劝导不文明行为。以"书记工作室"建设为纽带，打造"爱心妈妈""爱心'的哥'""银铃互助"等特色项目，打通宣传服务群众的"最后一百米"。

3. 筑阵地，厚植"红底蕴"。打造"走廊博物馆"、社区文化广场、新时代文明实践中心（所、站）、"非凡 10 年"党建文化馆，以及"连心亭""崇德广场""同乐映象"室外活动阵地，建成标准化社区书房，开展理论宣讲、健康讲座、文娱联欢等群众喜闻乐见的服务活动，推动红色阵地再延伸、便民服务再前移。

（二）善解民忧，民主法治强保障

1. 夯基础，强化法治氛围营造。创新打造小区法治大道、法

2024年2月1日，嘉峪关市钢城街道五一社区居委会开展"欢聚一堂　舞动龙年"文艺汇演

治花园、法治楼栋等阵地，让群众在休闲观光时学习法律知识。在建新小区法治广场制作法治文化宣传栏，适时组织开展法治宣讲活动，将国法家规"晒"上墙，将法治教育嵌入家教家风中。通过宣传法治思想、法治观念，在全社区营造了尊法、学法、守法、用法的良好氛围。

2. 建平台，强化法治实践参与。针对群众关心、反映强烈的重点问题，建立专门调解委员会，建立"日排查、周化解、月研判"矛盾纠纷化解工作机制，实现"'一站式'受理、'一揽子'调处、全链条解决"。依托"民意说事亭"建设，通过提前问事、居民说事、议事办事、事后评事4个环节，广泛收集社情民意，积极回应和解决群众反映的困难诉求。

3. 多载体，强化法治成果转化。探索建立"1+1+N"（1个网

格 +1 个法律明白人 +N 个懂法居民）法治队伍，吸纳知法懂法居民、"法律明白人"充实网格力量，邀请法官、检察官、警官到社区开展法治宣传、参与重大矛盾纠纷调处等。大力实施"法律明白人""应急第一响应人""人民调解员"工程，实行"专业律师 + 网格员 + 法律志愿者"法律顾问运行模式，法律顾问包联残疾人、低保户、退役军人，构建起走访群众、掌握民情、发现问题、分层办理闭环模式。

（三）善化民俗，文明德治树新风

1.优功能，打造多元化服务阵地。发动社区居民积极参与小区"微改造"，打造"家文化""孝文化"特色小区和楼宇微景观。将文明城市创建、民族团结进步示范创建与文化建设相结合，更新打造妇女儿童之家、阅读角、休闲区、党员活动室等。升级打造"社区图书分馆""悦读书屋"等共享空间，努力把社区打造成有品位、有内涵、有知识的精品"文化之家"。

2.育组织，壮大家门口服务队伍。组建由"社工带头人、社会明白人、社区热心人"组成的"睦邻"队伍，开展"结对子""手拉手""心连心""一家亲"等交流互助活动。推行"单位赋能、能人供能、社区反哺"的方式，引进文艺老师、非遗传人、专业人才，成立了民族风情舞蹈队、武术队、秦腔队等"草根"文艺队伍，开展书法、剪纸、银雕等技能培训。

3.树新风，擦亮幸福文明底色。持续深化"家庭家教家风"、"我们的节日"、移风易俗等主题实践活动，开展"大手拉小手""模范宣讲""文明实践我先行"等市民文明素质养成主题活动，推荐评选"好邻居""好婆婆""好媳妇""最美志愿者""最美家庭"，引导广大群众弘扬时代风尚、争当文明先锋。

（四）善集民智，群众自治夯基础

1.听民声，坚持在"邻"字上做文章。创新打造锦华物业"睦邻和事驿站"红色议事厅、"家门口的活动室"等阵地，组织开展"邻里一家亲""我们的节日"系列睦邻活动和"我们的十年""幸福是什么样子""印象雄关"等文明传承和家风宣讲活动。畅通居民沟通渠道，各小区设置征集意见栏、微心愿征集箱和全覆盖建立小区微信群，优化居民线上线下议事协商工作机制。

2.集民智，坚持在"情"字上下功夫。纵深推进"居民群众说事、社区干部理事、联席会议议事、共建单位办事、群众代表评事"民情诉求响应机制，打造"幸福树下议事会""楼院议事会""请你来商量"等议事协商品牌，邀请物业工作人员、老党员、楼道长、居民代表等定期开展民主议事协商活动。

3.聚民心，坚持在"共"字上谋实效。以打造"同心、和谐、文明、民主、幸福"的"五好社区"为重点，通过"一社一品一特"不断放大辐射带动效应，推动"啄木鸟""七色光""建设姐妹"等社区志愿服务品牌成为凝聚邻里的"黏合剂"。社区依托"红色集结号"党建品牌，以及"小马扎宣讲"、"合家汇"共享集市等路径，助推"你好·邻居"家门口特色服务项目迭代升级。

（五）善促民生，数字善治提效能

1.优服务，让群众幸福感更有温度。打造党群服务、居民议事、就业服务等"一站式"便民服务大厅，设立"党员先锋岗"，推行干部坐班负责制，积极受理群众各类诉求，最大限度方便办事群众。全力推行助老帮办、助残帮办等全方位、多层次的帮办代办服务，真正让群众感受到暖心的"管家式"帮办代办便民服务。

2.齐关怀，让群众幸福感更有保障。丰富拓展"五色"关爱服务工作机制，开展助老、助学、助残、助医、助业"五助"活动。依托社区党群服务中心，为快递小哥、外卖骑手等新就业群体提供休息、充电、Wi-Fi、阅读等服务，让他们处处有"新"家。深入开展"心理咨询进社区"活动，面向广大群众普及心理健康知识，用心用情用力交出更有厚度、更有温度的民生答卷。

3.种文化，让群众幸福感更可持续。以"文化共享·文明共创·和谐共建"活动为载体，携手帆书平台搭建"新数字阅读联合空间"，开启"指尖悦读"新模式。聚焦"书香雄关"品牌打造，开展"书香社区 幸福邻里"读书活动，举办"讲好红色故事 传承红色基因""同赏中秋月 共话家国情""与书香相伴 与梦想同行"等群众性文化活动。

三、工作成效

（一）丰富了基层思想文化宣传形式

因地制宜运用"五善五治"工作模式深入推进基层思政工作，创新繁荣发展基层文化的同时，通过营造氛围、打造阵地、集聚民声，推动为民服务与基层宣传思想文化融为一体，丰富和拓展基层宣传思想文化工作内涵，更好地服务广大基层群众。

（二）形成了多方发力的工作格局

借助推行"五善五治"工作模式弘扬主旋律、传播正能量的同时，打通宣传思想文化工作与基层治理、民生服务、综合治安各方面工作的内在关联，调动各方力量、运用各种资源，共同打好"组合拳"，奏响"交响乐"，实现了基层思想文化工作宣传效果出圈破圈，推动形成宣传思想文化工作新局面。

（三）增强了群众文化认知感认同感

"五善五治"模式下的基层思政工作，始终以居民群众的文化需求为出发点，通过加强文化队伍建设、放大群众自治效应、促进群众性文体活动的开展，以"多点发力·文化开花"的形式繁荣了社区居民群众的文化生活，让群众在日用而不觉的生活中感知、认同、践行，提高了居民对基层文化活动的知晓率和关注度，增强了居民群众对社区的认同感、归属感、凝聚力。

四、工作启示

（一）要始终把解决问题作为切入点

问题是时代的声音，是改进工作的动力，加强基层宣传思想文化工作，要始终坚持强化问题导向和问题意识，从发现问题、解决问题入手找准着力点、切入点，使解决问题的过程成为潜移默化浸润人心的过程。

（二）要坚持把示范带动作为有效途径

一个先进典型就是一面旗帜，树立起榜样的标杆，给人以鼓舞和力量，起到"点亮一盏灯、照亮一大片"的示范作用。充分发挥典型示范的带动作用，有益于助力群起而推、群起而赞、群起而学，营造出崇尚先进、学习先进、争当先进的浓厚社会氛围，不断推动思想政治工作入脑入心、走深走实。

（三）要把文化浸润作为重要抓手

思想上认知认同，行动上才会自觉自愿，要通过形式活泼、群众喜闻乐见的方式，将文化精髓融入基层文明建设、社会主义核心价值观培育中，引导群众在日常生活中提高文明素质、增强道德判断力，营造起传承文明、崇德向善的浓厚氛围。

（四）要把整合资源作为有力保障

加强基层宣传思想文化工作，是一个系统工程，推行"五善五治"工作模式，要大力整合辖区阵地、人才、队伍、资源多方优势，融合新兴媒体、新就业群体等多方力量，构建起层次多、覆盖广、传播快的引导格局，形成共同推进基层宣传思想文化工作的良好格局和整体合力。

擦亮"先蜂骑手"品牌
汇聚基层治理力量

一、基本情况

天津市北辰区以平台经济为代表的新业态新模式近年来加速涌现，现有代理商企业 3 个，各类新业态网点 42 个，终端快递驿站 460 个，聚集了外卖快递员、网约车司机、货车司机等 6000 余名灵活就业人员，成为服务保障民生、支撑城市平稳运行的重要力量。

北辰区一直将加强新就业群体思想政治工作作为基层治理的重点课题，坚持问题导向，强化顶层设计，加大资源投入，打造 24 小时开放的区级服务中心，制定出台服务新就业群体 10 项措施，为新就业群体提供就餐医疗、技能培训等便捷高效服务。持续深化党建引领基层治理，深入开展习近平总书记视察天津重要讲话精神"学讲做"活动，积极搭建"我为北辰发展献良策""我为北辰城市治理做贡献"等载体平台，推动广大新就业群体积极融入基层治理，在全区形成了"城市温暖小哥、小哥服务城市"的生动局面。截至 2024 年 5 月底，有 132 名新就业群体人员向党组织递交入党申请书，60 余人成为入党积极分子，2 名外卖员成为预备党员，真正把新就业群体紧紧团结凝聚在党的周围，汇聚起共创美好生活的强大合力。

二、主要做法

新就业群体流动性自主性强、管理难度大，健全纵向贯通、横向联结、执行有力的组织工作体系机制，是加强新业态新就业群体思想政治工作的重中之重。同时，结合外卖快递员等新就业群体在等待派单"无处可去"的现状和管理服务存在盲区的问题，北辰区推出一系列暖心举措，努力让新就业群体有一个温暖的家。

（一）理顺机制建组织

建立"两新工委抓总、区级部门抓行业、镇街属地抓覆盖"工作机制，定期召开新就业群体党建工作联席会议。指导镇街建立快递外卖行业综合党组织，采取龙头企业单独建、集中区域联合建、村社区挂靠建等方式，成立 11 个新业态党支部；选派镇街机关、属地村居党建指导员兜底管理域内 30 个快递外卖代理商、网约车货车企业和终端站点，用"铁打的营盘"兜住"流水的兵"。

（二）瞄准个体强宣传

针对新就业群体日常到站点报到时间分散、报到不经常等问题，整合动员各镇街党务干部、社区工作者，在各村居门口设立"先蜂骑手"招募岗亭，发放"英雄贴"6200 余张，宣讲党对外卖快递员等的关心关爱政策，有效动员外卖快递员等到村居登记报到。为适应新就业群体作息时间，运用"楼门微党课"、"百姓说唱团"、老干部进站点等形式，组织开展党的理论政策进新业态、新就业群体分众化宣讲活动，持续"充电赋能"。

（三）紧盯先进抓发展

提升新就业群体发展党员质效，聚焦"由谁发展"，加盟企业建立党组织的，由加盟企业党组织履行发展程序；加盟企业未建立党组织的，引导其到主要服务地社区"红色加油站"递交入党申请书，并履行发展程序。聚焦"发展谁"，推行积分制考核评价体系，建立 A、B+、B-、C 四等级及百分制指标，设置正反向评价指标，真正把行业骨干和先进分子培养成党员。聚焦"怎么发展"，建立以主要服务地社区党组织为主，加盟企业、网点站点、居住地和户籍地等协同配合的培养机制。聚焦"如何保证质量"，坚持把政治标准放在首位，从 12 个方面列出负面清单，要求拟发展人员在递交入党申请书和确定发展对象一周内，就本人政治历史、遵纪守法等 11 种情况作出"双承诺"，用高标准确保高质量。

（四）整合资源建阵地

整合区、镇、村三级党群服务中心资源，选取各外卖站点和 281 个党群服务中心、沿街商铺、联通营业点、银行企业作为试点，建设 360 多个"红色加油站"，统一设置 LOGO，设立"红色党建角"，为外卖快递员等提供全天候、全区域的歇脚休息、饮水充电、避暑取暖、读书学习等服务，打造温馨家园，推动"惠从党来"意识深入人心。

（五）创新平台优服务

研发上线"码上蜂行"App，搭建"社区—物业—平台公司—骑手"沟通平台，骑手通过扫小区门口的二维码，就能限速骑行进门。同时设置学习教育、管理服务、融入治理、激励引导等功能模

2023 年 10 月 20 日，北辰区举办区级新就业群体服务中心揭牌暨暖"新"服务月启动仪式

块，并开设红色加油站导航、暖"新"微心愿、服务反馈评价等专栏，实现"线上＋线下"微管理、微服务。App 的应用推广，有效解决了社区安全秩序和骑手送单"最后一米"的矛盾。聚焦新就业群体工作压力大、饮食不规律、健康知识欠缺等问题，深入开展暖心健康行动，提供一次健康讲座、一次健康体检、一份健康建议"三个一"服务。成立 10 家"小哥食堂""小哥医院"，开展"暖新运河畔"服务月活动，将新就业群体主动纳入法律咨询、安全普及等系列活动中，累计帮助解决具体困难问题 2800 余件。

（六）严格管理重激励

制定"先蜂骑手"积分制管理激励办法，根据服务积分可兑换充电器、防护头盔、保暖围脖等实物。镇街党（工）委将表现优秀的"先蜂骑手"反馈给基层站点和代理商，引导基层站点对他们进行重点培养锻炼，目前已有 8 名接单多、客户满意率高的外卖员晋升为小组长、副站长，表现特别优秀的，还推荐其参评优秀党员、五一劳动奖、劳动模范等荣誉。

三、工作成效

党建工作是凝聚人心的工作，通过擦亮"先蜂骑手"党建品牌，不断强化政治引领和思想引领，推动全区外卖快递员、网约车司机、货车司机等新就业群体听党话、感党恩、跟党走，成为"两个确立"的忠诚拥护者、"两个维护"的坚定践行者；积极投身基层治理，争当"红色网格员"，成为城市美好生活的默默奉献者、积极创造者，实现了从"最大变量"向"最美增量"的转变。

（一）发挥理论政策"播种机"作用

依靠党员骑手、党员司机报到组成的"先蜂骑手"移动小喇叭送学队，利用"先蜂骑手"走街串巷的高度流动性和外卖派送的一对一服务性，印制党的二十大精神、习近平总书记视察天津重要讲话精神等内容的红色书签和红色宣传车标，在送单、送货的同时将最新政策宣传到千家万户，让党的创新理论"飞入寻常百姓家"。外卖员茹春林作为北辰区第五次全国经济普查代言人，带动全区广大外卖快递员化身宣传员，将经济普查知识标语随餐一起送进千家万户，成为经普工作中的一道亮丽风景线。

（二）发挥隐患化解"前哨员"作用

建立由区级部门负责同志、镇街党（工）委分管负责同志、村居干部、村（居）民代表、外卖快递员组成的"先蜂骑手"随手拍微信群。广大外卖快递员在每日送单之余，随手拍摄上传安全隐患、不文明现象等问题线索，职能部门或属地党组织及时"接单整改"，新就业群体反映的路面坑洼、交通事故等 4600 余个问题，全部得到跟进解决。外卖员李磊在送餐中发现一辆汽车突然靠边停车更换司机，察觉到异样的他发现前方正在查酒驾，李磊第一时间将车辆特征告诉交警，交警立即对违法人员进行酒精检查并予以处理，避免了潜在危险的发生。

（三）发挥服务群众"黏合剂"作用

深化"五常五送"工作法，推动全区外卖快递员"沉网入格"，通过与"四失五类"人员结对子、认领群众微心愿等方式，了解群众诉求 360 余个，为群众解难题办实事 2300 余件。党员外卖骑手马玉磊与社区独居老人结对，每天定时为老人配送餐点，利用空闲时间与老人聊天，助力打造温馨和谐的社区家园。

四、工作启示

新就业群体数量庞大、能量巨大，抓好新就业群体思想政治工作必须研究规律、把握规律、遵循规律，准确识变、科学应变、主动求变，增强党建工作的系统性、预见性、创造性。北辰区在实践过程中的做法和成效，为新就业群体思想政治工作向纵深发展提供了一些启示。

（一）"两个覆盖"是根本，把握"新"特点，把有形组织变成有效领导

北辰区打破传统党组织设置固化思维，紧盯生产组织形式、社

会组织形态的新变化，做到哪里有业务哪里有经营组织，哪里就有党的组织，将支部建在产业链上、建在快递线上、建在平台项目上，推动新就业群体党组织和广大党员紧紧团结在党的旗帜下，步调一致向前进。

（二）"两大功能"是重点，紧扣"新"要求，把党建优势变成制胜优势

北辰区以政治功能引领组织功能，凝聚"围绕发展抓党建、抓好党建促发展"的思想共识，让新就业群体时刻团结在党组织周围，以心贴心聚人心，以心暖心筑同心。不断增强政治功能，聚焦高质量发展和高效能治理，不断激发新就业群体创造活力，形成人人参与、个个尽力、事事有成的现代化建设生动局面。

（三）"两支队伍"是关键，展现"新"作为，把服务对象变成治理力量

北辰区以新就业群体党组织书记和党员队伍为主体，着力加强系统培训和实践锻炼，引导更多新就业群体党员在工作和生活中亮身份、明责任、精业务、比奉献，培育更多身边典型，让群众时刻感受到党员就在身边、服务就在眼前、光芒就在心里，以头雁高飞带动群雁振翅，释放新就业群体党建的红色效能。

意气风发韶山行　青春少年别样红

一、基本情况

湖南是"革命摇篮，伟人故里"，是中国共产党建党、建军、建政的重要策源地，每一处红色景点，都是一个常学常新的生动课堂。为落实习近平总书记关于把红色资源利用好、把红色传统发扬好、把红色基因传承好和关于办好思政课的重要论述，贯彻落实全国宣传部长会议部署，湖南将红色研学与思政教育紧密结合，把"大思政课"搬进伟人故里，组织全省中小学生开展"我的韶山行"红色研学活动，让在湖南的每个学生高中毕业前都到伟人故里韶山接受一次精神洗礼，引导广大中小学生从历史感悟中正确认识新时代，坚定在以习近平同志为核心的党中央领导下实现民族复兴的信念。研学坚持教育性、安全性、规范性、公益性原则，在全省全面掀起"我的韶山行"中小学生红色研学热潮，积极探索"大思政课"的湖南实践。通过组织红色文化教育研学，把伟大建党精神和中国共产党的初心使命刻入每个孩子的心灵，推动红色教育进校园、进课堂、进头脑。

二、主要做法

"我的韶山行"红色研学，以"走进伟人故里，传承红色基因，争做时代新人"为主题，聚焦培育时代新人，遵循教书育人规律，精准定位"红色研学"目标，遵循不同年龄段青少年心智发育特点和成长规律，根据课业实际，明确以高一学生为主体，打造红色铸魂思政课堂。

（一）立足现实突出红色

发挥韶山"红太阳升起的地方"红色基因库优势，以韶山毛泽东同志故居、纪念馆、图书馆和毛泽东广场、韶山学校等纪念设施、爱国主义教育基地为主阵地，以毛泽东同志一生的伟大贡献、领袖品格、革命精神和崇高风范为主要内容，讲好毛主席的故事、中国共产党的故事，展现中国共产党人的初心和使命。研学注重现实与历史深度结合，在现场教学中，通过"嫦娥五号"带回来自月球的土壤、"奋斗者"号完成了万米深潜等事例，用情景演绎、现场连线、交流互动等创新形式，讲述新时代 10 年的伟大变化，引导广大青少年在习近平新时代中国特色社会主义思想的指引下，坚定不移听党话、跟党走，教育引导青少年扣好人生第一粒扣子，用中国梦照亮前行道路，从小立大志、明大德、成大才、担大任。

（二）形成合力加强保障

把韶山红色研学作为中小学生思政教育的创新形式来组织谋划，建立了以省委宣传部、省教育厅等 13 个部门和单位齐抓共管的工作机制。在试点工作、课程开发、师资培养、营地建设、活动组织、安全保障等方面，分工负责、密切配合，按照"试点先行、稳步推进、确保安全"的思路，在湘潭市先行开展试点，形成工作经验后在全省铺开。各地均成立工作专班，统筹安排管理人员、带班教师、随车安全员、随团校医等人员力量，全过程、全方位、全环节抓好活动组织实施和学生安全保障，做到活动有方案、应急有预案、行前有备案、行中有组织、行后有总结。

（三）俭朴庄严强化仪式感

改变过去走马观花、游玩式研学，精心设计红色研学开班仪式。在毛泽东广场，通过齐诵爱国誓词、同唱红色歌曲、集体献花瞻仰等具有庄严感、仪式感的活动，让学生近距离缅怀革命领袖、坚定理想信念、传承红色基因。研学师生一到韶山，便在庄严肃穆的主席铜像前整齐列队，怀着敬仰之心，向主席铜像敬献鲜花、鞠躬缅怀，用饱满的激情齐声唱响《没有共产党就没有新中国》，用铿锵的声音坚定宣誓："青年怀壮志，立功正当时。请党放心，强国有我！"研学基地以融媒方式进行全程记录、精彩剪辑和循环展播。隆重热烈、振奋人心的研学仪式，点燃青少年学生的研学热情，激发爱党爱国之情，留下一次深刻难忘的研学记忆。

（四）突出主体提高参与度

坚持以学生为主体，在研学全流程、各环节，注重学生的直接感受、亲身体验、主动参与和全面互动。从开班仪式到结业典礼，从实地参观到现场教学，从思政大课到主题班会，精心组织情境式、互动式、沉浸式教学，引导学生带着"从研学中我能收获什么、改变什么"的思考参加研学，在课堂学习、现场参观、总结交流中把自己摆进去。在互动式班会中，学生自主组织，分小组畅谈在韶山研学的所见所闻所思所获，进行思想交流、互动探究，真正达到"研"有所感所思，"学"有所获所得。

2023年10月31日，汉寿县4所学校在毛泽东广场举行"我的韶山行"红色研学开班仪式

（五）科学设计流程

统筹青少年学生学校教学和校外研学活动时间，以不增加学生学习负担为前提，合理安排研学时间和行程，每批次到韶山研学1天半的时间，分学段设计了献礼仪式、展教结合、思政大课、主题班会等研学课程，以及行前行后延伸教学及拓展作业等，把整个研学过程作为一堂行走思政课一体设计。遵循从直观到抽象、从感性到理性的认知规律，科学论证。各流程主题突出、张弛有度、环环相扣，切实让青少年学生韶山行成为一份"最难忘的成人礼"。

（六）开发精品课程

依托北京大学、清华大学、军事科学院等高校院所力量，结合毛泽东同志故居、广场、纪念馆、图书馆等各自特点和重点文物文献，精心选取7个授课点，升级打造《三大纪律六项注意》《梦想铸就辉煌》《勤俭节约》《读万卷书》等 20 堂"展教结合"思政微课，通过实物展示、现场教学，让学生在触摸历史、感悟历史中产生情感触动。组织湖南省教育科学院、湖南第一师范学院、湖南教育电视台等，组建课程设计团队和制作团队，创作历史与现实深度结合的思政大课《恰是风华正茂》，采取多元化和沉浸式教学方式，启智润心、培根铸魂，打造"最有风景的思政课"。

（七）营造良好环境

研学期间实行半军事化管理，内务整理、餐前教育、卫生打扫、垃圾分类、队列管理、应急演练等要求自我管理、自我服务、自觉行动，各方面体现简朴、规范、有序的要求。比如，食堂用餐完毕，所有人要对餐具、垃圾进行分类后投入相应的回收区域；入住宿舍时，同学们需要自己动手套上被套、枕头，整理内务；离开营地时，则要动手拆下用过的被套、枕头，收拾整洁宿舍房间……像这样无声的教学，贯穿于整个研学过程中，达到全方位、全流程"处处育人""时时育人"的目的。

三、工作成效

"我的韶山行"红色研学取得了学生受教、家长满意、社会好评的良好效果，成为红色文化研学样板。

（一）拓展了红色研学的广度深度

研学将思政教育与实地走访、参观学习融为一体，改变了以往关于红色教育大多都停留在课本的做法，把思政教育搬到韶山，让思政教育变得"活"起来。通过研学，许多孩子得以走出家乡，在行走中开阔自己的视野、接受红色文化的熏陶，从而更好地实地感受、观察、体悟革命先辈做过的事、走过的路，加深与历史的连接，更好地感悟当代青年的使命与担当。

（二）延伸了红色研学的教育效果

研学将学思研、知信行贯穿全过程，学生的主动性得以充分发挥。活动前，在老师的引导下，行前查阅资料，了解毛泽东同志的生平事迹及我党的奋斗历程；活动中，观看毛泽东同志生平影像资料、参加革命历史知识问答，培养良好生活习惯；活动后，撰写研学日记、总结研学感悟。通过实物呈展、历史叙述、互动提问、集体讨论、亲身实践，学生真正产生了思想共鸣。红色研学留言簿上，密密麻麻写满了学生参加研学后的所思所想。研学归来后，许多学生积极参与征文活动、志愿服务，精神面貌更加奋发向上。

（三）创新了红色研学的可行路径

湘潭市率先开展先行先试，由市教育局组织当地学校参与试点工作，定期召开复盘会议，全面梳理问题和短板，研究制定相应措施；专门成立了韶山思政教育实践中心，并从课程研发、教学讲授，到落地运营、后勤保障，进行全流程、各环节精心设计和高效实施。强化行前行后延伸教学，高标准设计研学教师手册、学生手册及拓展作业，探索出一条红色研学的全新路径。

四、工作启示

红色研学之所以取得良好效果，在于强化组织保障、注重整体设计、坚持守正创新，从而探索出思政教育的新路径、打造出行走的思政新课堂、开辟出思政教育的新模式。

（一）要形成标准模块

对参加研学学生的适合年龄阶段、每批次参加学生数量、研学全流程时间、开班仪式流程、研学课程设计，以及全省不同地区学生的行程安排、接待安排等，都探索形成了一套成熟、规范、实用的操作标准，实现了"对接常态化、流程标准化、服务精细化、队伍专业化、安全规范化"，为红色研学活动的开展提供了可供借鉴的运行模块。

（二）要构建全要素育人平台

设计学段化课程，组织省内外党史专家，统筹讲解员、思政教师等专业力量，在课程设计、授课技能等方面对讲师团队进行强化培训。建设标准化营地，对照全国中小学生校外研学实践营地标准，把韶山学校建设成为集学习、就餐、住宿为一体的标准化思政教育研学实践营地，可满足 2000 余名学生同时接受学习，韶山红色教育和思政教育资源得以深度挖掘。

（三）要形成合力加强保障

故居、纪念馆坚持"礼遇学生、研学优先"原则，将游客参观与学生研学合理错峰，专门对研学学生延长开放时间，组织游客观看研学开班仪式，较好地协调统筹了开展研学与接待游客的关系。在学生研学费用纳入财政保障的基础上，建立完善省、市、县三级统筹的多元化经费保障机制，明确规定学校不得向中小学生及家长收取任何费用，红色场馆和教学资源不得收取任何费用，相关交通食宿服务机构不得进行以营利为目的的创收。通过多方联动、多措并举，推动研学活动可持续开展。

打造微矩阵　夯实青工思政工作

一、基本情况

随着互联网技术迅猛发展，新媒体已成为人们获取信息、交流思想的重要平台。新媒体矩阵是通过多个新媒体平台进行信息传播和互动，形成多维度、多层次的传播体系。在思想政治工作领域，新媒体矩阵的运用具有重要意义，能够提高思想政治工作的覆盖面和影响力。中国铁路青藏集团有限公司西宁电务段党委聚焦西宁电务段青年职工占比将近 70% 的现状，紧跟新媒体快速发展形势，依托 2020 年开通的企业微信和 2022 年开通的微信公众号，深入发掘，精心策划，推出了《"宁"听"青"语》《宁电为你喝彩》《漫说宁电》《宁电艺荟》《叮铃铃，上课啦！》5 个重点栏目，累计发布 100 多期，累计浏览量超 10 万次，形成了引领青工思想、助推青工成长的"微矩阵"。西宁电务段"微矩阵"打破了传统媒体的限制，将信息传递给更广泛的受众，切实发挥新媒体矩阵在思想政治工作当中的重要作用，积极宣传宁电人在安全生产中吃苦耐劳、团结友爱、担当作为、勇于奉献的精彩瞬间，讲述宁电好故事、传播宁电好声音，思想政治工作呈现一番新面貌。

二、主要做法

（一）针对青工思想呈现进取不足的现状，定期推送《"宁"听"青"语》栏目

让戒骄戒躁的"黄灯"，照亮踔厉奋发的铁路青年，在"青春赛道"上逐梦理想。针对西宁电务段青工占比将近70%的现状，段党委通过播音形式，推出《"宁"听"青"语》栏目，通过聚焦青年人关注的时事热点、生产生活等信息，拓展延伸制作成新媒体产品，传递正能量和价值观，引导青年职工积极向上、奋发向前。栏目中除了分享优秀干部职工的成长经历、职场经验、人生智慧等方面的故事和思考，同时也会对当前的社会热点问题进行探讨和解

2023 年 12 月，中国铁路青藏集团有限公司西宁电务段职工在录制《"宁"听"青"语》栏目

读。通过栏目引领，越来越多的青年职工不断学习新知识、新技能和新理念，拓宽自己的视野和思路，提高自己的综合素质和能力。同时帮助青工明确自己的职业发展目标和个人成长目标，制订合理的计划和措施，努力实现自己的目标。

（二）针对青工重视价值实现的特点，选树推送《宁电为你喝彩》栏目

让学无止境的"绿灯"，照亮信仰坚定的青年职工，在"青春赛道"上绽放风采。西宁电务段党委始终坚持将镜头对准一线，将话筒递给职工，着力描绘一线职工形象，展现新时代铁路工作者风采，不断筛选一线工作中的先进典型，通过选树先进典型，弘扬组织内部的正能量，倡导积极向上的价值观和文化，引导员工树立正确的人生观和价值观。通过对先进、积极干部职工喝彩，大力宣传在安全生产过程中涌现出的先进个人和集体，在已经推出的20期栏目中，发掘出杨继彪、包正才、罗志超等一批青年榜样，在《宁电为你喝彩》栏目进行报道宣传，发现和培养出一批有潜力的优秀人才，为组织的未来发展储备人才资源。

（三）针对青工遵章守纪意识不够坚定的情况，策划推出《漫说宁电》栏目

让坚守底线的"红灯"，照亮笃行不息的电务青工，在"青春赛道"上书写华章。西宁电务段党委将理想信念教育、经典理论学习、上级精神领会等枯燥的理论学习策划为以安全生产为焦点，结合思想政治建设重点工作，打造了"宁师傅""小电"两个漫画人物，生动地将重点工作和规章制度等以漫画的形式表现，让规章制度更加生动有趣，更容易吸引职工的注意力，从而提高规章制度的

学习效果。以寓教于乐的方式，让干部职工自觉接受理解规章制度的内涵和重要性，从而增强职工的自觉性和主动性，促进青年职工主动遵规守纪。在推出的近 40 期《漫说宁电》栏目中既有对"微腐败"的警示，也有对青藏铁路"西格提质"的解读，还有对"地震紧急避险"的提示等，包含了干部职工工作和生活中多方面的信息，更好地为青年职工学习成长提供服务与保障。

（四）针对青工渴望展现自身特长的现实情况，量身定制《宁电艺荟》栏目

让指引前行的"白灯"，照亮博学多才的信号青年，在"青春赛道"上展现风采。西宁电务段党委深挖宁电艺韵，狠抓文艺展示，推进宣传阵地文化繁荣，结合青藏集团公司文学艺术工作者联合会成立及《天路格桑花·艺韵天路》栏目建设，深入挖掘宁电文艺爱好者，展现出一批在美术、书法、文学、摄影、音舞等多门类均有深厚底蕴的文艺爱好者，并进行个人报道，共推出 8 期职工才艺展示推文，引起职工广泛关注。在《宁电艺荟》栏目中，青年职工可以通过展示自己的特长和风采，进一步丰富企业文化建设，为青年职工搭建起展示自我的广阔舞台，增强自己的自信心和归属感，以更饱满的热情、更积极的态度投身到工作当中。

（五）针对青工学习信号技术不系统的情况，及时推出《叮铃铃，上课啦！》栏目

让敬畏规章的"蓝灯"，照亮脚踏实地的一线青年，在"青春赛道"上学技练功。根据信号新设备、新技术的大量投入使用，对职工的业务素质有了更高的要求，西宁电务段党委审时度势，推出《叮铃铃，上课啦！》栏目，通过栏目定期推送道岔、轨道电路、信

号机以及联锁等方面的基本知识，立足于工作实际，始终保持"高标准、严要求"，找准差距、补齐短板、明确目标、解决问题。在方便职工随时随地学习新知识、掌握新标准，提升职工业务水平的同时，通过岗位实践为电务段信号设备的管理维护夯实坚实的基础。青年职工们通过栏目学习，把主要精力集中在钻研业务上，在学中干、在干中学，真正做到把情况吃透、把问题找准、把措施落实，立足本职工作，提升个人能力。

三、工作成效

（一）注重思想政治建设，聚焦思想引领力，抓好理想信念这个着力点，旗帜领航、理论铸魂，通过"微矩阵"引领，以强大的思想力量，为青年职工指明前进方向

西宁电务段党委通过搭建"微矩阵"，积极引导青年干部职工崇德向善、见贤思齐，树正树牢心中的价值坐标、行为的道德指针，以坚定的理想信念、扎实的理论功底、正确的政治方向，把实现个人理想融入实现高原铁路高质量发展的进程中。在"微矩阵"各类栏目中持续输出《漫说"微腐败"》《漫说微信涉密"七种心理"》《号召不做这样的干部》等，为全段青年干部职工夯实理论功底，筑牢思想基石。

（二）注重职工队伍建设，聚焦发展向心力，找准职业规划这个突破点，增长补短、破解难题，通过"微矩阵"引领，以贴切的故事内容，为青年职工厘清个人困惑

通过"微矩阵"积极展现西宁电务段青年干部职工风采，讲述

先进典型成长故事，让青年职工学到锦囊妙计、看到航行灯塔、做到对症下药。通过强健宣传阵地、积极营造氛围，让青年干部职工形成比学赶超的良好工作环境。结合青年职工正处于"拔节孕穗期"的特点，针对他们的困难和困惑，在"微矩阵"各类栏目中选树推送青年职工身边的先进、典型，让青年职工解决困惑、明确方向、砥砺前行。

（三）注重宣传阵地建设，聚焦品牌影响力，突出阵地效果这个支撑点，推陈出新、与时俱进，通过"微矩阵"引领，以丰富的宣传形式，为青年职工铺就思想通途

通过加强"微矩阵"宣传阵地建设，及时跟进青年职工的思想动态，推出青年职工喜闻乐见、重点关注的特色宣传产品，做到每一期重点栏目内容基本实现青年职工全覆盖。同时切实畅通沟通渠道，及时与一线青年职工进行交流，掌握青年职工思想动态，分析原因，制作产品，及时推送，激励青年职工阳光自信、奋发有为、迈向未来。

四、工作启示

（一）固本培元，旗帜鲜明，是切实打造好思想政治工作引领效果的第一要务，必须做到抓载体、抓常态，在深化思想教育上下功夫

基层思想政治工作要以学思践悟的常态化体系化，引导青年党员干部职工深刻领悟"两个确立"的决定性意义，增强"四个意识"、坚定"四个自信"、做到"两个维护"。必须坚持广泛覆盖与

分类指导相结合，既注重覆盖面，更强调精准度，分层分类，做到"一把钥匙开一把锁"。

（二）开拓创新，精准发力，是积极策划好思想政治工作宁电特色的第一手段，必须做到抓推进、抓落实，在深化工作创新上下功夫

深化政治引领，必须坚持立足宁电特色，继续创新，推出系列作品，既做到大张旗鼓、导向鲜明，更注重春风化雨、润物无声，在身临其境、心灵共鸣的教育中让思想政治工作见成效。同时，要推动思想政治工作融入中心工作，加强"青马工程"建设，让青年职工切身实地参与到思想政治工作当中，让思想政治工作在青年职工当中润物无声，生根发芽。

（三）笃行不怠，踔厉奋发，是持续锤炼好建设伟大时代青春力量的第一课题，必须做到抓示范、抓带动，在深化队伍素质上下功夫

夯实政治引领，必须激发青年职工内生动力，练好内功、提升修养，做到信念坚定、对党忠诚，勇于担当、善于作为，严守规矩、不逾底线，勤学苦练、增强本领。当代青年生逢其时，要持续加强先进典型示范引领，激励身边青年职工立足岗位，奋发有为，加快成长。要让青年职工从先进典型的成长历程中吸取经验，不断提高应对挑战、面对风险、接受斗争时化险为夷的本领。

"硬核青年"宣讲团：
推动青年思政工作提质增效

一、基本情况

浙江省海港集团、宁波舟山港集团党委重视理论宣讲工作，坚持完善党建带团建工作机制，以抓好青年宣讲为抓手，自2021年年底起，指导共青团组织主导建立新时代浙江海港"硬核青年"宣讲团，并通过"搭建机制、对接资源、落实载体、抓好文化"等手段，推进青年思政工作落地。自宣讲团建立以来，先后赴浙江全省9个地市以及江苏、安徽等集团省外布局点开展巡回宣讲，宣讲员登海岛、进班组、到一线，累计开展宣讲500余场，覆盖集团职工2万余人，线上线下受众超20万人次。宣讲团引领青年思政工作成效显著，2021年、2023年两度获评浙江省基层理论宣讲成绩突出集体，宣讲作品在各类比赛中荣获浙江省微党课大赛一等奖、二等奖、三等奖和省国资系统一等奖等奖项，宣讲团宣讲作品被收录进浙江省委宣传部主办的《宣传半月刊》中。2023年2月，宣讲团1名成员作为全省5名青年代表之一向省委领导班子作宣讲展示汇报。

二、主要做法

立足集团特点，把打造浙江海港"硬核青年"宣讲团作为推动青年思政工作落地的重要内容，以"让海港青年告诉海港青年"的方式，创新打造青年宣讲"五子"工作法，让更多青年在党的创新理论指导下绽放奋斗光芒、贡献青春力量。

（一）建"班子"，组建浙江海港"硬核"青年宣讲团

1. 集团党委高度重视。持续深化党建带团建工作机制，用共青团组织凝聚青年，组建浙江海港"硬核"青年宣讲团，充分发挥青年主观能动性，将工作对象转化为工作力量，带动青年"自己学、自己讲"，让"海港青年告诉海港青年、影响海港青年"，推动工作落实落地、抓深抓实。

2. 分层次打造宣讲队伍。分层次打造以宣讲骨干、基层单位团组织负责人、基层团支部书记为主体的3支宣讲队伍，联动"青马工程"学员、青年岗位能手等组建宣讲队伍。"硬核一团"由经验丰富的宣讲员组成，主攻集中巡回宣讲，承担重大宣讲任务，在集团下属各片区均开展了集中巡回宣讲，覆盖下属50余家二级单位；"硬核二团"由基层单位团组织负责人组成，面向基层单位青年开展宣讲，谋划开展本单位宣讲任务；"硬核三团"由基层团支部书记组成，深入基层一线定期以支部会议、班组会等形式开展宣讲，推动理论宣讲向纵深推进。

（二）铺"路子"，深入海港青年开展身边宣讲

1. 围绕主题，深入身边。重点围绕党的二十大精神、学习贯

2023 年宣讲员参加浙江省委宣传部"八八战略"宣讲

彻习近平新时代中国特色社会主义思想主题教育和党史学习教育、党的十九届六中全会精神、省第十五次党代会精神、"八八战略"实施 20 周年、团十九大精神和习近平总书记考察浙江重要讲话精神等开展"六学六进六争先""'八八战略'在身边""服务双循环　建功'双一流'"等宣讲，围绕主题，深入基层、深入一线、深入海岛开展青年身边的宣讲。

2. 全面铺开，广泛传播。依托"与党委书记面对面""团干部上讲台""青年文明号开放周"等工作载体，因地制宜用好"红色港湾""青年之家"等党团活动阵地，多样化开展宣讲。第一时间将最"鲜活"的内容传播到基层一线，团结凝聚海港青年为打造世界一流强港和世界一流企业贡献"硬核"力量。

（三）想"法子"，创新海港青年宣讲方式方法

1. 创新"组合拳"宣讲形式。宣讲团在创新宣讲形式上下功

夫，变一人讲为大家讲、变长篇大论为短小精悍、变灌输式为互动式，通过情景剧、知识竞答、短视频、直播等多种形式，采用集中讲、一线讲、联合讲、指尖讲的方式，多管齐下打好组合拳，有效提高了理论宣讲的参与性、针对性和启发性。

2. 打造"分众化"宣讲方式。宣讲团通过座谈交流、走访调研、发放问卷等多种方式了解青年员工关注点需求点，综合考量不同群体的特征和需求，组织开展"分众化"、"靶向式"、有针对性的宣讲活动。"打造世界一流强港·青年说"、"青马工程"夜学、"我最喜爱的习总书记的一句话"、"青廉脱口秀"微宣讲等各具特色的宣讲活动，内容贴近实际，回应职工关切。

（四）育"苗子"，赋能海港青年个人成长成才

1. 赋能个人成长。将青年宣讲工作与青年人才挖掘培养相结合，注重通过青年宣讲工作，挖掘、培养一批理解大局、融入大局，能够在集团改革发展任务中承担重要职责的青年，赋能青年个人成长。

2. 提升文化认同。宣讲团自主设计 LOGO 和口号"让海港青年告诉海港青年，影响海港青年"，并通过授旗、定制宣讲团徽章等，强化宣讲团文化认同，进一步提升队伍凝聚力。

（五）创"牌子"，打造海港青年宣讲品牌体系

1. 形成基层宣讲品牌化。在集团新时代"硬核青年"宣讲团带动下，二级单位不断加强自身品牌创建和队伍建设，下属 17 家单位团组织立足本级党组织需要，衍生打造了一批宣讲员队伍和宣讲品牌，如"红码头青年说""马力青年宣讲团""'芯'青年宣讲团""北极星青年宣讲团""财兜兜宣讲团""'温港青言'宣讲团"

等，围绕党的理论、形势任务、企业文化以及智慧化数字化建设、反诈、廉洁等各专题开展宣讲，有效提升了工作成效。

2. 注重宣讲工作制度化。在当前宣讲团品牌和文化建设的基础上，将团队建设和凝聚力提升放在重要位置，出台宣讲团工作规范性制度性文件，进一步强化目标导向、固化工作机制、匹配相应资源、完善培训和文化建设体系，以进一步提升队伍建设水平，推动宣讲品牌体系化、制度化。

三、工作成效

（一）创新了宣讲形式，助推政治学习立体化

集团党委通过"宣讲+情景剧""宣讲+知识竞答""宣讲+直播"等多种形式，将党的创新理论通过通俗易懂的方式传递给青年员工，使宣讲不是单一的"上传下达"，而是形成了一套"上下相融"的机制，有效创新了宣讲的形式，多元融合彰显了青春风采，让政治学习"走新"又"走心"。

（二）培育了特色品牌，实现精神文化具象化

浙江海港"硬核青年"宣讲团通过生动形象的事例，传递了习近平新时代中国特色社会主义思想的精神内涵，讲述了浙江海港、宁波舟山港的发展历程，将宣讲常态化、通俗化，擦亮了"硬核青年"宣讲团的"金名片"，生动诠释了"强港文化"核心理念，通过"青言青语"传达了爱港敬业、顽强拼搏、追求卓越的企业精神，为进一步拓宽"强港文化"内涵及外延提供有效支撑。

（三）培养了一批骨干，搭建青年成长机制化

在广泛开展交流互鉴、宣讲专题培训、推优参加上级宣讲比赛等多种形式培养下，集团青年理论宣讲工作体系初步建立，并涌现出了一大批优秀青年宣讲员。梅东公司青年宣讲员冯钧嶂是一名现场控制员，先后获得2023年浙江省国资委"'八八战略'在身边"青年理论宣讲暨微党课大赛一等奖、浙江省2022年"守好红色根脉·班前十分钟活动"优秀领讲员荣誉称号。大港引航团委副书记俞昊辰是一名引航调度员，曾获得2021年浙江省青年理论宣讲暨微党课大赛一等奖、浙江省国有企业青年理论宣讲大赛一等奖等荣誉。北三集司全国青年岗位能手朱小明是一名龙门吊修理员，通过讲述他从中专生成长为创新项目带头人的故事，激励一批集团内外青年立足岗位奋斗成长。宁波远洋乐依依是一名新入职大学生，被宣讲团推报参加浙江省"00后talker"选拔项目，成为预录用成员，让浙江海港声音传得更广更远。

四、工作启示

（一）"学"字当先

通过举办宣讲业务培训班、开展"云端"备课和示范宣讲，积极引导各级宣讲团成员把学习领会党的创新理论作为第一要务，以研促学、以学促讲，为开展党的创新理论宣讲夯实理论基础、筑牢思想根基。集团团委充分发挥组织优势，以专家讲座、报告会等形式组织专题培训，通过线上与线下相结合的方式，为集团内百名宣讲团成员提供及时高效的理论学习"充电"平台。

（二）"新"字领跑

为使党的创新理论宣讲更具人气、更接地气，集团党委在主动贴近青年、注重结合实际、加强形式创新上下功夫、出实招，让理论宣讲走"青年路"、说"青年话"、有"青年感"。开展学习宣传贯彻党的二十大精神新时代浙江海港"硬核青年"宣讲团巡回宣讲，宣讲员通过海港青年说，将学习宣传贯彻党的二十大精神与集团发展、与个人工作紧密结合起来，图文并茂地学理论、说故事、谈实践、讲感悟；通过青年沙龙，进行面对面的交流分享，带动广大青年争做学习宣传贯彻党的二十大精神的"排头兵"；通过基层巡回宣讲、日常宣讲和班前宣讲，以小切口、高精准、生动化的方式，持续助力推动党的二十大精神在浙江海港落地生根。

（三）"广"字推进

浙江海港"硬核青年"宣讲团带头深入学习宣传贯彻党的创新理论，来自集团系统内各单位的宣讲团成员充分发挥主力军作用，引领集团下属二级单位宣讲工作跑出加速度。北二集司"马力青年宣讲团"用年轻人的视角和工学结合的方式着力打造"集中讲""一线讲""联合讲""指尖讲"的青年"四讲"平台；财务公司"财兜兜"宣讲团通过专业金融宣讲，提升职工及人民群众防骗识骗能力，帮助企业及职工群众看牢"钱袋子"；大港引航"乘风文宣队"通过讲好引航好故事，用身边榜样故事激励广大青年立足岗位、建功立业，激发广大职工爱党爱国爱港口的情怀。

打造"青雁奋飞"品牌
强化青年思想政治教育

一、基本情况

中国农业银行湖南衡阳分行近年来员工快速更新换代，截至 2023 年年末，35 岁以下青年员工占比 48.3%，其中近 3 年入行员工占青年员工比重达 53.3%。由于青年处于特殊成长阶段，社会经验和人生阅历相对缺乏，容易从自身角度、理想状态来认识和理解世界，成长成才难免会有局限性。因此，加强青年思想政治教育工作、培养青年成长成才，成为农行湖南衡阳分行党委面临的一道必答题。分行党委在梳理总结以往好经验、好做法的基础上，聚力打造"青雁奋飞"品牌，通过实施"青雁·向党""青雁·成长""青雁·争先""青雁·建功""青雁·奉献""青雁·榜样"六大主题活动，进一步夯实青年思想理论基础、强化引领力，多方位搭建青年平台展现青年风采、提升服务力，打造富有战斗力的青年突击队，加快为农行"树人育才"，全面推动农行湖南衡阳分行实现高质量发展。

二、主要做法

（一）加强理论武装创新，引领"青雁"向党而行

1. 注重青年化阐释。召开"青雁共话二十大 贡献青春新力量"座谈会，全行青年员工代表与行领导面对面交流工作经验与政治理论学习心得体会，进一步拉近了与青年员工的距离。行领导结合自身工作经历解答青年员工困惑、启发发展方向，了解青年员工所思所想所盼，为下一步工作收集建议。组织拍摄《清廉颂歌》廉洁文化作品，通过文艺作品成风化人，让青年永葆清廉本色。

2. 创新理论宣讲。紧扣"青雁争鸣·共话二十大"的主题举办主题团日活动，创新将小品、歌舞、朗诵、独奏等形式融入党的创新理论宣讲，并立足岗位职责，讲述青年员工对党忠诚、为党奉献的赤子之情。

3. 坚持寓教于乐。以思想性、趣味性的方式引导全行青年员工听党话、感党恩、跟党走。如举办"青雁奋飞·燃动青春"户外协作活动，以知识问答等青年喜闻乐见的趣味形式学习党的创新理论，充分展现全行青年员工综合素质与精神风貌，帮助青年进一步把握创新理论精神实质。

（二）坚持弘扬奋斗精神，助推"青雁"成长成才

1. 开展"新员工引航计划"。聚焦新入行员工的成长需要，编制青年员工职业生涯规划书，建立"1+N"劳模导师制，由青年五四奖章、优秀青年、优秀突击队员等评先评优荣誉获得者担任"成长导师"，为新入行员工提供一对一或一对多的长期结对指导，

帮助他们迅速完成校园与职场的转换，树立正确的职业观，培养良好的职业习惯和职业道德，迈好入行第一步。

2. 开展"青年能力训练营"。团委同业务部门进行工作联动，根据青年员工职业规划，选派青年客户经理分两批参加跟班学习项目，由各部门骨干指导训练，加快提升青年员工履职能力。

3. 开展职业技能比武。动员青年员工积极参加各条线专业技能竞赛，先后荣获"青穗杯"第二届湖南分行数字乡村场景青年创新大赛三等奖、全省投行融智服务专业技能竞赛三等奖，多渠道、多形式展现员工奋勇向前的精神面貌。

（三）选树宣传先进典型，动员"青雁"争先创优

1. 定期开展评选表彰。每年在五四青年节前后，评选表彰一批勇于攀登、激扬青春的青年先进典型。2023 年，有 5 名青年员工分别被省行评为"优秀青年""青年岗位能手""优秀志愿者"，10 名青年员工被市分行评为"优秀青年突击队员"。

2. 开展青年员工营销竞赛。聚焦"春天行动"、季末冲刺等关键节点，围绕重点产品与创意宣传等指标开展网点青年员工 PK 赛，按竞赛积分成绩评选和奖励优秀个人与团队。业务冲刺期间，青年员工贡献了 90% 以上的业绩，充分激发青年员工营销热情。

3. 打造宣传平台强引领。创作一批符合青年兴趣、弘扬时代新风的文化作品，在市分行办公业务资源网、省行公众号及本地主流媒体等平台宣传青年先进事迹 20 余篇。以青年为主角拍摄"青雁"品牌文化视频，让主流声音走进青年、覆盖青年、引领青年。

（四）持续强化实干历练，助力"青雁"建功出彩

1. 突出引领示范。分行党委领导班子带头"身先士卒"走访对

接，为获取第一手营销信息、创造良好外部环境打下坚实基础，充分发挥"头雁"作用，为青年员工作示范。

2. 常态化开展"青年突击队"活动。支行团委按照"次次有业绩、周周有外拓、月月有总结、季季有评比"的要求举行青年突击队外拓，走园区、访商户、下乡村，发挥青年员工在"三大攻坚"中的冲锋力量。

（五）认真履行社会责任，引导"青雁"赤诚奉献

1. 引导青年服务社会。组建"农业银行衡阳分行志愿突击队"，开展"金融进校园、进社区"等宣教公益活动，紧密结合群众所需，因地制宜、力所能及地开展帮扶救助、服务社会、便民利民等活动。

2. 广泛参与社会公益。充分发挥文明单位的示范带头作用，积极配合衡阳市创建文明城市工作，组织辖内团支部成员参加社会公益，引导青年在知行合一中锤炼道德品质，以青年进步促进农行进步。

（六）关心关爱青年生活，激励"青雁"筑梦前行

1. 为青年举办"奋斗新征程　当燃正青春"迎新活动。邀请国家级、总行级劳模以及扎根基层、服务基层的"老农金"典型代表分享职业故事、职业感悟，引导青年传承初心使命、彰显责任担当。

2. 定期组织青年赴劳模工作室交流工作经验。学习发扬"精益求精、追求卓越、无私奉献"的工匠精神，锤炼担当作为的真本事，最大限度地激发青年创造活力。

2023 年 11 月，中国农业银行湖南衡阳分行举办"奋斗新征程　当燃正青春"迎新活动

三、工作成效

（一）这是一次守正创新的生动实践

在开展青年思想政治教育工作过程中，通过微视频、拓展活动等青年群体喜爱的渠道方式，打造多样化、立体化的理论传播体系，让党的创新理论传播"活"起来、"潮"起来。注重互动式、参与式教学，采用青年乐于接受的方法、喜欢的话语体系和沟通方式，激发青年主动学习热情。

（二）这是一次凝心聚力的思想领航

全力搭建青春建功的平台和载体，充分发挥六大主题活动聚人心、鼓干劲和扬正气的作用，鼓励倡导青年带头立足岗位、苦练本领、创先争优，带头迎难而上、攻坚克难、勇挑大梁，带头脚踏实地、求真务实、艰苦奋斗，带头崇德向善、严守纪律、奉献社会，为高质量发展统一了思想、统一了意志、统一了行动。

（三）这是一次继往开来的精神传承

以劳模导师制开展新入行员工引航，在迎新活动上邀请全国、系统内劳模讲述农行奋斗故事，传承老一辈员工拼搏精神、奉献精神、敬业精神、服务精神，继承他们的优良作风，全力焕发青年员工的劳动热情，达到"思想上传承、行动上接力"的教育效果。

（四）这是一次铸魂增智的育才之旅

将辖内 13 家支行团委作为青年学习的主阵地，以座谈会、交流会等形式带动全行青年员工将党的主张、党的理论和党员信仰融入骨髓、嵌入灵魂，做一名信仰坚定的新时代接班人。通过青年竞赛、职业技能比武、训练营等多种培养方式，推动青年员工在市场竞争、系统争先中经风雨、强体魄，青年员工的专业水平和业务能力得到全方位提高。

四、工作启示

（一）必须坚持党的全面领导，健全完善青年思想政治教育工作体系

强化青年思想政治教育，充分发挥党委的领导作用和党委书记、团委书记的带头作用，引导青年干在实处、走在前列，团结带领青年听党话、感党恩、跟党走。只有坚持以党建引领青年思想

政治教育，坚持"党管青年"原则，强化党建带团建这条主线，健全党联系青年桥梁纽带，才能把党的政治优势、组织优势不断转化为全面推进青年思想政治教育的工作优势。党委要拿出极大精力抓青年工作、抓共青团工作，不断健全完善青年思想政治教育工作体系，将青年思想政治教育纳入年度重点任务，以清单制、责任制、销号制抓好落实。

（二）必须坚持以人为本，助力青年成长成才

坚持以人为本，坚持以青年为先，从全行青年员工的切身利益出发，努力做青年朋友的知心人、青年工作的热心人、青年群众的引路人，为青年实现人生价值和理想抱负搭建宽广舞台，使青年有更多获得感、幸福感、荣誉感。

（三）必须强化目标导向，全面融入农行经营发展

坚持问题导向、强化目标导向，将青年"小我"融入农行"大我"，将青年梦全面融入农行梦，以高质量发展助力青年渴望成长的奋斗理想，增强青年干事创业的情感认同。推进思想政治教育工作要一以贯之、持之以恒提高青年的政治理论水平、为民服务意识和专业素质能力，放手让青年在重要领域和重要岗位上攻坚克难、施展才华，为青年创造人人努力成才、人人皆可成才、人人尽展其才的发展条件。

（四）必须锚定目标真抓实干，一张蓝图绘到底

紧紧围绕既定的各项工作计划，一件接着一件干，实现一个阶段性目标，又朝着新的目标前进。青年思想政治教育只有进行时，没有完成时。只有保持战略定力，持续真抓实干、攻坚克难，才能

不断取得胜利。要强化机制约束，持续改进工作作风，在狠抓落实上下更大功夫，力戒形式主义、官僚主义，不搞"花架子""假把式"，以实招、实效进一步赢得青年的爱戴，凝聚起青年思想政治教育工作的磅礴力量。

相伴同悦读　共抒家国情

一、基本情况

为深入贯彻落实习近平新时代中国特色社会主义思想，贯彻落实习近平总书记关于妇女儿童和妇联工作的重要论述精神，发挥福建作为习近平新时代中国特色社会主义思想重要孕育地和实践地的独特优势，深入挖掘阐释习近平同志在福建工作期间关于妇女和妇女工作的重要理念和重大实践，福建省妇联作为党领导的群众组织，充分发挥引领服务联系职能，创新思想政治引领方式，以"相伴同悦读　共抒家国情"为主题，推出全国首个"妇"字号大型亲子阅读节目《悦读·家》，把习近平总书记对福建父老乡亲、山山水水的深厚感情讲深刻，把福建人民对习近平总书记的崇敬爱戴之情讲到位，让新思想"飞入寻常百姓家"，在绵绵用力、润物无声中推动妇女思想政治引领工作新起来活起来实起来。从 2019 年起每年推出 1 季，到目前共推出 5 季 76 期节目，累计播出时长近 1800 分钟，累计全网阅读量突破 10 亿次，取得了良好的社会反响，成为一款新时代福建"妇"字号现象级基层思想政治引领产品。

二、主要做法

（一）以读促思，打开政治引领的思想通道

习近平总书记亲自领导、亲自推动福建改革开放和现代化建设，高度重视、亲切关怀妇女儿童事业发展，创造了宝贵的思想财富、精神财富和实践成果。《悦读·家》坚持发挥独特优势，用好思想"富矿"，以阅读为媒介，持续推进新思想的深化、内化、转化工作。《商界木兰》映射女性民营企业家传承弘扬"晋江经验"，锐意创新，勇于拼搏，以"数字福建"为桨扬起发展"新质生产力"的风帆；《探寻"红树林"的生态密码》生动再现习近平生态文明思想"厦门实践"的成功之钥；《守住那片青山》呈现在"绿水青山就是金山银山"理念指引下，闽西革命老区妇女的"脱贫觉醒"；《九曲溪上的巾帼红》讲述竹筏女工为世界各地的游客宣讲习近平总书记在福建考察时的重要讲话精神，让新思想新理念新风尚蔚然成风；《将科技论文写在大地上》描绘"科技特派制度"发源地统筹做好"三茶"融合文章，推动"一片叶子"在全面推进乡村振兴中发挥积极作用。《悦读·家》始终坚持把学懂弄通做实新思想作为根本任务，以"一个主题、一段故事、一部经典"为创作脉络，让典型人物在节目中诵读经典，把时代脉动、人物故事与经典诵读结合起来，让家庭"阅读"活起来，不断增强节目的思想性、故事性、艺术性，借助视听语言、电视渠道、新媒体传播等传媒方式，让阅读走出方寸之地，走进千家万户，以春风化雨的形式让观众在"悦读"中感受思想伟力、家国情怀，不断强信心、聚民心、筑同心。

（二）以文化人，坚定文化自信的精神内核

福建是习近平新时代中国特色社会主义思想重要孕育地和实践地，也是多元文化的交融地。《悦读·家》坚持以文载道，发挥福建红色、"海丝"、台、侨等优势，把宣介优秀传统文化与当代文化结合起来，推出了妇女解放先驱苏华大姐，为红军"守魂"70多年的老党员钟宜龙、"80后"福茶"女大使"何环珠、为百姓绽放的莆仙名角黄艳艳、侨心不改的越南归侨林正红等人物，讲述了中华福文化、福建独特的茶文化、红色文化、侨乡文化、非遗文化等在八闽女性和家庭中落地践行的奋斗故事和生活情形，让根植于福建女性和家庭中的文化基因在新时代绽放新光芒，激扬跨越古今、跨越山海、跨越两岸、融通心灵的文化力量，让文化自信深植妇女人心。

（三）以情动人，汇聚见贤思齐的向心力量

把"陈情"和"说理"结合起来，创新选取本地名家名人、基层平民英雄为主角，以平实亲和的镜头语言提炼典型人物在贯彻新发展理念、构建新发展格局、推动高质量发展、实现高水平科技自立自强、全面推进乡村振兴中的奋斗轨迹，让一个个有血有肉、可亲可及的身边榜样故事娓娓道来，让广大观众心里有暖、眼里有光、广泛共情。他们中既有家喻户晓的中国"玻璃大王"曹德旺，应用化学家、居里夫人式的女科学家萨本茂，"菌草之父"林占熺，中国第一位交响乐女指挥家郑小瑛；也有默默奉献、扎根基层的各行各业优秀女性典型。从一个人带动一群人，再到感动一座城，《悦读·家》始终引领着新时代的温度，凝聚着新征程的力量，影响和带动更多的群众和家庭学习榜样、崇尚榜样、争做榜样，真正

让《悦读·家》从群众中来，又回归到千千万万的群众中去。

（四）以学增效，传递向上向善的优良家风

把中国道路、中国精神、中国力量寓于各类家风家教家庭故事载体之中，相继以"百年奋斗路　巾帼她力量""家风润泽，清廉传世""逐梦山海竞芳华"为脉络，全面展现百年党史、廉洁传家、时代发展中的巾帼担当、家庭风采。除了看到主人公的故事，读者还看到了他们的父母、伴侣、子孙后代、同事、朋友，以及当地群众铭记家教家训，让良好家风得以延续的故事，使人读有所思、学有所得。他们中既有甘于奉献的村支书孙丽美、"抗疫最美家庭"许碧芳、"爱心妈妈"薛凤萍等，更有"四有"书记谷文昌、时代

2022 年，《悦读·家》节目组赴福建省龙岩市长汀县南山镇探访为松毛岭战斗红军烈士"守魂"七十余载的老党员钟宜龙

楷模廖俊波。节目中让人动情落泪的家风故事，激励着广大家庭升华爱国爱家的家国情怀、建设相亲相爱的家庭关系、弘扬向上向善的家庭美德、体现共建共享的家庭追求。

（五）以形谋变，实现进家入户的宣传效果

始终紧扣时代发展，不断求新求变，创新发展。在全省巡回开展"悦读·家@万家"活动，结合"书香八闽"全民阅读工作，组织全省各级妇联组织推荐优秀书目、培育体验基地、举办阅读分享、设置爱心书屋等深受广大家庭欢迎的系列活动，让"悦读"之风走近基层群众；组织网络报名、现场展示、发动网络投票，吸引更多的家庭加入活动行列，分享家风故事；精心安排"闽姐姐敲敲门"活动，由举办地妇联提供优秀阅读家庭，"闽姐姐"上门走访，倾听家庭阅读故事，传递家风正能量。比如，在"悦读·家@万家"活动中，寻访到泉州蔡加静家庭，讲述她们用双手守护福建碧海银滩，进而带动周边村民共同保护海洋、共建乡村和谐的生动事迹，该事例入选全国妇联新时代"巾帼志愿者十大暖心故事"。

三、工作成效

经过 5 季的积累，《悦读·家》已成为品牌 IP，产生了破圈效应。活动经验信息在全国妇联《女报内参》和福建省《八闽快讯》专期刊发，作为全国妇联系统唯一获奖单位获评中央网信办"2023中国正能量网络精品征集展播活动网络正能量专题专栏"，并相继获得中央网信办"2020 年各地走好网上群众路线典型案例展示活动优秀创意案例"、中央网信办"网评工作创四优竞赛优秀作品"、

福建省委组织部第十七届全省党员教育电视片观摩交流活动三等奖、福建省全民阅读工作组委会"2022 年度福建省全民阅读优秀项目"等荣誉。新华社通讯报道《福建妇联这个活动为何能走进千家万户》上线新华社客户端 7 小时，点击量突破 100 万次；在东南卫视抖音号《悦读·家》推出的短视频，单条播放量达 1677 万次，成为现象级作品。人民日报海外版、光明日报客户端、国家广电总局等都作了专题报道，在"学习强国"福建学习平台开辟专栏，并被"学习强国"学习平台收录。

四、工作启示

（一）策划到位，找准思想引领的"主入口"

福建省妇联把《悦读·家》节目作为宣传贯彻习近平新时代中国特色社会主义思想的新平台，以及妇联组织开展妇女思想政治引领的重要抓手，精心做好每一季的策划组织，从鲜活生动的人物故事、基层实践，到博大精深的思想理论，每一季每一个故事的呈现都富有张力，给观众留下深刻印象，用深入浅出的电视创新表达，让党的创新思想深入人心。将《悦读·家》第五季主题定为"逐梦山海竞芳华"，从先进典型的人生高度和"接地气"的百姓视角，在大众化、通俗化宣传新时代新征程上，福建妇女以思想之新引领发展之新、以观念之变带动生活之变，不仅在各行各业奋斗奉献，在家庭生活中也扮演了重要角色。一组组现实的刻画、一个个艺术的策划，让有意义的事情更有意思、有意思的事情更有意义，引人入胜、循循善诱，启人深思、立心铸魂，全面夯实八闽儿女休戚与共、团结奋进的思想基础。

（二）表达到位，讲好精神闪耀的"家常话"

福建省妇联坚持以"小切口"讲好"大历史"、"小故事"讲好"大主题"，用更细腻的情感、更丰富的细节，把主题宣传、形势宣传、政策宣传、成就宣传、典型宣传融入节目中。普通话里带着"地瓜腔"，"大白话"中流露出真感情，让节目具有催人泪下、鼓舞人心的力量。许多观众在看完后激动地留言："每个家庭都是一本书，人生路上无言的书，他们代表着每个家庭的人生经历、感悟和对社会的大爱，大爱无疆让人间充满正能量，社会更和谐。""我非常敬佩也十分欣赏他们的家风，代代传承书香，值得我们去学习，我喜欢这样的家庭教育。"真情换真心，真情换共鸣，不少观众表示"期待下一期"。

（三）传播到位，塑造"全网到达"的新格局

福建省妇联注重携手主流媒体，遵循"一次采集，多元生产，多次传播"的融媒体传播规律，与新华网、海博TV等中央、省市主流媒体深度合作，在多个视频平台进行网络直播和回看，加强话题设置，开展网络评论引导活动，"借船出海"实现宣传效果持续放大。以优质网络产品，在春风化雨、润物细无声中，引导广大妇女和家庭跟党奋进新征程，巾帼建功新时代，为推进中国式现代化福建实践贡献智慧力量，在推进强国建设、民族复兴伟业中续写"半边天"新荣光。

"榜样力量":
发挥先进典型示范引领作用

一、基本情况

航空工业沈阳飞机设计研究所隶属中国航空工业集团有限公司，是新中国成立后组建的第一个飞机设计研究所，主要从事战斗机的总体设计与研究工作，被誉为中国"战斗机设计研究的基地、航空英才的摇篮"。沈阳所党委始终坚持以习近平新时代中国特色社会主义思想为指导，认真落实上级党组织的相关部署要求，把牢思想政治工作这条"生命线"，聚焦"榜样力量"，高度重视先进典型示范引领作用的发挥，通过规范化选树、立体化宣传、多样化关怀，把榜样"立起来"、让榜样"火起来"、对榜样"爱起来"，推动工作理念、机制载体、方法手段的创新，激发员工的思想认同、情感共鸣、效仿意愿，使"榜样力量"转化为促进沈阳所高质量发展和新时代航空强国建设的生动实践。

二、主要做法

（一）规范化选树，把榜样"立"起来

1. 完善工作机制，坚持常态长效。一是有制度。出台《沈阳所表彰奖励管理规定》等一系列制度。形成所党委牵头抓总、职能部门横向协同、基层单位纵向推进的工作格局，明确各级领导班子的主体责任，并分层逐级开展先进典型"选—推—评—树"活动。建立台账档案，加强跟踪管理，使"老典型"经久不衰、"新典型"层出不穷。二是有标准。在不同工作岗位、不同业务领域、不同职位层级选树典型，使其有广泛代表性。选树典型时，坚持"以德为先、突出实绩、群众公认"原则，明确硬性指标与软性考评，做到公平、公正、公开，使选出的典型真正让员工信服。三是有落实。深入基层、走近员工，多角度、多层面发现挖掘先进典型。通过省市、集团等多种渠道，向上向外推举典型，促进典型提档升级。党务督导组成员每季度深入基层，对基层单位工作开展情况进行指导，帮助基层单位逐步完善典型选树工作运行机制。

2. 打造四大载体，全面发现挖掘。一是搭建培育平台。启动"三航人才"计划，实施"四百工程"，成立共产党员突击队和罗阳青年突击队，搭建院士工作站、博士工作室、航空科技重点实验室、先进技术研究室、"创新生态圈"等平台，构筑人才"蓄水池"，大力培育在型号任务、科技创新、能力建设、深化改革中的先进典型。二是开展劳动竞赛。紧密围绕中心工作，开展多层次、多形式的劳动竞赛，包括所级主题劳动竞赛、基层单位"六比一创+"等特色劳动竞赛，"APQP工程质量提升"等专项劳动竞赛，

鼓励员工在关键重点岗位、突破技术难题、完成突击任务等方面比拼赶超。三是举办创新大赛。举办"神机妙算"全国算法设计挑战赛、全国空中智能博弈大赛等国家省市级比赛，以及兵棋推演大赛、人工智能应用大赛等所级比赛，并组织员工参加各项大赛，让"行家里手""创新英才"崭露头角。四是进行评优评先。进行年度评比、季度评比、专项工作评比、"两优一先"评比等，对劳动模范、先进工作（生产）者、十佳青年、优秀共产党员等先进个人，以及卓越团队、先进单位、先进基层党组织等先进团队进行表彰奖励，引导员工学习典型、争当先进。

（二）立体化宣传，让榜样"火"起来

1. 发挥融媒优势，拓展传播渠道。一是利用中央主流媒体、地方媒体、行业媒体等外部媒体以及研究所自由媒体，借助文字、图片、音频、视频等形式，打造多层次传播矩阵，打出典型宣传的"组合拳"。二是对外扩大影响力。与外部媒体建立联络机制，做好内容供给，使先进事迹传得快、播得广。国家最高科学技术奖获得者，沈阳所原所长、总设计师顾诵芬院士的事迹在人民日报、新华社、中央广电总台等媒体上集中刊发，形成强大声势。新晋院士王向明事迹在"学习强国"学习平台、辽宁日报、《科学中国人》杂志等媒体平台上报道和刊载，让社会看到航空人的兢兢业业、执着创新。三是对内提升凝聚力。成立所融媒体中心，构建典型宣传"一次采集、多元生成、全媒传播、裂变发酵"的传播格局，实现分众化、精细化传播。采取"抓住一个闪光点、挖掘一条事迹链、弘扬一个精神面"的方法，推出一批接地气、沾泥土、带露珠的作品，增强说服力和教育力。

2. 举办四类活动，扩大正面影响。一是事迹报告会上真情讲

2024 年 6 月，航空工业沈阳所举办"歼-8 Ⅱ飞机首飞 40 周年媒体见面会"，讲好老一辈航空人的奉献故事

述。在沈阳所、航空工业集团总部和中国华能集团总部先后举办 3 场"李天院士先进事迹报告会"，组织李天生前的同事、学生、亲人从不同侧面回顾他航空报国的一生，行业内外深受触动。二是国企开放日里真挚分享。用好国资委"国企开放日"平台，邀请地方领导、媒体记者、在校学生等来沈聆听共和国飞机设计事业的开拓者徐舜寿、黄志千、叶正大，以及两院院士顾诵芬，航空报国英模罗阳等老一辈航空人的感人故事，向社会传递正能量。三是逝世纪念日时真诚悼念。在罗阳烈士逝世 1 周年之际落成罗阳铜像，在黄志千烈士逝世 55 周年之际落成黄志千塑像，在清明节、烈士纪念日组织祭扫活动，铭记烈士们献身祖国航空事业的报国情怀。四是院士图书馆中真心领悟。建成"顾诵芬图书馆"，获评全国科学家精神教育基地，依托该图书馆，举办主题座谈会、读书分享会、知识竞赛等，引导科研人员向院士学习，潜移默化地传递"爱国、创新、求实、奉献、协同、育人"的科学家精神。

（三）多样化关怀，对榜样"爱"起来

1. 创造各种条件，鼓励干事创业。一是搭舞台，让典型领衔"主演"。成立劳模创新工作室，落实场地、设备、资金等，组织"劳模挂帅攻关"等活动。其中"王向明劳模创新工作室"获评省级劳模创新工作室、集团级劳模创新工作室。成立"无党派人士张音旋工作室"，工作室积极打造攻坚创新、建言献策、学习交流三大平台，促进了党外知识分子作用发挥、加速了党外知识分子发展成长。二是给机会，让典型加速"修炼"。为典型的成长不断创造良好的条件和氛围，优先安排他们参加培训学习、挂职交流等，通过各种途径不断提高他们的政治素养和业务能力。密切关注典型成长历程，做好他们的思想动态分析研判，帮助、扶持他们从"单项"逐步走向"全能"，赋予他们更加长久的生命力。三是压重担，让典型挑起"大梁"。提拔重用一大批典型，让他们担任技术带头人、项目责任人等，并在重点、难点工作上给他们压担子、交任务，让他们知道应该干什么、怎么干，助他们发挥才干、再立新功。

2. 围绕四大重点，量身定做关爱。一是先进典型经常熬夜奋战，要关注其身体。带先进典型疗养，科学适度地安排自由活动、红色教育、健康讲座等内容，让他们放松身心、锻炼身体。二是先进典型与家人聚少离多，要关注其情感。邀请青年典型的父母来所参加"特殊的家长会"，进行现场参观和交流座谈，播放子女向父母真情告白的视频，让他们的父母感动且自豪，让青年典型更有归属感和责任感。三是关注先进典型的政治荣誉和经济待遇，建立精神激励与物质奖励相结合的典型激励机制。举办季度、年度颁奖典礼，为先进典型颁授奖状、奖杯、奖牌；将科研区主干

道作为"星光大道"展示区，让先进典型得荣誉、享尊重。做好对先进典型的物质奖励、困难帮扶、家属慰问、医疗保障等，让沈阳所成为先进典型的坚强后盾。

三、工作成效

（一）提升了思想政治工作的质量和水平

围绕发挥先进典型示范引领作用，沈阳所形成了一套工作体系与操作步骤，具有较强的实用性和推广性，可供借鉴与参考。通过发挥先进典型示范引领作用，沈阳所思想政治工作的质量和水平显著提升，形成了"榜样力量"特色品牌。

（二）促进了员工干事创业积极性显著提升

通过发挥先进典型示范引领作用，沈阳所敬业度水平逐年提升。员工思想状态稳定且积极向上，具有较高的工作热情，乐于迎接挑战；对于沈阳所具有极强的认同感，愿意留在研究所发展。员工心往一处想、劲往一处使，持续迸发出强劲的凝聚力和向心力，促进人才队伍不断成长，典型辈出。

（三）实现了对研制先进航空武器装备的有力支撑

型号研制是一项庞大的系统工程。发挥先进典型示范引领作用，促进了员工向上心态形成和自身潜能激发，不断为党和国家研制出"实用精良"的先进航空武器装备，推动一次次型号立项、一架架新机首飞、一批批战鹰列装。

四、工作启示

（一）始终坚持党的领导

聚焦"榜样力量"，发挥先进典型示范引领作用，做好思想政治工作，领导体制是核心与重点，必须坚持和加强党的全面领导，充分发挥党的集中统一领导优势，把党的领导覆盖工作各领域、贯穿工作全过程，筑牢广大科研人员的思想基础。

（二）弘扬航空报国精神

坚持传承弘扬新时代科学家精神、航空报国精神、型号精神，遵循时代性并关注形势需要，探索建立典型选树、宣传、关怀机制，将"榜样力量"融入祖国改革发展的伟大事业之中、融入人民创造历史的伟大奋斗之中。

（三）打造思政工作品牌

将典型选树作为一项基础性工作，建立起典型梯队，坚持培育新典型与学习老典型相结合，保证典型树得牢、立得久。实现多渠道、多形式宣传，稳妥把握典型宣传的时、度、效，坚持尊崇褒扬先进与弘扬奋斗精神相结合，保证典型叫得响、传得远。依靠"看得见""摸得着"的典型，沈阳所思想政治工作会变得更加生动、具体，从而有效增强亲切感和实效性。

"思政 + 青年"：
凝聚推动企业发展的青春力量

一、基本情况

浙江省建筑设计研究院有限公司现有职工 1600 余名，35 岁以下职工占比近 65%。针对青年人数多、思想活、干劲足的特点，浙江省院始终坚持以习近平新时代中国特色社会主义思想为指导，深入学习贯彻习近平文化思想，持续加强青年职工思想政治教育引领，引导青年职工不断增强"四个意识"、坚定"四个自信"、做到"两个维护"，不断提高青年职工的政治判断力、政治领悟力、政治执行力。浙江省院坚守"以青春自我，担时代之责"的初心使命，发扬"为人民而设计、以创新而设计、用匠心而设计、因理想而设计"的"四个设计"精神，将思想政治工作充分融入生产生活，结合"青年学习""青年设计""青年宣传""青年服务"，形成了"思政 + 青年"的特色工作机制，充分发挥思想政治工作对青年职工的导向和引领作用，激励广大青年职工以"闯"的精神、"创"的劲头和"干"的作风不断贡献青春力量，双向赋能助推企业高质量发展。

二、主要做法

（一）"思政＋青年学习"，铸牢思想之魂

1. 不断丰富"青年学习"的活动载体。创新开展《我和我的祖国》千人快闪大合唱、党史学习分享会、研读《习近平在浙江》话感悟微党课比赛、院领导与青年面对面以及"深化主题教育　弘扬文化自信"等主题活动，将爱党爱国的民族信念、改革创新的时代精神和"爱院、为院、护院、兴院"的职业情怀，融入广大青年职工的人生发展目标，锚定正确前进方向。

2. 扎实推进"青年学习"的系统培育。选拔优秀青年组成院青年理论学习小组，编印《青年理论学习手册》，组织集中学习、专题授课、考核培训、交流分享等形式的学习活动。浙江省院通过"党史故事青年说""青年共富说"等品牌建设，引领带动广大青年职工筑牢"理想信念"压舱石。

（二）"思政＋青年设计"，夯实本领根基

1. 全面发挥"青年设计"的主业优势。在重大工程、重点项目中组建由大师领衔、以青年设计师为主的专业技术服务队，投身生产第一线，发挥青年智慧和力量。在杭州亚运会筹办工作中，全力保障杭州体育馆、黄龙体育中心等 12 个亚运场馆及设施的新建与改造提升工作；面对中心工作的繁重任务，以青年为主的百人团队700 多个日夜坚守，缔造了杭州国家版本馆的惊艳亮相。

2. 持续拓展"青年设计"的创新实践。自主设计发布"宋韵文化　大院气质""传统中国节　大院正青春""不一样的年报"等

系列主题海报，以新颖独特的设计语言，为中华优秀传统文化的传播、传承和弘扬，注入了青春活力。以争创第七届全国文明单位为契机，结合行业特点，提出"大院筑礼　共建文明"创建口号，青年设计团队积极投身于创文手册的设计、创文知识竞赛的开展以及院区创文环境的布置等工作中，为深入培育和践行社会主义核心价值观营造了浓厚的氛围。

（三）"思政＋青年宣传"，挖掘青春力量

1. 用实用足"青年宣传"的宣讲力量。举办"青春的样子"青年党史学习分享会，7 位青年同志"说建筑　学党史　忆百年"，用最年轻的口吻讲述最久远的故事，清澈言语，温润入心；举行"研读《习近平在浙江》话感悟暨青年微党课"演讲比赛活动，14 名青年同志结合自身岗位工作经历，与大家分享了研读感悟，进一步彰显"建功新时代　奋斗正青春"的昂扬斗志。

2. 用好用巧"青年宣传"的才艺力量。以院庆为契机，45 位青年职工用主持、舞蹈、歌声、诗朗诵和大合唱等才艺礼赞浙江省院成立 70 周年，由青年职工积极参与拍摄的《筑不凡　建未来》全新企业形象宣传片，得到"美丽浙江"官方视频号的转发；庆中秋佳节，5 名青年职工赴之江文化中心项目现场演奏民乐《九州同》，录制《礼乐大院》，展现青年才艺、祝福传统佳节，寓意"九州大同　天涯共此时"，切实做到让中华优秀传统文化与当今时代特色相融合，之江文化中心与浙江文旅官方视频号转发，实现全网点击量破万次。

（四）"思政＋青年服务"，展现担当作为

1. 着力打造"青年服务"的志愿品牌。扎实推进"青年有为，

2022 年 5 月 31 日，浙江省建筑设计研究院有限公司举办"研读《习近平在浙江》话感悟"青年微党课比赛

一起创'益'"志愿服务品牌打造，形成了一支汇聚青春之力、极具战斗能量的志愿服务队伍。青年职工发挥专业特长，自行设计了志愿者服装、LOGO 与工作手册等，有效提升志愿服务工作的规范性、标准化以及品牌影响力，并多次在基层志愿服务活动中荣获锦旗表彰。

2. 充分展现"青年服务"的专业属性。为全面贯彻"共建共治共享的社会治理制度"精神，集结青年规划师提供驻镇街服务，推动街道空间治理能力和治理水平的加速提升。为积极响应中国科协、浙江省科协"全国科普日"活动号召，青年职工围绕"提升全民科学素质，助力科技自立自强"2023 年全国科普日主题，充分发挥学术性组织科普赋能作用，走进杭州市星洲小学的课堂，组织了一场别开生面的"城市更新，让城市'更'新"规划科普活动，推进规划知识"走入"童心。为推进"共迎亚运，全民健身"的目标，青年职工联合杭州市崇文实验学校师生，共同走进杭州市拱墅区运河亚运公园体育馆，深入了解了场馆的功能、设施以及赛事运营，身临其境地感受亚运带来的赛事氛围，开展了一堂别具特色的迎亚运主题公益户外课。

三、工作成效

（一）干事创业氛围全面向好

通过筑牢思想政治工作主线，在凝聚思想、人才培育、支持激励等各方面，增强青年职工的获得感和安全感，加强年轻干部队伍建设，提升全院干事创业氛围。出台《优秀年轻干部人才培养管理办法》，大力提拔任用年轻干部；选送优秀青年职工申报并荣获"首届省土木建筑学会青年工程师""首届长三角土木建筑杰出青年工程师""长三角建筑学会联盟青年建筑师""建筑结构行业杰出青年"的称号，打造了一支朝气蓬勃、行业引领的青年队伍。

（二）创新创优生态不断向善

成立建筑创作中心与方案孵化团队，持续开展青年建筑师奖、青年工程师奖评选活动，全院建筑创作氛围持续浓厚，建筑创优成效不断显现，先后在未来社区 BLOCK 街区创新设计竞赛、城乡风貌整治提升行动优秀方案、社区邻里中心创新设计大赛、共富风貌驿创新设计大赛、全国"好房子"设计上斩获佳绩，并连续两年折桂华夏建设科学技术奖和浙江省科技进步奖共 4 项。

（三）生产经营效益持续向荣

浙江省院青年在院党委的正确领导下，争当改革发展主力军，争做生产一线排头兵，全院生产经营效益稳步提升势头强劲。近年来，设计合同量年均增长率保持在 20% 以上，连续 4 年突破 10 亿元大关；EPC 工程总承包合同额实现从 0 到累计近 800 亿元的跨越。萧山机场 T4 航站楼、亚运"十二馆"、杭州国家版本馆、之江文化中心等一系列具有行业辨识度、浙江地域性和全国影响力的重大标志性项目先后落地，行业地位和影响力持续提升。

四、工作启示

（一）坚持思想引领，聚焦主责主业，唱好学习"主旋律"

要充分认识青年职工思想政治工作的极端重要性，真正把青年思想工作、理论学习作为关系企业未来、关系发展大局的一项重要工作来抓，加强顶层设计，高位系统谋划、完善工作方案、狠抓具体落实。要健全谈心谈话、传帮带制度，持续推动理论学习与实践运用互促融合，积极引导青年学好知识本领，干好本职工作，带领青年在围绕中心、服务大局中提升技术能力、升华思想认识、展现担当作为，将自身的成长成才之路与企业发展愿景结合起来，与引领行业技术进步结合起来，与实现中华民族伟大复兴结合起来，不断激发青年爱党爱国爱社会主义的壮志豪情。

（二）善用青年语言，创新活动形式，画好奋进"同心圆"

要主动关心青年、理解青年，实时掌握青年所思所想所悟，熟悉青年鲜活创新的表达方式，打造良好发声平台。善用青年语言将思想教育内容、理论学习知识予以呈现表达，赢得青年普遍欢迎、获得广泛支持。要紧跟前沿动态，聚焦最新理论学习成果，充分利用计算机、互联网、AI 等技术，有力推进"理论学习分享""思想汇报交流""青马学习班"等传统学习方式创新表达、创意开展，适当引入奖惩机制、加强互动沟通交流，不断激励青年自觉增强理论武装，凝聚思想共识，推动将思想政治理论学习成果转化为勇于担当、善于作为的动力、举措和实效。

（三）突出文化涵养，注重品牌塑造，融入发展"新征程"

要坚持以文化人、以文育人，坚持打好传统文化引领、行业文化助力、企业文化烘托的"文化组合拳"，充分发挥好共青团、工会等群团组织的桥梁纽带作用，以文化感染青年、以品牌凝聚青年，把思想政治工作同为青年办实事结合起来，推动高质量发展从解决青年急难愁盼问题开始。要围绕城市更新、数字化改革、城乡风貌整治提升等重点工作，借助媒体融合平台，宣传好作品、传递好声音，讲好浙江省院青年职工在生产一线、科研创新、人才成长、改革发展中的故事，提升青年职工的认同感和归属感，以坚定的文化自信推动青年思想政治工作落地落实。

"E"企跟党走　奋进新时代

一、基本情况

作为全国互联网产业发展高地，北京市聚集了大量互联网企业，在建设国际科技创新中心、打造全球数字经济标杆城市的过程中，正发挥着日益重要的作用。总体来看，北京互联网平台企业数量多、规模大，活跃程度、发展水平位居全国前列。2023 年，为推动全市重点互联网企业全面贯彻党的二十大精神，深入开展学习贯彻习近平新时代中国特色社会主义思想主题教育，北京市委互联网企业工委组织开展了"E 企跟党走　奋进新时代"宣讲活动，在京东、美团、贝壳找房、去哪儿网等重点互联网企业中遴选出 14 名宣讲员，通过小切口故事、微话题切入，让"互联网人讲述互联网故事"，充分展示互联网企业党员风采，全景展现互联网企业参与首都超大城市基层治理、科技创新、网络强国等方面的发展成果，让宣讲更接地气、更具活力、更有温度，推动党的创新理论进企业、进网站。

二、主要做法

（一）高位谋划、统筹联动，增强宣讲合力

把开展系列宣讲活动作为联系指导重点互联网企业党建工作的重要抓手，加强工作谋划，精心组织实施，确保宣讲工作有序推进。注重统筹谋划。制定宣讲活动实施方案，明确总体目标、重点环节、具体安排以及相关工作要求。做精做细宣讲工作安排，明确工作计划，倒排工期、压茬推进，先后在互联网企业集聚的海淀区、朝阳区、东城区、西城区和首都互联网协会党委开展线下宣讲，并利用相关互联网企业优势资源力量，持续开展线上宣讲。建强宣讲队伍。在全市重点互联网企业和各区网信办（行业党委）中进行广泛动员，吸纳19家企业的22名宣讲员，涵盖网络音视频、网络安全、生活服务等八大行业，覆盖工委和协会党委直接管理企业和各区重点互联网企业，宣讲员中既有党的二十大代表、党组织书记和党务工作者，也有企业高管、研发人员，还有工程师、程序员等。做优培训指导。聚焦党建和业务工作亮点，"点对点"挖掘生动故事，逐一指导宣讲员结合企业业务实际和个人风格特点优化完善宣讲内容，邀请市委网信办相关业务处室做好内容把关，确保宣讲稿在符合宣传导向基础上，主题更加鲜明，内容更加聚焦，语言更加生动。下足功夫做好宣讲员语言培训，引导宣讲员把科学性和艺术性有机统一起来，全面提升宣讲效果。

（二）紧扣重点、突出特色，提升宣讲实效

及时将党中央、市委重要会议精神、决策部署和工作要求纳

入宣讲内容，做到有机融合、一体推进。主题求"准"，围绕网络强国、数字中国建设等战略部署，聚焦"意识形态安全""网络安全""科技创新""新就业群体党建"等主题，引导企业宣讲员真正将习近平新时代中国特色社会主义思想吃准吃透，切实领会好、把握好其中蕴含的精神实质和精髓要义。同时，紧密结合互联网党建工作中的生动实践，做到既契合学习贯彻习近平新时代中国特色社会主义思想的主题，又充分展现互联网企业特色亮点，既坚守"党味"，又体现"网味"。内容求"实"，结合互联网企业平台资源聚集和技术创新优势，多维度、全方面搜集和挖掘企业党建案例，突出习近平新时代中国特色社会主义思想的生动化表达，以"小切口"呈现"大主题"。宣讲内容既有在党的二十大、冬奥会等重大保障任务中做好网络安全、物资保障的故事，也有利用先进互联网技术来服务百姓生活、助力乡村振兴的故事，还有用网络教学凝聚微光、点亮思想、助力人才强国的故事，更有在疫情防控过程中企业党组织、党员和新就业群体党员逆行出征、负重前行的故事，切实增强宣讲的吸引力感染力和针对性实效性。语言求"变"，以广大互联网企业党员群众听得懂、能领会的语言，结合行业特点、企业特色和宣讲员工作经历，讲述身边人身边事。娓娓道来的讲述中，宣讲员坚持陈情与说理并重，以事实说话、用案例阐释，突出情感交流、激发心灵共振、实现情感共鸣，感染和感动了诸多观众，现场不时响起阵阵掌声，也出现了诸多感动落泪的瞬间。

（三）创新载体、丰富形式，常态开展宣讲

在宣讲实践中，注重契合互联网企业党建工作实际，探索符合互联网企业特点的宣传方式和手段。一是"线下讲＋线上播"相联动。深入美团、奇安信、360 等互联网企业开展线下宣讲 10 场，同

2023年5月，北京市委互联网企业工委走进抖音进行宣讲

时将宣讲素材进行录制，形成教学视频，通过飞书下发至128家重点互联网企业，作为全市互联网企业开展主题教育的重要学习素材，动员企业党组织利用"三会一课"、主题党日等活动，组织党员、积极分子、申请人等进行学习，分享观看感受和心得体会。二是"广覆盖＋精服务"巧结合。内外联动发挥专业团队优势，精心制作宣讲短视频，利用微博、微信公众号等新媒体平台的快速传播效应，多渠道发布、多平台分发，进一步扩大宣讲覆盖面、影响力和传播力，提升宣传质效，在网上形成新一轮宣讲热潮。积极征求重点企业意见建议，按照不同的行业类别制作宣讲教学视频，为企业提供精准化、靶向式服务，便于企业结合自身特色特点进行学习交流，确保宣讲更有针对性、有效性。三是"深挖掘＋重培育"齐发力。积极推荐宣讲员至市委讲师团，参加北京市2023年百姓宣讲调研汇讲暨骨干培训班，代表互联网行业讲述企业的奋斗故事，讲述青年人的初心故事。同时，围绕"数字经济""文化传承""一

带一路""京津冀协同发展"等主题，面向广大互联网企业征集第二批宣讲素材、线索，选拔优秀宣讲人才，不断挖掘互联网企业的特色故事，持续培育互联网企业宣讲党建品牌。

三、工作成效

（一）进一步扩大了特色宣讲的"影响力"

注重将宣讲活动同互联网企业的重点业务工作相结合，创新宣讲内容和形式，通过线上直播、视频展播等形式，在互联网企业广大党员群众中，营造出认可宣讲、支持宣讲、参与宣讲的浓厚氛围，让习近平新时代中国特色社会主义思想在广大互联网企业党员群众中入脑入心、落地生根。目前，滴滴、爱奇艺、粉笔网、第一视频等互联网企业纷纷推荐宣讲员，积极参与到工委第二批宣讲筹备工作中来，相互学习交流，碰撞思想、启发思路。

（二）进一步强化了创新理论的"感召力"

针对互联网企业年轻人多、思想活跃、创新活力强的特点，通过精准选题、定点指导，引导宣讲员把高深的理论转变为通俗的道理，把准身边人讲身边事的定位，秉承年轻人在哪里、宣讲就到哪里的理念，让宣讲"有朝气""接地气""展活力"，让互联网企业职工群众喜欢听、愿意听，持续推动党的创新理论"飞入寻常百姓家"。

（三）进一步提升了党建工作的"凝聚力"

通过动员全市重点互联网企业参与宣讲，围绕互联网企业人才、技术、平台优势，在创造就业、拓展消费、国际竞争中的典型案例，在服务新时代首都建设的生动实践，形成了与互联网企业协同发力、资源共享的大宣讲工作格局，在全市互联网企业中掀起了学习贯彻习近平新时代中国特色社会主义思想和党的二十大精神的热潮，进一步提升了互联网行业党建在全市的重要性和影响力。

四、工作启示

（一）要持续推进党的创新理论通俗化大众化

在推动创新理论学习过程中，要避免照本宣科、高谈阔论，善于从宏观理论视野中，寻找与互联网企业息息相关的切入点，把"大水漫灌"转化为"精准滴灌"，引导企业宣讲员深入挖掘在互联网企业的工作实际和感悟，讲述身边的人和事。考虑宣讲的受众为互联网企业工作人员，相似的工作背景容易引发更多的深入思考，才能在互联网企业引发更多的思想共鸣，让党的理论和政策从"云端"来到"身边"，抵达"心田"。

（二）要切实增强宣讲工作的吸引力感染力

在宣讲筹备工作中，紧密结合受众群体实际，立足受众对象的关注和需求，主动设置议题，策划宣讲主题，形成宣讲需求收集、内容设计、效果反馈、改进提升的工作闭环。在宣讲素材的选取上，要注重以"小视角"讲透"大主题"，以"小故事"讲活"大道理"，把企业党员群众身边的感人事迹、先进模范、身边典型作为诠释党的创新理论的生动素材、经典案例，通过"沾泥土""冒热气"的宣讲，切实把鲜活的思想讲鲜活，把彻底的理论讲彻底。

（三）要坚持用好网上和网下两种宣传阵地

注重多渠道传输、多平台展示、多终端推送，引导其利用碎片化时间随时学、随地学，让企业更多的党员群众能够更直观了解到不同类别互联网企业的生动故事和典型案例，着力打造网上网下、线上线下宣讲矩阵，持续扩大宣讲活动的覆盖面和受众范围。

（四）要丰富完善联系指导企业的方式方法

在联系指导重点互联网企业提升党建工作水平过程中，要不断学习，创新方式方法，扎实开展研究，丰富手段内容，才能逐步认识和掌握互联网企业党建工作规律和特点，最大限度地调动企业参与党建活动的积极性和主动性，凝聚起互联网企业党建工作的"正能量"。

"四真工作法"：助推医院高质量发展

一、基本情况

山东省枣庄市立医院是全国首批三级甲等综合医院，全市唯一的国家级住院医师规范化培训基地，建有院士工作站、国家级肿瘤 MDT（多学科诊疗）推广基地、国家级胸痛中心、标准化房颤中心示范中心、标准化代谢性疾病管理中心分中心等。设有党总支8个、党支部37个（含离退休党总支2个、党支部4个），共有党员612名（离退休党员180名）。医院党委紧紧围绕公立医院高质量发展中心任务，探索并实施推广"四真工作法"应用于干部职工思想政治工作，在推动改革、促进发展、维护稳定中发挥了重要作用，实现了思想政治工作由"任务完成型"向"实践创新型"重大转变。

二、主要做法

立足医院思想政治工作实践，探索建立"四真工作法"，即以真心投入工作、凭真诚感化职工、做真事说服群众、见真章正己律人，教育、引导医院政工干部放下架子、沉下性子、俯下身子融入临床一线，同医务人员打成一片，熟悉医院的科室设置、流程布局、人员队伍、资产负债、风险隐患，了解群众就医的难点、职工关注的焦点、经营管理的堵点，找准思想政治工作与业务工作融合的切入点，用真情、讲真话、办真事、动真格，使思想政治工作有机融入医院高质量发展的全过程诸环节各方面。

（一）立足于"爱"，以真心投入工作

做人的思想政治工作最为复杂、最具魅力，最需要下功夫。只有政工干部自己对思想政治工作倾注真情实感，才有可能发现这项工作的魅力所在，才有动机持之以恒学习钻研。在工作中，启发政工干部积极做到"三为"。一是主动作为。多下临床多入一线，弄清楚自己的"阵地"和"武器"，主动学习党的理论、政治学、管理学、心理学等知识，对工作超前谋划，少打"被动仗"。二是创新有为。掌握医院思想政治工作的规律特点，善于运用"学习强国"学习平台、"互联网＋"等新载体，把思想政治工作由平面引向立体、由单向引向多维、由静态引向动态、由抽象引向鲜活。三是有所不为。党委书记带头执行党委领导下的院长负责制，既不越界干扰行政管理团队履行职责，也不推诿矛盾回避困难，尽心尽力支持业务工作开展。

（二）着眼于"实"，凭真诚感化职工

医务人员工作强度高、心理压力大，对没有实质内容的讲话谈话比较排斥，更不喜欢与打官腔的"干部"打交道。而思想政治工作的重点对象，往往为人孤傲，"生掰硬拽"容易激化矛盾，需要政工干部拿出十二分的真诚。例如，在医院重点推进的学科整合改革中，面临科室有设有撤、干部有上有下的现实问题。院党委既通过硕博士论坛、进修医师汇报、中层干部大会等方式，正面宣讲改

革的必要性和标杆医院做法，也勇于自揭伤疤，剖析本院重点专业发展滞后、冲击重点学科失利的教训，多次走进科室和科主任、医生护士包括职工家属反复谈心，了解他们的意见和顾虑。针对不同年资、职称医务人员关注点，设身处地分析改革对科室发展、个人成长的预期效果，采纳职工合理建议对过于超前的改革措施加以修正，不厌其烦循序渐进地做"绣花活"，形成正向心态唤醒，促进职工思想和行动转变。

（三）落脚于"办"，做真事说服群众

院党委从职工最期盼的诉求、最不满意的问题入手，根据轻重缓急和现实条件分类办理，一件一件接受职工检验，让大家看到实实在在的效果，从而在思想上信赖组织、行动上服从组织。比如职工反映的城际通勤、后勤采购、信息化保障、一线职工职称晋升等问题，均在当月或当季予以办理完毕；办不到的事情如从事护理工作的女职工申请调离夜班岗位，由于医院工作性质不可能一一满足，但能体谅职工难处，疏导化解其消极情绪；对违反原则的事情如"请托""走后门"等则明确拒绝毫不含糊，让更多职工感受到公平公正。

（四）寓爱于"管"，见真章正己律人

组织政工干部不定期轮训，按照政策要求、群众期待、岗位职责对自身进行"三合一"定位。反复强化要求同志们做到的事情，政工干部自己必须先做到，这是思想政治工作的基础；对同志的关爱不能变成溺爱，政工干部不能满足于独善其身，而要勇于牺牲自己实现团队目标、凝聚团队士气，不能爱惜羽毛而忘却原则、追求口碑而失位失职；面对苗头倾向、歪风邪气、违法乱纪行为，敢于

2021 年 7 月，枣庄市立医院优秀职工代表"唱支山歌给党听"

"唱黑脸""挥戒尺"，把厚爱融入严管，防止聚小错酿大患，把政治引领、思想养成渗透到医院工作各环节。

三、工作成效

衡量医院思想政治工作成效，不仅要看活动频次、形式，更要看医务人员贯彻党中央决策部署、服务群众健康的实绩，改善医德医风和提高专业技术水平的实效。通过合理运用"四真工作法"，把政工干部的组织授权、政策号召和人格魅力有机结合起来，将公立医院高质量发展要求及时转化为干部职工的自觉行动，为医院改革发展、社会满意度提升、职工获得感增加提供了强大政治引导和思想保障。

（一）医院发展明显提速

科主任领导下的专业组主诊医师负责制、以三级学科划分为前提的科室整合、医保 DRG 支付方式改革、全院床位统一调配等酝酿多年的重大改革得以顺利实施。在全国三级公立医院绩效考核中，医院 2021 年成绩一次性提升 170 个位次，进入 B++ 等次，在全省

77 家三级公立医院绩效考核中，医院由 30 名以外跃至 20 名以内。

（二）"红色引擎"作用彰显

临床科室对党委决策部署的执行力明显提高。近 2 年发展的党员中，高知识群体比例由不足 40% 提高到 70% 以上。医院首批"青年人才攀登计划"入选的 25 名骨干中，有 15 名为中共党员、4 名为入党申请人。发展 8 名现任临床科室负责人入党，率先完成学科整合改革的妇科中心、肿瘤中心新任负责人均为中共党员、市级有突出贡献中青年专家，4 名副职均为 40 岁以下硕士研究生，3 人为中共党员。2020 年至 2022 年医院多次集中救治新冠肺炎患者，均在隔离病区设立临时党支部，发挥党员表率作用，火线收到医务人员入党申请书 47 份，其中 40 岁以下博士 1 人。

（三）社会各界充分认可

医院荣获全国文明单位、"国家卫生健康委现代医院管理优秀案例（党建类）"、"全国医院管理'精典'案例（党建引领类）"、"山东省优质服务单位"、"山东省抗疫先进集体"、"山东省先进基层党组织"、"山东省首届'党建品管圈'创新大赛二等奖"、"山东省首届患者服务优秀案例擂台赛优秀奖"、"枣庄市组织工作创新奖"、枣庄市新时代文明实践点等。"蓝马甲 24 小时志愿服务"成为山东省卫生健康委、枣庄市委"我为群众办实事"观摩分享典型案例。

四、工作启示

医院必须注重政工干部能力培养和方法培训，在政策理论上接

"天线"，在沟通方式上接"地气"，既要讲清道理，又要讲出效果。思想政治工作之所以有效，除了政工干部的个人魅力，还需要医院提供组织和体系支持，培育能够保障这些方法生效的环境和土壤。

（一）支部建在科室，工作做到科室

当前一些医院临床党支部覆盖科室多、专业跨度大，"三会一课"以读报纸念文件为主，较少决策议事等实际内容。应本着便于开展组织生活原则，在工作特点相似、位置邻近科室设置党支部。例如，枣庄市立医院考虑各科室党建基础、党员数量不均衡的情况，没有一味追求"科支部"模式即党员数量多的科室建独立党支部、党员数量少的多个科室建联合党支部，而是采取"火车头"模式，由一个党建基础扎实、党员数量较多的科室带动一个至两个相对薄弱科室联合组建党支部，支部委员由科主任、护士长中的党员担任。使上级政策部署得以及时传达到全体党员和干部职工，也便于收集群众对医院工作的建议和意见。医院党委还明确支持党支部履行决策职能，支持并监督科室正确履行职责、推进工作，从党支部和科室层面解决党建与业务"两张皮"问题。

（二）依靠体系力量，层层分工负责

医院人数规模普遍较大，思想政治工作一般采取"点对面"方式以达到快速覆盖，但难点问题和重点对象则应采用"点对点"方式，把工作做细做深做透，不能过于追求效率而牺牲效果。这就需要依靠体系力量，层层分工负责。党委书记要发挥表率作用，抓实主业主责，深入推进党的领导与医院治理深度融合。院长要提高政治站位，保证党的卫生健康方针政策在本单位有效实施。班子成员要坚持"一岗双责"，共同保障思想政治工作常态化、长效化开展，

推动医院高质量发展。政工干部要立足本职，主动学习思想政治工作理论、方法并勇于付诸实践，提高思想政治工作专业化、精细化水平；主动走进临床一线，了解医务人员所思所感所需，通过双向互动赢得心理共鸣。骨干员工身在基层，熟悉一线情况，是可信的"哨兵"；能力业绩突出，群众基础和公信力强，是可敬的"标杆"；作为职工队伍的先进分子、联系党群干群的关键，是可靠的"纽带"。医院党委要抓好骨干员工的培养和教育，经常交任务、压担子，通过其影响力与医院党委共同推动职工思想政治工作走深走实，引导全体职工不折不扣地将党的卫生健康方针政策落实到医院改革发展全过程。

后　记

近年来，各地区各部门各单位坚持以习近平新时代中国特色社会主义思想为指导，围绕党和国家工作大局，围绕本地本单位中心工作，积极探索新途径和新方法，不断加强和改进基层思想政治工作，取得明显成效。工作中形成许多体现时代要求、符合群众需求、富有创新性实效性的优秀案例，具有较强示范作用和推广价值，对做好新时代思想政治工作很有意义。为深入学习贯彻习近平新时代中国特色社会主义思想和党的二十大精神，深入学习贯彻习近平文化思想，贯彻落实中共中央、国务院《关于新时代加强和改进思想政治工作的意见》，总结提炼基层工作经验，宣传推广基层思想政治工作创新实践取得的优秀成果，经中央宣传部领导批准，中国政研会秘书处组织开展了 2024 年基层思想政治工作优秀案例评选活动。

2024 年 1 月，我们正式启动优秀案例评选活动。各地方和行业（系统）政研会积极参与，推荐报送了一批体现基层思想政治工作质量和水平的优秀案例。中国政研会基层思想政治工作优秀案例评选委员会（以下简称"评委会"）进行了认真评选，中国政研会秘书长会议根据评委会意见研究，确定《"习语润心"：

大中小学思政教育一体化新探索》等 100 个案例为中国政研会
2024 年基层思想政治工作优秀案例。评委会由中国政研会秘书
处负责同志，部分中直机关、中央企业、高等学校从事思想政治
工作研究和实践的同志组成。夏光明、吴祖平同志审定书稿，范
林芳、张朋智、俞颖杰、邓凯、刘海燕、崔伟、刘晓龙、郑言
午、何雨蔚、申兆琳等同志参与了组织和编辑工作。现将 100 个
优秀案例出版，供广大基层思想政治工作者学习参考。

编　者

2024 年 10 月